# MÉMORIAL
# DES FAILLITES
## ET CONCORDATS

### SÉPARATIONS DE BIENS. INTERDICTIONS

#### CONSEILS JUDICIAIRES ET RÉHABILITATIONS

### DU DÉPARTEMENT DE LA SEINE

PRÉCÉDÉ DE LA

## LISTE DE MM. LES MAGISTRATS ET OFFICIERS MINISTÉRIELS

PRÈS LES COURS ET TRIBUNAUX DE LA SEINE

**Des lois sur la Contrainte par corps et sur les Sociétés.**

### PAR ALEXANDRE PLOUVIEZ

---

## Année 1866

---

*Multa paucis.*
Beaucoup dans peu.

## PARIS

CHEZ L'AUTEUR, RUE SAINT-MARTIN, 5

ET CHEZ LES PRINCIPAUX LIBRAIRES

—

1867

# MÉMORIAL

# DES FAILLITES

## ET CONCORDATS

**Séparations de biens, Interdictions, Conseils judiciaires
et Réhabilitations**

DU DÉPARTEMENT DE LA SEINE

———

## ANNÉE 1866

SOUS PRESSE

# L'ANNÉE 1867

## Pour paraître en Février 1868

Paris. — Typographie A. PARENT, rue Monsieur-le-Prince, 31.

# MÉMORIAL
# DES FAILLITES

## ET CONCORDATS

### SÉPARATIONS DE BIENS, INTERDICTIONS

#### CONSEILS JUDICIAIRES ET RÉHABILITATIONS

### DU DÉPARTEMENT DE LA SEINE

PRÉCÉDÉ DE LA

### LISTE DE MM. LES MAGISTRATS ET OFFICIERS MINISTÉRIELS

PRÈS LES COURS ET TRIBUNAUX DE LA SEINE

**Des lois sur la Contrainte par corps et sur les Sociétés.**

## PAR ALEXANDRE PLOUVIEZ

---

## Année 1866

---

*Multa paucis.*
Beaucoup dans peu.

## PARIS
### CHEZ L'AUTEUR, RUE SAINT-MARTIN, 5
ET CHEZ LES PRINCIPAUX LIBRAIRES

--

1867

# ABRÉVIATIONS

| | | | |
|---|---|---|---|
| ab. | abandon. | f. | faillite. |
| act. | actif. | fab. | fabricant. |
| adm. | administrateur. | faub. | faubourg. |
| anc. | ancien. | fév. | février. |
| ap. | après. | Franç. | François. |
| av. | avenue. | | |
| av. | avoué. | h. | homologué. |
| avr. | avril. | impr. | imprimeur. |
| | | janv. | janvier |
| boul. | boulevard. | jud. | judiciaire. |
| | | juill. | juillet. |
| c. | concordat. | lithogr. | lithographe. |
| chaus. | chaussée. | march. | marchand. |
| Cⁱᵉ | compagnie. | | |
| clôt. | clôture. | nég. | négociant, |
| con. | connu. | nov. | novembre. |
| cons. | conseil. | oct. | octobre. |
| déc. | décembre. | p. | pour. |
| décorat. | décoration | r. | rue. |
| dom. | domicile. | s. | syndic. |
| | | St. | saint |
| édit. | éditeur. | sép. | séparation. |
| entrepr. | entrepreneur. | sept. | septembre. |

# PRÉFACE

---

Au moment où la loi sur la contrainte par corps vient d'être abolie, le commerce a besoin d'un appui plus moral, et qui ne porte pas atteinte à la dignité de l'homme.

Donner un historique des faits commerciaux qui se rapportent et peuvent aider au commerce, n'est-ce pas répondre à un besoin impérieux en présentant une sécurité qui aide à ramener une confiance ébranlée?

La facilité de connaître la valeur commerciale des personnes avec lesquelles on doit opérer rendra les transactions plus actives et plus sérieuses, la richesse du pays en profitera.

Assurer à tout commerçant le renseignement immédiat sur la personne avec laquelle il peut avoir à traiter une affaire, c'est, croyons-nous, empêcher de grands désastres et mettre en garde contre des fautes commerciales souvent fatales.

Donner à nos relations une activité nouvelle par une confiance solide, appuyée sur ces renseignements officiels, que tous nous devons connaître, mais que nos préoccupations nous font oublier; réunir dans un volume de peu de dimension un grand nombre de faits, n'est-ce pas atteindre le but que nous a suggéré l'utilité de ce recueil?

## Beaucoup dans peu, voilà notre devise.

L'intérêt de tous nous commande la vérité.

L'ordre social exige la sincérité la plus absolue.

Livrer à la publicité ce que beaucoup ont intérêt à cacher, c'est découvrir l'écueil contre lequel d'autres infortunes viendraient se briser; l'homme vraiment malheureux sait trouver une voie meilleure pour réparer ses fautes involontaires, et si nous mettons à l'index ce qui est triste, nous sommes heureux de livrer à la publicité le nom de ces négociants qui, frappés par l'adversité, demandent et obtiennent leur réhabilitation. La chute alors est loin de nos souvenirs, et il y a plus que compensation. Il n'y a pas de honte pour le malheur.

La jeunesse est franche et inexpérimentée. Elle affronte les affaires seule et sans soutien. Dans quel abîme ne tomberait-elle pas, si la loi vigilante et soigneuse de nos intérêts ne lui donnait un mentor pour la conduire dans les arides sentiers de la vie ! Ici encore la publicité vient en aide et nous éclaire sur les transactions à opérer dans un intérêt commun.

Le but de la séparation de biens, est-ce de donner à la femme un abri contre les chances malheureuses des affaires auxquelles souvent elle n'a pas pris part, ou est-elle instituée pour donner à l'homme le moyen de garantir le fruit de pertes fictives qu'il paraît avoir subies?

Dans le premier cas, cette publicité si redoutable ne peut changer la situation de gens honnêtes qui, ne pouvant remédier à de désastreuses spéculations, sont obligés alors de penser à leur famille.

Quant aux autres, s'ils ont eu la témérité de profiter

de la bonne foi de créanciers trop confiants, ils peuvent subir le retentissement de ces tristes échos, qui les rencontreront partout; et pour eux ils seront encore peut-être utiles. Le souvenir de leurs dilapidations ou des moyens illégaux qu'ils ont employés pour se procurer une fortune aux dépens des autres, leur donnera quelquefois l'idée de réparer les désastres qu'ils auront causés. Ceux-là malheureusement seront rares; mais, qu'il y en ait un, et nous nous applaudirons encore du résultat obtenu.

Offrir à chacun le moyen de se renseigner sans aucun déplacement, c'est travailler au bien-être commercial, et éviter des pertes de temps et d'argent.

Combien de fois ne remettez-vous pas des valeurs impayées, pour faire diriger des poursuites contre vos débiteurs; quand, après avoir fait une certaine somme de frais et qu'arrivé à la saisie, l'huissier se présente pour la pratiquer, vous voyez une femme venir lui dire: «Je suis séparée de biens d'avec mon mari, ces meubles, ces objets font partie de mes reprises; n'y touchez-pas.» Devant cet état de choses, vous n'avez qu'à vous retirer et à ajouter une nouvelle somme à celle perdue précédemment.

Eh bien! avant de poursuivre votre débiteur, ouvrez mon recueil, et si vous l'y trouvez, vous savez ce qui vous reste à faire, et alors vous évitez un nouveau désastre.

A l'époque des discussions relatives à l'abolition de la loi sur la contrainte par corps, le commerce ému réclama. Quelle sera, dit-il, notre sauvegarde? par quel moyen arriverons-nous à conjurer les dangers qui nous menacent?

Des hommes aux idées larges et généreuses répondirent : « Faisons disparaître d'abord cette loi qui nous protége mal, qui donne à l'homme un cachet de servilité et d'abnégation de lui-même, souvent poussé à l'extrême; ne brisons plus ces intelligences qui, trompées un moment, peuvent rétablir encore l'état de leurs affaires. La contrainte par corps, c'est le retranchement de la pensée. »

Vous avez besoin d'une compensation, il vous faut connaître la position des personnes avec qui vous êtes en rapport; un casier de renseignements devient nécessaire : vous ne pouvez mieux les puiser que dans un dictionnaire composé de documents officiels et publiés selon la loi.

Ce recueil, nous vous l'offrons pour 1866, nous proposant de le faire remonter à l'année 1856, que nous publierons en deux volumes, contenant cinq années chacun, et tous les ans un nouveau livre paraîtra pour compléter les renseignements qui, nous osons l'espérer, seront utiles au commerce.

Rendre service, tel est notre but ; nous ferons tous nos efforts pour l'atteindre.

Mettre ce Mémorial à la portée de tous par la modicité du prix, c'est faciliter et assurer son utilité. Aussi disons-nous aux négociants : « Un volume de plus dans votre bibliothèque tiendra bien peu de place ; mais chaque année, vous remarquerez dans vos inventaires moins de valeurs en souffrance, et vous reconnaîtrez que vous avez travaillé avec plus de confiance ; vous continuerez alors d'avoir recours à ces renseignements qui vous auront aidés à prospérer. »

C'est là notre plus grand désir, et ce sera pour nous le meilleur encouragement.

A. P.

# 1866

# LISTE

## DE

# MM. LES MAGISTRATS ET OFFICIERS MINISTÉRIELS

## COUR DE CASSATION.

*Composition des Chambres, du 1er novembre 1866 au 31 octobre 1867.*

M. Troplong G ✻, *pr. présid.* au pal. du Petit-Luxembourg.

### CHAMBRE DES REQUÊTES.

M. Bonjean G O ✻, *présid.*, r. de Tournon, 2.

#### MM.          *Conseillers.*

Taillandier O ✻, r. de l'Université, 8.
Nachet ✻, r. de Seine, 43.
D'Oms O ✻, rue de Londres, 58.
Férey O ✻. r. des Saints-Pères, 12.
Renault d'Ubexi O ✻, rue de l'Odéon, 11.
Calmètes O ✻, boulevard Saint-Michel, 4.
De Vergès ✻, r. de Grenelle-St-Germain, 51.
De Peyramont ✻, rue de Savoie, 11.
Woirhaye O ✻, rue Bonaparte, 18.
Truchart-Dumolin ✻, rue de Vaugirard, 47.
Hély-d'Oissel ✻, r. de la Ferme-des-Math., 18.
Boucly C ✻, rue de la Victoire, 94.
Anspach ✻, rue Saint-Georges, 38.
Henriot O ✻, rue du Cherche-Midi, 64.
Dumon O ✻, rue de l'Université, 26.

### CHAMBRE CIVILE DE CASSATION.

M. Pascalis C ✻, *président*, r. St-Romain, 4.

#### MM.          *Conseillers :*

Renouard O ✻, doyen, rue de Provence, 49.
Delapalme C ✻, rue de Greffulhe, 6.
Latorie O ✻, rue Neuve-de-l'Université, 9.
Glandaz O ✻, r. Mont-Thabor, 7.
Quénault O ✻, r. Neuve-des-Capucines, 7.
Aylies O ✻, rue d'Hauteville, 3.
Leroux de Bretagne O ✻, r. des B.-Arts, 5.
Sevin O ✻, rue de Vavin, 7.
Mercier O ✻, rue de Vaugirard, 20.
Fauconneau-Dufresne C ✻, r. de l'Arcade, 16.
Eugène Lamy O ✻, rue Duphot, 10.
Gastambide O ✻, rue Saint-Lazare, 27.
Pont ✻, rue de Bellechasse, 11.
De Vaulx C ✻, rue du Mont-Thabor, 9.
Bioff O ✻, rue Castellane, 6.

## CHAMBRE CRIMINELLE DE CASSATION.

M. Vaïsse G O ✻, *président*, rue Pasquier, 25.

#### MM.          *Conseillers.*

Legagneur C ✻, rue Chauveau-Lagarde, 8.
Moreau (Auguste) O ✻, quai Voltaire, 1.
Faustin-Hélie O ✻, rue Singer, 3 bis.
Nouguier O ✻, rue Gabrielle, 39. — Charenton-le-Pont.
Le Serurier O ✻, rue de la Paix, 1.
Zangiacomi O ✻, r. de la Ferme-des-M., 18.
Meynard de Franc O ✻, r. de Courcelles, 11.
Du Bodan O ✻, rue Saint-Dominique, 85.
Perrot de Chezelles O ✻, rue Cassette, 36.
Guyho O ✻, rue des Écoles, 66.
Lascoux C ✻, rue de l'Université, 88.
De Gaujal O ✻, av. des Champs-Élysées, 88.
Salneuve O ✻, place du Pont-St-Michel, 5.
De Carnières C ✻, rue de Berlin, 31.
Barbier ✻, rue des Martyrs, 43.

#### *Parquet.*

M. Delangle G ✻, sén., *proc. gén. imp.*, rue de la Pépinière, 106.

#### MM.          *Avocats généraux.*

De Raynal O ✻, rue de la Pépinière, 103.
Blanche O ✻, cité Malesherbes, 12, rue Laval.
Savary O ✻, rue Neuve-des-Mathurins, 93.
Charrins O ✻, boulevard Saint-Michel, 5.
P. Fabre O ✻, rue Jacob, 3.
Bedarrides O ✻, boul. Malesherbes, 66.

### SERVICE DE MM. LES AVOCATS GÉNÉRAUX.

*A la Chambre des requêtes.*
MM. Savary, P. Fabre.

*A la Chambre civile.*
MM. De Raynal, Blanche.

*A la Chambre criminelle.*
MM. Charrins, Bedarrides.

#### *Greffier en chef.*
M. Bernard ✻, rue du Pont-de-Lodi, 5.

1

*Commis-greffiers.*

MM. Soulier ✳, boulevard Saint-Michel, 95.
De la Monnoye ✳, rue Pergolèse, 60.
Duchesne ✳, boulevard Péreire, 31.
Farjon, rue Ducouédic, 13 (Petit-Mont-rouge).

*Secrétaire en chef du parquet.*

M. Rogron ✳, Palais-de-Justice, galerie St-Louis.

*Huissiers-audienciers, exploitant près le Conseil d'Etat.*

MM. Boulet, Maupin, Fraboulet, Collard, Chanut, Mercier, Plessix, Pierre.

Nota. Voir les adresses dans la liste alphabétique de MM. les huissiers.

*Conservateur de la Bibliothèque.*

M. Denevers ✳, Palais de Justice, galerie Saint-Louis.

### HAUTE-COUR DE JUSTICE

*Chambre des mises en accusation.*

Juges : MM. Legagneur, D'Oms, Laborie, Delapalme, Calmètes.

Juges suppléants : MM. Meynard de Franc, Lascoux.

*Chambre de Jugement.*

Juges : MM. Leroux de Bretagne, Quénault, Le Serurier, Zangiacomi, Glandaz.

Juges suppléants : MM. Poulliaude de Carnières, Boucly.

### AVOCATS AUX CONSEILS,

MM.        *Et à la Cour de Cassation.*

Aubin, rue Louis-le-Grand, 31.
Barème, rue Laffitte, 8.
Beauvois-Devaux, quai Voltaire, 1.
Bellaigue, rue Saint-Guillaume, 11.
Bidoire, rue Saint-Florentin, 12.
Bosviel, rue Richelieu, 60.
Bozerian, boulevard Saint-Michel, 51.
Brugnon, rue Saint-Florentin, 11.
Chambareaud, boul. Saint-Germain, 51.
Chatignier, rue Bonaparte, 6.
Choppin, rue Neuve-de-l'Université, 10.
Christophle, rue des Saints-Pères, 13.
Clément, rue Guénégaud, 9.
Collet, rue Saint-Honoré, 210.
Costa, rue du Mont-Thabor, 26.
Courot, rue Saint-Honoré, 370.
Dareste, quai Malaquais, 9.
De la Chere, avenue des Champs-Elysées, 116.
Demay, rue Léonie, 8.
Diard, rue Garancière, 7.
Dubeau, r. du Faub.-Montmartre, 59.
Duboy, rue Thérèse, 11.
Fosse, rue des Saints-Pères, 8.
Fournier, rue de Provence, 9.
Galopin, rue de Seine, 93.
Gigot, quai Voltaire, 11.
Ginot, rue de l'Echiquier, 13.
Gouse, rue Neuve-de-l'Université, 9.
Groualle, rue Mont-Thabor, 8.
Guyot, quai Malaquais, 21.
Hallays-Dabot, rue du Bac, 31.

Hamot, rue Jean-Goujon, 16.
Hérisson, rue de Madame, 31.
Hérold, rue Louis-le-Grand, 33.
Housset ✳, rue de Seine, 6.
Jager-Schmidt ✳, rue Choiseul, 3.
Jozon, rue Jacob, 28.
Labordère, rue Soufflot, 22.
Larnac, rue du Cirque, 8.
Lefebvre, rue Neuve-de-l'Université, 6.
Leroux, rue des Beaux-Arts, 2.
Magimel, rue de Greffulhe, 8.
Maulde, rue du Dragon, 10.
Mazeau, boulevard Saint-Germain, 81.
Michaux-Bellaire, rue Taitbout, 13.
Mimerel, rue Saint-André-des-Arts, 52.
Monod, rue d'Aumale, 19.
Morin ✳, rue de Rivoli, 75.
Moutard-Martin ✳, rue Hautefeuille, 9.
Nourrit, rue Garancière, 10.
Perriquet, rue Bonaparte, 29.
Petit, rue Taitbout, 23.
Pinel, rue Laffitte, 31.
Pougnet, rue de Vaugirard, 58.
Roger, boulevard Saint-Michel, 8.
Saligny (Tenaille de), r. de l'Odéon, 20.
Saint-Malo (de), rue Jacob, 46.
Salveton, rue de Morny, 9.
Tambour, boulevard Saint-Michel, 1.
Valroger (de), rue du Bac, 32.

### CONSEIL DE DISCIPLINE DE L'ORDRE.

MM. Groualle, *président.*
Moutard-Martin ✳, 1er *syndic.*
Hallays-Dabot ✳, 2e *syndic.*
Mazeau, *secrétaire-trésorier.*
Courot.
Jager-Schmidt.
Galopin.
Aubin.

## COUR IMPÉRIALE.

M. Devienne G O ✳, *prem. prés.*, pl. Vend., 12.

MM.        *Présidents :*

Casenave O ✳, rue Bellechasse, 11.
Haton de la Goupillière ✳, rue Garancière, 6.
Filhon ✳, rue de Verneuil, 40.
Tardif ✳, rue de Bourgogne, 19.
Guillemard ✳, rue Chaptal, 6.
Massé ✳, r. du Faubourg-Saint-Honoré, 52.
Roussel, rue de l'Arcade, 16.

MM.        *Conseillers :*

De Bastard-d'Estang O ✳, r. St-Domin., 91.
Legorrec ✳, rue de la Chaussée-d'Antin, 33.
Jurien ✳, rue Neuve-des-Mathurins, 73.
Salvaing-de-Boissieu O ✳, rue Greffulhe, 7.
De Faget Baure ✳, rue de Lille, 75.
Perrot de Chézelles ✳, rue de Rivoli, 232.
Saint-Albin O ✳, rue de Bondy, 36.
Pinard ✳, boulevard Saint-Michel, 127.
Bonneville de Marsangy O ✳, r. Penthièvre, 7.
Lepelletier-d'Aunay ✳, r. des Sts-Pères, 16.
Flandin ✳, rue Cassette, 16.
Metzinger ✳, boulevard Malesherbes, 52.
Legonidec ✳, r. des Acacias-de-l'Etoile, 37.
Brault ✳, rue de la Michodière, 23.
Berryat Saint-Prix ✳, rue Castellane, 10.
Dubarle ✳, rue Bonaparte, 39.

Saillard ✳, rue Tronchet, 35.
Pasquier ✳, rue Jacob, 48.
Lévesque ✳, rue Blanche, 69.
Puissan ✳, rue Taitbout, 48.
Portier ✳, boulevard Beaumarchais, 72.
Gallois ✳, rue de Verneuil, 11.
De Beausire O ✳, rue Saint-Florentin, 4.
Mongis O ✳, rue de Marignan, 17.
Berthelin ✳, rue Tronchet, 29.
Goujet ✳, rue de Berry, 40.
Gislain de Bontin ✳, rue d'Assas, 5.
Camusat-Busserolles ✳, rue d'Astorg, 4.
Puget ✳, rue de Suresnes, 7.
Falconnet O ✳, rue Caumartin, 46.
Moreau ✳, chaussée de la Muette, 7.
Gautier de Charnacé ✳, rue Charles V, 15.
Labour ✳, rue Taitbout, 9.
Etignard de Lafaulotte ✳, b. Malesherbes, 31.
Bonnefoy-Des-Aulnais ✳, rue de Clichy, 49.
Hello ✳, rue de Rivoli, 116.
Dufour O ✳, av. de la Tour-Maubourg, 19.
Clappier ✳, rue Casimir-Périer, 6.
Salmon ✳, rue d'Assas, 5.
Cramail ✳, rue Jacob, 30.
Delaborde ✳, rue Tronchet, 31.
Page de Maisonfort ✳, r. de la ' du-Roule, 7.
Marie, rue de Grenelle-Saint-Germain, 31.
Rohault de Fleury ✳, rue de Miromesnil, 20.
Delalain-Chomel ✳, rue de l'Université, 5.
Bertrand (Ernest) ✳, rue St-And.-des-A., 52.
Nacquart ✳, rue Boissy-d'Anglas, 12.
Mahou, rue de la Ferme, 26.
Armet de Lisle ✳, rue de Rivoli, 186.
Fleury ✳, rue d'Alger, 11.
Alexandre ✳, rue Fortin, 8.
Boudet de Paris ✳, rue de Provence, 68.

Rolland de Villargues, rue Dumont-Durville, 5.
Desmaze O ✳, rue d'Aumale, 13.
Sallantin, rue Saint-Dominique, 12.
Destrem ✳, rue Bourdaloue, 5.
Dondurand, rue Blanche, 12.
Daniel ✳, rue Mogador, 18.
Peyrot ✳, boulevard Saint-Michel, 11.
Bertrand (Barthélemy), rue d'Alger, 8.
Benoit ✳, rue Joubert, 45.
Durin-Desroziers ✳, rue Saint-Honoré, 361.
Dannac ✳, rue Neuve-des-Mathurins, 39.
Dumas ✳, rue de Monceaux, 7.

*Procureur général.*

M. de Marnas G O ✳, rue Pigalle, 57.
   MM.   *Avocats généraux.*
De Vallée ✳, rue de Berry, 8.
Sallé ✳, rue de Douai, 13.
Dupré-Lasale ✳, r. Nve-des-Petits-Champs, 60.
Senart ✳, rue Saint-Dominique, 12.
Descoutures ✳, rue Pigalle, 55.
Brière-Valigny ✳, rue de l'Université, 8.
Ducreux, rue Férou, 8.
MM. *Substituts du Procureur général.*
Genreau, place Vendôme, 20.
Try, rue de la Ferme, 21.
Jousselin, rue des Pyramides, 8.
Merveilleux-Duvignaux, r. de Grenelle-Saint-
   Germain, 42.
Laplagne-Barris, rue Caumartin, 8.
Rousselle, rue de Greffulhe, 7.
Benoist, rue de Verneuil, 51.
Hemar, rue du Faubourg-Poissonnière, 52.
Legendre ✳, rue Mogador, 14.
Mahler ✳, rue du Faubourg-St-Honoré, 52.
Thomas, boulevard Saint-Michel, 4.

Les cinq chambres civiles siègent, savoir :
La 1re les lundi, mardi, vendredi et samedi à 11 heures 1/4.
La 2e les lundi, mardi, mercredi et jeudi à 10 heures.
La 3e les mercredi, jeudi, vendredi et samedi à 11 heures 3/4.
La 4e les mercredi, jeudi, vendredi et samedi à 11 heures.
La 5e les lundi, mardi, vendredi et samedi à 10 heures 3/4.
Les audiences solennelles, formées de la réunion de deux chambres, ont lieu les lundi et
samedi à midi.
La chambre d'accusation tient les mardi et vendredi de chaque semaine à 11 h. 1/2.
La chambre d'appel de police correctionnelle tient les mercredi, jeudi, vendredi et samedi
à 11 heures.

AVOUÉS PRÈS LA COUR IMPÉRIALE.

   MM.

Bailly, rue de Hanovre, 8.
Beaumé, rue Sainte-Anne, 46.
Bellencourt, rue du Vingt-Neuf-Juillet, 5.
Bernheim, rue du Marché-St-Honoré, 11.
Bethemont, rue Grétry, 2.
Bornot, rue d'Hauteville, 4.
Cabanne, rue du Faub.-Poissonnière, 5.
Chabrier, rue du Helder, 14.
Chauvelot ✳, rue Richelieu, 28 bis.
Claveau, boulevard Sébastopol, 21.
Cœuré, rue Sainte-Anne, 49.
Constantin, rue Montmartre, 103.
Dangin, doyen, rue Baillet, 4.
Danicourt, boulevard Poissonnière, 11.
Dazel, avenue Victoria, 7.
Defontaine, boulevard Montmartre, 14.
Delastre, rue d'Hauteville, 32.

De Montfleury, rue Gomboust, 4.
Deroulède-Dupré, rue de Rivoli, 55.
Desmarest, rue de Rivoli, 69.
Desrousseaux, rue d'Alger, 9.
Dézairs, rue d'Aboukir, 76.
Dumas, rue Saint-Honoré, 163.
Dunoyer, rue Neuve-des-Petits-Champs, 83.
Fabignon, rue Neuve-des-Petits-Champs, 55.
Ferron, rue du Petit-Carreau, 14.
Gallois, rue Nicolas-Flamel, 3.
Gavignot, rue de Richelieu, 27.
Gibot ✳, rue Favart, 4.
Giot, boulevard Saint-Michel, 3.
Guillain, rue Sainte-Anne, 27.
Houdard, rue de Rivoli, 59.
Josias, rue de Rivoli, 122.
Lafontaine, rue Chabanais, 9.
Le Helloco, rue Neuve-Saint-Augustin, 60.
Lehure, rue des Moulins, 19.
Leroy, rue Gaillon, 20.

Lesage, rue d'Alger, 10.
Levaux, rue de Choiseul, 4.
Leviel, rue Monsigny, 9
Marais, rue du Vingt-Neuf-Juillet, 10.
Mavré, rue de la Monnaie, 5.
Mercier, rue de Louvois, 2.
Mesnier, rue du Hasard, 10.
Pavie, rue de Grammont, 13.
Peigné, rue de l'Arbre-Sec, 35.
Perrin, rue du Faubourg-Montmartre, 13.
Perrot, rue de Rivoli, 37.
Pochet, rue Saint-Honoré, 189.
Poullet, rue Saint-Honoré, 231.
Renard, boulevard de Sébastopol, 14.
Robert, rue Neuve-des-Petits Champs, 31.
Second, rue Saint-Honoré, 163.
Tétart, rue Sainte-Anne, 57.
Thellier, rue Sainte-Anne, 22.

## TRIBUNAL

### DE PREMIÈRE INSTANCE DE LA SEINE.

*Président.*

M. Benoit-Champy (Adr.) O O ✳, rue de la Chaussée-d'Antin, 55.

MM.     *Vice-Présidents.*

Bedel (Aug.) ✳, rue Garancière, 5.    1re ch.
Vignon (Edouard-Arsène-Pierre) ✳, rue des Beaux-Arts, 2.    3e ch
Cassemiche (Fulg.-Hipp.) ✳, rue St-Sulpice, 18.    2e ch.
Dubois (V.-And.) ✳, b. Malesherb., 55.    4e ch.
Coppeaux (Jules), rue Ventadour, 3.    7e ch.
De Ponton d'Amécourt (Louis-M.) ✳, rue du Cherche-Midi, 78.    5e ch.
Petit (Jules), r. de la Ch.-d'Antin, 49.    8e ch.
Delesvaux (Jean-Louis-Marie) ✳, rue d'Amsterdam, 56.    6e ch.

MM.     *Vice-Présidents honoraires.*

Pinondel ✳, rue Vintimille, 22.
Danjar, place Saint-André-des-Arts, 22.

MM.     *Juges.*

Theurier Pommyer ✳, rue d'Antin, 9.   2e ch.
Deterville-Desmortiers, a. du Maine, 19. *Instr.*
De Belleyme (Ch.) ✳, r. Blanche, 36.   5e ch.
Carra-de-Vaux ✳, rue de Tournon, 4.   2e ch.
Boselli, rue Bonaparte, 18.   4e ch.
Mercier-Dupaty ✳, rue du Faubourg-Saint-Honoré, 170.   7e ch.
Reboulh de Veyrac, rue de l'Isly, 12.   2e ch.
De Sainte-Beuve, b. St-Germain, 66.   2e ch.
Raux ✳, rue Tronchet, 23.   3e ch.
Person, rue de Verneuil, 23.   3e ch.
Perrin, rue Bonaparte, 5.   5e ch.
Portalis, r. du Mont-Thabor, 38. *Ordres et contr.*   2e ch.
Vivien, rue du Mont-Thabor, 28.   6e ch.
Loriot de Rouvray, rue de Tivoli, 27.   1re ch.
Rossi, rue d'Aumale, 11.   3e ch.
Feugère des Forts, rue Corneille, 3.   1re ch.
Fidière Desprinveaux, r. d'Aumale, 10.   4e ch.
Bazire, boul. Saint-Germain, 72.   *Instr.*
Guérin-Devaux ✳, rue Taranne, 12.   *Instr.*
Nicolas ✳, r. Saint-Dominique, 51.   2e ch.

David, r. de Grenelle-St-Germain, 105. *Instr.*
Colin de Verdière ✳, r. Bonaparte, 88.   4e ch.
Bernier, rue N.-D. de Lorette, 9.   *Instr.*
Baret Ducoudert, r. N.-D.-de-Lor., 49. *Instr.*
Collette de Baudicour, boulevard St-Michel, 91. *Enregistr.*   2e ch.
Chevillotte ✳, rue de la Victoire, 41.   *Instr.*
Guerlon, av. des Champs-Elysées, 30.   *Instr.*
Jolly, rue des Pyramides, 3.   1re ch.
Thiéblin ✳, rue Garancière, 4.   1re ch.
Henriquet, rue des Ecoles, 70.   *Instr.*
Perrot, rue Guénégaud, 23.   *Instr.*
Lambert des Cilleuls, rue des Maçons-Sorb., 17.   *Instr.*
Delange, rue de l'Université, 37.   1re ch.
Huguier, rue Castellane, 13.   1re ch.
De Paroy de Lurcy, r. Vintimille, 22.   *Instr.*
Cressent, boulevard St-Michel, 48.   8e ch.
De Gonnet ✳, rue Cambacérès, 30.   *Instr.*
Glandaz (Ch.), r. du F.-Poissonn., 52.   2e ch.
Barbaroux, rue de Poitiers, 5.   3e ch.
Millet, rue Bellechasse, 62.   1re ch.
Douet d'Arcq ✳, rue de Trévise, 33.   *Instr.*
Lejouteux ✳, rue de l'Université, 3.   6e ch.
Choppin ✳, rue du Mont-Thabor, 15.   *Instr.*
De Loverdo, rue du Cherche-Midi, 13.   *Instr.*
Hua, rue Jacob, 21.   7e ch.
Cadet de Vaux, r. d'Amsterdam, 39.   5e ch.
Huet, rue Saint-Roch, 23.   *Instr.*
De Baillehache, rue de Grenelle-Saint-Germain, 139.   *Instr.*
Egée, rue de Tournon, 29.   4e ch.
Casenave, r. de Bellechasse, 11.   7e ch.
Brunet ✳, rue de Vaugirard, 10.   *Instr.*
Gilbert-Boucher ✳, r. d'Argenson, 11.   5e cl.
Dubard, rue de Médicis, 6.   8e ch.
Mathieu de Vienne ✳, r. du Faubourg-Saint-Honoré, 139.   *Instr.*
Guyard ✳, rue Mazarine, 9.   8e ch.
Lancelin, rue....   6e ch.

MM.     *Juges suppléants.*

Paillet, rue Moncey, 20.   3e ch.
Delahaye (Edmond), rue Richer, 50.   3e ch.
Lefebvre de la Boulaye, rue Taitbout.   2e ch.
*Ordres et contr.*
Thureau, pass. Sainte-Marie, 11 bis.   5e ch.
Simon, rue Tronchet, 29.   1re ch.
Orville, r. St-Dominique-St-Germ., 71.   5e ch.
Lefebvre, rue Taitbout, 51.   4e ch.
Robert, rue de Rivoli, 138.   7e ch.
Lacaille, rue de Londres, 11.   4e ch.
Lascoux, rue de l'Université, 88.   6e ch.
Picot, rue Pigalle, 51.   1re ch.
Saffers, rue Laffitte, 9.   8e ch.

MM.     *Juges honoraires.*

Fournerat, à Ancy-le-Franc (Yonne).
Collette de Baudicour ✳, boul. St-Michel, 91.
Desnoyers ✳, r. d'Austerlitz, 22 (Gr-Caillou).
Caullet ✳, à Bordeaux-les-Rouches (Loiret).
Michaux ✳, rue d'Enfer, 30.
Chauveau-Lagarde ✳, rue Thérèse, 11.
Bourgain ✳, rue Birague, 16 (Mar.).
Perrin ✳, rue Taranne, 20.
Cadet-Gassicourt ✳, rue Matignon, 42.
Sevestre ✳, rue de l'Université, 30.
Bazire (Alfred), rue Papillon, 5.
Rougeron ✳, rue de Vaugirard, 31.

Delahaye, rue de Condé, 29.
Gery ✻, en Algérie.

### Procureur impérial.

M. Moignon O ✻, rue des Pyramides, 3.

### Substituts de M. le procureur impérial.

MM.

Isambert, boulevard Malesherbes, 53.
Aubépin ✻, boulevard Saint-Michel, 39.
Gerin, rue de l'Odéon, 16.
Sevestre, boulevard Malesherbes, 61.
Hardoin, rue Neuve-de-l'Université, 10.
De Thevenard, rue Moncey, 9.
Bachelier, rue de Verneuil, 51.
Destresse de Lanzac de Laborie, r. Cassette, 27.
Hanin (Jules), rue Bonaparte, 20.
Lepellelier, rue Saint-Placide, 26.
Vaney, rue de Luxembourg, 17.
Manuel, r. de la Madel., 17, cité du Retiro, 5.
Haussmann, rue d'Amsterdam, 42.
Chevrier, rue de Varenne, 78.
Rossard de Mianville, rue de Grenelle-Saint-Germain, 22.
Duvergier, rue d'Alger, 14.
Fourchy, rue Roquépine, 11.
Angot des Rotours, rue Cassette, 36.
Blain des Cormiers, rue de Grenelle-Saint-Germain, 45.
Delapalme, boulevard Haussmann, 24.
Monsarrat, boulevard Malesherbes, 7.
Mulle, rue de Madame, 31.

### Greffier en chef.

M. Smith, quai de la Mégisserie, 14.

### AVOUÉS PRÈS LE TRIBUNAL DE PREMIÈRE INSTANCE.

MM.

Adam, rue de Rivoli, 110.
Archambault-Guyot, rue de Rivoli, 121.
Audouin, rue de Choiseul, 2.
Beaumelou, rue Gaillon, 11.
Belon, rue de Luxembourg, 45.
Benoist, rue Saint-Antoine, 110.
Bertinot, rue Vivienne, 10.
Berton, rue Croix-des-Petits-Champs, 25.
Best, rue Favart, 6.
Bigot, rue Louis-le-Grand, 26.
Blachez, rue Saint-Marc, 36.
Boinod, rue de Menars, 11.
Bonnel de Longchamp, r. de Grenelle-Saint-Honoré, 11.
Boucher ✻, r. Neuve-des-Petits-Champs, 95.
Boudin, rue Louis-le-Grand, 23.
Bourse, rue des Vosges, 18, au Marais.
Boutet, rue Gaillon, 20.
Bouthemard, r. Ste-Hyacinthe-St-Honoré, 4.
Branche, rue du Bouloi, 4.
Brémard, rue Louis-le-Grand, 23.
Bujon, rue du Sentier, 33.
Caron, rue Richelieu, 43.
Cartier, rue de Rivoli, 81.
Castaignet, rue Louis-le-Grand, 28.
Cesselin, rue Neuve-des-Bons-Enfants, 9.
Chain, rue de Grammont, 12.
Chauveau, rue de Rivoli, 84.
Chauvin, rue Sainte-Anne, 18.

Cheramy, rue Neuve-St-Augustin, 24.
Coche, boulevard Sébastopol, 31.
Corpet, r. du Faubourg-Poissonnière, 8.
Cullerier, rue du Harlay, 20.
Daupeley, rue N.-D.-des-Victoires, 32.
De Benazé, rue Méhul, 1.
Debladis, boulevard Saint-Michel, 17.
De Brotonne, rue Sainte-Anne, 23.
Dechambre, rue Richelieu, 43.
Deherpe, boulevard Saint-Denis, 26.
Delacourtie, rue de la Chaussée-d'Antin, 38.
Delepouve, rue Taitbout, 43.
Delessard, quai de la Mégisserie, 18.
Delorme, rue Richelieu, 85.
Delpon, rue de Seine, 51.
Denormandie, boulevard Malesherbes, 42.
Derré, rue des Pyramides, 8.
Des Étangs, rue Montmartre, 131.
Desgranges, rue de la Michodière, 20.
Devaux, rue de Grammont, 28.
Dinet, rue Louis-le-Grand, 29.
Drechou, place Boieldieu, 1.
Dromery ✻, rue Laffitte, 52.
Dubois (Émile), rue de Rivoli, 65.
Duboys (Paul), rue Richelieu, 92.
Dufay, rue Ventadour, 4.
Dufourmantelle, rue Neuve-St-Augustin, 33.
Dumont, rue de Rivoli, 88.
Dupont, rue Cadet, 7.
Dusart, rue de Rivoli, 150.
Duval (Eugène), boulevard Saint-Martin, 18.
Duval (Charles), rue de Choiseul, 8.
Estienne, rue Sainte-Anne, 31.
Fitremann, rue Saint-Honoré, 191.
Flat, rue de Rivoli, 53.
Foussier, rue de Cléry, 15.
Froc, rue de la Michodière, 4.
Gaullier, rue du Mont-Thabor, 12.
Gignoux, rue de Rivoli, 196.
Girauld, rue des Deux-Écus, 13.
Giry, rue Richelieu, 15.
Gouget, rue de Hanovre, 5.
Goujon, rue d'Aboukir, 77.
Guédon, boulevard Poissonnière, 23.
Gueny, rue des Jeûneurs, 42.
Guibet, rue de Grammont, 7.
Guillemon, rue Montmartre, 159.
Guyot-Sionnest, rue de Richelieu, 28.
Hardy, rue de Provence, 5.
Henriet, rue Gaillon, 12.
Hervel, rue d'Alger, 9.
Huet (Eugène), rue de la Paix, 4.
Husson, rue de la Monnaie, 9.
Kieffer, boulevard Saint-Michel, 16.
Labbé, rue Neuve-St-Augustin, 6.
Lacomme, rue Saint-Honoré, 350.
Lacroix, rue de Choiseul, 21.
Laden, rue Jean-Lantier, 7.
Lamy, boulevard Sébastopol, 135.
Langeron, rue Neuve-des-Petits-Champs, 36.
Larroumès, rue Bergère, 20.
Laubanie, rue Sainte-Anne, 55.
Leboucq, rue Neuve-des-Petits-Champs, 66.
Lemaire, rue Bergère, 25.
Lenoir, place des Victoires, 3.
Lerat, rue Chabannais, 4.
Lesage, rue Sainte-Anne, 23.
Lescot, rue Louis-le-Grand, 21.

Levaux, rue des Saints-Pères, 7.
Levesque, rue des Bons-Enfants, 21.
Lorget, rue Saint-Honoré, 362.
Lorlat-Jacob, rue Richelieu, 60.
Louvel, rue Saint-Honoré, 243.
Marc, rue de la Grange-Batelière, 6.
Marquis, rue Gaillon, 11.
Martin du Gard (Laroche), r. Ste-Anne, 65.
Maucomble, rue Laffitte, 11.
Maugin, rue Guénégaud, 12.
Maza, rue Sainte-Anne, 54.
Mignot, rue Sainte-Anne, 48.
Milliot, rue de la Grange-Batelière, 8 et 10.
Moreau (Oscar), rue Laffitte, 7.
Motheron, rue Turbigo, 43.
Mouillefarine, rue Ventadour, 7.
Nicquevert, rue de Rivoli, 118.
Parmentier, rue d'Hauteville, 1.
Paul Dauphin ✳, rue de Choiseul, 6.
Pérard, rue Rossini, 2.
Petit-Bergonz✳, rue Saint-Honoré, 316.
Picard ✳, rue de Grammont, 25.
Pilastre, rue Montmartre, 12 .
Plassard, rue de la Monnai . 1.
Poinsot, rue de la Michodi r , 21.
Poisson, rue du Helder, 17.
Popelin, rue Lepeletier, 22.
Postel, rue Neuve-des-Petits-Champs, 61.
Postel, rue Neuve-des-Capucines, 8.
Pottier, rue du Helder, 12.
Prevot, quai des Orfèvres, 18.
Protat, rue Richelieu, 27.
Quatremère, rue du Vingt-Neuf-Juillet, 3.
Quillet, rue du Marché-Saint-Honoré, 4.
Ramond de la Croisette, avenue Victoria, 44, et rue Saint-Martin, 4.
Réty, rue des Lavandières, 10.
Robert ✳, rue Bergère, 21.
Robineau, rue Montmartre, 103.
Roche (Isidore), boulevard Beaumarchais, 6.
Roche (Paul), rue de Grammont, 3.
Rougeot, rue Bonaparte, 8.
Roussellet, rue Poissonnière, 18.
Saint-Amand, pl. et pass. des Petits-Pères, 2.
Servy, rue de la Grange-Batelière, 16.
Sibire, rue du Four-St-Germain, 25.
Thiébault, rue du Faubourd-Montmartre, 31.
Tissier, doyen, rue Rameau, 4.
Tixier, rue Saint-Honoré, 288.
Trodoux, rue Thévenot, 16.
Vigier, quai Voltaire, 17.
Viollette, rue de la Michodière, 2.
Vivet, rue du Pont-d -Lodi, 5.
Warnet, rue Richelieu, 67.
Weill, rue de l'Echiquier, 27.

---

### TRIBUNAL DE COMMERCE,

#### BOULEVARD DU PALAIS.

#### Président :

M. Louvet (Athanase) ✳, rue de Cléry, 23.

#### Juges : MM.

Guibal (François-Charles), rue Vivienne, 40.
Chabert (Joseph), r. Royale-Saint-Honoré, 11.
Boudault (Pierre-Charles), rue Martel, 3.
Morel (Adolphe), rue Saint-Antoine, 110 bis.

Delessert (François-Benjamin-Marie), r. Basse de Passy, 11.
Salmon fils (Charles-Gustave) ✳, rue Saint-Pierre-Popincourt, 16.
Gervais (Ferdinand-Louis), rue de Laval, 26.
Daguin (Jean-Baptiste-Ernest) ✳, rue Geoffroy-Marie, 5.
Michau (Jean-Louis), rue d'Enfer, 91.
Hussenot (Jacques-Dominique-Théodore), r. du Mail, 1.
Melon de Pradou (Jules-Emile), rue Saint-Denis, 374.
Balaine fils (Charles-Bruno) rue Faubourg-du-Temple, 97.
Moreau (Edouard-Frédéric), r. de la Vict., 93.
Firmin-Didot (Paul), rue Jacob, 56.

#### Suppléants : MM.

Boullay (Etienne), quai de l'Ecole, 30.
Jourde (Philippe-Auguste), rue de Paradis-Poissonnière, 50.
Capproncier (Charles-Etienne), r. de l'Oratoire du Roule, 15.
Mercier (Aug.-Eugène), r. St-Honoré, 129.
Evette fils (Alfred-Félix), rue Turgot, 15.
Dommartin (Firmin) ✳, r. des P.-Ecuries, 13.
Bucquet (Marie-Pierre-Edmond), rue Pavée-au-Marais, 13.
Mauban (Réné-François), rue Guénégaud, 17.
Baudelot (Erne t) quai de la Rapée, 84.
Ricord (Pierre-Emmanuel-Joseph), r. Alibert prolongée, 9.
Ccusté (Joseph-Désiré), quai des Célestins, 16.
Séguier (Ernest-Auguste), rue Cadet, 24.
Martinet (Louis-Paul), b de Sébastopol, 131.
Veyrat (Augustin - Henri - Adolphe), rue du Château d'eau, 31.
Paillard-Turenne (Jean-Henri-Pierre), rue de Dunkerque, 37.
Baugrand (Jules-Gustave) ✳, r. de la Paix, 19.

#### Greffier en chef.

M. Glandaz, boulevard de la Madeleine, 9.

#### Commis-Greffiers : MM.

Poidevin, rue de l'Abbaye, 31, à Montmartre.
Lebrun, rue Lamartine, 19.
Grattard, à Colombes.
Roy, rue du Petit-Carreau, 33.
Le Becq, à Perret-Levallois.
Daniel, rue David, 15, à Passy (faillites).
Bastard, Chaussée de Clignancourt, 17 (faill.).

#### Secrétaire de la Présidence.

M. Camberlin, au Tribunal de commerce.

#### Huissiers audienciers :

MM. Devaux fils, Nitot, Deschamps, Châle.

15 *Agréés près le Tribunal de Commerce* : MM.

Prunier-Quatremère, *doyen*, rue Pernelle, 12.
Fréville, place Boieldieu, 1.
Deleuze, r. Montmartre, 146.
Hèvre, r. Bertin-Poirée, 13.
Froment, boul. Sébastopol, 24.
Buisson, avenue Victoria, 22.
Meighen, rue de Rivoli, 77.
Delaloge, rue des Jeûneurs, 42.

Martel, rue Croix-des-Petits-Champs, 38.
Schayé, r. du Faub.-Montm., 8.
Hervieux, q. de la Mégisserie, 12.
Bra, rue Croix-des-Petits-Champs, 25.
Walker, r. Grange-Batelière, 16.
Marraud, rue Rossini, 2.
Ribot, boul. Poissonnière, 23.

### • CHAMBRE.

Séances le premier lundi du mois, chez le président.

MM. Deleuze, *président.*

Froment, *syndic.*

Buisson, *secrétaire.*

Delaloge, *trésorier.*

### OFFICIERS GARDES DU COMMERCE.

Loi sur la contrainte par corps abolie, 1867.

*Des syndics des Faillites :* MM.

Barbot, boulevard de Sébastopol, 22.
Barboux, rue de Savoie, 20.
Battarel, rue de Bondy, 7.
Beaufour, rue du Conservatoire, 10.

Beaugé, rue Saint-André-des-Arts, 50.
Beaujeu, rue de Rivoli, 66.
Bégis, rue des Lombards, 31.
Bourbon, rue Richer, 39.
Chevallier, rue Berlin-Poirée, 9.
Copin, rue Guénégaud, 17.
Crampel, rue Saint-Marc, 6.
Devin, rue de l'Echiquier, 12.
Dufay, rue Laffitte, 43.
Gauche, rue Coquillère, 14.
Grison (Richard), boulevard Magenta, 95.
Hécaen, rue de Lancry, 9.
Heurtey fils, rue Mazarine, 68.
Knéringer, rue Labruyère, 22.
Lamoureux, quai le Peletier, 8.
Lefrançois, rue Richer, 26.
Legriel, rue Godot de Mauroy, 37.
Meillencourt, r. Notre-Dame-des-Victoires, 40.
Meys, rue des Jeûneurs, 41.
Moncharville, rue de Provence, 52.
Normand, rue des Grands-Augustins, 19.
Pinet, rue de Savoie, 6.
Pluzanski, boulevard Saint-Michel, 53.
Quatremère, quai des Grands-Augustins, 55.
Sarazin, rue de Rivoli, 39.
Sautton, boulevard de Sébastopol, 9.
Sommaire, rue des Ecoles, 62.
Trille, rue Saint-Honoré, 217.

---

## JUSTICES DE PAIX DE PARIS ET DES CANTONS RURAUX.

En conséquence de l'art. 17 de la loi du 25 mai 1838, modifiée par celle du 2 mai 1855, les huissiers de la ville de Paris ne pourront délivrer de citation que sur la remise d'un bulletin portant le numéro d'ordre du registre des avertissements préalables.

Il n'y aura d'exception que pour les causes où il y aurait péril en la demeure *reconnu par le juge,* et pour celles dans lesquelles le défendeur serait domicilié hors de l'enceinte de la ville de Paris.

L'huissier qui aura délivré la citation devra, la veille de l'audience, avant 4 heures, en déposer au greffe l'original, rappelant en marge le numéro d'ordre du bulletin ci-dessus prescrit.

Le greffier reçoit pour tout droit et par chaque avertissement une rétribution de 25 c., y compris l'affranchissement, qui est, dans tous les cas, de 10 c.

Le greffe de chaque justice de paix est ouvert tous les jours (fêtes et dimanches exceptés) de 10 h. du matin à 4 h. du soir.

Pour les conseils de famille, des pièces doivent être déposées au greffe à l'avance.

*Premier arrondissement (du Louvre), dont la Mairie est place du Louvre.*

Composé des quartiers : 1. St-Germain-l'Auxerrois; 2. des Halles; 3. du Palais-Royal; 4. de la place Vendôme.

MM.
Prieur de la Comble ✻, *maire,* rue de Rivoli, 79.
Bruneau, *juge de paix,* rue de la Paix, 23.
Jooss, 1er supp., r. du Marché-St-Honoré, 4.

Jules de Cagny, 2e supp., rue de Rivoli, 61.
Deleau, *greffier,* boul. St-Martin, 55.
Chicard, *commis-greffier,* av. de Clichy, 47.
*Huissiers-audienciers :* MM. Férasse et Barrier.

Conciliations sur billet d'avertissement, les lundis et mercredis à 11 h. et demie, déf. de suite. Audiences de compétence les vendredis à 11 h., déf. à midi. Citations en conciliation les mercredis à 11 h., défaut à midi. Conseils de famille, lundi et mercredi, à midi.

*Deuxième arrondissement (de la Bourse), dont la Mairie est rue de la Banque, nº 8.*

Composé des quartiers : 5. Gaillon; 6. Vivienne; 7. du Mail; 8. de Bonne-Nouvelle.

MM.
Dufour ✻, *maire,* place de la Bourse, 13.
Poisson-Seguin, *juge de paix,* r. de Choiseul, 20.
Chatelain, 1er supp., r. d'Anjon-St-Honoré, 7.
Da, 2e supp., r. Neuve-des-Petits-Champs, 62.

Fournier, *greffier,* rue St-Louis-au-Marais, 26.
Roger, 1er *commis-greff.,* r. du Cherche-Midi, 56.
Mignae fils, 2e *commis-greff.* rue du Faubourg-Saint-Denis, 13.
*Huissiers-audienciers :* MM. Forest et Vacher.

Conciliations sur billets d'avertissement les mercredis et jeudis à midi, défauts de suite; conseils de famille les mêmes jours. Audience de compétence et de conciliation sur citation (après permis), les vendredis à midi, défaut de suite.

*Troisième arrondissement (du Temple), dont la Mairie est rue Béranger, 11.*

Composé des quartiers : 9. des Arts-et-Métiers; 10. des Enfants-Rouges; 11. des Archives; 12. Sainte-Avoie.

MM.
Gérard, *maire*, rue Béranger, 3.
Lobey, *juge de paix*, rue Béranger, 11.
Joumar, 1ᵉʳ *supp.*, rue de Lille, 7 bis.

Baudot, 2ᵉ *supp.*, r. Neuve-des-Capucines, 9.
Cammaille, *greffier*, rue Commines, 19.
Lefour, *comm.-greff. assermenté*, r. Béranger, 4.
*Huissiers-audienciers* : MM. Perrin et Fabrizi.

Conciliations sur billets d'avertissement, et pour les aff. urgentes, les lundis à 11 h., défaut de suite. Conciliations sur citation le jeudi à 3 heures, défaut de suite. Audience de compétence, jeudi à 10 h., défaut à 11 heures. Conseils de famille, les lundis à 1 h.

*Quatrième arrondissement (de l'Hôtel-de-Ville), dont la Mairie est rue Sainte-Croix-de-la-Bretonnerie, 20.*

Composé des quartiers : 13. St-Merri; 14. St-Gervais; 15. de l'Arsenal; 16. Notre-Dame.

MM.
Drouin ✳, *maire*, r, Ste-Croix-de-la-Bret., 21.
Poullain-Deladreue, *juge de paix*, r. Jacob, 41.
I. Yver, 1ᵉʳ *supp.*, r. Neuve-St-Augustin, 6.
Lorget, 2ᵉ *supp.*, r. Saint-Honoré, 362.

Demolliens, *greffier*, place de l'Arsenal, 6.
Desvaux, 1ᵉʳ *commis-greff.*, r. Roi-de-Sicile, 22.
Godet, 2ᵉ *commis-greff.*, rue du Pont-Louis-Philippe, 13.
*Huissiers-audienciers* : MM. Antier et Hénault.

Conciliations sur billets d'avertissement les mardis, jeudis et samedis, à midi. Aud. de compétence le vendredi, à 11 h., déf. à midi. Aud. de conciliation sur citation les mercredis, à 11 h., déf. à midi. Conseils de famille, les lundis et mercredi, à midi.

*Cinquième arrondissement (du Panthéon), dont la Mairie est place du Panthéon.*

Composé des quartiers: 17. Saint-Victor; 18. du Jardin-des-Plantes; 19. du Val-de-Grâce; 20. de la Sorbonne.

MM.
Rataud O ✳, *maire*, rue des Feuillantines, 100.
Levincent, *juge de paix*, r des Feuillantines, 82.
Kieffer, 1ᵉʳ *supp.*, rue Christine, 3.

Arambre, 2ᵉ *supp.*, rue Saint-Benoît, 20.
Marquis, *greffier*, place de l'Estrapade, 1.
*Huiss.-audienciers* : MM. Sédillon et Demonchy.

Conciliations sur billets d'avertissement tous les mardis et vendredis, à midi, déf. de suite. Aud. de compétence et conciliations sur citation, les mercredis, à midi, défaut de suite.

*Sixième arrondissement (du Luxembourg), dont la Mairie est place Saint-Sulpice.*

Composé des quartiers : 21. de la Monnaie; 22. de l'Odéon; 23. Notre-D.-des-Champs; 24. Saint-Germain-des-Prés.

MM.
Gressier C ✳, *maire*, r. N.-D.-des-Champs, 27.
Boullanger, *juge de paix*, r, de Vaugirard, 63.
Lescot, 1ᵉʳ *supp.*, rue Louis-le-Grand, 21.

Sebert, 2ᵉ *supp.*, r. St-André-des-Arts, 45.
Bonabeau, *greffier*, rue du Cherche-Midi, 17.
Esnault, *commis-greffier*, rue Bonaparte, 78.
*Huiss.-aud.* : MM. Gendrier jᵉ et Demouchy jᵉ.

Conciliations sur billets d'avertissement les mardis, mercredis et samedis, à 11 h. et demie. Aud. de compétence les jeudis à midi, déf. de suite. Conciliations sur citation les jeudis, à 11 h., déf. de suite. Conseils de famille les mardis, mercredis et samedis, à 10 h. et demie.

*Septième arrondissement (du Palais-Bourbon), dont la Mairie est rue de Grenelle, 110, Faubourg-Saint-Germain.*

Composé des quartiers : 25. Saint-Thomas-d'Aquin; 26. des Invalides; 27. de l'École-Militaire; 28. du Gros-Caillou.

MM.
Le marquis de Villeneuve Bargemon ✳, *maire*, rue de Lille, 63.
Louvet ✳, *juge de paix*, rue de Verneuil, 11.
Morin ✳, 1ᵉʳ *s.*, r. de Riv., 73, et r. de la Monn., 36.

Sorel, 2ᵉ *supp.*, rue des Grands-Augustins, 19.
Fleury, *greffier*, rue St-Honoré, 219.
Brequenais, *commis-greffier*, r. de Sèvres, 155.
*Huiss.-audienciers*: MM. Legendre et Chartier.

Conciliations sur billets d'avertissement tous les jours à 10 h. et demie, excepté le vendredi. Aud. de compétence les vendredis à 10 h., déf. à 11 h. Conciliations sur citations les mardis à 10 h., déf. à 11 h. Conseils de famille les mardis et samedis, à 11 h. et demie.

*Huitième arrondissement (de l'Élysée), dont la Mairie est rue d'Anjou-St-Honoré, 11.*

Composé des quartiers : 29. des Champs-Élysées; 30. du Faubourg-du-Roule; 31. de la Madeleine 32. de l'Europe.

MM.
Abel Laurent ✳, *maire*, r. François Ier, 12.
Béreoger ✳, *juge de paix*, r. du Cirque, 13 .
Courcier, 1er *suppléant*, rue Richepanse, 5.

Gallard, 2e *supp.*, rue du Faub. St-Honoré, 100.
Norgeot, *greffier*, rue Roquépine, 17.
Drouet, *c.-g. ar.*, r. des Acacias, 60, à Montmart.
Hulss.-aud.: MM. Gendrier aîné et Lagorce aîné.

Conciliations sur billets d'avertissement, les mardis, mercredis, jeudis et samedis, à 1 h. Aud. de compétence, le vendredi, à midi, déf. de suite. Conciliations sur citations le mardi, à midi, défaut de suite.

### Neuvième arrondissement (de l'Opéra), dont la Mairie est rue Drouot, 6.

Composé des quartiers : 33. Saint-Georges ; 34. de la Chaussée-d'Antin ; 35. du Faub.-Montmartre 36. de Rochechouart.

MM.
Foucher ✳, *maire*, rue de Berlin, 38.
Guilbou, *juge de paix*, rue Blanche, 99.
Roche, 1er *suppléant* rue Cadet, 7.
N...., 2e *suppléant*.

Barrier, *greffier*, rue Mansart, 15.
Maritaud, *commis-greff.*, rue de Laval, 13.
Leferre, *comm.-greff.*, r. Neuve Coquenard, 15.
Huls.-audienciers : MM. Porcher et Léger.

Conciliations sur billets d'avertissement les lundis, mardis et samedis, à 11 h., déf. à midi ; conseils de famille, les mêmes jours, à 1 h. et demie. Aud. de compétence et de conciliations sur citations les mercrdis et vendredis, à midi, déf. de suite.

### Dixième arrondissement (de l'Enclos-Saint-Laurent), dont la Mairie est rue du Faubourg-Saint-Martin, 72.

Composé des quartiers : 37. St-Vincent-de-Paul ; 38. de la Porte-St-Denis ; 39. de la Porte-Saint-Martin ; 40. de l'Hôpital-St-Louis.

MM.
Thiébault ✳, *maire*, r. du Faub.-St-Denis, 111.
Lachaud ✳, *juge de paix*, boul. St-Martin, 18.
Bertrand, 1er *supp.*, rue de Lancry, 5.
Berriat Saint-Prix, 2e *supp.*, r. de Madame, 22.

Cochet, *greffier*, rue d'Hauteville, 51.
Poussot, *commis-greffier*, r. du Faubourg-Saint-Martin, 128.
Roussel, *id.*, r. du Faub.-St-Martin, 214.
Huls.-aud.: MM. Brossier et Laurain.

Conciliations sur billets d'avertissement les lundis, vendredis et samedis, à midi, déf. de suite. Aux mêmes jours et heures, M. le juge de paix reçoit les personnes qui se présentent pour le consulter. Aud. de compétence le mercredi à midi, déf. de suite. Conciliations sur citations le vendredi, à midi, déf. de suite.

### Onzième arrondissement (de Popincourt), dont la Mairie est place du Prince-Eugène.

Composé des quartiers : 41. de la Folie-Méricourt ; 42. Saint-Ambroise ; 43. de la Roquette ; 44. Sainte-Marguerite.

MM.
Levy (Fréd.) ✳, *maire*, r. de la Roquette, 58.
Malherbe, *juge de paix*, avenue Parmentier, 2.
Gallois ✳, 1er *supp.*, r. des Bourdonnais, 31.

De Brotonne, 2e *supp.*, r. Sainte-Anne, 23.
Bouchez, *greffier*, rue des Tournelles, 52.
Richard, *commis-greffier*, r. Richard-Lenoir, 42.
Huissiers-aud.: MM. Lagorce et Percevault.

Conciliations sur billets d'avertissement, les jeudis et samedis à 11 h., déf. de suite. Aud. de compétence les mardis à midi, déf. de suite. Conciliat. sur citations les mercredis à midi, déf. de suite.

### Douzième arrondissement (de Reuilly), dont la Mairie est à l'ancienne mairie de Bercy.

Composé des quartiers : 45. du Bel-Air ; 46. de Picpus ; 47. de Bercy ; 48. des Quinze-Vingts.

MM.
Dupérié-Pellou ✳, *maire*, rue de Bercy ; 84 (quart. de Bercy).
Lefrançois, *juge de paix*, r. de Lyon, 57 et 59.
Ernest Moreau ✳, 1er *supp.*, r. St-Arnaud, 4.

Cauchois (H.-M.), 2e *supp.*, r. St-Antoine, 183.
Chambert, *greffier*, r. de Bercy-St-Antoine, 11.
Montmort et Moureau, *commis-greffiers*, à la justice de paix.
Huissier-audiencier: M. Devey, port de Bercy, 1.

Conciliations sur billets d'avertissement les mardis, mercredis et vendredis, à 11 h. Aud. de compétence les samedis à midi, déf. de suite. Conciliations sur citations, les mardis à midi, déf. de suite. Conseils de famille les mardis et mercredis à 1 h.

### Treizième arrondissement (des Gobelins), dont la Mairie est ancien bâtiment de la barrière d'Italie, pavillon de l'Octroi.

Composé des quartiers : 49. de la Salpêtrière ; 50. de la Gare ; 51. de la Maison-Blanche ; 52. de Croulebarbe.

MM.
Lebel O ✳, *maire*, quai d'Austerlitz, 19.
Collet-Duclos, *juge de paix*, place d'Italie.
Gamard, 1er *supp.*, rue de l'Université, 8.

Brémard, 2e *supp.*, r. Louis-le-Grand, 23.
E. Dumont, *greffier*, r. Guy-de-la-Brosse, 4.
Huls.-aud.: M. Batrel, barrière d'Italie, 6.

Audience des conciliations sur citations, les samedis à midi précis; sur billets d'avertissement les mardis et samedis à midi, déf. de suite. Aud. de compétence les jeudis à midi précis. Conseils de famille les samedis à 11 h.

*Quatorzième arrondissement (de l'Observatoire), dont la Mairie est dans les bâtiments de l'ancienne Mairie de Montrouge.*

Composé des quartiers: 53. du Moutparnasse; 54. de la Santé; 55. du Petit-Montrouge; 56. de Plaisance.

### MM.

Boullée, *maire*, rue d'Enfer, 111.
Brochot, *juge de paix*, r. de la Pépinière, 53.
Drelon ✱, 1er supp., rue Guénégaud, 27.
Sibire, 2e supp., rue du Four-St-Germain, 25.

Potheau, *greffier*, avenue de l'Observatoire, 20.
Cottez, *commis-greffier*, rue Boulard, 33.
*Huissier-audiencier:* M. Dramard, r. Brezin, 21, quartier du Petit-Montrouge.

Conciliations sur billets d'avertissement et conseils de famille, les mardis et vendredis, à 11 h. et demie, déf. de suite. Aud. de compétence et conciliations sur citations, le jeudi à midi, déf. de suite.

*Quinzième arrondissement (de Vaugirard), dont la Mairie est place de la Mairie, à Vaugirard.*

Composé des quartiers : 57. Saint-Lambert; 58. Necker; 59. de Grenelle; 50. de Javel.

### MM.

Aubert ✱, *maire*, r. du Théâtre-Grenelle, 103.
Quatresolz de Marolles, *juge de paix*, rue de Cambronne, 90, quartier de Vaugirard.
Des Etangs, 1er supp., r. Montmartre, 131.

Levasseur, 2e supp., passage des Favorites, 11.
Roullier, *greff.*, r. Gerbert, 7, Paris-Vaugirard.
Toulouse, *commis-greffier*, Grande Rue, 126.
*Huiss.-aud.*, M. Sedillon, rue Beuret, 13.

Conciliations sur billets d'avertiss. et sur citations, les mardis et vendredis, à 11 h., déf. de suite. Aud. de compétence, les jeudis, à midi, déf. de suite. Conseils de famille, les mercredis à midi.

*Seizième arrondissement (de Passy), dont la Mairie est bâtiment de l'ancienne Mairie de Passy.*

Composé des quartiers: 61. d'Auteuil; 62. de la Muette; 63. de la porte Dauphine; 64. des Bassins.

### MM.

Le baron de Bonnemains ✱, *maire*, av. de l'Impératrice, 39.
Fagniez ✱, *j. de p.*, à son cabinet, tous les jours.
Guyot-Sionnest, 1er supp., r. de la Michodière, 21.

Martin-Le Roy, 2e supp., rue Aubert, 10.
Gestin, *greff.*, Grande-Rue de Passy, 37.
Dalloyau, *c.-greff.*, r. des Carr., 45, q. de Passy.
*Huissiers-aud.:* MM. Legorce aîné, rue Saint-Honoré, 223, Gendrier, r. Saint-Honoré, 217.

Aud. de conciliations sur billets d'avertissement et sur citations, les mardis, à 1 h. précise. Aud. de compétence, les vendredis, à 1 h. précise.

*Dix-septième arrondissement (des Batignolles - Monceaux), dont la Mairie est bâtiment de l'ancienne Mairie de Batignolles.*

Composé des quartiers : 65. des Ternes; 66. de la plaine de Mouceaux; 67. des Batignolles; 68. des Epinettes.

### MM.

Ba'sgny ✱, *maire*, boul. des Batignolles, 10.
Nogent-Saint-Laurent ✱, *juge de paix*, à Batignolles, rue du Boulevard, 15.
Lesenne, 1er supp., r. du Marché-St-Honoré, 5.

Mouillefarine, 2e supp., rue Ventadour, 7.
Croll, *greffier*, r. de l'Hôtel-de-Ville, 6.
Freté, *commis-greffier*, r. Nollet, 61.
*Huissier-aud.:* M. Guimond, Grand-Rue, 50 quartier des Batignolles.

Conciliations sur citations les vendredis à 11 h., déf. de suite et sur billets d'avertissement, les vendredis à midi, déf. de suite. Aud. de compétence, les mercredis à midi, déf. de suite. Conseils de famille tous les jours à 10 h.

*Dix-huitième arrondissement (de la Butte-Montmartre), dont la Mairie est rue de l'Abbaye.*

Composé des quartiers : 69. des Grandes-Carrières; 70. de Clignancourt; 71. de la Goutte-d'Or; 72. de la Chapelle.

### MM.

Léon Le Blanc ✱, *maire*, r. des Brouillards, 15.
Champreux, *juge de paix*, rue Doudeauville, 12, quartier de la Chapelle.
Le Helloco, 1er supp., r. Neuve-St-Augustin, 60.

Boinod, 2e supp., r. de Ménars, 11.
Coste, *greffier*, Grande-Rue de la Chapelle, 61.
Tertiaux, *commis-greffier*, id.
*Huissiers-audienciers:* MM. Louvet, r. Richelieu, 92, et Petit, Faubourg-Poissonnière, 27.

Conciliations sur billets d'avertissement, les mercredis et jeudis, à midi. Aud. de compétence, les vendredis, à midi, déf. de suite. Conciliations sur citations après l'audience. Conseils de famille, les mercredis et jeudis à 2 h. pr.

*Dix-neuvième arrondissement (des Buttes-Chaumont), dont la Mairie est rue de Bordeaux.*

Composé des quartiers : 73. de la Villette; 71. du Pont-de-Flandres; 75. d'Amérique ; 76. du Combat.

MM.

Nicol ✕, *maire*, impasse Fessart, 8.
Mancel, *juge de paix*, r. de Flandre, 47.
Boucher, 1er *suppléant*, r. Neuve des-Petits-
   Champs, 95.

Hardy, 2e *supp.*, rue de Provence, 5.
Verly, *greffier*, r. Royale-Villette, 1.
Scouflaire, *commis-greffier*, r. Rébéval, 19.
*Huissier-aud.*, M. Tricot, r. de Flandre, 47,
   quartier de la Villette.

Conseils de famille, les mardis, à 10 h. et demie. Conciliations sur billets d'avertissement, les mardis à 11 h. Conciliations sur citations, les mercredis à 10 h. et demie. Aud. de compétence, les mercredis à 11 h.

*Vingtième arrondissement (de Ménilmontant), dont la Mairie est rue de Paris, 128,*
*quartier de Belleville.*

Composé des quartiers : 77. de Belleville; 78. Saint-Fargeau ; 79. du Père-Lachaise; 80. de Charonne.

MM.

Morel Fatio ✕, *maire*, r. de la Sourdière, 18.
Rozière, *juge de paix*, r. de Tivoli, 15.
Luboissière, 1er *supp.*, r. du Sentier, 29.
Coulon, 2e *supp.*, boul. Haussmann, 59.

Delzons, *greffier*, r. de Paris-Belleville, 128.
Gobillot, *commis-greff.*, r. de Paris-Bellev., 68.
*Huiss.-audiencier :* M. Foucon, rue de Paris, 67,
   quartier de Belleville.

Conciliations sur billets d'avertissement les mercredis, vendredis, à midi, déf. de suite. Conciliat. sur cit. les vendredis à midi, déf. de suite. Aud. de compétence, les mardis à midi, déf. de suite. Conseils de famille, les mercredis à 1 h.

### Canton de Saint-Denis.

Chef-lieu d'arrondissement.

Composé des communes d'Aubervilliers, Dugny, Epinay, La Cour-Neuve, l'Ile-Saint-Denis, Saint-Denis, Saint-Ouen, Stains, Pierrefitte et Villetaneuse.

MM.

Raux, *juge de paix*, à St-Denis, r. Aubert, 12.
Descoings, 1er *supp.*, id., r. Compoise, 58.
Comartin ✕, 2e *supp.*, à Paris, r. Bergère, 18.

Boccon-Gibod, g., à St-Denis, r. des Ursulines, 9.
Peru, *comm.-greff.*, r. Lannes, 8, à St-Denis.
Chauvin, *huiss.*, à St-Denis, r. Moreau, 1.

Salle d'audience rue Franklin, 7. Audience de compétence les vendredis à 11 h. Conciliations sur citations le même jour à midi. Conciliations sur lettres les mardis à midi. Aud. de police, le 1er vendredi de chaque mois à midi. Conseils de famille, avis de parents, actes de notoriété, etc., les mardis à 2 h. Jours de réception de M. le juge de paix, tous les jours, le dimanche excepté, de midi à 4 h., en son cabinet, rue de Paris. Aud. de concil. sur citat. et de compét. tous les samedis à 11 heures à Aubervilliers, hôtel de la Mairie. Le prem. samedi de chaque mois, aud. de police.
   Le même jour conciliat. sur lettres, conseils de famille, etc.

### Canton de Pantin.

Composé des communes de Bagnolet, Bobigny, Bondy, Bourget (le), Drancy, Noisy-le-Sec, Pantin, Prés-St-Gervais, Romainville.

MM.

Lanoë, *juge de paix*, r. Platrière, 22, aux Prés-
   St-Gervais.
Crucy, 1er *supp.*, à Paris, r. N.-D.-de-Lor., 56.

N.... 2e *suppléant.*
Deshayes, *greff.*, à Pantin, pl. de l'Eglise, 20.
Populus, *comm.-gr.*, r. de Paris, 122, à Pantin.
Foucon, *huiss.*, r. de Paris, 67, à Belleville.

Conciliations sur lettres, conseils de famille, les mardis à 1 h., aud. de compétence et de police les vendredis, à 1 h. défaut de suite.

### Canton de Neuilly.

Composé des communes de Boulogne, Clichy, Levallois-Perret et Neuilly.

MM.

Froger de Mauny, *juge de paix*, à son cabinet,
   tous les jours.
Ancelle, 1er *suppléant*, à Neuilly, route de la
   Révolte, 11.

Corrard, 2e *supp.*, à Boulogne, Grande-Rue, 81.
Simonnot, *greff.*, à Neuilly, av. de Neuilly, 69.
Saunier, *comm.-g.*, à Neuilly, av. de Neuilly, 30.
Jumeau, id. id. route de la Révolte, 15.
Dessesquelle, *huiss.*, à Neuilly, pl. de la Mair., 2.

   Greffe    vsalle d'audience, à Neuilly, hôtel de la Mairie.

Audiences civiles les mardis à midi ; aud. de la police le premier et le troisième samedi de chaque mois, à midi. Conciliations les jeudis à 11 h., défaut de suite. Conseils de famille les mercredis.

## Canton de Courbevoie.

Composé des communes d'Asnières, Colombes, Courbevoie, Genevilliers, Nanterre, Puteaux et Surènes.

**MM.**

Damotte, *j. de paix*, à Courbev., pl. Napoléon, 1.
Grébaut, 1er *supp.*, à Courbevoie, rampe du Pont de Neuilly.

Chédeville ✳, 2e *supp.*, à Paris, r. de Rivoli,162.
Dumont, *greffier*, à Courber., r. du Château, 17.
Letellier, *huissier*, à Courbevoie, avenue de Saint-Germain, 12.

Audiences civiles, les vendredis, défaut à midi. Audiences de police le premier vendredi de chaque mois, avant l'audience civile, déf. à midi. Conciliations sur lettres les mardis à midi, à l'Hôtel-de-Ville.

## Canton de Sceaux.

### Chef-lieu d'arrondissement.

Composé des communes d'Antony, Bagneux, Bourg-la-Reine, Châtenay, Châtillon, Clamart, Fontenay-aux-Roses, Issy, Montrouge, Plessis-Piquet, Sceaux et Vanves.
Cabinets du juge de paix et du greffier à Sceaux, hôtel de la justice de paix, ouverts tous les jours de 10 à 4 heures.

**MM.**

Mazen ✳, *j. de paix*, à Sceaux, hôtel de la Mairie.
Grosjean, 1er *supp.*, au Plessis-Piquet.
Dourlens ✳, 2e *supp.*, à Sceaux, r. du P.-Chemin.

Hordé, *greff.*, à Sceaux, r. de la Petite-Croix.
Favre, *commis-greffier*, r. Houdan, 20.
Dramard, *huiss.*, r. Brézin, 12, à Paris-Montr.
Sedillon, *huiss.*, r. Beuret, 13, quinzième arr.　c

Audiences, à Sceaux, à la justice de paix, place de l'Hôtel-de-Ville, les vendredis à midi, défaut d suite. Conciliations sur citations et conciliations sur simples lettres, les mardis, à midi et demi. Conseils de famille les mardis à midi et demi. Aud. de police tous les quinze jours, le vendredi, à midi et demi.

## Canton de Charenton.

Composé des communes de Bonneuil, Bry-sur-Marne, Champigny, Charenton-le-Pont, Creteil, Joinville-le-Pont, Maison-Alfort, Nogent-sur-Marne, St-Maurice et St-Maur-les-Fossés.

**MM.**

Chensin, *j. de p.*, à Char.-le-Pont, r. du Parc, 13.
Evariste Blondel ✳, avoc., 1er *supp.*, à Paris, q.°de l'Ecole, 30.

Bisson, not., à Nogent-s.-Marne, 2e *supp.*
Chesnel, *greffier*, à Charenton, r. Gabrielle.
Desvignes, *c.-g.*, r. des Carr., 107, à Charenton.
Hard, *huiss.*, r. des Carrières, 98, à Charenton.

Audience civile les lundis à midi, déf. de suite. Conciliation sur lettres les jeudis à midi. Audience de police le premier jeudi de chaque mois, hôtel de la Mairie, au château Gabrielle.
Conciliations volontaires et légalisations des signatures des fonctionnaires publics tous les jours de 9 h. à midi, dans le cabinet de M. le juge de paix, rue du Parc, 13.

## Canton de Villejuif.

Composé des communes d'Arcueil, Chevilly, Choisy-le-Roi, Fresnes, Gentilly, Ivry, L'hay, Orly, Rung, Thiais, Villejuif et Vitry-sur-Seine.

**MM.**

Deschamps, *j. de paix*, à Vitry, r. du Soult, 12.
Guiblin, 1er *supp.*, r. Frileuse, 23, à Gentilly.
Michel, 2e *supp.*, notaire à Choisy-le-Roi, rue de Seine.

Hénault, *greff.*, à Villejuif, Grande-Rue, 15.
Martin, *commis-greff.*, à Villejuif.
Batrel, *huiss.*, à Villejuif, Grande-Rue, 5.
Just. *de paix*, hôtel de la Mairie, pl. de l'Eglise, 5, à Villejuif.

Audience de compétence les mercredis, à midi précis. Conciliations sur lettres, sur citations et conseils de famille à 11 h. précises. Audience de police le même jour à 1 h. les 2e et 4e mercer. de chaque mois.
Conciliations sur lettres et sur citations, conseils de famille les jeudis à midi précise, à la mairie de Vitry-sur-Seine.

## Canton de Vincennes.

Composé des communes de Fontenay-sous-Bois, Montreuil, Rosny, St-Mandé, Villemonble et Vincennes.

MM.
Pugeault, *j. de paix*, à Vincennes, r. du Midi, 26.
Malsizé, 1er *sup.*, av. du Bel-Air, 17, à St-Mandé.
Racle, 2e *supp.*, à Paris, r. de Savoie, 13.

Siége de la Justice de paix, à l'hôtel-de-ville de Vincennes.

Aud. de police les vendredis tous les quinze jours à midi précis. Aud. de compétence tous les vendredis à midi précis, défaut de suite. Conseils de famille tous les mardis, à 11 h. précises.
Conciliations sur lettres tous les mardis, à 11 h. précises, au siége de la Justice de paix. M. le juge de paix reçoit tous les jours, dans son cabinet, à l'hôtel de ville de Vincennes.

Ludovic Mérandon, *greffier*, rue de l'Hôtel-de-Ville, 21, à Vincennes.
Leroy, *comm.-greff. ass.*, r. de Montreuil, 128.
Isnard, *huiss.*, route de Paris, 7, à Vincennes.

---

## TRIBUNAL DE POLICE MUNICIPALE.

### *Au Palais de justice.*

Ce tribunal connaît, d'après les articles 137 et 138 du Code d'instruction criminelle, de toutes les contraventions de police simple qui peuvent donner lieu soit à 15 fr. d'amende ou au-dessous, soit à cinq jours de prison ou au-dessous, qu'il y ait ou non confiscation de choses saisies, et quelle qu'en soit la valeur.
Audience tous les jours (le lundi, les fêtes et dimanches exceptés).

MM.
Truy ※, *commissaire de police*, dél. ad hoc, rue Bayen, 6, quartier des Ternes.
Nouvelle ※, *comm. de p.*, r .de l'Ouest, 35, adj.
Ludet ※, *comm. de pol.*, r. Cambacérès, 10, id.

Le greffe est ouvert tous les jours, cour du Mai, de 10 h. du matin à 4 h.

MM.
Petit, *greffier*, au Palais de Justice, cour du Mai, et rue Saint-Séverin prolongée, 19.
Vast, *comm.-greff.*, r. St-Louis-en-l'Île, 78.
Rihouay, *id.*, rue Gozlin, 12.
Pillat, *id*, rue d'Orléans, 31.
Durlin, *comm. d'ordre*, rue Keller, 26.
*Secrét. du parquet.* M. Simon, r. de Vanves, 4.

---

## NOTAIRES A PARIS.

MM.
Acloque ※, rue Montmartre, 146.
Amy, avant l'ann., not. à Passy, r. Franklin-Passy, 12.
Aumont-Thiéville, boul. B.-Nouv., 10 bis.
Aveline, avant l'annex., notaire à Vaugirard, Grande-Rue de Vaugirard, 105.
Bacquoy, voy. Guédon.
Bardout, rue Lepelletier, 29.
Baron, av. l'ann., not. à Batignolles, r. Biot, 3.
Barre, boul. des Capucines, 9.
Bazin, rue de Ménars, 8.
Beau, r. du Fauhourg-Poissonnière, 7.
Berecon, rue Saint-Honoré, 316.
Bertrand (Ernest), rue J.-J. Rousseau, 1.
Bertrand-Maillefer, rue du Havre, 10.
Boissel, rue Saint-Lazare, 93.
Bouchard, place Boïeldieu, 1.
Bourget, r. N.-D.-de-Lorette, 15.
Bournet-Verron, rue Saint-Honoré, 83.
Bouvery, route d'Italie, 21.
Breuillaud, rue Saint-Martin, 333.
Cabaret, rue Louis-le-Grand, 28.
Carré, place des Petits-Pères, 9.
Chapellier, quai de la Mégisserie, 20.
Charlot, boul. de Sébastopol, 31.
Corrard, r. du Marché-Saint-Honoré, 11.
Collin, boulevard Saint-Martin, 19.
Courot (Armand), pl. de l'Ecole-de-Méd., 17.
Cuorot (Ferdinand), rue de Cléry, 5.
Crosse, rue de Grenelle-Saint-Honoré, 11.
Delapalme (Alfred), r. Castiglione, 10.
Delapalme (Jules-Emile), rue Auber, 9.
Delapalme (Emile) ※, r. de la Ch.-d'Ant., 23.

MM.
Delaporte, r. de la Chaussée-d'Antin, 68.
Delaunay, r. de la Chaussée-d'Antin, 41.
De Madre ※, rue Saint-Antoine, 205.
Demanche, place de la Concorde, 5.
Deschars, r. de Grenelle-St-Germain, 11.
Desforges, rue d'Hauteville, 1.
Devès, rue Laffitte, 3.
Dubois, rue des Petites-Ecuries, 40.
Du Boys, boulevard des Italiens, 27.
Ducloux ※, rue Boissy-d'Anglas, 9.
Dufour ※, place de la Bourse, 15.
Duplan, rue Saint-Honoré, 163.
Durant, rue du Faubourg-St-Honoré, 61.
Du Rousset, rue Jacob, 48.
Fabre, rue Thévenot, 11.-
Fould, rue St-Marc-Feydeau, 21.
Fourchy, quai Malaquais, 5.
Foyard, boulevard Haussmann, 22.
Frémyn, rue de Bellechasse, 11.
Galin, rue St-Marc-Feydeau, 18.
Gamard, rue de Choiseul, 16.
Gatine, rue Sainte-Anne, 51.
Gautier, rue Saint-Honoré, 217.
Gérin, rue Montmartre, 103.
Girardin, rue Richelieu, 43.
Gozzoli, avant l'annexion, notaire à Belleville, rue de Paris-Belleville, 81.
Gripon, rue Vivienne, 22.
Guédon, rue Saint-Antoine, 211.
Harly-Perraud, rue des Saints-Pères, 15.
Hatin, rue Neuve-des-Petits-Champs, 77.
Huillier, rue de Grammont, 16.

Ingrain, avant l'annexion, not. à la Chapelle, Grande-Rue de la Chapelle, 32.
Jozon (Auguste), boul. St-Martin, 67.
Jozon (Emile), rue Coquillère, 25.
Lamontagne, rue Thérèse, 5.
Lamy, rue Royale-Sainte-Honoré, 10.
Lavocat, quai de la Tournelle, 37.
Lavoignat, rue Caumartin, 29.
Leclerc, rue Saint-Martin, 88.
Lefebure de St-Maur, rue d'Aboukir, 77.
Lefebvre, rue Tronchet, 31.
Lemaltre, rue de Rivoli, 61.
Le Monnyer, rue de Hanovre, 4.
Lentaigne, rue Louis-le-Grand, 11.
Leroy, rue Saint-Denis, 7.
Lindel, boul. St-Michel, 9.
Marcq, rue Lafayette, 51.
Mas, rue de Bondy, 38.
Massion, boul. des Italiens, 9.
Meignen, rue Saint-Honoré, 370.
Merlin, r. St-Dominique-St-Germain, 71.
Meunié, rue du Cherche-Midi, 17.
Mocquard ✻, rue de la Paix, 5.
Moreau, rue Vivienne, 53.
Morel-d'Arleux (Ch.), rue de Rivoli, 28.
Morel-Darleux (Félix), r. du F.-Poisson., 35.
Mouchet, rue Taitbout, 21.
Orcibal, boul. St-Michel, 26.
Panhard, r. du Faub.-Poissonnière, 2.
Pascal, rue Grenier-St-Lazare, 5.
Péan de Saint-Gilles, rue de Choiseul, 2.
Persil, rue Pasquier, 31.
Piat, rue de Rivoli, 89.

Pinguet, rue St-Honoré, 175.
Planchat, boulevard Saint-Denis, 8.
Potier, rue Richelieu, 45.
Potier de la Berthellière (Armand), rue du Faubourg-St-Honoré, 5.
Potier de la Berthellière (Arthur), rue Saint-Ferdinand-des-Ternes, 10.
Pourcelt, rue du Bac, 20.
Prestat, rue de Rivoli, 77.
Ragot, avant l'annexion, notaire à la Villette, rue de Flandre-La Villette, 20.
Renard, rue Montmartre, 131.
Robert, boulevard St-Denis, 21.
Robin, rue Croix-des-Petits-Champs, 23.
Roquebert, rue Sainte-Anne, 69.
Rouget, rue Louis-le-Grand, 7.
Schelcher, rue Lepelletier, 18.
Sebert, rue St-André-des-Arts, 45.
Segond, rue de Provence, 56.
Simon, rue Richelieu, 85.
Sorbet, rue du Faubourg-Montmartre, 4.
Tandeau de Marsac, place Dauphine, 23.
Thomas O ✻, rue Bleue, 17.
Thouard, boul. de Sébastopol, 9.
Trépagne, quai de l'Ecole, 8.
Trousselle, boul. Bonne-Nouvelle, 23.
Turquet, rue de Hanovre, 6.
Vassal (Philéas), boul. de Sébastopol, 58.]
Viefville, quai Voltaire, 23.
Yver (H.-Joseph) ✻, r. N.-St-Augustin, 6.
Yver (Julien-François), rue du Faubourg-St-Honoré, 116.

## NOTAIRES DES CANTONS RURAUX

### CANTON DE CHARENTON.

MM. Leclerc, à Charenton.
Bisson, à Nogent-sur-Marne.

### CANTON DE COURBEVOIE.

MM. Fermé, à Suresne.
Gautier, à Nanterre.
Boso, à Colombes.
Weis, à Courbevoie.

### CANTON DE NEUILLY.

MM. Corrard, à Boulogne.
Taupin, à Clichy, ci-d. not. à Pierrefitte.

### CANTON DE PANTIN.

MM. Breugnon, à Pantin, ci-d. not. à Vincen.
Pottier, à Noisy-le-Sec.

### CANTON DE SAINT-DENIS.

MM. Poussié, à Aubervilliers.
Besnard, à Saint-Denis.

### CANTON DE SCEAUX.

MM. Maufra, à Sceaux.
Gosse, à Bourg-la-Reine.

### CANTON DE VILLEJUIF.

MM. Michel, à Choisy-le-Roi.
Dupont, à Arcueil.
Jallon, à Vitry-sur-Seine.

### CANTON DE VINCENNES.

MM. Tessiore, à Fontenay-sur-Bois.
Baboisson, à Vincennes.
Robillard, à Montreuil.

## COMMISSAIRES-PRISEURS.

MM.

Alégatière, rue de l'Echiq., 40.
Alexandre, rue Turenne, 130.
Avril, rue Taranne, 6.
Barizel, passage Saulnier, 7.
Baubigny, rue de Grammont, 20.
Baudry, rue Neuve-des-Petits-Champs, 50.
Béchard-des-Sablons, rue des Moulins, 23.

MM.

Béguin, rue Neuve-des-Petits-Champs, 28.
Berranger, rue Luxembourg, 14.
Bezout, avenue Victoria, 7.
Blot, rue Neuve-St-Augustin, 29.
Bossy, rue Montmartre, 122.
Boucly, rue des Quatre-Fils, 16.
Boulland, rue Richelieu, 79.

Boulouze, rue Ollivier-St-G., 11.
Boussaton, rue Le Peletier, 7.
Bricout, passage Saulnier, 11.
Cailleux, rue d'Enghien, 51.
Caillot, rue Charlot, 5.
Carré, rue Richer, 9.
Charpentier, rue du Helder, 11.
Chasseray, rue Bonaparte, 13.
Clérambault, rue du Colysée, 19.
Commendeur (Doyen), r. Neuve-St-Aug., 33.
Commendoire, boul. Sébastopol, 108.
Coutard, rue de la Chaussée-d'Antin, 21.
Couturier, rue Drouot, 21.
Creton, boul. Bonne-Nouvelle, 25.
Darras, rue Bergère, 21.
Daupeley, rue du Hasard-Richelieu, 15.
David, rue de Trévise, 26.
Delahaye, place Boïeldieu, 1.
Delbergue-Cormont, rue de Provence, 8.
Delon, rue Richer, 46.
Déodor, rue Lafayette, 62.
Dernis, boulevard de Strasbourg, 35.
De Ségogne, rue Lafayette, 110.
Dien, rue Turenne, 95.
Dubourg, rue Laffitte, 9.
Duchon, rue Neuve-St-Augustin, 21.
Dugied, rue des Petites-Écuries, 53,
Dutartre, rue Lamartine, 11.
Dutitre, rue Richelieu, 8.
Duverger Devilleneuve, rue de Verneuil, 13.
Escribe, rue St-Honoré, 217.
Fontaine, rue Drouot, 31.
Fouffé de Ste-Foy, r. du Pont-Louis-Ph., 13.
Fouquet, boulevard du Temple, 10.
Gauthier, rue Béranger, 12.

Gitton de la Ribellerie rue des Fr.-Bourgeois, 16 (Marais).
Guelon-Dubreuil, boul. Sébastopol, 3.
Guillaume, boul. Sébastopol, 25.
Hamouy, rue Bleue, 1.
Hayaux du Tilly, rue de Clichy, 2.
Lafontaine, r. Paradis-Poissonnière, 53.
Lalanne, boul. Magenta, 123.
Langlois, rue Galvani, 12.
Langoil; rue de Choiseul, 5.
Lechat (Henri), rue du Faub.-Poissonn., 62.
Lechat (Ph.), rue de Provence, 73.
Lecocq, rue de Buffault, 11.
Levillain, rue du Faub.-Montmartre, 62.
Maciet, rue Bleue, 17.
Mareschal, rue de Trévise, 17.
Maslier, rue Turenne, 130.
Mondel, boul. St-André, 4.
Navarron, boul. St-Denis, 8.
Navoit, rue Ventadour; 5.
Oudart, cité d'Antin, 8.
Perrot, place du Pont-St-Michel, 5.
Petit, rue Monthyon, 19.
Peynaud, rue de Tournon, 12.
Pillet, rue de Choiseul, 11.
Rain, rue Drouot, 25.
Roguet, rue Pernelle, 1.
Rousseau, rue Drouot, 23.
Seigneur ✳, rue Favart, 6.
Sibire, rue Montmartre, 129.
Soyer, rue du Dauphin, 10.
Thory, rue Neuve-St-Augustin, 5.
Vautier, boul. Sébastopol, 107.
Vignals, boul. des Italiens, 9.

---

# HUISSIERS:

MM.

Antier, rue de Rivoli, 20.
Barrier, rue Boucher, 16.
Batrel père, route d'Italie, 6.
Batrel fils, Grande-Rue, 13, à Villejuif.
Baudin, rue d'Hauteville, 13.
Belguise, rue des Jeûneurs, 32.
Bercier, rue Montmartre, 70.
Berlin, boul. des Italiens, 9.
Bimont, boul. Beaumarchais, 13.
Binon, rue Grenelle-St-Honoré, 19
Boileau, rue du Pont-Louis-Philippe, 8.
Bonnanfant, rue Neuve-St-Augustin, 11.
Boulanger, boul. St-Michel, 9.
Boulet, rue Thévenot, 17.
Breuilh, rue de Buci, 13.
Brossier, rue d'Aboukir, 101.
Brouillon, boul. de Strasbourg, 9.
Buisson, rue Chaussée-d'Antin, 26.
Cauët, rue Serpente, 37.
Châle, boul. St-Germain, 81.
Chanut, boul. de Sébastopol, 67.
Chapelle, boul. St-Denis, 19.
Chartier, rue du Dragon, 16.
Chauveau, pl. du Havre, 17.
Chauvin, rue Francklin, 4, à Saint-Denis.
Chollet r. St-Maur., 151, et F.-du-Temp., 91.
Cobus, rue Sainte-Anne, 45.
Cognet aîné, rue St-Marc, 17.

MM.

Cognet jeune, rue Louvois, 8.
Collard, rue du Petit-Carreau, 13.
Coquillon, rue Rambuteau, 85.
Corsain, rue St-Sauveur, 5.
Dablin, r. Royale-St-Honoré, 19.
Damiens, rue de l'Echiquier, 39.
Dedreux, rue des Fossés-St-Bernard, 22.
Delaplanche, rue Montmartre, 6.
Demachy, rue Mulhouse, 4.
Demonchy aîné, rue des Fossés-St-Victor, 13.
Demonchy jeune, r. St-André-des-Arts, 33.
Denis, rue Montorgueil, 71.
Depré, rue du Croissant, 18.
Deschamps, rue Soufflot, 21.
Dessesquelle, pl. de la Mairie, 2, à Neuilly.
Destable, boul. du Prince-Eugène, 109.
Dethorre, rue des Tournelles, 26.
Detré, rue du Temple, 176.
Devaux (L.-P.) r. N.-D.-de-Nazareth, 9.
Deveaux, r. du Faub.-St-Antoine, 55.
Devey, port de Bercy, 1.
Devresse, r. du Faub.-St-Antoine, 7.
Doré, rue du Bouloi, 21.
Dorlin, rue du Faubourg-Montmartre, 62.
Doyen, rue St-Honoré, 243.
Dramard, rue Brezin, 21 (14e).
Dubois, rue St-Martin, 339.
Duhamel, rue du Faub.-St-Denis, 46.

LISTE DE MM. LES HUISSIERS.

Dupuis (G.), rue Rambuteau, 20.
Dupuis (J.-F.), boul. du Temple, 6.
Duriez, boul. des Capucines, 56.
Fabrizi, boul. Sébastopol, 108.
Férasse, rue St-Honoré, 108.
Feuillâtre, rue du Faub.-St-Martin, 31.
Fontaine (J.-B.), rue du Petit-Lion, 38.
Forest, rue Saint-Denis, 211.
Foucon, rue de Paris-Belleville, 67.
Fournier, rue de Rivoli, 131.
Fouyau, rue Faubourg-Montmartre, 15.
Fraboulet, rue St-Martin, 192.
Fraysse, rue de la Monnaie, 9.
Frécourt, rue des Marais-St-Martin, 20.
Gautier, rue du Boulol, 2.
Gay, rue du Temple, 26.
Gendrier, aîné, rue St-Honoré, 217.
Gendrier jeune, rue Bonaparte, 66.
Geoffroy, rue du Cardinal Lemoine, 2.
Gerbu, rue de la Verrerie, 62.
Gillet, rue du Sentier, 38.
Giraud, rue du Temple, 74.
Girault, rue Turbigo, 39.
Grel, chaussée de Clignancourt, 5.
Grosmiller, rue de la Banque, 15.
Guimond, Grand-Rue, Batignolles, 50.
Guinard, rue de Rambuteau, 64.
Hamel, rue Montmartre, 30.
Hardy, rue de Lyon, 39.
Hénault, rue St-Antoine, 110.
Hiard, rue des Carrières, 98, à Charenton.
Isnard, r. de Montreuil, 6, à Vincennes.
Janvier, passage des Petits-Pères, 1.
Jeulin, rue des Bourdonnais, 31.
Joniot, rue des Jeûneurs, 29.
Lagorce (Hippolyte), r. St-Honoré, 225.
Lagorce (Désiré), pl. de la Bastille, 14.
Languellier, rue Beaurepaire, 20.
Larsonneau, r. du Faub.-St-Martin, 223.
Laurain, rue de Tracy, 14.
Lebrun, rue St-Martin, 24.
Lecler, rue Turbigo, 32.
Lecocq. rue d'Aboukir, 56.
Legendre, rue du Bac, 68.
Leger, rue Neuve-des-Petits Champs, 42.
Lejard, pl. de la Bourse, 8.
Letellier, av. de l'Emper., 12, à Courbevoie.
Levasseur (Alex.), rue d'Aboukir, 14.

Levasseur (E.), rue Lafayette, 131.
Levaux, pl. de la Croix-Rouge, 1.
Louvet, rue Richelieu, 92.
Lucas, rue Saint-Martin, 88.
Marchon, rue Coquillière, 40.
Marécat aîné, rue Bertin-Poirée, 8.
Marécat jeune, boul. Sébastopol, 36.
Marquet, pl. de la Bourse, 31.
Masson, rue de Rivoli, 106.
Mathieu, r. Croix-des-Petits-Champs, 23.
Maupin, boul. Bonne-Nouvelle, 25.
Mercier (J.-F.), boul. Sébastopol, 39.
Mercier (L.-O.), rue Laffitte, 7.
Monet, rue du Helder, 21.
Mosnier, r. Vieille-du-Temple, 26.
Nancelle, Gr.-Rue de la Chapelle, 39.
Neuville, rue de la Banque, 22.
Nilot, rue St-Lazare, 8.
Pachon, rue Montmartre, 159.
Percevault, rue de la Verrerie, 61.
Perrin, rue N.-D.-de-Nazareth, 28.
Petit, rue de Faub.-Poissonnière, 27.
Picon, rue du Sentier, 13.
Pierre, boul. St-Michel, 26.
Pinel, r. du Faubourg-Montmartre, 33.
Plessix, rue N.-D.-des-Victoires, 40.
Pluot. rue des Déchargeurs, 3.
Polart, r. du Cloître-St-Jacques-l'Hôpital, 5.
Porcher, r. Neuve-des-Petits-Champs, 56.
Porret, avenne des Ternes, 61.
Potin, rue Montmartre, 61.
Putjot, rue Beaubourg, 50.
Rabaux, route de Choisy-le-Roi, 10.
Radez, rue Bergère, 29.
Regnier, rue des Bons-Enfants, 29.
Richard, boul. des Italiens, 27.
Rivet, r. Montm., 135, et r. Brogniart, 2.
Rougé, rue de Rambuteau, 92.
Rozé, rue Montmartre, 152.
Sédillon aîné, boul. St-Michel, 75.
Sédillon jeune, rue Beuret, 13 (15e arrond.).
Seguin, quai de la Grève, 10.
Tainne, rue Thévenot, 11.
Tricot, rue de Flandres, 47 (La Villette).
Tricotel, rue des Filles-du-Calvaire, 6.
Vacher, rue Vivienne, 17.
Vaillant, rue de Rivoli, 68.
Weil, boul. St-Martin, 29, et rue Meslay, 20.

# CONTRAINTE PAR CORPS

## LOI

LE CORPS LÉGISLATIF A ADOPTÉ LE PROJET DE LOI dont la teneur suit :

ART. 1er. La contrainte par corps est supprimée en matière commerciale, civile et contre les étrangers.

2. Elle est maintenue en matière criminelle, correctionnelle et de simple police.

3. Les arrêts, jugements et exécutoires portant condamnation, au profit de l'Etat, à des amendes, restitutions et dommages-intérêts en matière criminelle, correctionnelle et de police, ne peuvent être exécutés par la voie de la contrainte par corps que cinq jours après le commandement qui est fait aux condamnés, à la requête du receveur de l'enregistrement et des domaines.

La contrainte par corps n'aura jamais lieu pour le payement des frais au profit de l'Etat.

Dans le cas où le jugement de condamnation n'a pas été précédemmen signifié au débiteur, le commandement porte en tête un extrait de ce jugement, lequel contient le nom des parties et le dispositif.

Sur le vu du commandement et sur la demande du receveur de l'enregistrement et des domaines, le procureur impérial adresse les réquisitions nécessaires aux agents de la force publique et aux autres fonctionnaires chargés de l'exécution des mandements de justice.

Si le débiteur est détenu, la recommandation peut être ordonnée immédiatement après la notification du commandement.

4. Les arrêts et jugements contenant des condamnations en faveur des particuliers pour réparations de crimes, délits ou contraventions commis à leur préjudice sont, à leur diligence, signifiés et exécutés suivant les mêmes formes et voies de contrainte que les jugements portant des condamnations au profit de l'Etat.

5. Les dispositions des articles qui précèdent s'étendent au cas où les condamnations ont été prononcées par les tribunaux civils au profit d'une partie lésée pour réparation d'un crime, d'un délit ou d'une contravention reconnus par la juridiction criminelle.

6. Lorsque la contrainte a lieu à la requête et dans l'intérêt des particuliers, ils sont obligés de pourvoir aux aliments des détenus; faute de provision, le condamné est mis en liberté.

La consignation d'aliments doit être effectuée d'avance pour trente jours au moins; elle ne vaut que pour des périodes entières de trente jours.

2

Elle est, pour chaque période, de quarante-cinq francs à Paris, de quarante francs dans les villes de cent mille âmes, et de trente-cinq francs dans les autres villes.

7. Lorsqu'il y a lieu à élargissement faute de consignation d'aliments, il suffit que la requête présentée au président du tribunal civil soit signée par le débiteur détenu et par le gardien de la maison d'arrêt pour dettes, ou même certifiée véritable par le gardien si le détenu ne sait pas signer.

Cette requête est présentée en duplicata : l'ordonnance du président, aussi rendue par duplicata, est exécutée sur l'une des minutes qui reste entre les mains du gardien ; l'autre minute est déposée au greffe du tribunal et enregistrée gratis.

8. Le débiteur élargi faute de consignation d'aliments ne peut plus être incarcéré pour la même dette.

9. La durée de la contrainte par corps est réglée ainsi qu'il suit :

De deux jours à vingt jours, lorsque l'amende et les autres condamnations n'excèdent pas cinquante francs;

De vingt jours à quarante jours, lorsqu'elles sont supérieures à cinquante francs, et qu'elles n'excèdent pas cent francs;

De quarante jours à soixante jours, lorsqu'elles sont supérieures à cent francs et qu'elles n'excèdent pas deux cents francs;

De deux mois à quatre mois, lorsqu'elles sont supérieures à deux cents francs et qu'elles n'excèdent pas cinq cents francs;

De quatre mois à huit mois, lorsqu'elles sont supérieures à cinq cents francs et qu'elles n'excèdent pas deux mille francs;

D'un an à deux ans, lorsqu'elles s'élèvent à plus de deux mille francs.

En matière de simple police, la durée de la contrainte par corps ne pourra excéder cinq jours.

10. Les condamnés qui justifient de leur insolvabilité, suivant l'art. 420 du Code d'instruction criminelle, sont mis en liberté après avoir subi la contrainte pendant la moitié de la durée fixée par le jugement.

11. Les individus contre lesquels la contrainte a été prononcée, peuvent en prévenir ou en faire cesser l'effet, en fournissant une caution reconnue bonne et valable.

La caution est admise, pour l'État, par le receveur des domaines; pour les particuliers, par la partie intéressée; en cas de contestation, elle est déclarée, s'il y a lieu, bonne et valable par le tribunal civil de l'arrondissement.

La caution doit s'exécuter dans le mois, à peine de poursuites.

12. Les individus qui ont obtenu leur élargissement ne peuvent plus être détenus ou arrêtés pour des condamnations pécuniaires antérieures, à moins que ces condamnations n'entraînent, par leur quotité, une contrainte plus longue que celle qu'ils ont subie et qui, dans ce dernier cas, leur est toujours comptée pour la durée de la nouvelle incarcération.

13. Les tribunaux ne peuvent prononcer la contrainte par corps contre les individus âgés de moins de seize ans accomplis à l'époque des faits qui ont motivé la poursuite.

14. Si le débiteur a commencé sa soixantième année, la contrainte par corps est réduite à la moitié de la durée fixée par le jugement, sans préjudice des dispositions de l'article 10.

15. Elle ne peut être prononcée ou exercée contre le débiteur au profit : 1° de son conjoint; 2° de ses ascendants, descendants, frères ou sœurs; 3° de son oncle ou de sa tante, de son grand-oncle ou de sa grand'tante,

de son neveu ou de sa nièce, de son petit-neveu ou de sa petite-nièce, ni de ses alliés au même degré.

16. La contrainte par corps ne peut être exercée simultanément contre le mari et la femme, même pour des dettes différentes.

17. Les tribunaux peuvent, dans l'intérêt des enfants mineurs du débiteur et par le jugement de condamnation, surseoir pendant une année au plus, à l'exécution de la contrainte par corps.

18. Les articles 120 et 355, paragraphe 1er, du Code d'instruction criminelle, 171 et 175 du décret du 18 juin 1811 sur les frais de justice criminelle, sont abrogés en ce qui concerne la contrainte par corps.

Sont également abrogés, en ce qu'elles ont de contraire à la présente loi, toutes les dispositions des lois antérieures; néanmoins, il n'est point dérogé aux articles 80, 157, 171, 189, 301, 355, paragraphes 2 et 3, 452, 454, 456 et 522 du Code d'instruction criminelle.

Le titre XIII du Code forestier, et le titre VII de la loi sur la pêche fluviale, sont aussi maintenus et continuent d'être exécutés en ce qui n'est pas contraire à la présente loi.

En matière forestière et de pêche fluviale, lorsque le débiteur ne fait pas les justifications de l'article 420 du Code d'instruction criminelle, la durée de la contrainte par corps est fixée par le jugement, dans les limites de huit jours à six mois.

19. Les dispositions précédentes sont applicables à tous jugements et cas de contrainte par corps antérieurs à la présente loi.

Délibéré en séance publique, à Paris, le 15 avril 1867,

*Le Président,*
Signé SCHNEIDER.

Le Sénat ne s'oppose pas à la promulgation de la loi relative à la contrainte par corps.

Délibéré et voté en séance, au palais du Sénat, le 18 juillet 1867.

*Le Président,*
Signé TROPLONG.

---

# LOI SUR LES SOCIÉTÉS

## Du 24 juillet 1867.

LE CORPS LÉGISLATIF A ADOPTÉ LE PROJET DE LOI dont la teneur suit :

## TITRE Ier.

### DES SOCIÉTÉS EN COMMANDITE PAR ACTIONS.

ART. 1er. Les sociétés en commandite ne peuvent diviser leur capital en actions ou coupons d'actions de moins de cent francs, lorsque ce capital n'excède pas deux cent mille francs, et de moins de cinq cents francs, lorsqu'il est supérieur.

Elles ne peuvent être définitivement constituées qu'après la souscription de la totalité du capital social et le versement, par chaque actionnaire, du quart au moins du montant des actions par lui souscrites.

Cette souscription et ces versements sont constatés par une déclaration du gérant dans un acte notarié.

A cette déclaration sont annexés la liste des souscripteurs, l'état des versements effectués, l'un des doubles de l'acte de société, s'il est sous seing privé, et une expédition, s'il est notarié et s'il a passé devant un notaire autre que celui qui a reçu la déclaration.

L'acte sous seing privé, quel que soit le nombre des associés, sera fait en double original, dont l'un sera annexé, comme il est dit au paragraphe qui précède, à la déclaration de souscription du capital et de versement du quart, et l'autre restera déposé au siège social.

2. Les actions ou coupons d'actions sont négociables après le versement du quart.

3. Il peut être stipulé, mais seulement par les statuts constitutifs de la société, que les actions ou coupons d'actions pourront, après avoir été libérés de moitié, être convertis en actions au porteur par délibération d e l'assemblée générale.

Soit que les actions restent nominatives après cette délibération, soit qu'elles aient été converties en actions au porteur, les souscripteurs primitifs qui ont aliéné les actions et ceux auxquels ils les ont cédées avant le versement de moitié restent tenus au payement du montant de leurs actions pendant un délai de deux ans, à partir de la délibération de l'assemblée générale.

4. Lorsqu'un associé fait un apport qui ne consiste pas en numéraire, ou stipule à son profit des avantages particuliers, la première assemblée générale fait apprécier la valeur de l'apport ou la cause des avantages stipulés.

La société n'est définitivement constituée qu'après l'approbation de l'apport ou des avantages, donnée par une autre assemblée générale, après une nouvelle convocation.

La seconde assemblée générale ne pourra statuer sur l'approbation de l'apport ou des avantages qu'après un rapport qui sera imprimé et tenu à la disposition des actionnaires, cinq jours au moins avant la réunion de cette assemblée.

Les délibérations sont prises par la majorité des actionnaires présents. Cette majorité doit comprendre le quart des actionnaires et représenter le quart du capital social en numéraire.

Les associés qui ont fait l'apport ou stipulé des avantages particuliers soumis à l'appréciation de l'assemblée n'ont pas voix délibérative.

A défaut d'approbation, la société reste sans effet à l'égard de toutes les parties.

L'approbation ne fait pas obstacle à l'exercice ultérieur de l'action qui peut être intentée pour cause de dol ou de fraude.

Les dispositions du présent article, relatives à la vérification de l'apport qui ne consiste pas en numéraire, ne sont pas applicables au cas où la société à laquelle est fait ledit apport est formée entre ceux seulement qui en étaient propriétaires par indivis.

5. Un conseil de surveillance, composé de trois actionnaires au moins, est établi dans chaque société en commandite par actions.

Ce conseil est nommé par l'assemblée générale des actionnaires immédiatement après la constitution définitive de la société et avant toute opération sociale.

Il est soumis à la réélection aux époques et suivant les conditions déterminées par les statuts.

Toutefois, le premier conseil n'est nommé que pour une année.

6. Ce premier conseil doit, immédiatement après sa nomination, vérifier si toutes les dispositions contenues dans les articles qui précèdent ont été observées.

7. Est nulle et de nul effet à l'égard des intéressés toute société en commandite par actions constituée contrairement aux prescriptions des articles 1, 2, 3, 4 et 5 de la présente loi.

Cette nullité ne peut être opposée aux tiers par les associés.

8. Lorsque la société est annulée, aux termes de l'article précédent, les membres du premier conseil de surveillance peuvent être déclarés responsables, avec le gérant, du dommage résultant, pour la société ou pour les tiers, de l'annulation de la société.

La même responsabilité peut être prononcée contre ceux des associés dont les apports ou les avantages n'auraient pas été vérifiés et approuvés conformément à l'article 4 ci-dessus.

9. Les membres du conseil de surveillance n'encourent aucune responsabilité en raison des actes de la gestion et de leurs résultats.

Chaque membre du conseil de surveillance est responsable de ses fautes personnelles, dans l'exécution de son mandat, conformément aux règles du droit commun.

10. Les membres du conseil de surveillance vérifient les livres, la caisse, le portefeuille et les valeurs de la société.

Ils font, chaque année, à l'assemblée générale, un rapport dans lequel ils doivent signaler les irrégularités et inexactitudes qu'ils ont reconnues dans les inventaires, et constater, s'il y a lieu, les motifs qui s'opposent aux distributions des dividendes proposées par le gérant.

Aucune répétition de dividendes ne peut être exercée contre les actionnaires, si ce n'est dans le cas où la distribution en aura été faite en l'absence de tout inventaire ou en dehors des résultats constatés par l'inventaire.

L'action en répétition, dans le cas où elle est ouverte, se prescrit par cinq ans, à partir du jour fixé pour la distribution des dividendes.

Les prescriptions commencées à l'époque de la promulgation de la présente loi, et pour lesquelles il faudrait encore, suivant les lois anciennes, plus de cinq ans, à partir de la même époque, seront accomplies par ce laps de temps.

11. Le conseil de surveillance peut convoquer l'assemblée générale et, conformément à son avis, provoquer la dissolution de la société.

12. Quinze jours au moins avant la réunion de l'assemblée générale, tout actionnaire peut prendre par lui ou par un fondé de pouvoir, au siège social, communication du bilan, des inventaires et du rapport du conseil de surveillance.

13. L'émission d'actions ou de coupons d'actions d'une société constituée contrairement aux prescriptions des articles 1, 2 et 3 de la présente loi, est punie d'une amende de cinq cents à dix mille francs.

Sont punis de la même peine :

Le gérant qui commence les opérations sociales avant l'entrée en fonctions du conseil de surveillance ;

Ceux qui, en se présentant comme propriétaires d'actions ou de coupons d'actions qui ne leur appartiennent pas, ont créé frauduleusement une majorité factice dans une assemblée générale, sans préjudice de tous dommages-intérêts, s'il y a lieu, envers la société ou envers les tiers;

Ceux qui ont remis les actions pour en faire l'usage frauduleux.

Dans les cas prévus par les deux paragraphes précédents, la peine de l'emprisonnement de quinze jours à six mois peut, en outre, être prononcée.

14. La négociation d'actions ou de coupons d'actions dont la valeur ou la forme serait contraire aux dispositions des articles 1, 2 et 3 de la présente loi, ou pour lesquels le versement du quart n'aurait pas été effectué conformément à l'article 2 ci-dessus, est punie d'une amende de cinq cents à dix mille francs.

Sont punies de la même peine toute participation à ces négociations et toute publication de la valeur desdites actions.

15. Sont punies des peines portées par l'article 405 du Code pénal, sans préjudice de l'application de cet article à tous les faits constitutifs du délit d'escroquerie :

1° Ceux qui, par simulation de souscriptions ou de versements ou par publication, faite de mauvaise foi, de souscriptions ou de versements qui n'existent pas, ou de tous autres faits faux, ont obtenu ou tenté d'obtenir des souscriptions ou des versements;

2° Ceux qui, pour provoquer des souscriptions ou des versements, ont, de mauvaise foi, publié les noms de personnes désignées, contrairement à la vérité, comme étant ou devant être attachées à la société à un titre quelconque;

3° Les gérants qui, en l'absence d'inventaires ou au moyen d'inventaires frauduleux, ont opéré entre les actionnaires la répartition des dividendes fictifs.

Les membres du conseil de surveillance ne sont pas civilement responsables des délits commis par le gérant.

16. L'article 463 du Code pénal est applicable aux faits prévus par les trois articles qui précèdent.

17. Des actionnaires représentant le vingtième au moins du capital social peuvent, dans un intérêt commun, charger à leurs frais un ou plusieurs mandataires de soutenir, tant en demandant qu'en défendant, une action contre les gérants ou contre les membres du conseil de surveillance, et de les représenter, en ce cas, en justice, sans préjudice de l'action que chaque actionnaire peut intenter individuellement en son nom personnel.

18. Les sociétés antérieures à la loi du 17 juillet 1856, et qui ne se seraient pas conformées à l'article 15 de cette loi, seront tenues, dans un délai de six mois, de constituer un conseil de surveillance, conformément aux dispositions qui précèdent.

A défaut de constitution du conseil de surveillance dans le délai ci-dessus fixé, chaque actionnaire a le droit de faire prononcer la dissolution de la société.

19. Les sociétés en commandite par actions antérieures à la présente loi, dont les statuts permettent la transformation en société anonyme autorisée par le Gouvernement, pourront se convertir en société anonyme dans les termes déterminés par le titre II de la présente loi, en se conformant aux conditions stipulées dans les statuts pour la transformation.

20. Est abrogée la loi du 17 juillet 1856.

# TITRE II.

## DES SOCIÉTÉS ANONYMES.

**21.** A l'avenir, les sociétés anonymes pourront se former sans l'autorisation du Gouvernement.

Elles pourront, quel que soit le nombre des associés, être formées par acte sous seing privé fait en double original.

Elles seront soumises aux dispositions des articles 29, 30, 32, 33, 34 et 36 du Code de commerce et aux dispositions contenues dans le présent titre.

**22.** Les sociétés anonymes sont administrées par un ou plusieurs mandataires à temps, révocables, salariés ou gratuits, pris parmi les associés.

Ces mandataires peuvent choisir parmi eux un directeur, ou, si les statuts le permettent, se substituer un mandataire étranger à la société et dont ils sont responsables envers elle.

**23.** La société ne peut être constituée si le nombre des associés est inférieur à sept.

**24.** Les dispositions des articles 1, 2, 3 et 4 de la présente loi sont applicables aux sociétés anonymes.

La déclaration imposée au gérant par l'article 1er est faite par les fondateurs de la société anonyme; elle est soumise, avec les pièces à l'appui, à la première assemblée générale, qui en vérifie la sincérité.

**25.** Une assemblée générale est, dans tous les cas, convoquée, à la diligence des fondateurs, postérieurement à l'acte qui constate la souscription du capital social et le versement du quart du capital, qui consiste en numéraire. Cette assemblée nomme les premiers administrateurs; elle nomme également, pour la première année, les commissaires institués par l'article 32 ci-après.

Ces administrateurs ne peuvent être nommés pour plus de six ans : ils sont rééligibles, sauf stipulation contraire.

Toutefois, ils peuvent être désignés par les statuts, avec stipulation formelle que leur nomination ne sera point soumise à l'approbation de l'assemblée générale. En ce cas, ils ne peuvent être nommés pour plus de trois ans.

Le procès-verbal de la séance constate l'acceptation des administrateurs et des commissaires présents à la réunion.

La société est constituée à partir de cette acceptation.

**26.** Les administrateurs doivent être propriétaires d'un nombre d'actions déterminé par les statuts.

Ces actions sont affectées en totalité à la garantie de tous les actes de la gestion, même de ceux qui seraient exclusivement personnels à l'un des administrateurs.

Elles sont nominatives, inaliénables, frappées d'un timbre indiquant l'inaliénabilité et déposées dans la caisse sociale.

**27.** Il est tenu, chaque année au moins, une assemblée générale à l'époque fixée par les statuts. Les statuts déterminent le nombre d'actions qu'il est nécessaire de posséder, soit à titre de propriétaire, soit à titre de mandataire, pour être admis dans l'assemblée, et le nombre de voix appartenant à chaque actionnaire, eu égard au nombre d'actions dont il est porteur.

Néanmoins, dans les assemblées générales, appelées à vérifier les apports, à nommer les premiers administrateurs et à vérifier la sincérité de la déclaration des fondateurs de la société, prescrite par le deuxième paragraphe de l'article 21, tout actionnaire, quel que soit le nombre des actions dont il est porteur, peut prendre part aux délibérations avec le nombre de voix déterminé par les statuts, sans qu'il puisse être supérieur à dix.

28. Dans toutes les assemblées générales, les délibérations sont prises à la majorité des voix.

Il est tenu une feuille de présence; elle contient les noms et domicile des actionnaires et le nombre d'actions dont chacun d'eux est porteur.

Cette feuille, certifiée par le bureau de l'assemblée, est déposée au siége social et doit être communiquée à tout requérant.

29. Les assemblées générales qui ont à délibérer dans des cas autres que ceux qui sont prévus par les deux articles qui suivent, doivent être composées d'un nombre d'actionnaires représentant le quart au moins du capital social.

Si l'assemblée générale ne réunit pas ce nombre, une nouvelle assemblée est convoquée dans les formes et avec les délais prescrits par les statuts, et elle délibère valablement, quelle que soit la portion du capital représenté par les actionnaires présents.

30. Les assemblées qui ont à délibérer sur la vérification des apports, sur la nomination des premiers administrateurs, sur la sincérité de la déclaration faite par les fondateurs aux termes du paragraphe 2 de l'article 21, doivent être composées d'un nombre d'actionnaires représentant la moitié au moins du capital social.

Le capital social, dont la moitié doit être présentée pour la vérification de l'apport, se compose seulement des apports non soumis à vérification.

Si l'assemblée générale ne réunit pas un nombre d'actionnaires représentant la moitié du capital social, elle ne peut prendre qu'une délibération provisoire. Dans ce cas, une nouvelle assemblée générale est convoquée. Deux avis, publiés à huit jours d'intervalle, au moins un mois à l'avance, dans l'un des journaux désignés pour recevoir les annonces légales, font connaître aux actionnaires les résolutions provisoires adoptées par la première assemblée, et ces résolutions deviennent définitives si elles sont approuvées par la nouvelle assemblée, composée d'un nombre d'actionnaires représentant le cinquième au moins du capital social.

31. Les assemblées qui ont à délibérer sur des modifications aux statuts ou sur des propositions de continuation de la société au delà du terme fixé pour sa durée, ou de dissolution avant ce terme, ne sont régulièrement constituées et ne délibèrent valablement qu'autant qu'elles sont composées d'un nombre d'actionnaires représentant la moitié au moins du capital social.

32. L'assemblée générale annuelle désigne un ou plusieurs commissaires, associés ou non, chargés de faire un rapport à l'assemblée générale de l'année suivante sur la situation de la société, sur le bilan et sur les comptes présentés par les administrateurs.

La délibération contenant approbation du bilan et des comptes est nulle, si elle n'a été précédée du rapport des commissaires.

A défaut de nomination des commissaires par l'assemblée générale, ou en cas d'empêchement ou de refus d'un ou de plusieurs des commissaires nommés, il est procédé à leur nomination ou à leur remplacement par ordonnance du président du tribunal de commerce du siége de la société, à la requête de tout intéressé, les administrateurs dûment appelés.

33. Pendant le trimestre qui précède l'époque fixée par les statuts pour la réunion de l'assemblée générale, les commissaires ont droit, toutes les fois qu'ils le jugent convenable dans l'intérêt social, de prendre communication des livres et d'examiner les opérations de la société.

Ils peuvent toujours, en cas d'urgence, convoquer l'assemblée générale.

34. Toute société anonyme doit dresser, chaque semestre, un état sommaire de sa situation active et passive.

Cet état est mis à la disposition des commissaires.

Il est, en outre, établi chaque année, conformément à l'article 9 du Code de commerce, un inventaire contenant l'indication des valeurs mobilières et immobilières, et de toutes les dettes actives et passives de la société.

L'inventaire, le bilan et le compte des profits et pertes, sont mis à la disposition des commissaires le quarantième jour, au plus tard, avant l'assemblée générale. Ils sont présentés à cette assemblée.

35. Quinze jours au moins avant la réunion de l'assemblée générale, tout actionnaire peut prendre, au siége social, communication de l'inventaire et de la liste des actionnaires, et se faire délivrer copie du bilan résumant l'inventaire et du rapport des commissaires.

36. Il est fait annuellement, sur les bénéfices nets, un prélèvement d'un vingtième au moins, affecté à la formation d'un fonds de réserve.

Ce prélèvement cesse d'être obligatoire lorsque le fonds de réserve a atteint le dixième du capital social.

37. En cas de perte des trois quarts du capital social, les administrateurs sont tenus de provoquer la réunion de l'assemblée générale de tous les actionnaires, à l'effet de statuer sur la question de savoir s'il y a lieu de prononcer la dissolution de la société.

La résolution de l'assemblée est, dans tous les cas, rendue publique.

A défaut par les administrateurs de réunir l'assemblée générale, comme dans le cas où cette assemblée n'aurait pu se constituer régulièrement, tout intéressé peut demander la dissolution de la société devant les tribunaux.

38. La dissolution peut être prononcée sur la demande de toute partie intéressée, lorsqu'un an s'est écoulé depuis l'époque où le nombre des associés est réduit à moins de sept.

39. L'article 17 est applicable aux sociétés anonymes.

40. Il est interdit aux administrateurs de prendre ou de conserver un intérêt direct ou indirect dans une entreprise ou dans un marché fait avec la société ou pour son compte, à moins qu'ils n'y soient autorisés par l'assemblée générale.

Il est, chaque année, rendu à l'assemblée générale un compte spécial de l'exécution des marchés ou entreprises par elle autorisés, aux termes du paragraphe précédent.

41. Est nulle et de nul effet à l'égard des intéressés toute société anonyme pour laquelle n'ont pas été observées les dispositions des articles 22, 23, 24 et 25 ci-dessus.

42. Lorsque la nullité de la société ou des actes et délibérations a été prononcée aux termes de l'article précédent, les fondateurs auxquels la nullité est imputable, et les administrateurs en fonctions au moment où

elle a été encourue, sont responsables solidairement envers les tiers, sans préjudice des droits des actionnaires.

La même responsabilité solidaire peut être prononcée contre ceux des associés dont les apports ou les avantages n'auraient pas été vérifiés et approuvés conformément à l'article 24.

43. L'étendue et les effets de la responsabilité des commissaires envers la société sont déterminés d'après les règles générales du mandat.

44. Les administrateurs sont responsables, conformément aux règles de droit commun, individuellement ou solidairement suivant les cas, envers la société ou envers les tiers, soit des infractions aux dispositions de la présente loi, soit des fautes qu'ils auraient commises dans leur gestion, notamment en distribuant ou en laissant distribuer sans opposition des dividendes fictifs.

45. Les dispositions des articles 13, 14, 15 et 16 de la présente loi, sont applicables en matière de sociétés anonymes, sans distinction entre celles qui sont actuellement existantes et celles qui se constitueront sous l'empire de la présente loi. Les administrateurs qui, en l'absence d'inventaire ou au moyen d'inventaire frauduleux, auront opéré des dividendes fictifs, seront punis de la peine qui est prononcée dans ce cas par le numéro 3 de l'article 15 contre les gérants des sociétés en commandite.

Sont également applicables en matière de sociétés anonymes, les dispositions des trois derniers paragraphes de l'article 10.

46. Les sociétés anonymes actuellement existantes continueront à être soumises, pendant toute leur durée, aux dispositions qui les régissent.

Elles pourront se transformer en sociétés anonymes dans les termes de la présente loi, en obtenant l'autorisation du gouvernement et en observant les formes prescrites pour la modification de leurs statuts.

47. Les sociétés à responsabilité limitée pourront se convertir en sociétés anonymes dans les termes de la présente loi, en se conformant aux conditions stipulées pour la modification de leurs statuts.

Sont abrogés les articles 31, 37 et 40 du Code de commerce, et la loi du 23 mai 1863 sur les sociétés à responsabilité limitée.

## TITRE III.

### DISPOSITIONS PARTICULIÈRES AUX SOCIÉTÉS A CAPITAL VARIABLE.

48. Il peut être stipulé, dans les statuts de toute société, que le capital social sera susceptible d'augmentation par des versements successifs faits par les associés ou l'admission d'associés nouveaux, et de diminution par la reprise totale ou partielle des apports effectués.

Les sociétés dont les statuts contiendront la stipulation ci-dessus seront soumises, indépendamment des règles générales qui leur sont propres suivant leur forme spéciale, aux dispositions des articles suivants.

49. Le capital social ne pourra être porté par les statuts constitutifs de la société au-dessus de la somme de deux cent mille francs.

Il pourra être augmenté par des délibérations de l'assemblée générale, prises d'année en année; chacune des augmentations ne pourra être supérieure à deux cent mille francs.

50. Les actions ou coupons d'actions seront nominatifs, même après leur entière libération; ils ne pourront être inférieurs à cinquante francs.

Ils ne seront négociables qu'après la constitution définitive de la société.

La négociation ne pourra avoir lieu que par voie de transfert sur les registres de la société, et les statuts pourront donner, soit au conseil d'administration, soit à l'assemblée générale, le droit de s'opposer au transfert.

51. Les statuts détermineront une somme au-dessous de laquelle le capital ne pourra être réduit par les reprises des apports autorisés par l'article 48.

Cette somme ne pourra être inférieure au dixième du capital social.

La société ne sera définitivement constituée qu'après le versement du dixième.

52. Chaque associé pourra se retirer de la société lorsqu'il le jugera convenable, à moins de conventions contraires et sauf l'application du paragraphe 1er de l'article précédent.

Il pourra être stipulé que l'assemblée générale aura le droit de décider, à la majorité fixée pour la modification des statuts, que l'un ou plusieurs des associés cesseront de faire partie de la société.

L'associé qui cessera de faire partie de la société, soit par l'effet de sa volonté, soit par suite de décision de l'assemblée générale, restera tenu, pendant cinq ans, envers les associés et envers les tiers, de toutes les obligations existant au moment de sa retraite.

53. La société, quelle que soit sa forme, sera valablement représentée en justice par ses administrateurs.

54. La société ne sera point dissoute par la mort, la retraite, l'interdiction, la faillite ou la déconfiture, de l'un des associés; elle continuera de plein droit entre les autres associés.

## TITRE IV.

### DISPOSITIONS RELATIVES A LA PUBLICATION DES ACTES DE SOCIÉTÉ.

55. Dans le mois de la constitution de toute société commerciale, un double de l'acte constitutif, s'il est sous seing privé, ou une expédition, s'il est notarié, est déposé au greffe de la justice de paix et du tribunal de commerce du lieu dans lequel est établie la société.

A l'acte constitutif des sociétés en commandite par actions et des sociétés anonymes, sont annexées : 1° une expédition de l'acte notarié constatant la souscription du capital social et le versement du quart; 2° une copie certifiée des délibérations prises par l'assemblée générale dans les cas prévus par les articles 4 et 24.

En outre, lorsque la société est anonyme, on doit annexer à l'acte constitutif la liste nominative, dûment certifiée, des souscripteurs, contenant les noms, prénoms, qualités, demeure et le nombre d'actions de chacun d'eux.

56. Dans le même délai d'un mois, un extrait de l'acte constitutif et des pièces annexées est publié dans l'un des journaux désignés pour recevoir les annonces légales.

Il sera justifié de l'insertion par un exemplaire du journal certifié par l'imprimeur, légalisé par le maire et enregistré dans les trois mois de sa date.

Les formalités prescrites par l'article précédent et par le présent article seront observées, à peine de nullité, à l'égard des intéressés; mais le défaut d'aucune d'elles ne pourra être opposé aux tiers par les associés.

57. L'extrait doit contenir les noms des associés autres que les actionnaires ou commanditaires; la raison de commerce ou la dénomination
adoptée par la société et l'indication du siége social; la désignation des
associés autorisés à gérer, administrer et signer pour la société; le montant du capital social et le montant des valeurs fournies ou à fournir par
les actionnaires ou commanditaires; l'époque où la société commence,
celle où elle doit finir, et la date du dépôt fait aux greffes de la justice de
paix et du tribunal de commerce.

58. L'extrait doit énoncer que la société est en nom collectif ou en commandite simple, ou en commandite par actions, ou anonyme, ou à capital
variable.

Si la société est anonyme, l'extrait doit énoncer le montant du capital
social en numéraire et en autres objets, la quotité à prélever sur les bénéfices pour composer le fonds de réserve.

Enfin, si la société est à capital variable, l'extrait doit contenir l'indication de la somme au-dessous de laquelle le capital social ne peut être
réduit.

59. Si la société a plusieurs maisons de commerce situées dans divers
arrondissements, le dépôt prescrit par l'article 55 et la publication prescrite par l'article 56 ont lieu dans chacun des arrondissements où existent
les maisons de commerce.

Dans les villes divisées en plusieurs arrondissements, le dépôt sera fait
seulement au greffe de la justice de paix du principal établissement.

60. L'extrait des actes et pièces déposés est signé, pour les actes publics,
par le notaire, et, pour les actes sous seing privé, par les associés, en nom
collectif, par les gérants des sociétés en commandite ou par les administrateurs des sociétés anonymes.

61. Sont soumis aux formalités et aux pénalités prescrites par les articles 55 et 56:

Tous les actes et délibérations ayant pour objet la modification des
statuts, la continuation de la société au delà du terme fixé pour sa durée,
la dissolution avant ce terme et le mode de liquidation, tout changement ou retraite d'associés et tout changement à la raison sociale.

Sont également soumises aux dispositions des articles 55 et 56 les délibérations prises dans les cas prévus par les articles 10, 37, 46, 47 et 49
ci-dessus.

62. Ne sont pas assujettis aux formalités de dépôt et de publication
les actes constatant les augmentations ou les diminutions du capital social opérées dans les termes de l'article 48, ou les retraites d'associés, autres que les gérants et administrateurs, qui auraient lieu conformément à
l'article 52.

63. Lorsqu'il s'agit d'une société en commandite par actions ou d'une
société anonyme, toute personne a le droit de prendre communication des
pièces déposées aux greffes de la justice de paix et du tribunal de commerce, ou même de s'en faire délivrer à ses frais expédition ou extrait
par le greffier ou par le notaire détenteur de la minute.

Toute personne peut également exiger qu'il lui soit délivré au siége de
la société une copie certifiée des statuts, moyennant payement d'une somme
qui ne pourra excéder un franc.

Enfin, les pièces déposées doivent être affichées d'une manière apparente
dans les bureaux de la société.

64. Dans tous les actes, factures, annonces, publications et autres documents *imprimés* ou *autographiés*, émanés des sociétés anonymes ou des

sociétés en commandite par actions, la dénomination sociale doit toujours être précédée ou suivie immédiatement de ces mots, écrits lisiblement en toutes lettres : *société anonyme*, ou *société en commandite par actions*, et de l'énonciation du montant du capital social.

Si la société a usé de la faculté accordée par l'article 48, cette circonstance doit être mentionnée par l'addition de ces mots : *à capital variable*.

Toute contravention aux dispositions qui précèdent est punie d'une amende de cinquante francs à mille francs.

65. Sont abrogées les dispositions des articles 42, 43, 44, 45 et 46 du Code de commerce.

## [TITRE V.

### DES TONTINES ET DES SOCIÉTÉS D'ASSURANCES.

66. Les associations de la nature des tontines, et les sociétés d'assurances sur la vie, mutuelles ou à primes, restent soumises à l'autorisation et à la surveillance du Gouvernement.

Les autres sociétés d'assurances pourront se former sans autorisation. Un règlement d'administration publique déterminera les conditions sous lesquelles elles pourront être constituées.

67. Les sociétés d'assurances désignées dans le paragraphe 2 de l'article précédent, qui existent actuellement, pourront se placer sous le régime qui sera établi par le règlement d'administration publique, sans l'autorisation du Gouvernement, en observant les formes et les conditions prescrites pour la modification de leurs statuts.

Délibéré en séance publique, à Paris, le 13 juin 1867.

*Le Président,*

Signé SCHNEIDER.

Le Sénat ne s'oppose pas à la promulgation de la loi relative aux sociétés.

Délibéré et voté en séance, au palais du Sénat, le 19 juillet 1867.

*Le Président,*

Signé TROPLONG.

# 1866

## MÉMORIAL

# DES FAILLITES

## ET CONCORDATS

### SÉPARATIONS DE BIENS, INTERDICTIONS

#### CONSEILS JUDICIAIRES ET RÉHABILITATIONS

—————

## A

ABAULT frères (Louis et Arthur-Henri), charpentiers, 5, r. de Crimée. — f. 3 mai 65. — s. Bourbon. — c. 4 déc. 65. — h. 9 janv. 66. — Ab. d'actif, r'·: 10 p. 100 en 5 ans. 4507.

ACARD (Pierre-Marie), papiers peints, 90, r. Charonne.—f. 13 mars 66.—s. Meys. — Clôt. 24 mai 66. 5876.

ADINE et Cᵉ (Jean-Alphonse), chiffons en gros, 9 bis, r. Mazagran. — f. 24 novembre. 64. — s. Dufay. — Union, 14 octobre 66. 3831.

ADNET (Jean-Alfred), vins, 103, faub. Saint-Denis. — f. 30 août 66. — s. Normand.—Union, 14 déc. 66. 6650.

ADRIAN (Laurent), peintre en voitures, 24, rue Ponthieu. — f. 4 juillet 66. — s. Moncharville. — Clôt. 30 juillet 66. 6367.

AESCHLIMANN (Henri), fumiste, 131, avenue de Neuilly. — f. 9 nov. 66.— s. Lamoureux. 7013.

AIMÉ (Jean-Louis), directeur de gymnase, 143, r. Saint-Antoine. — f. 20 oct. 65. — s. Copin. — c. 6 janv. 66. — h. 26 janv. 66. — 48 p. 100. — 4 p. 100 tous les 6 mois, du 31 janvier 67. 5282.

ALAVOINE (Franç.-Alphonse), 5, r. de l'Église (Batignolles) et sans domic. connu. — Séparation corps et biens d'avec dame NICKEL. — 15 mars 66. — Deherpe, av.

ALDIN (d') (Marie-Ernest-Gervais), 9, r. Taranne. — Int. 9 avril 66. — Cons. jud. — Trépagne, notaire à Paris. — Lenoir, av.

ALEXANDRE (Isidore), restaurateur

à Pierrefitte.— f. 3 mars 66.— s. Hécaen. 5844.

ALEXANDRE-ECKERSDORFF et Cᵉ, commissionnaires, 37, rue Paradis-Poissonnière. — f. 18 sept. 66. — s. Normand. 6745.

ALIBRAN (Jean-Stanislas), épicier à Gentilly. — f. 2 sept. 65. — s. Lamoureux. — clôt. 29 janv. 66. 5054.

ALIX (Jules), maçon, rue de Chaillot, 63. — f. 24 oct. 65. — s. Lamoureux. c. 24 février 66. — h. 16 mars 66. — 25 p. 100 en 5 ans. 5292.

ALLAIRE (Georges), loueur de voitures, 45, av. des Ternes. — f. 8 août 66. — s. Hécaen. — c. 1ᵉʳ décembre 66. — h. le 12.—Abandon d'actif, plus 20 p. 100 en 4 ans. 6581.

ALLAIS (Franç.), bois et charbons, 96, r. des Couronnes (Ménilmontant).—f. 24 mars 66. — s. Malle. — Union, 28 septembre 66. 5938.

ALLARD (Léon et Léopold), commissionnaires, 21, r. Rambuteau. — f. 25 mai 66.—s. Copin.—c. 29 oct. 66. — h. 13 nov. — 9 p. 100, 2 p. 100 dans le mois de l'homologation, et 7 p. 100 en 7 ans.—1ᵉʳ payement du 1ᵉʳ février 68. 6181.

ALLEMOZ (Henri-Alfred), 79, boulev. Beaumarchais. — Int. 27 fév. 66. — c. j. — ALLEMOZ (Jean-Martin), 63, r. Montorgueil. — Tissier, av.

ALLIAUME (Louis), à Vincennes, 14, r. de Fontenay.—Sép. de biens d'avec dame VIÉNOT.—26 juin 66.—Roche, avoué.

ALLONCLE, maître d'hôtel, 10, r. de l'Hôtel-Colbert. — f. 13 sept. 66. — s. Meys. — Clôt. 29 sept. 66. 6726.

ALLORGE (Désiré-Parfait), nouveautés, 36, ch. Ménilmontant. — f. 22 mai 66. — s. Devin, — c. 3 oct. 66. — h. 29 oct. — 5 p. 100, 31 janv. 67, et 7 p. 100 les 31 janv. 68, 69, 70, 71 et 72. 6158.
— Sép. de biens d'avec dame ARDEZ, 14 août 66.—Levesque, av.

ALMEYDA (d') dit MELLER-PETIT (David-Auguste), 64, r. Lafayette.— Sép. de biens d'avec dame PETIT. — 14 avril 66. — Cesselin, av.

AMADIS (Eugène), 7, r. Béranger. — Sépar. corps et biens d'avec dame MASSOT. —23 août 66. E. —Huet, av.

AMAGAT (Guillaume), fruitier, 6, r. Vintimille. — f. 1ᵉʳ octobre 64. — s. Lamoureux.—Union, 3 mai 66. 3269.

AMEY (George-Frédéric), 126, r. Vieille-du-Temple. — Sép. de biens d'avec dame MAQUIN.—17 avril 66.—Ramon de la Croisette, av.

AMIEL (Jean), entrep. de charpentes, 263, r. de Paris (Belleville). — f. 1ᵉʳ oct. 66. — s. Heurtey. 6808

AMOUROUX (Célestin), lavoir, 65, r. Javel. — f. 15 oct. 64. — s. Richard-Grison. — Union, 18 avril 66. 3668.

ANDRAUD (Edmond-Nicolas), march. de vins, 121, av. de Clichy, s. dom. con. — Sép. corps et biens d'avec dame COUSIN, 19 juillet 66. — L. Protat, av.

ANDRÉ, colporteur, 28, r. Rodier. — f. 23 mars 66. — s. Pinet. — Clôt. 30 avril 66. 5935.

ANDRÉ (Jean-Nicolas), marchand de vins, 6, rue de Courty.—f. 17 août 66. — s. Normand. 6616

ANDRÉ (Alexandre-François), 145, b. St-Michel. — Séparat. de corps et de biens d'avec dame ANDRÉ, 27 décembre 66. — De Bretonne, av.

ANDROVICH (Léopold), dentelles, 3, r. St-Fiacre. — f. 10 novembre 65. — s. Meys. — c. 31 janvier 66. — h. 10 février. — 30 p. 100 en 5 ans. 5371

ANGÉ (demoiselle Félicie), limonadière, 8, r. de Grammont. — f. 2 novembre 64. — s. Bégis. — c. 14 janvier 65. — Jug. résol. de concordat, 3 août 66. 3734

ANHEISER, 121, boul. de C...hy. — Séparation de corps et de biens d'avec dame LATOUR, 12 mai 1866. — Lévesque, av.

ANSOT (Louis-Jacques-René), 56, rue Ste-Marguerite. — Séparation de corps et de biens d'avec dame PIBEROL, 13 janvier 66. — Cosselin, avoué.

APPAY et MASCLET, nouveautés, 14, r. Rambuteau. — f. 18 février 65. — s. Lefrançois. — c. 17 octobre 65. — h. 15 février 66. — Obligation par Appay de payer seul toutes les créances en 15 ans, sans intérêts : 1º 5 p. 100 dans le mois de l'homologation ; 2º 8½ p. 100 en 14 années; 3º 11 p. 100 à l'expiration de la 15ᵉ année.
4211.

ARBEY (Pierre-François-Ferdinand), Société des Usines, 41, cours de Vincennes. — Séparation de biens d'avec dame DE FAY, 6 décembre 66. De Brotonne, av. — f. 10 juillet 66. — s. Devin.
6406

ARCHAMBAULT (François-Auguste), fab. de moulures à Courbevoie, r. de l'Ouest. — f. 17 juillet 66. — s. Copin. — c. 10 novembre 66. — h. 29 novembre 66. — 25 p. 100 en 5 ans.
6434

ARCHAMBAULT (Joseph-Dominique) et BOUBET (Jean-Baptiste), maçons, 40, r. Grange-aux-Belles. — f. 12 octobre 66. — s. Sarazin.
6870

ARCHAMBAULT (Jules-Louis), à Courbevoie, r. de l'Ouest. — Séparation de corps et de biens d'avec dame DEVINEAU, 20 décembre 65. — Lortat (Jacob), av.

ARDILLON (Armand-Félix), bijoutier, 333, r. St-Martin. — Séparation de biens d'avec dame FRIGIÈRE, 17 février 66. — Blachez, av. — f. 18 août 66. — s. Beaugé.
6620

ARIOLI (Blaise), fumiste, 65, r. Meslay. — f. 15 janvier 66. — s. Sarazin. — Union, 23 mai 66.
5656

ARNAUD (Adrien), restaurateur, 126, r. de la Pépinière. — f. 1ᵉʳ oct. 66. s. Meys.
6807

ARNAUD (Eugène), brossier, 25, r. Coquillère. — f. 13 oct. 65. — s. Barbot. — c. 3 janv. 66. — h. 16 janv. — 40 p. 100 en 5 ans.
5241

ARONA (Louis-Alfred), 94, boul. Sébastopol. — Sép. de biens d'avec dame FLEURIMONT, 18 déc. 66. — G. Froc, avoué.

ARONDEL (Jean-Baptiste), 42, r. de Bondy. — Sép. de biens d'avec la dame BAUCHE, 31 oct. 66. — Mignot, av.

ARPAGIAN (B.), et Comp., nég., 9, r. Bergère. — f. 22 déc. 66. — s. Beaugé.
7226

ARQUIÉ (Marie), 2, pl. du Chat-Rouge. — Sép. corps et biens d'avec dame DESMET, 15 fév. 66. — Levaux, av.

ARRACHART (Jean-Désiré), 9, r. Gallois, et à Bicêtre. — Int. 4 déc. 66 ad. vᵉ Julien Arrachart, 64, r. Blanche. — A. Quillet, av.

ARTHAUD, nég., 10, r. des Sts-Pères, et s. dom. con. — f. 27 mars 66. — s. Beaufour.
5946

ARTHUR (Alexand. et frères), tissus, 40, r. de Cléry. — f. 17 avril 66. — s. Devin. — c. 19 oct. 66. — h. 4 déc. — Abandon d'actif et 15 p. 100 en 3 ans.
6041

AUBERT (Pierre-Timothée), vins, 176 Gr.-Rue de Vaugirard, f. 16 janv. 66. — s. Barboux. — c. 7 avril. — h. 20 avril. — 40 p. 100 en 5 ans.
5659

AUBERT, nég., 96, route d'Asnières. — f. 22 mars 66. — s. Pinet. — Clôt. 30 juin 66.
6163

AUBERT, marchand de vins, 26, av. de la Roquette. — f. 23. nov. 66. ouv. au 19 oct. — s. Meys. — cl. 31 déc. 7078

AUBRY (Gustave-Léon), quincailler, 58, r. de Paris, à St-Denis. — f. 28 sept. 65. — s. Devin. — c. 2 février 66. — h. 26 févr. — 50 p. 100 en 5 ans. 5177

AUBRY (Simon), 2, r. Salneuve. — Sép. de biens d'avec dame MÉRY. — 22 déc. 66. — St.-Amand, av.

3

AUDEBERT (Joseph), architecte, 31, av. Trudaine. — f. 42 sept. 65. — ouv. 1er décemb. 1864. — s. Moncharville. 5160. — Sép. de biens d'avec dame DECAUDIN. — 17 juill. 66. — Boulot, av.

AUDIGIER (Jean), marchand de vins, 20, r. de Cléry. — f. 11 nov. 65. — s. Lamoureux. — c. 7 avril. — h. 23 av. — Abandon d'actif et 20 p. 100 en 5 ans.    5377

AUDOUZE père et fils, marchands de bois à St-Ouen, 125, av. des Bâtignol-les. — f. 0 oct. 66. — s. Saulton.    6847

AUGER (Eugène-Théodore), 3, rue Gui-chard. — Sép. de biens d'avec dame GIRARDIN. — 13 déc. 66. — Réty, av.

AUGET (Sylvain), maçon, 3, rue des Ormeaux. — f. 12 juin 66. — s. R. Grison.    6267

AUGS-BURGÈS, négociant, 27, rue de Charonne, et 7, r. de la Perle. — f. 15 mars 66. — s. Pinet. — Clôt. 31 août 66.    5896.

AVENET (Jules-Antoine), marchand de vins à St-Denis, 2, av. de Paris, cité du Nord. — f. 12 sep. 66. — s. Pinet.    6720.

AVRAIN (Bonaventure-Hippolyte-Au-guste-Ferdinand), s. dom. con. — Sép. de c. et b. d'avec dame GILLET. — 9 juin 66. — Henriet, av.

AVRANGE (Philibert-Mathieu-Eugène d'), 15, r. d'Issy. — Sép. de biens d'avec dame DU KERMONT. — 2 janv. 66. — Caron, av.

AVRIL et Cⁱᵉ, fab. de cartes à jouer, 20, r. de la Banque. — f. 2 oct. 66. — s. Saulton.    6811.

AZAYS (Léon), limonadier, 72, b. Beau-marchais. — f. 18 déc. 66. — s. Gauche.    7192.

AZIMONT (Edmond), négociant à Vin-cennes. — f. 8 oct. 64. — s. Saulton. — c. 12 janv. 66. — h. 1er février. — 25 p. 100 en 5 ans.    3755.

# B

BABILLON (Auguste-Napoléon), épi-cier, 8, rue Levis, à Batignolles. — f. 13 nov. 66. — s. Gauche.    7027.

BAC, chapelier, 35, f. St-Denis. — f. 21 juin 66. — s. Barbot. — Clôt. 31 juillet 66.    6345.

BACHELET (Jules), tapissier, 18, r. Du-phot. — f. 16 sept. 65. — s. Lefrançois. — c. 17 mars 1866. — h. 10 avril. — 40 p. 100 en 5 ans.    5133

BACHELET (dame), découpeuse en mé-taux, 75, r. la Roquette. — f. 22 sep-tembre 66. — s. Beaugé. — Clôt. 27 novembre 66.    6872

BACHELOT (Léon), soldat au 3ᵉ rég. d'inf. de marine. — Interd. 18 jan. 66.

— Cons. jud. M. Bachelot, 84, faub. Montmartre. — Plassard, av.

BACHMANN (Jean-Mercier), 3, r. de l'Ancienne-Comédie. — f. 8 juin 66. — s. Pluzanski. — c. 21 septembre 66. — h. 17 octobre 66. — 20 p. 100 en 4 années.    6241

BACHOU fils, nouveautés à Fresnes (Seine). — f. 28 mars 66. — s. Meys. — c. 26 juin 66. — h. 17 juillet 66. — Ab. d'actif et 10 p. 100 en 5 ans. 5952

BACHRICH (Joseph), pharmacien, 44, r. Villiers. — f. 26 juin 66. — s. Beau-four. — c. 4 décembre 66. — h. 18 dé-cembre 66. — Ab. d'actif et 25 p. 100 en 5 années.    6321

BADEL (dame), hôtel meublé 96, b. Latour-Maubourg. — f. 30 nov. 66, ouv. 9 nov. — s. Sommaire. 7111

BADIER (Louis-François), 51, r. Louis-Philippe. — 23 janv. 66. — Sép. corps et biens d'avec dame DELHAY. — Gignoux, av.

BADIN-D'HURTEBISE (Paul-Marie), 23, r. N.-D.-de-Lorette.—Int. 13 janv. 66. —Cons. jud. M. Robineau, avoué, 113, r. Montmartre. — Robineau, av.

BAERT (Charles), fab. de billards, 39, r. de Reuilly. — f. 19 oct. 65. — s. Henrionnet. — c. 15 mars 66. — h. 6 avril 66. — 40 p. 100 en 4 ans. 5277.

BAFFI (J.-B.), 150, q. Jemmapes. — Sép. de biens, 11 janv. 66. Berlinot, avoué.

BAHUNO (Comte du) (Armand-Éléonore-Sigismond, 42, r. du Ch.-de-Versailles. — Sép. de corps et de biens d'avec dame du LISCOET. — 4 mai 66. — Ch. des Étangs, av.

BAIJOT (Nicolas-Jules), 7, impasse Longue-Avoine. — Int. 22 nov. 66. — Ad. Gillot, 4, r. Lepelletier. — Foussier, av.

BAILLARD (Philippe), nég., 53, r. de Sèvres, et à Asnières. — f. 28 juil. 66. s. Legriel. 6519

BAILLET (Alex.-Const.-Firmin), fab. de fourneaux, 14, rue de Citeau, et 31, r. St-Philippe. — f. 6 août 66. — s. Kneringer. — c. 3 nov. 66. — h. 12 décembre. — 40 p. 100 en 6 ans; le 1er 6e, 5 p. 100, et les autres, 7 p. 100. 6562.

BAILLET, nég., 74, av. de la Bourdonnais.—f. 27 juin 65.—s. Pluzanski. — Union. 4759.

BAILLET (Paul-Achille), 38, rue de Chaillot. — Int. 14 sept. 66. — c. J. Crochard, 24, r. Neuve-St-Augustin. — Lorger. av.

BAILLET (Pierre), 8, imp. Guillaumont. — Sép. de biens d'avec d° BOUDON. — 14 avril 66. — Horbot, av.

BAILLEUL aîné, (Pierre-François), nouveautés, 109, r. de Sèvres. — f. 31 oct. 66. — s. Sautton. 6973.

BAILLEUX (veuve) et POUSSET, ménuisier, 214, r. St-Maur. — f. 21 déc. 66. — s. Quatremère. 7212

BAILLOT, négoc., 8, cité Guillaumont. — f. 25 mai 66. — s. Lamoureux. — Clôt. 12 juin 66. 6140

BAILLOT. Gaz atmosphérique, q. de la Marne, 26. — f. 5 oct. 66.—s. Sautton. Clôt. 30 nov. 66. 6829

BAILLOT (Georges), graveur, 3, av. St-Ouen.—f. 3 nov. 66. —ouv. 4 oct. —s. Beaufour.—Clôt. 30 nov. 66. 6993

BAISCH (Hermann) effilocheur, 53, r. Pascal. — f. 27 fév. 66. — s. Meillencourt. — c. 26 juin 66. — h. 16 juillet 66. — 24 p. 100 en 3 ans. 5831

BAJOLE de BAYALOS (Claire) d° CARON (Constant-Armand), lingère, 191, r. Rivoli.—f. 9 nov. 64.—s. Trille. 3764.

BALABEZ (François-Alexis), 26, r. de l'Église (à Montreuil). — Sép. corps et biens d'avec dame MALFROY. — 30 août 66. — Denormandie, av.

BALTHAZAR (J.-B.), marchand de vins, 60, r. de Montreuil. — f. 18 mai 66. s. Meys. 6150.

BAPEAUME (Nestor), 5, r. des Gravilliers. — Sép. de biens d'avec dame SAGEBIN. — 6 mars 66. — Deherpe, av.

BARADON (Pierre), marchand de nouveautés, à Neuilly. — f. 18 mai 66. s. Bégis. — Union, 7 août 66. 6151

BARAILLIER et ALFRED, tailleurs, 45, r. Ne-des-Petits-Champs.—f. 27 fév. 66. — s. Hécaen. — c. 29 mai 66. h. 15 juin 66. — 50 p. 100 savoir par le syndic; 8 p. 100 dans le mois de l'homologation, et 42 p.100 6 mois après. 5822

BARBAROUX (Hippolyte), chocolatier, 65, faub. St-Denis. — f. 27 nov. 65.

— s. Sommaire. — c. 9 avril 66. h. 4 mai 66.—30 p.100 en 6 ans.   5439

BARBE, marchand de vins à Bois-Colombes.—f. 11 avril 66.—s. Knéringer.—Clôt. 31 juillet 66.   6012

BARBE (Auguste), 9, b. de la Madeleine. —Sép. de b. d'avec dame CHARTIER. —27 oct. 66. — Benoist, av.

BARBIER (Hippolyte), mercier, 23, Gr.-Rue, à Issy.—f. 18 mars 65.—s. Crampel.—c. 18 nov. 65.—h. 20 janv. 66. —Ab. d'actif et 500 fr. en 4 ans.   4328

BARBIER (Victor), fab. de tabletterie, 13, r. Jussienne. — f. 3 août 66. — s. Pinet.—c. 3 déc. 66.— h. 21 déc. 66. 30 p. 100 en 5 ans.   6512

BARBIER (Charles-Médard), 5, pass. Chausson. — Sép. de biens d'avec dame LÉTOILE. — 31 oct. 66. — A. Tixier, av.

BARBIN, entrep. de maçonnerie au Perreux, comm. de Nogent-s.-Marne. — f. 30 oct. 66. — s. Meys.   6069

BARBOT (Samuel), mécanicien, 27, r. Culture-Ste-Catherine.—f. 26 juin 65. s. Knéringer. — c. 9 janv. 66. — h. 27 janv. 66.—Le tout en 4 ans.   4747

BARBOT (Charles-Emmanuel), 3, r. Dupuytren.—Sép. corps et biens d'avec dame JACQUOT. — 6 janv. 66. — Levaux, av.

BARDENET (Fanny), marchande de lingerie, 25, r. de Choiseul. — f. 26 oct. 66. — s. Crampel.   6049

BARDOU (Martial), restaurateur, 2, b. des Filles-du-Calvaire.—f. 21 nov. 65. —s. Meys.—Union, 12 avril 66.   5125

BARIDON (Jean-François), 126, Gr.-R. de la Chapelle.—Sép. corps et biens d'avec dame CLÉMENT.—1er fév. 66. Popelin, av.

BARJEAN (Jean-Philippe), 57, r. Meslay. — Sép. corps et biens d'avec dame PELLERANO. — 18 août 66. — Boucher, av.

BARON père et Cie, négociants, 19, r. d'Enghein.—f. 5 déc. 65.—s. Copin. Clôt. 26 janv. 66.   5190

BARON (Léopold), veuve, hôtel meublé, 9, r. Jean-Bart. — f. 11 juillet 65. — s. Battarel. — c. 22 nov. 65. — h. 22 déc. 65. — Ab. d'actif.   4842

BARON (Louis-François), 10, r. Ferras. — Sép. corps et biens d'avec dame DUBUGRARD. — 13 mars 66.—Marc, avoué.

BAROT jeune (Alfred), entr. de charpentes, 15 et 17, av. Malakoff. — f. 8 août 66. — s. Quatremère. —Sép. de biens d'avec dame BOUDIER, — 15 sept. 66.— Adam, av.   6583

BARRIOL (Ernest-Antoine), 39, av. d'Eylau. — Int. 12 avril 66. — Bail, av. d'Eylau, 39. — Foussier, av.

BARROIS DE LEMMERY D'ORGEVAL (Samuel), née Rosalie-Louise-Laure-Flora BARROIS D'ORGEVAL, r. du Bac, hôtel des Missions étrangères. — Int. 1er mars 66. — Selle, maire à Bolbec (Seine-Inférieure). —Guillain, av.

BARTHE (Paul), 11, pass. Landrieu. — Sép. de biens d'avec dame GEOFFROY. — 21 juill. 66. — Sibire, av.

BARTHÉLEMY (Joseph), marchand de meubles, r. St-Nicolas-St-Antoine, 10. — f. 30 mai 66. — s. Beaugé. — c. 16 août 66. — h. 30 août 66. — Ab. d'actif.   6207

BARTHÉLEMY (Félicité-Gaspard), loueur de voitures, 197, r. du Faub.-St-Martin. — f. 10 juillet. 66. — s. Legriel.   6386

BARTHÉLEMY (Jean-Bapt.), 5, r. Cadet. — Sép. corps et biens d'avec dame COLLERY. — 19 août 65. — Dechambre, av.

BARTHELET, négociant, 15, r. Béranger. — f. 31 juillet 66. — s. Sarazin. — Clôt. 25 août 66.   6328

BARRUCAND fils (Louis), limonadier, 26, r. de l'Abbaye. — f. 5 juill. 66. — s. Normand.   6151

BASSE, brasseur, 108, r. Mouffetard. f. 23 janv. 66. — s. Moncharville. — Clôt. 22 fév. 66.　　　5688

BASLÉ (Jean), 11, r. de Lyon. — Sép. corps et biens d'avec dame GABIL-LION. — 27 nov. 66. — Blachez, av.

BASS (Joseph-Ignace), 9, r. des Charbonniers. — Sép. corps et biens d'avec dame WETTER. — 24 nov. 66. — P. Duboys, av.

BASSET (Claude-Marie), boulanger, 11, r. Brochaud. — f. 10 fév. 66. — s. Hécaen.—Union, 3 août 66.　5777

BASTIEN (Dominique), négoc.,34, boul. de la Chopinette. — f. 18 juill. 65. — s. Pinet.—Union 2. 48 p. 100, unique répartition.　　　4855

BA-TA-CLAN, café, 50, boul. du Prince-Eugène. — f. 3 janv. 66. — s. Devin. —Union, 23 mai 66.　　5615

BATARDY (Michel), 75, boul. Sébastopol. — 20 mars 66. — Sép. de biens d'avec dame BENDER. - Cesseiin, av.

BATIFOULIER (Louis), et ROYER (Benjamin), charbons, 45, r. Nicolar. — f. 20 mars 66. — s. Beaufour.　5912

BATISSE (Jean-Auguste), vins, 19, r. de Douai.— f. 11 juill. 66.—s. Copin. — Clôt. 26 nov. 66.　　6401

BATON (Michel), sans dom. con.—Sép. corps et biens d'avec dame AUBRY. —14 août 66. — Dufourmantelle, av.

BAUCHE (E.), nég., 8, cité Trévise.—f. 18 août 65. — ouv. 31 déc. 63. — s. Meys.　　　4996

BAUDIN (Charles-Paul-Placide), marchand de vins, 230, boul. du Prince-Eugène. — f. 13 avril 66. — s. Quatremère. — c. 28 juill. 66. — h. 21 août 66. — 40 p. 100 en 5 ans.　6020

BAUDOIN (Alexandre), nég. 271, q. Valmy. — f. 21 sept. 66. — s. Barbot.　　　6759

BAUDOT, nég., 19, imp. de l'Orillon.— f. 10 avril 66. — s. Malle.　5997

BAUDRY (François), mégissier, 34, r. Fer-à-Moulin. — f. 6 sept. 65. — s. Chevallier. — c. 31 janv. 66. — h. 21 mars 66.— Abandon d'actif et 10 p. 100 en 3 ans.　　5078

BAUMBACH (Charles-Eugène), s. dom. con. sép. corps et biens d'avec dame MAGNUS. — 13 déc. 66. —Picard, av.

BAURY, marchand de charbons, 5, r. de l'Église. — f. 3 avril 66. — s. Legriel.—Clôt. 31 mai 66.　5961

BAYARD (De Louise Hélène Ferré), marchande à la toilette, 12, r. Charles V.— f. 11 mars 65. —s. Gauche. — Union 9 mai 66.　　4282

BAYARD fils (Alfred-Ludovic), entrep. de charpentes, 42, r. Champigny. — f. 29 août 66. — s. Quatremère. — c. 17 nov. 66. — h. 12 déc. 66. — 30 p. 100 en 5 ans.　　6655

BAYART (Louis-Joseph-Étienne-Dominique, sous-lieutenant au 3e rég. de hussards, à Avesnes (Nord). — Int. 27 déc. 66. — BAYART père, 240, r. de Rivoli. — Bujon, av.

BAYE (Victor), bijoutier, 9, marché St-Honoré.—f. 25 mars 66. — s. Chevallier. — c. 5 octobre 66. — h. 29 octobre 66.—25 p. 100 en 5 ans. 6182.

BAYER (Louis), 11, r. d'Aubervilliers, à St.-Denis.—fab. savons,—f. 15 oct. 66.—s. Dufay.　　6876. —Sép. de biens d'avec dame HAQUET. —8. déc. 66.—P.Duboys, av.

BAYOT (J.-B.), 60, r. Bourbon-Villeneuve.—Sép. corps et biens d'avec dame LUEBEREL.—5 avril 66.—Archambault.—Guyot, av.

BAZENET (Denis-Étienne), marchand de chaussures, 17, Gr.-R. Batignolles. — f. 26 janv. 66. — s. Dufay. — c. 4 juin 66. — h. 19 juin. — 40 p. 100 en 5 ans.　　5705.

BAZIN (Édouard-Alphonse), marchand de soieries, 258, r. St-Denis. — f. 12 déc. 63. — s. Chevalier. — c. 19 oct. 64. —rés. 19 juill. 66. —clôt. 20 sept. 66.　　　2863.

BAZIN de la BINTINAYS(dame Eugénie, née Claire-Jenny Beck), à Charenton. —Int. 4 août 66.—Bintinays fils, administrateur, 12, r. du Château. — Bujon, av.

BAZIN (Nicolas-Jules), 2, r. des Acacias. — Sép. de biens d'avec dame BOURSIOUX. Prévost, av.

BÉAL (Maximilien), s. dom. connu. —Sép. corps et biens d'avec dame SOTTA. — 17 fév. 66.—Benoist, av.

BEAUCERF (Pierre-Hubert), loueur de voiture, 27, r. Poliveau. — f. 23 déc. 65.—s. Beaugé. —c. 26 mai 66.— h. 11 juin 66.—50 p. 100 en 3 ans. 5579.

BEAUDET (Benoît), boulanger, 293, r. Mouffetard.—f. 14 mars 66.—s. Meillencourt.—c. 27 juill. 66.—h. 24 août 66. — Abandon d'actif.     5883.

BEAUDOIN marchand de vins, 6, cour Bony.—f. 4 déc. 66.—s. Pinet. 7125.

BEAUDOIN.(André-Marcun), marchand de vins, 16 r. Neuve-St-Denis.—f. 1er déc. 64.—s. Lefrançois.—Union 4.28 p. 100. unique rép.     2894.

BEAUDOUX (Ferdinand), 9, pass. Saulnier. — Sép. de biens d'avec dame NADEAUD. — 11 déc. 66. — Boinod. avoué.

BEAUFORT (Louis-Constant), fab. de chaussures, s. dom. con. — f. 2 fév. 64. — s. Pluzanski. — Clôt. 10 juin 66.     2621.

BEAUFUMÉ, ingénieur, docteur-médecin, à Châteauroux.—f. 31 janv. 64. — s. Sautton. — c. 27 oct. 66. — h. 4 déc. 66. — 10 p. 100 en 8 années, payables 1 p. 100 les 6 premières années et 2 p. 100 les 2 autres. 18000.

BEAUGER (J.-B.-Alphonse), au Petit-Ivry, 26, Gr.-R.—Sép. de biens d'avec dame MAITRE. — Laden, av.

BEAUJAN (Ursin), maçon, à Asnières. —f. 20 oct. 65.—s. Normand.—Union, 9 mai 66.     5283.

BEAUJOT, marchand de chaux à Neuilly, 60, route de Fontainebleau. — f. 6 avril 66. — s. Normand. — Clôt. 24 mai 66.     5978.

BEAULÉ (Jean-Jacques-Prosper), imprimeur, 10, r. Jacques-de-Brosse. — f. 11 sept. 66. — s. Heurtey, fils.     6727

BEAULIEU (Louis-Alexandre), à St-Denis, 76, r. de Paris.—Sép. corps et biens d'avec dame BERTIN.—4 juill. 66. — Dumont, av.

BEAURY (Camille-Georges), 12, r. St-Louis en l'Ile.—Sép. de biens d'avec dame SAUREL.—3 mars 66.—Foussier, av.

BEAUVAIS (de, Adolphe-Vincent), limonadier, 40, boul. du Temple. — f. 15 juin 66.—s. Barboux.—c. 11 août 66. — h. 1er sept. — 25 p. 100 en 5 années.     6275.

BEAUVAIS (Auguste), épicier, 41, r. Folie-Regnault. — f. 31 oct. 66. — s. Meillencourt.     6971.

BEAUVAIS (Adrien-Florent), 26, boul. de Belleville. — Sép. corps et biens d'avec dame VARLET. — 4 janv. 66. — Huet, av.

BÉCANNES (Joseph), 22, r. du Cherche-Midi. — Sép. corps et biens d'avec dame COMMERSON. — 10 mai 65. — Réty, av.

BÉCHARD (J.-B.-Eugène), épicier, 17, r. de la Pépinière. — f. 19 mai 62. — s. Pinet. — c. 24 oct. 62. — rés. 16 août 66.     85

BÉCHETER aîné (Antoine), épicier, 8, r. de Charenton.—f. 26 avril 66.—s. Knéringer.—c. 18 août 66.—h. 7 sep. —30 p. 100 en 4 ans.     6059.

BECKER et Ce, à St-Denis, 3, r. Pierrefitte et 3, r. St-Maur.—f. 16 oct. 66. —s. Dufay.—Clôt. 31 oct. 66.     6586.

BECQUART (Louis-Joseph), s. dom. con. —Sép. corps et biens d'avec dame LENGAGNE.—12 mai 66.—Guibert, avoué.

BECQUEMOND (Hippolyte), entrep., 37, boul. St-Martin. — f. 16 août 65. — s. Copin. — c. 26 déc. 65. — h. 8 janv. 66. — 50 p. 100 par réalis. de l'actif, sinon en 3 ans par 1/3 du 1er janv. 69.                    4977.

BECQUENROIS (Jules-Auguste), s. dom. con. — Sép. corps et biens d'avec dame MICHEL. — 7 juillet 66. — R. de la Croisette, av.

BECQUET (Pierre-Laurent), entrep. de maçonnerie, 8, r. Ste-Foy, et 20, r. Rodier. — f. 5 janv. 66. — ouv. 18 nov. 65. — s. Copin.               5618.
— Sép. biens d'avec dame PUPIER. — 10 avril 65. — Fitremann, av.

BEDUCHAUD (Jacques-Marie-Benoist), négociant, 133, boul. Magenta. — f. 16 mai 66. — s. Meillencourt. — c. 21 août 66. — h. 7 sept. — 30 p. 100 : 5 p. 100, 1er déc. 66; 5 p. 100, 1er sept. 67; 20 p. 100 par fraction de 5 de 6 en 6 mois après.                    6144.

BEFFROY (delle Eugénie de), mercière, 43, r. Popincourt. — f. 5 sept 65. — s. Grison. — Union, 14 sept. 66.     5065.

BÉGUIN (Magloire-Honoré), distillateur, 14, boul. Montmartre. — f. 15 mai 66. — s. Crampel. — Union, 18 sept. 66.                         6134.
— Sép. de biens d'avec dame VITOUX. — 15 mai 66. — Blachez, av.

BEHNARD (Jean-Marie-Élie), 106, faub. St-Antoine. — Sép. corps et biens d'avec dame GIBAULT. — 30 janv. 66. — Quillet, av.

BÉHORMOND (Joseph-Pierre-Louis), march. de coupons, 31, r. de la Paix. — f. 14 juillet 66. — s. Heurtey. — c. 3 oct. 66. — h. 20 oct. — Ab. d'actif et 5 p. 100 en 6 ans, après redd. du compte.                        6423.

BEIGNAT (Alphonse-Joseph), march. de bois, 32, gare d'Ivry. — f. 7 déc. 66. — s. Beaujeu.                    7137.

BEL (Joseph-Auguste), commiss., 68, r. de Bondy. — f. 15 juin 66. — s. Meys. c. 27 sept. 66. — h. 12 oct. — 15 p. 100

en deux payements : 15 mars et 15 sept. 67.                    6274.

BELARGENT (Denis-Octave), limonadier, 53, boul. du Prince-Eugène. — f. 2 mai 66. — s. Meillencourt. — Union, 11 nov. 66.                    6083.
— Sép. de biens d'avec dame GIRAULT. — 26 juin 66. — Cartier, av.

BELLAND (Dame Marie-Alexandre), marchande de lingerie, 5, r. du Petit-Carreau. — f. 20 déc. 65. — s. Heurtey. — Clôt. 29 mars 66.              5551.

BELLANGER (J.-B.), voiturier, 25, r. Popincourt, et 25, boul. de la Gare. — f. 2 sept. 65. — s. Beaufour. — c. 4 déc. 65. — h. 20 janv. 66. — 35 p. 100 en 4 années.                        5055.

BELLARD (Ernest-Alfred), nég., 68, r. Rivoli, et 10, r. de la Lingerie. — f. 23 mars 66. — s. Begis. — Union, 6 oct. 66.                        5933.
— Sép. corps et biens d'avec dame REGNIER. — 18 août 66. — Chauvin, av.

BELLAVOINE (Charles-Louis), s. dom. con. — Sép. de biens d'avec dame GUETTE. — 1er déc. 66. — Marquis, av.

BELLE (Jules), à Chelles, (S.-et-M.) — Sép. corps et biens d'avec dame LEROY. — 18 déc. 66. — E. Coche, av.

BELLENGREVILLE (Émile), nég., 13, r. Rivoli, et 15, r. Vivienne. — f. 10 avril 66. — s. Trille.        20000.

BELLETTE (Louis), limonadier, 9, r. Jean-Robert. — f. 11 déc. 66. — s. Saut-ton. — Clôt. 29 déc. 66.        7157.

BELLEYME (de) fils (Auguste), 21, r. du Luxembourg. — Int. 28 déc. 66. — C. j. — Lacomme, 350, r. St-Honoré. — Lacomme, av.

BELLICARD (J.-B.), s. dom. con. — Sép. de biens d'avec dame BOURG. — 27 oct. 66. — Benoist, av.

BELLISSENT (François-Léonce), ent. de serrurerie, 38, r. St-Pétersbourg. — ouv. 20 sept. 65. — f. 11 janv. 66. — s. Beaugé.                    5640.

BELLOT fils (Louis), nég., 154, r. de la

Chapelle.—f. 24 oct. 65.—s. Knéringer.—Union 12 janv. 66.          5296.

BELTHOISE (D^elle Thérèse-Élisabeth), fab. de corsets, 36, Faub.-St-Honoré. — f. 14 avril 66.—s. Sautton.—Clôt. 24 mai 66.          6023.

BENASSY (Martin), entrep., 15, r. Vieille-du-Temple. — f. 3 mars 66. — s. Sommaire.          5845.
— Sép. corps et biens d'avec dame TRIQUET. — 8 mai 66. — Lévesque, avoué.

BÉNEZECH (Victor, décédé), fab. de papier peint, 173, r. de Charenton.—ouv. 7 fév. 66. —f. 8 mars 66.—s. Copin. — Union 3 août 66.          5868.

BÉNIER (Léon-Charles), 253, r. St-Honoré.—Sép. de biens d'avec dame CHANCEREL.—23 janv. 66.—Boinod, avoué.

BENOIST (G.) et PÉRET (J.), commissionn., 70, r. de Rivoli. — f. 24 fév. 66. — s. Bourbon. — Union 9 sept. 66.          5810.

BENOIST, mécanicien, 26, av. de la Roquette. — f. 4 sept. 66. — s. Bégis.          6680.

BENOIST (Jean-Louis-Alfred), commissionn, 48, r. Paradis-Poissonnière. —f. 22 sept. 66.—s. Battarel.   6768.

BENOIT, marchand de nouveautés, 28, boul. du Prince-Eugène.—f. 14 mars 66. — s. Barboux.—c. 2 juin 66.— h. 21 juin 66.—Abandon d'actif. 5891.

BÉON père et comp., nég., 53, boul. d'Enfer.—f. 17 oct. 65. — s. Meys.— Clôt. 31 janv. 66.          5266.

BÉRANGER, épicier, 64, r. St-Sauveur. —f. 20 mai 66.—s. Meys.          6200.

BÉRENGER (René), propriétaire, 82, r. Grenelle-St-Germain. —29 nov. 66. —Mainlevée d'int.—Chain, av.

BERG (Barthélemy), 6, r. Berton. — Sép. corps et biens d'avec dame CHONARD.—15 déc. 66.—Weil, av.

BERGER, art. de Paris, 22, r. Michel-le-Comte. — f. 12 janv. 66. — s. Hécaen.          5646.

BERGER (Jules-Joseph-Albert-Henry), 52, r. du Cherche-Midi.—Sép. de biens d'avec dame BOITEUX.— 10 avril 66.—Chauveau, av.

BERGERON (Célestiu-Henri), entrep., 119, r. St-Maur.—f. 9 juill. 66.—s. Barboux.          6382.

BERHA (Joseph), satineur de papier, 9, r. St-Sauveur.—f. 9 mai 66.—s. Meys.—Clôt. 31 juill. 66.     6121.

BÉRINGER (Henry), mercier, 36, r. Croix-des-Petits-Champs.—f. 29 août 65.—s. Pluzanski.—Union 12 fév. 66.          5033.

BERLAND, nég., 159, r. Montmartre.— f. 11 sept. 66.—s. Sarazin.—Clôt. 23 oct. 66.          6715.

BERNARD (Jules), marchand de chiffons, 132, r. d'Allemagne.—f. 3 avril 66. — s. Hécaen. — Union 19 sept. 66.          5956.

BERNARD (dame Eugène, née Rose BERTHELOT), épicière, 4, r. Vincent. —f. 3 avril 66.—s. Normand.  5937.

BERNARD, plieur de soie, 290, r. St-Denis.—f. 26 mai 66.—s. Sarazin.— Clôt. 30 juin 66.          6189.

BERNARD (Jules), lainages, 9, r. de Cléry. — ouv. 12 nov. 66.—f. 13 nov. 66.—s. Sautton.          7028.

BERNARD (André), 13, r. de Rennes.— Sép. de biens d'avec dame DAVID. — 24 avril 66. — Sibire, av.

BERNARD (Israël), 18, r. des Fossés-du-Temple. Sép. de biens d'avec dame SAMUEL. — 17 mai 66. — A. Guyot, avoué.

BERNAU (Ernest), directeur du *Moniteur polyglotte*, 29, r. des Bons-Enfants. — f. 10 avril 66. — s. Heurtey. — c. 11 juill. 66. — h. 4 août 66. —15 p. 100 en 5 ans.          5994.

BERNAU et Cᵉ, 4, r. Drouot.— f. 24 avril 66. — s. Heurtey.    6056.

BERNAUD (Xavier-Léon), 33, r. Charlot. — Sép. de biens d'avec dame DÉCHANET. — 17 mars 66. — Coche, avoué.

BERNHEIM colporteur, 13, r. des Tournelles. — f. 15 nov. 65. — s. Grison, — c. 7 avril 66. — h. le 21 av. 66. — 20 p. 100 en 5 ans.    5395.

BERNOIS (Félix-Michel), 11, r. St-Étienne-Bonne-Nouvelle. — Sép. corps et biens d'avec dame ROZÈS. le 23 juin 66.—Bonnel de Longchamp, avoué.

BERNOVILLE (Louis-Jules), 32, r. Fessart. — Sép. corps et biens d'avec dame MORAND.—12 déc. 66.—Benoist. avoué.

BERTHAULT (Étienne-Julien), marchand de nouveautés, à Boulogne, 116, Gr.-R.— f. 20 janv. 63. — s. Devin. — c. 10 mai 63. — h. 13 janv. 66 — Résolution 18 déc. 66.    1196.

BERTHAULT (Pierre-Henri-Léopold), 188, boul. Magenta. — Sép. de biens d'avec dame DUBOSTY. — 24 juill. 66. — Lesage, av.

BERTHE (Louis-Marin), 2, r. de l'Aiguillerie.—Mainlevée d'interdiction le 7 avril 66.

BERTHÉLEMY (Eugène-Edmond), 32, r. de Turbigo. — Sép. de biens d'avec dame REMANGÉ, 13 fév. 66. —Bost, avoué.

BERTHELOT (dame, née Pierrette-Joséphine-Justine DUFAY), marchande de modes, 6, pass. Verdeau.—f. 24 nov. 66. — s. Barboux.    7087

BERTHELOT (Benoist), Hotel des Invalides. —Sép. de biens d'avec dame ROLLAND, 17 mars 66. — Langeron, avoué.

BERTHEMAIT (Charles), 77, r. Oberkampf. — Sép. corps et biens d'avec dame DESQUOIS, 17 sept. 66. — Gouget, av.

BERTHIER DE VIVIERS (Henri), lieutenant au 1ᵉʳ tirailleurs algériens.— Int. 28 mars 66. Cons. jud.—VIGIER, 16, r. Louis-le-Grand.—Vigier, av.

BERTHOD et Cᵗ, agents d'aff. 79, r. N.-D.-de-Nazareth. — f. 29 mai 66.— s. Devin. — Clôt. 29 sept. 66.    6199

BERTHOUILLERS (Henry), limonadier, 6 et 8, boul. Clichy, et 4, pass. de l'Elysée des Beaux-arts.—f. 28 avril 66. — s. Copin. — Union 21 juill. 66.    6070

BERTRAND (François-Alphonse), marchand, 21, faub. du Temple.— f. 8 sept. 65.—s. Bégis. c. 11 déc. 65.—h. 2 janv. 66.— 25 p. 100 en 5 ans.  5092

BERTRAND, (Charles), libraire, à Sceaux 39, Gr.-R. — f. 7 nov. 65. — s. Gauche. — Clôt. 30 janv. 66.    5355

BERTRAND (Jean), entrep., à Courbevoie, 11, r. des Blanchisseurs.—f. 5 janv. 66. — s. Bourbon. — c. 17 mai 66.— h. 1 juin 66.— 30 p. 100 en 5 ans.    5619

BERTRAND, nég., 1, r. Besnard. — f. 1ᵉʳ sept. 61.— s. Lamoureux.— c. 20 juin 63.— h. 10 juill. — 50 p. 100 en 3 ans. — Rés. 20 sept. 66. — Clôt. p. insuf., 30 nov. 66.    10,934

BERTRAND (dᵉˡˡᵉ Irma), march. de fleurs, 47, r. du Caire. — f. 24 sept. 66. — s. Beaugé.    6760

BERTRAND (Eugène), négociant, 10, r. d'Enghien.— f. 3 nov. 66.— s. Barbot.    6094

BERTRAND (Florentin), s. dom. con.— Sép. corps et biens d'avec dame BOULÉ, 3 fév. 66. — Guibet, av.

BESANÇON (Joseph), mécanicien, 10 et 12, r. du Bon-Puits.—f. 22 août 65. —s. Pinet.—c. 20 déc. 65.—h. 8 janv. 66.—10 p. 100 en 5 ans.    5010.

BESANÇON (Charles-Nicolas), ag. d'affaires, 50, ch. Clignancourt. — f. 28 nov. 65. — s. Devin. — Clôt. 31 janv. 66.    5437.

BESANÇON (François-Michel-Léandre), 256, boul. du Prince-Eugène.— Sép. de biens d'avec dame ASPORD, 15 févr. 66, Tro.loux. av.

BESANÇON, bazar, 113, boul. Sébastopol. — f. 21 fév. 66. — s. Saulton.— Clôt. 29 mars 66. 225.

BESSE (Jean), marchand de vins, 22, r. de Bercy. — f. 21 avril 66.—s. Meys. —Clôt. 29 sept. 66. 6051.

BESSON (Denis-Joseph), marchand, 62, r. Rambuteau.—f. 19 janv. 66.— s. Pinel. 5669.

BÉTHENCOURT (Auguste-J.-B.), 3, r. Neuve-des-Martyrs. — Sép. de biens d'avec dame CORNET, 15 mars 66. Huet, av.

BÉTHISY (Édouard), chapelier, à Courbevoie.—f. 30 janv. 66.—s. Meillencourt.—Clôt. 31 juillet 66. 5711.

BÉTRÈNE (Barthélemy), entrepreneur, 64, r. Grenelle-St-Germain. — f. 24 janv. 66.—s. Quatremère.—c. 7 juin 66.—h. 12 juillet 66. — 15 p. 100 en 5 ans. 5692.

BEUCHAT (Joseph-Bernard), 4, r. des Partants.—Sép. corps et biens d'avec dame SERRA, 13 mars 66.—E. Adam, avoué.

BEUCHER (Louis-Eugène), 200, faub· St-Denis.—Sép. corps et biens d'avec dame LEMAITRE, 2 janv. 66. — P. Dubois. av.

BEUDIN (Édouard), boulanger, 101, route d'Orléans. — f. 23 oct. 66. — s. Pluzanski. 6929

BEUDIN (Édouard) et Cⁱ, meunerie. 101, route d'Orléans. — f. 3 août 66, — s. Pluzanski. 6513

BEUGNON (Edme-Baptiste), marchand de vins à Montreuil. — f. 29 août 66. —s. Barbot. 6654

BEZIN (Eugène), marchand de vins, 16, r. Château-Landon.—f. 23 oct. 64.— s. R. Grison, — Union 23 sept. 66. 3698

BIDAULT (Adolphe), boucher, 3, r. Delambre. — f. 29 mai 66. — s. Gauche. — Union, 29 nov. 66. 6193

BIDAULT (Désiré). Voir CASSEGRAIN et BIDAULT.

BIEGEARD (Guillaume), s. dom. con. — Sép. corps et biens d'avec dame COCU, 21 nov. 66. — Vivet, av.

BIENDINÉ et Cⁱ, négoc., 43, r. de Fleurus, et 23, r. Guénégaud. — f. 10 avril 66. — s. Dufay. — c. 10 oct. 66. — h. 30 oct. — 20 p. 100 en 5 ans. 5996

BIESSY (Remy). Voir HÉMON (Aug.) et Cⁱ.

BIGLE, décédé, vins, 158, route d'Orléans. — f. 30 avril 64.—s. Sommaire. — Union. 2949

BIGOT (Victor-Pierre), chaussures, 52, r. Goutte-d'Or. — f. 23 nov. 65. — s. Devin. — c. 9 mars 66. — h. 28 mars. — 20 p. 100, en 4 ans. 5419

BIGOT (Louis-Félix), 2, boul. Filles-du-Calvaire. — Mainlevée du cons. jud., 19 mai 66. — Petit Bergonz, av.

BIGOT (Urbain), 9, r. des Terres-Fortes. — Sép. corps et biens d'avec dame BEUGERET, 29 mai 66. — Henriet, avoué.

BIGOT (Pierre-Anatole), s. dom. connu. — Sép. corps et biens d'avec dame NOAEL, 8 mai 66. — Lacomme, av.

BIGUET (Louis-Napoléon), boulanger, 3, r. Neuve-de-Lappe. — f. 31 oct. 66. — s. Legriel. 6972

BILLARD (Dⁱⁱⁱ), nég., 142, boul. Ménilmontant. — Ouv. 26 oct. 66. — f. 18 déc. 66. s. Lamoureux. 7196

BILLIAERT (Charles-Louis), vins, 110, faub. Saint-Denis. — f. 15 mai 66. — s. Sommaire. 6135

BILLOT et MARTIN (J.-B.), tissus, 42, r. des Jeûneurs.—f. 1ᵉʳ sept. 65. — s. Moncharville. — Union. 5052

BILLOUX (Philippe-François-Adolphe),

nouveautés, 79, boul. Sébastopol. —
f. 9 avril 66. — s. Moncharville. —
c. 6 juillet 66. — h. 17 juill. 66. — 5 p.
100 dans le mois de l'homol. et 45 p.
100 en 5 ans.      5989

BILORDEAUX (Adolphe), 21, r. de Paris,
à Belleville. — Sép. de biens d'avec
dame BACHELET, 10 mars 66. —
Protat, av.

BINEAU (Théodore), marchand de
meubles, 66, r. de Turenne. — f. 9
avril 66. — s. Lamoureux. — c. 31
juillet 66. — h. 20 août. — 25 pour 100
en 5 ans.      5990

BINET (Étienne), 12, r. Esquirol. —
Sépar. corps et biens d'avec dame
BEAUTEMPS, 8 juin 66. — Chauvin, av.

BINOIS (Louis), 89, r. St-Denis. — Sép.
corps et biens d'avec dame DEBRAY,
6 déc. 63. — Herbet, av.

BISCARRE et Cᵉ, négociants, 56, q. de
Bercy. — f. 31 janvier 66. — s.
Malle.      5726

BISSE et Cᵉ (Nicolas-Jules), brasseurs,
26, boul. d'Italie. — f. 28 nov. 65. —
s. Bourbon.      5411

LES MÊMES. — f. 9 oct. 66. — Clôt. 30
nov. 66.      6848

BISSON jeune (Auguste-Rosalie), photographe, 20, r. Médicis. — f. 4 juin
66. — s. Gauche. — c. 16 nov. 66. —
h. 7 déc. — 10 p. 100 le 15 juillet 67
et 3 fois 10 p. 100 les 15 janv. 68, 69
et 70.      6227

BISSON (veuve), née LEBAS (Marie-
Louise), maison de santé à Clermont
(Oise). — Interd. 18 janv. 66. — Le-
grand, av.

BLAIN (Louis-Antoine), 26, r. Beaubourg. — Sép. de biens d'avec dame
TYTGAT, 16 janv. 66. — Maza, av.

BLANC, changeur, 6, r. Coquillière. —
f. 24 nov. 66. — s. Pinet.      7090

BLANC (Jean-Paul), dit Paul BLONZ,
employé, 11, r. Fulton. — Sép. de

biens d'avec dame DONJON, 30 août
66. — Marquis, av.

BLANC (Joseph-Marius), 35, r. Doudeauville. — Sép. de biens d'avec
dame SOLIER, 31 juillet 66. — Parmentier, av.

BLANCHARD (dame), née LACOMBE (Geneviève), confections, 4, cité Boufflers
(Temple). — f. 26 juillet 66. — s. Sautton. — Union 24 nov. 66.      6487

BLANCHET aîné (Denis-Paul), tailleur,
39, boul. de Strasbourg. — f. 17 oct.
65. — s. Devin. — Union.      5265
— Sép. de biens d'avec dame ROUX-
MOLLARD. — 2 janv. 66. — Roche, av.

BLANCHETEAU (Louis-Napoléon), maçon, à Rosny. — f. 2 sept. 65. — s.
Quatremère. — c. 22 déc. 65. — h.
12 janv. 66. — 20 p. 100 5 ans.      5056

BLANCHOT (Claude-Xavier), modes,
26, r. Béranger. — f. 9 nov. 66. —
s. Devin.      7011

BLAUDINIÈRES (Auguste), vins, à Saint-
Denis. — f. 14 fév. 66. — s. Meillencourt.      5783

BLÉE fils (Edouard), sels, 18, r. Lepelletier. — f. 3 mai 66. — s. Barbot.      6090

BLOC, nég., 111, boul. Sébastopol. —
f. 14 sept. 65. — s. Crampel. — c.
13 avril 66. — h. 24 sept. 66. — 20
p. 100 4 ans.      5126

BLOC (Salomon), lithographe, 15, r. de
l'Abbaye. — f. 1ᵉʳ déc. 65. — s. Cop-
pin. — c. 19 fév. 66. — h. 10 mars 66.
— 30 p. 100 en 6 ann.      5462

BLOCH (Benjamin), engrais, 43, Gr.-R.
Prés-Saint-Gervais. — f. 10 fév. 66.
— s. Sarazin. — Union, 15 juillet 66.
     5771

BLOCH (Isaac), meubles, 20, r. Saint-
Louis, 10, r. Lechapelais. — f. 18 fév.
63. — s. Pluzanski. — Clôt. 19 juin
66.      1325

BLOCH aîné (Samuel), rubans, 12, r.
N.-D.-de-Nazareth. — f. 1ᵉʳ mars 66.

— s. Legriel. — c. 8 sept. 66. — h.
11 oct. 66. — 20 p. 100 en 5 ans. 5813

BLOCH, nég., 17, r. Oberkampf. —
ouv. 29 oct. 66.—f. 16 nov. 66.—s. Sarazin.                              7019

BLOCH (Isaac), 21, r. Charlemagne. —
Sép. de biens d'avec dame LANG, 28
juill. 66. — P. Froc, av.

BLOND (Joseph), vins, 76, r. Popincourt. — Sép. corps et biens d'avec
dame CUISY, 21 août 66. — Audouin,
avoué.

BLONDEL (Henri-Louis), 17, r. d'Arcole.
— Sép. corps et biens d'avec dame
CARAC, 9 nov. 65.—Dechambre, av.

BLONDET (veuve), née Paquetet,
peintures, 7, imp. d'Antin. — f. 15
mai 66. — s. Knéringer.             6139

BLOOM (Paul-Joseph), tailleur, 22, r.
Feydeau. — f. 19 sept. 66. — s.
Battarel.                           6752

BOCH (Gaspard), instituteur, 38, r. de
Chaillot.— Sép. corps et biens d'avec
dame GAVOIS, 25 déc. 65. — Bujon,
avoué.

BOCHET (Ernest-Eugène), 27, r. de
Lyon. — Sép. de biens d'avec dame
HONORÉ.—Beaumelon, av.

BOCK (Émile), fab. de papiers peints,
16, r. de la Muette-St-Antoine. — f.
6 nov. 65. — s. Dufay. — c. 17 mai
66. — h. 23 juin 66. — 25 p. 100 en
5 ans.                              5350
—Sép. de biens d'avec dame MAIGNE,
23 janv. 66. — Quatremère, av.

BOCQUET (Armand), teinturier, à St-
Maur-les-Fossés, 149, route de Cham-
pigny. — f. 4 déc. 65. — s. Meys. —
Clôt. 23 mars 66.                   5181

BOCQUET (Jean-Jacques), maçonnerie,
à Vincennes, 14, r. de l'Église. — ouv.
14 oct. 65. — f. 4 avril 66. — s. Battarel.                              5964

BOCQUET (Herman-Milliade), fabr. de
vis, 119, r. Saint-Maur. — f. 28 juill.

66. — s. Lamoureux. — c. 13 nov. 66.
—h. 30 nov.—30 p. 100 en 5 ans. 6514

BOEMER (Louis), fab. de crin frisé, 56,
boul. de la Villette. — f. 27 oct. 66.—
s. Hécaen.                          6951

BOES (Frédéric), cols et cravates, 3, r.
Paradis-Poissonnière.—f. 5 sept. 65.
— s. Pinet. — c. 7 janv. 66. — h. 27
janv. 66. — 20 p. 100 en 4 ans. 5062

BOET (Jules), denrées, 7, r. Jouy-St-
Antoine.— f. 13 janv. 65.— s. Trillo.
— c. 6 nov. 65. — h. 10 août 66. —
3 p. 100 comptant, 2 p. 100 dans un
an, et 3 p. 100 dans 3 ans du concordat.                                4017

BOFFET (veuve), commerçante, s. dom.
con. — f. 27 janv. 66.— s. Sarazin. —
Clôt. 29 mars 66.                   5709

BOILEAU (Jean-Nicolas), restaurateur,
28, r. N.-D.-des-Victoires.— f. 9 août
65. — s. Malle. — c. 6 déc. 65. — h.
29 déc.—Abandon d'actif.           4953

BOILLET (Pierre-Charles-Désiré), 26,
r. Oberkampf. — Sép. corps et biens
d'avec dame DROUART, 19 mai. —
Trodoux, av.

BOIN (Pascal-Charles), 8, r. Royale. —
Sépar. corps et biens d'avec dame
THOMAS, 22 mars 66. — O. Moreau,
avoué.

BOISNUNON (Jean), carrier, à Vanves,
11, r. de la Mairie. — f. 15 nov. 66.
— s. Pinet.                         7042

BOISSEL (Auguste-Edouard), 37, quai
des Grands-Augustins. — Sép. de
biens d'avec dame VESQUE, 14 août
66. — Cesselin, av.

BOISSET (Pierre-Élie), nouveautés, 160,
boul. Magenta. — f. 3 mai 66. — s.
Moncharville, — c. 8 août 66. — h,
28 août. — 30 p. 100 en 5 ans. 6089

BOISSON (Claude-François), négociant,
21, r. de la Chaussée-d'Antin.—Sép.
corps et biens d'avec dame ROMAN,
19 mai 66. — Boinod, av.

BOISSOT, négociant, r. de Vanves et

du Transit. — f. 6 juill. 66. — s. Meys.     6373

BOITEUZET, négociant, 15, place de l'Alma. — f. 19 août 65. — s. Copin. — Union 6 oct. 66.     5005

BOIVIN et DROUET (Joseph Boivin et Pierre-François-Eloi Drouet), sellerio, 61, faub. Saint-Denis et à Pontoise, com. do Peray (S.-et-O.). — f. 17 nov. 65. — s. Sautton.     5357

BOLARD (dame Joseph), vins, 42, r. du Petit-Parc. — f. 18 juill. 64. — s. Henrionnet. — c. 19 déc. 64. — rés. 7 août 66. — Union 22 déc. 66. 3274

BOLL., chocolat, 21, galerie Vivienne. — f. 12 juin 66. — s. Quatremère. — Clôt. 29 déc. 66.     6264
— Sép. de biens d'avec dame PERNOT. 12 avril 66. — Laubanie, av.

BOMONT (Aug.-Martin), tissus, 21, r. J.-J.-Rousseau; à Champeret, 45 bis, r. Chaptal. — f. 7 mars 66. — s. Knéringer. — c. 15 oct. 66. — h. 26 déc. 66. — Ab. d'actif et 15 p. 100 en 5 ans.     5861

BONADONA (Jules-Fortuné), art. fumeurs, 34, Faub.-Saint-Martin. — f. 7 nov. 65. — s. Hécaen. — c. 27 janv. 66. — h. 21 fév. 66. — 25 p. 100 en 9 ans.     5753

BONAVENTURE et DUCESSOIS, imprimeurs, 55, q. des Grands-Augustins. — f. 21 janv. 64. — s. Quatremère. — c. 16 avril 66. — h. 9 mai 66. — Ab. d'actif.     2500

BONAVENTURE, loueur de voitures, 22 bis, r. Cardinet prolongée. — f. 5 oct. 66. — s. Heurtey.     6828

BONHEUR (Alfred-Samuel), 10, r. de la Chaussée-d'Antin. — Sép. de biens d'avec dame MAYER. — 28 août 66. — Blachez, av.

BONHOMME fils (Émile), fab. de lanternes, 3, r. Pastourelle. — f. 25 avril 65. — s. Trille. — Union.     4477

BONHOMME (Louis-Antoine), sans dom. connu. — Sép. de corps et biens d'a-

vec dame AJABERT. — 18 août 66. — Lemaire, av.

BONHOURE (David), fabr. d'irrigateurs, 7, r. d'Anjou. — f. 10 nov. 65. — s. Meys. — c. 11 fév. 66. — h. 4 mars. — 30 p. 100 en 5 ans.     5372

BONIFACE fils (Alphonse-Joseph), emballeur, 28, r. Saint-Sauveur. — f. 21 juill. 66. — s. Legriel. — c. 9 oct. 66. — h. 29 oct. — 25 p. 100 en 7 ans. 6469

BONJEAN (Louis-Nicolas-Prosper), 303, Faub.-Saint-Antoine. Interd. 20 déc. 66. — Admin. dame BONJEAN, son épouse. — Lacomme, av.

BONMARTIN (veuve Françoise), cabinet de lecture, 22, ch. Clignancourt. — f. 4 déc. 65. — s. Knéringer. — c. 26 mars 66. — h. 13 avril 66. — 25 p. 100 en 5 ans.     5482

BONNARD (Auguste), menuisier, 27, r. de la Glacière. — f. 5 juin 66. — s. Barbot. — c. 30 août 66. h. 19 sept. 66. — L'intégralité en 10 ans.   6230

BONNARD (Henri), 11, imp. Dany. — Sép. corps et biens d'avec dame BONNARD. — 20 déc. 66. — Pijon, av.

BONNAY, négociant, 8, r. Myrha. — f. 17 août 66. — s. Sommaire.     6618

BONNAY (dame), née TULAME, séparée de biens de Charles-César, lingerie, 60, r. Nve-St-Augustin. — f. 6 nov. 66. — s. Sarazin.     6999

BONNEAU (Denis-Armand), 11, r. Stanislas. — Sép. corps et biens d'avec dame GOUTSOULARD. — 13 nov. 66. — Thibault, av.

BONNEFOI (J.-B.), 47, villa Ste-Léonie, à Plaisance. — Sép. de biens d'avec dame GRATIER. — 17 août 66. — Labbé, av.

BONNEFON, ag. d'aff., 18, r. Rambuteau. — f. 23 oct. 66. — s. Bégis. 6935

BONNEFOY, négociant, 335, r. St-Martin. — f. 2 fév. 66. — s. Lamoureux. — Clôt. 3 mars 66.     5736

BONNEFOY (Antoine-Laurent), 37, r. Rennequin. — Sép. do biens d'avec dame DOUAIRE, 2 janv. 66. — Leboucq, av.

BONNEL, négociant, 75, r. St-Louis en l'Ile. — f. 29 juin 66. — s. Sautton.    6352
— Sép. de biens d'avec dame GOUDAL, 8 mai 66. — Martin du Gard, av.

BONNEL, marchand de vins, 37, r. des Poissonniers.—f. 3 oct. 66.—s. Meilloncourt. — Clôt. 31 oct. 66.    6820

BONNEMAYERS (César), tapissier, 8, r. Montyon. — f. 12 juillet 66. — s. Hécaen.— c. 20 sept. 66.— h. 29 oct. — 25 p. 100 les 15 juin et 31 déc. 67 et 50 p. 100 le 31 déc. 68.    6407

BONNÈRES (Eugène-Adolphe), bonneterie, 32, pass. Delorme. — f. 19 fév. 66. — s. Meys. — c. 7 juillet 66. — h. 20 juillet. — 15 p. 100 en 5 ans.    5794

BONNET (Victor-Désiré), nouveautés, à Fontenay-aux-Roses, 2, place de l'Église. — f. 23 février 66. — s. Malle.    5805

BONNET, gravatier, 198, route d'Orléans, — f. 9 oct. 66. — s. Pinet. — Clôt. 26 nov. 66.    6855

BONNET (Louis-Daniel-Alfred), 13, rue de Grammont.—Sép. de biens d'avec dame CRETU, 17 mai 66.—Hardy, av.

BONNIER et Cie, marchands de plâtres, 195, quai Valmy (Eugène-Constant-Marie BONNIER, 116, av. des Champs-Élysées, et Auguste-Rose-Virginius GERMAIN, 16, r. Berger).— f. 10 sept. 64.—s. Trille. – Clôt. 30 juin 66. 3501

BONNIN, marchand de briques à Gentilly, 100, route de Fontainebleau. — f. 19 juillet 66. — s. Malle.—Clôt. 17 oct. 66.    6451

BONNIOL (Étienne-Bernard), comiss. en vins, 64, ch. du Maine.—f. 28 fév. 66.—s. Heurtey.    5836

BONTEMPS (Eugène), march. de vins, 57, r. St-Laurent.— f. 26 oct. 64. —

s. Bégis. — c. 26 janv. 66. — h. 10 fév. 66. — Ab. de l'actif et 10 p. 100 en 4 ans.    3710

BONVIOLLE et Cie, négoc. en vins, 28, r. de Chabrol, à La Chapelle, et 43, r. de Flandre. — f. 11 juillet 65. — s. Sommaire.—Clôt. 30 juin 66.    4823

BORDAT (Claire-Hippolyte), 50, r. de Lyon. — Sép. de biens d'avec dame SOULAGES, 3 juill. 66. -- de Brotonne, av.

BORDE (Jean), entrep., 46, r. de la Harpe. — f. 29 sept. 66. — s. Battarel.    6801

BORDEAUX (Jean-Théodore), 24, r. Pastourelle,—f. 6 oct. 66. — s. Meilloncourt.    6840

BORDEREAU et Cie, marchands de vins, 78, r. des Amandiers. — f. 11 oct. 65. — s. Bégis. — Union 3 fév. 66. 5234

BORDIER (Edmond), plaque p. sellerie, 64, faub. du Temple. — f. 6 août 66. — s. Barbot.    6563
—Sép. de biens d'avec dame FLEURY, 29 sept. 66. — Labbé, av.

BORÉ jeune (Henri-Ambroise), cartonnier, 16, r. Ne-St-Eustache, et 34, r. d'Aboukir.—f. 5 avril 66.—s. Meys. Clôt. 12 juin 66.    5971

BORNIER (Marie-Philibert), 11, r. du Faub.-Poissonnière,
— Sép. corps et biens d'avec dame MARTINET, 28 juill. 66.—Thiébault, avoué.

BOROT (Jean), limonadier, 10, boul. Montmartre.—f. 6 oct. 65.—s. Lamoureux. — Union.    5217

BORY (Mathieu), 288, boul. du Prince-Eugène.—Sép. de biens d'avec dame MEURISSE, 12 juin 66. —Sibire, av.

BOSSARD (dame Alexandrine), lingère, 64, r. de Cléry.—f. 18 août 65.—s. Knéringer. — c. 2 juin 66. — h. 20 juin 66. — 20 p. 100 en 4 ans et 50 p. 100 avec garantie de M. SATIZILLE, jusqu'à concurrence de la plus-value des immeubles affectés par lui à ce payement. 5003

BOSC (Jean), 176, r. St-Martin. — Sép' de biens d'avec dame CAUSSIN, 23 août 66. - Boinod, av.

BOSCHER (Eugène-François), à St-Maur-la-Varenne, av. Blanche.— Sép. de biens d'avec dame MONY, 17 juill. 66. — Debladis, av.

BOSSUS, Voir Thiébart et Bossus.

BOTHERUEL (veuve), née Cambourla-ret (Rose-Françoise), veuve de l'amiral comte do la Bretonnière, 79, r. Neuve-des-Petits-Champs. — Int. 13 fév. 66. — Martin du Gard, av.

BOUBIELA, serrurier, 15, r. Vincent.— f. 1 août 65. — s. Battarel, — c. 13 déc. 65. — h. 19 janv. 66.—Abandon d'actif, et 10 p. 100 en 5 ans. 4903

BOUCARDEY (Timothée), 15, r. Neuve-St-Médard. — Sép. corps et biens d'avec dame VINOT, 12 juill. 66. — outhemard, avoué.

BOUCHÉ (Adolphe), sans dom. con. — Sép. corps et biens d'avec dame COUDROLER, 7 juin 66.—Cartier, av.

BOUCHENAIN (Antoine), chapelier, 85, boul. Sébastopol. — f. 24 janv. 66.— s. Crampel. 5691

BOUCHER (Charles-Désiré), boulanger, 63, boul. do Strasbourg. — f. 23 mars 66. — s. Heurtey. — c. 2 juill. 66. — h. 20 juill. 66.—30 p.100 en 6 ans.5928

BOUCHER. Voir Rouchez.

BOUCHER (François), hôtel et march. de vins, à Belleville, 38, r. Constantine. —f. 18 avril 66.—s. Quatremère. 6042

BOUCHER (Henri-Eugène-François), 4, r. du Port-Mahon, et 3, r. Michodière. f. 6 nov. 66. — s. Meys. 7000

BOUCHER (Irénô-Ernest), 14, r. du Petit-Carreau. — Cons. jud. 27 fév. 66. — Pommier (Charles-Valentin), 12, r. St-Méry. — Legrand, av.

BOUCHET (Jean-Amédée), fab. do bijoux, 6, r. Grénéta.— f. 17 sept. 66. — s. Meillencourt. 6740
—Sép de biens d'avec dame DRAMART, 28 août 66. — Levesque, av.

BOUCHEZ (Henri-Ambroise), épicier, 7, r. St-Charles. — f. 3 déc. 66. — s. Richard Grison. 7118

BOUCKAERT (Hippolyte), chapelier, 16, r. Neuve-St-Méry.— f. 12 sept. 66.— s. Richard Grison. 6721

BOUDIER (Pierre), 10, r. du Petit-Pont, — Sép. corps et biens d'avec dame PÉTRELLE, 6 janv. 66.—Bourse, av.

BOULANGER (François-Hildebert), limonadier, 30, boul. Beaumarchais.— f. 11 août 66. — s. Devin. 6601

BOULANGER (Louis), 37, boulevart du Prince-Eugène.— Sép. corps et biens d'avec dame OSWALD, 22 déc. 66. — Dufay, av.

BOULANGER (Louis-Augustin), s. dom. connu. — Sép. corps et biens d'avec dame ANNOYER, 21 fév. 66. — Edmond Rougeot, av.

BOULARD (veuve), née BOULNOIS, (Marie-Geneviève-Caroline), march. à la toilette, 16, r. Cafarelli. — f. 2 nov. 66. — s. Barbot. 6981

BOULARD (Adolphe-Léopold), officier au 4e cuirassiers, à Abbeville. — 10 mars 66. — Mainlevée de cons. jud. donné le 16 fév. 1853.— Branche, av.

BOULARD (Onésime-Régis), 39, r. do Paris, à Belleville. — Sép. do biens d'avec dame COLIN, 19 juin 66. — Guillemon, av.

BOULAY (Pierre-Hippolyte), 5, r. Tholozé. — Sép. do biens d'avec dame BOULLEY, 24 juillet 66.—Robert, av.

BOULET, march. de charbons, 29, boul. St-Martin. — f. 21 juin 66, — s. Meillencourt. 6303

BOULLAND à Toulon, 8, au Bourgneuf — Sép. corps et biens d'avec dame

COTTERAU, 4 août 66. — De Bonazé, avoué.

BOULLARD, 161, boul. Montparnasse. — 12 mai 66, mainlevée de conseil jud. nommé le 20 avril 55.

BOULLENGER (Jules), 93, r. de l'Université.—Sép. de biens d'avec dame DEMAZURE, 11 déc. 66.—Lerat, av.

BOULLENOT (Simon-Auguste), 13, r. de Sèze. — Sép. de biens d'avec dame MUTEAU, 6 mars 65. — Prévost, av.

BOUNIOL (Léon-Jean-Paul), à Poissy. —Sép. corps et biens d'avec dame GILBERT, 22 déc. 66. — Lortat (Jacob), av.

BOUR, verrier, 5, r. de l'Argonne. — f. 9 fév. 66. — s. Moncharville. 5768

BOURBON, négociant, 78, r. de la Roquette. — f. 13 nov. 66. — s. Copin. — Clôt. 27 nov. 66. 7033

BOURARD (Louis-Jules), entrepr. de bâtiments, 51, r. Paradis-Poissonnière.—f. 27 avril 66.—s. Pluzanski. — c. 24 août 66. — h. 15 sept. — 50 p. 100 en 5 ans. 6064

BOURASSOT (Charles), 9, boul. St-Germain.—Sép. corps et biens d'avec dame DIDIER, 29 déc. 65. — Bourse, avoué.

BOURDELY (Jean-Prosper), 35, r. des Martyrs.—Sép. corps et biens d'avec dame JOYEUX, 15 mai 66. — Servy, avoué.

BOURDILLIAT (Étienne), marchand de vins, à Ivry, r. Impériale, 8. — f. 11 avril 65.—s. Sautton.—Union.

BOURDIN (Élie et Jules), nouveautés, 91, Faub .St-Antoine.—f. 26 août 66. — s. Barbot. 6642

BOURDIN (Jean-Antoine) et delle Marie-Claire, restaurateurs, 24, r. d'Aboukir. — f. 25 août 66. — s. Beaugé. — Clôt. 30 nov. 66. 6644

BOURDOIS (Jules), marchand de fromages, 31, r. du Petit-Lion-St-Sauveur. — f. 3 juin 66. — s. Barbot. — Union 9 août 66. 4655

BOURDOIS (Jules) à Port Saïd (Égypte). —Sép. de biens d'avec dame DEVAUX, 22 déc. 66.—Thiébault, av.

BOURDON (Antoine-Ernest), 2, r. Vital, à Passy.— Int. 7 août 66.—Administ. veuve BOURDON sa mère.—Warnet, av.

BOURDON (Étienne), décédé marchand de futailles, 27, r. Soulage. — ouv. 28 fév. 66. — f. 18 juin 66. — s. Hécaen. 6283

BOURGAIN (Jean-Alexis), tabletterie, 167, r. du Temple. — f. 20 déc. 65.— s. Devin.—c. 25 avril 66.—h. 23 mai. — 30 p. 100 en 5 ans. 5552

BOURGEOIS (Adrien), marchand de nouveautés, 4, r. de Mulhouse.— f. 1 fév. 66. — s. Moncharville. — c. 11 mai 66. — h. 5 juin 66. — 35 p. 100 en 5 ans. 5727

BOURGEOIS père (Philippe), march. de vins, à Nogent-sur-Marne, 19, r. de Bry. — f. 27 nov. 66. — s. Barboux. 7098

BOURGEOIS (Auguste), 35, r. Meslay. — Sép. corps et biens d'avec dame NOIROT, 6 juill. 66. — Louvel, av.

BOURGEON (Jules-Constantin), 10, r. de Sèze. — Cons. judic. 27 avril 66. — PONVERT, avocat, 5, r. Christine. — Labbé, av.

BOURGEON (Étienne), 117, r. de l'Ouest. — Sép. corps et biens d'avec dame VERNE, 24 fév. 66. — Popelin, av.

BOURGUIGNON (veuve), née FAVREAU (Éléonore), Maison de Santé de Charenton, 161, r. de Charonne. — Int. 6 fév. 66. — Cullerier, av.

BOURLIER dit DUBREUIL (Adolphe-Léon), entr. de peinture, 45, r. Vavin. f. 17 mars 66. — Ouv. 29 déc. 65. — s. Chevallier. 590

BOURLIER (Jean-François), ouvrier en pianos,19, r. Baudelique, puis s. dom. con. — Sép. corps et biens d'avec dame DAULIER, 12 juin 66. — L. Protat, av.

BOURON (Arthur), s. dom. con.— Sép. corps et biens d'avec dame BOISDIN, 30 août 66. — Poisson, av.

BOURPON ou BOURBON, nég., 78, r. de la Roquette. — Ouv. 25 oct. 66.— f. 13 nov. 66. — s. Copin. — Clôt. 27 nov. 66.                          7033

BOURQUIN (Joseph), employé des postes, 4, r. Pascal.— Sép. corps et biens d'avec dame BROCART, 21 juill. 66. — Kieffer, av.

BOURREL, entrepr. de fournitures de traverses de chemin de fer, 12, r. des Carrières.—f. 27 juillet 66.—s. Barboux.—Union 15 déc. 66.        6513

BOURREL, DAUSSY et Ce, fabr. d'huile de goudron, 20, r. Auboin. — f. 11 juillet 66.—s. Barbot.—c. 22 oct. 66. — h. 17 nov. — 25 p. 100 en cinq ans.                               6402

BOURSE (Charles), 77, r. Richelieu. — f. 2 oct. 66.—s. Heurtey.       6812 — Sép. de biens d'avec dame CARTIER, 30 août 66.—Émile Dubois, av.

BOUSQUET (Joseph), fabr. de coiffures, 173, r. St-Denis. — f. 13 janv. 66. — s. Normand. — c. 6 avril 66. — h. 24 avril.—8 p. 100 en 4 ans.         5648

BOUSQUET, marchand de charbons, 32, r. des Acacias à Montmartre. — f. 1er mai 66.— s. Sarazin.— Clôt. 31 mai 66.                               6078

BOUSQUET (Guillaume), bois de placage, 102, r. de Charenton. — f. 24 août 66. — s. Copin. — c. 8 déc. 66. — h. 27 déc. — 10 p. 100 6 mois après homol. et 10 p. 100 chacune des 5 années suivantes.           6638

BOUSTIÈRE (Victor), nouveautés, 69, av. de Clichy. — f. 16 mai 66.— s. Lefrançois.—Union 12 août 66. 6145

BOUTHEGOURD (Jean-Alexis), 10, av. de Clichy à Choisy-le-Roi. — Sép. de biens d'avec dame LECLERC, 24 avril 66.—Dufourmantelle, av.

BOUTILLIER (Ernest-Louis-Henri), menuisier, 206, r. Lafayette. — f. 20 août 64. — s. Barbot. — c. 15 nov. 65. — h. 10 janv. 66. — Ab. d'actif et 15 p. 100 en 5 ans.                   4274

BOUTIN et Ce, verriers, 4, r. de Thionville à la Villette. — f. 8 août 66. — s. Barbot.                            6582

BOUTIN (Jacques), nourrisseur, 66, r. du Grand-Montrouge.—f. 14 mars 66. — s. Legriel. — c. 8 juin 66. — h. 20 juin.—30 p. 100 en 5 ans.      5884

BOUTIN (François), cordonnier, 182, Faub.-St-Antoine.—f. 18 déc. 66. — s. Copin.                            7197

BOUTIN (Antoine-Alexandre), 5, r. de Choisy. — Sép. de biens d'avec dame RUDEL, 12 oct. 66.—Lévesque, av.

BOUTREUX (Julien), marchand de chevaux, 157, r. du faub. St-Honoré. — f. 30 mai 66. — s. Copin. — Union 21 août 66.                            6206

BOUVET (Antoine-Ambroise), à Levallois, 80 bis, route d'Asnières. — Sép. de biens d'avec dame MÉNAGER, 19 juil. 66.— Robineau, av.

BOUVIER (dame), née DUMÉNIL (Céline-Adèle), couturière, 5, r. Saint-Honoré, séparée corps et biens d'avec Arsène-Désiré. — f. 15 déc. 66. — s. Sommaire.                       7181

BOUVIER (Alexis-François), r. Saint-Sébastien, 50.— Sép. de biens d'avec dame LEVASSEUR, 31 juil. 66. — Duval, av.

BOUVIER (Hippolyte-Félix-Marie), r. des Poissonniers, 26. — Sép. corps et biens d'avec dame PASCAL, 7 décemb. 65. — Vigier, av.

BOUVIN (dame), née LEBÈGUE, négociant, r. Delambre, 23. — f. 28 dé-

4

comb. 66. — Ouv. 20 nov. 66. — s. Bourbon.                          7213

BOUYSSON (Paul-Étienne), r. des Moines, 87. — Sép. de biens d'avec dame DUBOIS, 18 déc. 66. — Quatremère, av.

BOUZY (Pierre-Isidore), épicier, r. Saint-Spire, 2. — f. 28 août 66. — — s. Crampel.                          6617

BOVÉE ( Étienne-Alexis DE), sans domicile connu.— Cons. judic., 28 juil. 66. — Bonnel de Longchamp, avoué 14, rue de Grenelle-Saint-Honoré. — Pour Bonnel de Longchamps, Bouthemard, av.

BOYER (Philippe-Amable), négociant, r. Neuve-Pigalle, 6. — f. 15 janv. 64. — s. Sautton. — Union, 14 mai 66.                          2548

BOYER (Jean), charbonnier, 25, r. de Chabrol.— f. 8 mai 66.— s. Heurtey. — Clôt. 31 mai 66.                          6107

BOYER (Anct), entrepreneur de maçonnerie et marchand de vin à Bagnolet, r. de Paris, 38. — f. 18 octobre 66. — s. Beaufour.                          6899

BOYER (Emile-Amédée), r. des Jeûneurs, 39. — Sép. de biens d'avec dame CORRIVEAU, 9 janv. 66. — Robineau, av.

BRAGUY (Pierre-Léopold), entrepreneur de peinture, boul. Ménilmontant, 74, et boul. d'Aulnay, 4. — f. 21 avril 65. — s. Barbot. — c. 19 juil. 65. — h. 17 août : le tout en 5 ans. — Résol. de concordat, 3 nov. 66.                          4169

BRAICHET (Alexis), épicier, Grande-Rue, 37, à Batignolles.— f. 19 déc. 65. — s. Sautton.— Union, 14 mai 66. — 5540

BRAILLY (Barthélemy), mercier, Faub.-Poissonnière, 2. — f. 31 oct. 65. — — s. Normand. — c. 13 janv. 66. — h. 27 janv. 66. — 25 p. 100 5 ans. 5234.

BRAIZAT (veuve Jean), limonadière, r. Grenelle-Saint-Germain, 195. — f. 6 mai 65. — s. Barbot. — c. 10 février 66. — h. 27 fév. 66. — 50 p. 100 5 ans.                          4523

BRANCARD, négoc. vins, cour Beaujolais, à Bercy. — f. 13 janv. 66. — — S. Legriel. — Clôt. 20 avril 66. 5651

BRANDT et Ce, commiss. en march. pour l'exportation, 10, r. Paradis-Poissonnière, siége social : 1° sieur BRANDT, 2° Emile FAMILLE, et 3° Octavie DUMIÈGE. — f. 27 avril 66. — s. R. Grison. — Union, 23 déc. 66.                          6068

BRASIER ( Aimé-Florus ), r. Bonaparte, 29. — Sép. de biens d'avec dame DELAVAUGUYON, 8 mai 66.— Marquis, av.

BRAULT (Alfred-Nicolas), limonadier, r. Saint-Paul, 3. — f. 21 déc. 6·. — s. Barbot.                          7213

BRAULT (Marie-Aline), 21, r. de Luxembourg. — Interdiction, 21 avril 66. — BRAULT (Léon-Emile), 117, r. Saint-Lazare. — Cons. judic. Marais, av.

BRAUN (Auguste), lingère, chaussée du Maine, 31. — f. 3 juil. 66. — s. Dufay.                          6351

BRAVARD (Jacques), tulles et dentelles, r. Saint-Denis, 375, connu sous la dénomination BRAVARD-BERTHELAY. — f. 27 nov. 66. — s. Moncharville.                          7096

BRAYET (Victor), cirages, r. Montmartre, 15; fabr. r. Marcadet, 12. — f. 14 déc. 66. — s. Bégis.                          7174

BRÉCHON (Louis-Hubert), à Saint-Denis, 5, r. Pierre-Béguin. — Cons. judic., 22 mars 66.— PUISIEUX, 5. r. Pierre-Béguin, — Lesago, av.

BREDIF (Jean-François), av. des Champs-Élysées, 65. — Sép. de biens d'avec dame LIES, 17 mai 66. — Hardy, av.

BREHON (Emile-Constant), sans domicile connu. — Sép. corps et biens d'avec dame LINDNER, 15 fév. 66.— Corpet, av.

BRELET (Paul-François), r. Coquillière, 34. — f. 5 juin 66. — s. Sarazin.— c. 18 octob. 66.— h. 13 nov. 66. — 25 p. 100 en 4 ans.    6231

BRENNE (Henri), r. Cherche-Midi, 121. — Sép. corps et biens d'avec dame BRENNE, 29 nov. 66. — Pijon, av.

BREUILLÉ (Désiré-Gervais-Sébastien), entrepreneur de maçonnerie à Champerret, r. de Dresde, 6. — f. 15 nov. 64. — s. Dufay. — c. 7 mars 65. — h. 30 m. s 66. — 10 p. 100 les 1er janvier 66, 67, 68 et 69, et 60 p. 100 le 1er janv. 70. — Rés. de conc., 19 juil. 66.    3781

BRELET (Paul-François), r. Rivoli, 39. — Sép. de biens d'avec dame FLEIG, 7 août 66. — L. Dupont, av.

BRÉMANT (Athanase-Amable), 1, r. Titien. — Sép. corps et biens d'avec la dame GATEAU, 14 août 66. — Cartier, av.

DRÉMENT (Fréd.-Edouard), Grande-Rue d'Auteuil, 22. — Sép. corps et biens d'avec dame BRECOURT-GUEX, 25 août 66. — Trodoux, av.

BREMONT, commiss., 25, r. Saint-Martin. — f. 3 août 65. — s. Battarel. — Union, 25 juil. 66.    1879

BRÈS (Adrien-Épiphane), 10, r. Cardinal-Lemoine. — Sép. corps et biens d'avec dame GÉBOLIN, 8 mai 66. — Lacome, av.

BRESSON (Léonard), maître tailleur, au 1er rég. de chass. à pied, en garnison au Caire (Égypte).— Sép. corps et biens d'avec dame BÉZOLES, 3 mars 66. — Langeron, av.

BRESSON (Nicolas), 8, r. de Commines. — Sép. corps et biens d'avec dame BLAISE, 18 janv. 66. — Vigier, av.

BRESSON fils (Franç.-Arthur), prépar.

de chimie à l'École centrale d'architecture, 167, r. du Faub.-S.-Martin. — Autoris. de faire le commerce, 11 août 66. — Ch. Duval, av.

BRETON (Charles-Hippolyte), boulanger, 81 r. de Flandre. — f. 20 oct. 65. — s. Gauche. — c. 23 fév. 66. — h. 13 mars 66.—25 p. 100 en 5 ans. Dame BRETON caution.    5283

BRETON (Prosper), restaurateur, 17, av. de Neuilly. — f. 12 déc. 65. — s. Dufay. — c. 27 avril 66. — h. 8 mai 66. Abandon d'actif.    5513

BRETON (Jean), marchand de vins, à Puteaux, 1, r. du Vivier. — f. 8 nov. 66. — s. Moys.

BRETON (Félix), s. dom. con. — Sép. corps et biens d'avec dame CLERC, 16 nov. 65. — Trodoux, av.

BREWER (Henri), 20, r. Neuve-du-bon Puits. — Cons. judic. 18 mai 66. — GAUTIER (Philippe-Émile), 11, r. d'Argenteuil. — Ch. Husson, av.

BRIANCHON jeune, décorateur, 103, Faub.-St-Denis.— f. 10 oct. 65. — s. Copin. — Union 7 fév. 66.    5227 —Sép. de biens d'avec dame GILBERT, 16 janv. 65.

BRICAGE (Jean-Baptiste), ferme de la Saussaye, com. de Chevilly. — Sép. de biens d'avec dame NOIROT, 17 av. 66. — Popelin, av.

BRICHET (Prosper), cordonnier, 26, r. Grégoire-de-Tours. — Sép. corps et biens d'avec dame SAUNY, 5 juin 66.—Boulogne, av.

BRIDET, marchand de vins, r. François-Miron. — f. 5 sept. 66. — s. Beaugé. — Union 22 nov.    6688

BRIER (Armand-Jean-Baptiste), armurier, 8, r. Taitbout. — f. 27 déc. 66. — s. Sommaire.    7232

BRIÈRE (Benoist-Remy-Paul), 5, quai Conti.—Conseil jud., 24 mars 66.— PAYEN, commis greffier, 15, r. Bertin-Poiré. — Hervet, av.

BRIET (Henri-Victor-Alfred), imprim. lithogr., 58, r. Dunkerque. — f. 1er mai 66.—s. Sommaire.—c. 5 oct. 66. —h. 29 oct.—50 0/0 en 5 ans.     6076 — Sép. de biens d'avec dame DUPONT, 24 juillet 66. — Herbet, av.

BRIGUEL (Émile-Dieudonné), limona-nadier, 19, r. de Paris à Belleville, et 4, pass. d'Orient. — f. 24 juillet 66. —s. Meys.—Union 22 nov. 66.    6468

BRILLE (Valère), connu sous la déno-mination de VALÈRE BRILLE et C°, tailleurs, 28, r. Trévise. — f. 14 août 66. — s. Bégis.     6608

BRILLIÉ, négociant, 9, r. Jean-Bart.— f. 27 mars 66. — s. Beaufour. — Clôt. 17 juillet 66.     5947

BRION, négociant, 69, route de Choisy. —Ouv. au 14 nov. 66.—f. 14 déc. 66. — s. Beaujeu.     7179

BRIONNE (Louis), aux Moulineaux, comm. d'Issy (Seine).—Sép. de biens d'avec dame SOLIGNAC, 9 juin 66. — Delessard, av.

BRIQUET (Alfred-St-Ange), photogr., 13, r. St-André. — f. 11 oct. 65. — s. Pluzanski. — c. 25 avril 66. — h. 30 août. — 20 p. 100 en 6 ans.     5237

BRISSE (Ildefonse-St-Léon), représ. de commerce, 6 r. du Louvre. — f. 14 juin 66. — s. Pinet.     6268

BRISSET (Sydonie), teinturière, 26, r. de l'Église, à Batignolles.—f. 26 oct. 66. — s. Legriel.     6952

BRIZART (Louis), emballeur, 12, r. de Lunéville.—Sép. corps et biens d'avec dame ABRIOUT, 24 avril 66.—Gaul-lier, av.

BROCHERAY (Jean-Michel), 125, r. du Transit à Plaisance. — Sép. corps et biens d'avec dame CHENU, 21 août 66. — Postel-Dubois, av.

BROGLIA (Henri), commiss. en march., 62, faub. Poissonnière. — f. 20 juin 66. — s. Devin.     6294

BRONCHE (dame Aglaé-Marie CITENNE), épouse de Louis-Victor.—Sép. corps et biens, 18 déc. 66. — Devaux, av.

BROSSEAU (Michel), 51, r. Rébeval à Belleville. — Sép. corps et biens d'avec dame DUPUIS, 28 juillet 66. — Mouillefarine, av.

BROSSEMENT (Léon-Paul), mécan., 210, r. St-Maur. — f. 30 juin 65. — s. Dufay. — c. 28 déc 65. — h. 12 janv. 66.—20 p. 100 en 3 ans par tiers et 15 p. 100 chacune des deux années suivantes.     4775

BROSSIER, négoc., r. des Filles-Dieu, puis s. dom. con. — f. 16 janv. 66. — s. Beaujeu. — c. 22 mai 66. — h. 13 juin.— Ab. d'actif plus 4 p. 100 les 1er mars 68, 69, 70, 71, 72 et 5 p. 100 le 1er mars 73, cautionnés par son père.     5662

BROUARD, fabr. de chaussures, 66, boul. de l'Hôpital. — f. 14 juillet 66. s. Legriel.—Clôt. 20 sept. 66.     6428

BROUILLARD (Louise), négoc. en bois des îles, 17 r. Keller.—f. 20 août 66. —s. Meillencourt.     6622

BRULANT (Alfred), 34, r. des Acacias. —Sép. de corps d'avec dame RAVRY, 19 déc. 65. — Chauveau, av.

BRUN (François), fabr. de tiges pi-quées, r. du Jour, 31.—f. 27 juin 64. — s. Heurtey. — c. 21 déc. 64. — h. 19 janv. 65. — 7 p. 100 les 5 janv. 66 et 67, et 6 p. 100 le 5 janv. 68.     3190

BRUNARD (Pierre-Aimé), r. de Cour-celles, 62, à Clichy. — Sép. de biens d'avec dame MARTIN, 23 août 66. — Lacroix, av.

BRUNEAU (Eugène), quincail. 8, r. Saint-Pierre-Popincourt. — f. 22 déc. 66.— s. Quatremère.     7232

BRUNEAUX (Léon), mécan., 79, boul. Prince-Eugène. — Ouv. 15 oct. 66. — f. 20 nov. 66. — s. Meillen-court.     7110

BRUNEL, dit VORIN, négoc., faub. Saint-Martin, 10. — f. 21 déc. 65. — s. Bégis. — Union, 23 sept. 66.   2101

BRUNEL, entrepr. de peinture, r. de la Glacière, 38. — Ouv. 25 oct. 66. — f. 17 nov. 66. — s. Beaugé. — Clôt. 20 nov. 66.   7058

BRUNEL (Léon), fabr., r. Vieille-du-Temple, 108. — f. 4 déc. 66. — s. Saulton.   7122

BRUNET (Fortuné), connu sous le nom de DURAND (Rodrigues), r. Paradis-Poissonnière, 40. — f. 29 sept. 66. — s. Meys.   6806

BRUNET (voir LIONNET, BRUNET et RO-MAGNA).

BRUNET (Michel), r. Marché-Saint-Honoré, 4. — Sép. de biens d'avec dame FOSSET, 10 avril 66. — Foussier, av.

BRUNO, tailleur, route d'Italie, 49. — f. 5 oct. 66. — s. Barbot. — Clôt. 27 nov. 66.   6830

BRUNON (Marie-Amélie), r. Balzac, 8. — Cons. judic. 13 déc. 66. — MIGEON (Jean-Louis-Vincent, r. Vaugirard, 121. — Gouget, av.

BRUSSAUT (Alphonse), ingén., r. Ste-Claire, 8, à Passy. — f. 24 juin 61. — s. Lefrançois. — c. 12 fév. 62. — h. 23 avril. — 25 p. 100 en cinq ans. — Rés. de c. — Clôt. 30 déc. 64. — Rap. de ce jug. le 6 sept. 66.   18343

BRYFSE (Régis), mousseline, r. du Temple, 78. — f. 28 déc. 65. — s. Beaugé. — Union 4 août 66.   5596

BRYOIS (Pierre-Antoine), sans domicile connu. — Sép. corps et biens d'avec dame HOCHGUERTEL, 12 avril 66. — Boulogne, av.

BUBECK (Gustave), limon., r. Grange-Batelière, 6. — f. 23 janv. 66. — s. Quatremère. — c. 16 juin 66. — h. 9 août 66. — 12 pour 100 en six ans.   568:

— Sép. corps et biens d'avec dame JACQUES, 13 déc. 66. — Boulogne, av.   568

BUCHÈRE-CHALOPIN (Charles), négociant, faub. Poissonnière, 32. — f. 21 juil. 64. — s. Quatremère. — Union 21 juil. 66.   3290

BUFFET (Louis-Marcel), r. de la Tonnelerie, 15. — Sép. de biens d'avec dame VASSARD, 20 fév. 66. — Mouillefarino, av.

BUFFIER et Cie (Gaston), vins, r. de Bordeaux, 1, à Bercy. — f. 3 mai 66. — s. Copin. — Union 15 sept. 66.   6091

BUISSON et Cie, en liquidation, boul. Sébastopol, 35, société en nom collectif pour les conserves alimentaires, composée de TAURIN-BUISSON, r. Saussure, 45, à Batignolles, et dame veuve LAGET (Adélaïde-Hélène LE-TOURNEUR DE VALVILLE, veuve d'Antonin), r. de l'Eglise, 3, à Batignolles. — f. 23 oct. 66. — s. Lamoureux.   6923

BUISSON, négoc., à Saint-Ouen, r. Napoléon, 46. — f. 17 août 66. — s. Meys. — c. 23 nov. 66. — h. 11 déc. 66. — 5 p. 100 un an après homologation et 6 p. 100 chacune des cinq années suivantes.   6619

BUISSON (J.-B.-Auguste), bijoutier, r. de Bretagne, 15. — f. 29 déc. 66. — s. Pinet.   7256

BURDET (Gabriel-Albert), denrées coloniales, r. Demours, 32, aux Ternes. — f. 3 sept. 66. — s. Heurtey fils. — c. 14 nov. 66. — h. 7 déc. 66. — 40 p. 100 en cinq ans.   6674
— Sép. de biens d'avec dame BA-RETTE, 3 oct. 66. — Emile Dubois, avoué.

BUREAU, vins, à Courbevoie, puis à Neuilly, quai Bourbon, 8. — f. 6 oct. 66. — s. Legriel.   6815

BUREAU (Cyrille-Alexandre), sans domicile connu. — Sép. de biens d'avec dame TENCÉ, 28 juin 66. — Roche, av.

BURES, vins, à Saint-Denis, av. de
Saint-Denis, 13. — f. 3 mai 66. —
s. Bourbon. — Clôt. 30 juin 66.    6096

BURGKAN, mécan., r. de Charonne, 51.
f. 16 janv. 66.—s. Bégis. —c. 11 juin
66. — h. 3 juil. 66. — 40 p. 100 en
cinq ans.    5663

BUSEN (Jean), bonneterie, r. de Trévise, 11, puis boul. du Prince-Eugène, 280. — f. 4 juin 66. — s. Hécaen. — Clôt. 31 juil. 66.    6228

BUSNOUT (Auguste), entrepr. de trav.
publics, r. de la Chopinette, 40, passage Joseph.— f. 21 fév. 66.—s. Hécaen. — c. 30 avril 66. — h. 18 mai
66. — 40 p. 100 en cinq ans.    5800

BUSSAT (Placide), pains d'épices, r. de
la Harpe, 9. — f. 25 mai 66. — s.
Gauche. — c. 24 août 66.    6183

— Sép. d'avec dame CLAUDE, 10 juil.
66. — Emile Dubois, av.

BUSTEAU ( Jules ), ébéniste, r. de
Neuilly, 3. — f. 16 juil. 66. — s. Devin.    6430

BUSSIGNY (demoiselle Laure DE), épicière, à Asnière, Grande-Rue, 25. —
f. 16 janv. 66. — s. Chevallier. —
Clôt. 27 mars 66.    5660

BUTET et SANS, en liquidation, pavage, r. Lopreaux, 14, à Vaugirard.
— f. 8 déc. 66. — s. Legriel.    7149

BUTTEAUX, charcutier, à Belleville,
r. de Paris, 8, et sans dom. connu.—
f. 8 mai 66. — s. Malle. — Union
25 déc. 66.    6115

BUTTEL, r. Saint-Martin, 174. — Sép.
corps et biens d'avec dame PETIT-
MONGIN, 2 janv. 66.—Benoist, av.

# C

CABOURET (Philippe-Charles-Ger-
main), carrier et débitant, 28, r. des
Aqueducs, à Gentilly. — f. 5 mai 66.
s. Devin. —clôt. 30 juin 66.    6141

CABOURG (Charles-Arsène-Prosper),
33, r. de la Mare à Belleville. — Sép.
corps et biens d'avec dame TRIBOU,
12 juin 66. —Maucomble, av.

CAFFIN ( Joseph-Marie-Léon), brasseur, faub. St-Antoine, 210. — f. 23
nov. 65. — s. Quatremère. — c. 7 fév.
66.— h. 1er mars 66. — 20 p. 100 en
7 ans par 7e, du 15 juill. 67.    5420

CAGNAT (veuve), march. de vins, sans
domicile connu. — f. 3 août 66. —
s. Quatremère. — clôt. 30 septembre 66.    6549

CAHEN (Jacob), tailleur, 49, rue de
Rivoli. — f. 12 oct. 66. — s. Normand.    6866

CAHEN (Eugène), maison de santé de
Charenton. — Interdiction, 1866. —
Parmentier, av.

CAHN et LÉVY (Nathan), fab. de casquettes, r. Ste-Croix de la Breton-
nerie, n° 1. — f. 29 mars 64. — s.
Sautton. — c. 13 août 66. — h. 30
août 66. — 5 p. 100 en 5 ans.    2818

CAIL (François-Alexandre) à Melun. —
Conseil judiciaire, 26 juin 66. THI-
BURE FLÉAU, à Melun. — C. Maucom-
ble, av.

CAILLARD (Charles), fab. de bijouterie
et bronze d'aluminium, 14, r. des
Trois-Pavillons — f. 21 fév. 66. —
s. Gauche. —Clôt. 29 mars 66. 5801

CAILLAULT, vins, 22, r. du Chemin des
Plantes,— faillite 28 décembre 66. —
s. Heurtey.    7245

CAILLE (Jean-Daniel), imprimeur, 25, r. des Écouffes. — f. 2 déc. 65. — s. Lefrançois. — c. 10 avril 66. — h. 25 avril 66. — 30 p. 100 en 6 années.      5469

CAILLET (Adolphe), tailleur, 23, r. des Moulins, — f. 19 juill. 66. — s. Beaugé. — c. 21 nov. 66. — h. 10 déc. 66. — 30 p. 100 en 5 ans.      6449

CAILLEUX, march. de vins, 31, r. St-Laurent, Belleville. — f. 3 avril 66.— s. Sarrazin. — clôt. 22 mai 66.    5962

CAISSO et Fils (Louis-Fulgrand), et Charles-Louis-Auguste CAISSO, commerce en laines, 3, Cité Trévise. — f. 6 août 61. — s. Quatremère. — Concord. 7 nov. 66. — h. 26 nov. 66. — Abandon d'actif énoncé au concordat plus 18,000 fr. 3 mois après l'homologation.      18743

CALDERON (Bernardo), commis, 42, boul. Haussmann. — f. 8 mai 66. — s. Beaugé.      6108

CALMEL (Jean-Baptiste), marchand de bois, 14, r. Laval, — f. 1er déc. 64. — s. Bégis. — Union, 12 juill. 66.   5161

CALMEL (Jean-Baptiste), anc. march. de bois, 14, r. Laval.—Sép. de biens d'avec dame CALVET, 12 juin 66.—Kieffer, av.

CAMBRAY (Auguste), limonadier, 64, r. St-Louis en l'Ile. — f. 26 mai 66. — s. Quatremère. — c. 2 août 66. — h. 28 août 66. — 40 p. 100 en 5 années.      6186

CAMMAERT (Pierre), sans domicile connu. — Sép. corps et biens d'avec dame BUDINGER, 29 déc. 65. — Ramond de la Croisette, av.

CAMPION (Émile), épicier, 21, r. St-Sauveur. — f. 27 oct. 66. — s. Battarel.      6955

CAMPIONNET (Frédéric), ex-lampiste, 20, r. Montmartre. — f. 17 mars 65. — s. Meys. — Clôt. 25 avril 65. — Jug. rappel. celui de clôt., 3 mars 66. — Conc., 19 mai 66. — Jug. refus

d'homol., 4 juin 66.— Union, 17 juillet 66.      4324

CAMUSET (O.) et ROUY (H.), négoc., 58, r. du Roi de Sicile. — f. 7 mars 66. — s. Pluzanski.      5864

CAMUSET (Etienne-Arthur), fumiste, 68, r. Rivoli. — f. 23 oct. 66. — s. Bourbon.      6930

CANAPPE, négoc., 27, boul. Ménilmontant. — f. 16 janv. 66.—s. Copin. — Clôt. 22 fév. 66.      5664

CANARD veuve (Pierre-François), née Adélaïde - Madeleine GUESVILLERS, propr., 101, r. Neuve-des-Mathurins. — Relevé d'interdiction, 28 août 66. — Henriet, av.

CANDELIER (Virginie-Josephine), 7, chaussée Clignancourt.— 12 juin 66. — Conseil judiciaire, GRAVIER, chef de gare à Fontainebleau.—F. Tissier, avoué.

CANETTE (Isaïe), 78, r. Neuve-des-Petits-Champs. — Sép. corps et biens d'avec dame LEFLAN, 8 fév. 66. — Chain, av.

CANIAC (J.-B.), r. des Acacias, aux Ternes. — Sép. corps et biens d'avec dame LECAVELÉ, 28 juill. 66. — A. Corpet, av.

CANTAIS (demoiselle Catherine-Marie-Adelaïde), hôtel meublé, 41, avenue Trudaine. — f. 17 juill. 66. — s. Quatremère. — Clôt. 31 oct. 66.   6498

CAP (Louis), serrurier, 86, r. de Charonne. — Sép. corps et biens d'avec dame VALENTIN, 4 août 66.— Weil, avoué.

CAPELE (Alexis-François), 2, r. de la Roquette.—Sép. corps et biens d'avec dame MAURICE, 3 fév. 66.—Lamy, av.

CAPELLE, négoc., 244, boul. de la Villette. — f. 30 juin 65. — s. Meys. — Union.      4770

CARBONEL (veuve), bois et charbons, 32, r. Matignon. — f. 9 oct. 66. — s. Meys.      6858

CARBONNEL, agent d'affaires, 31, rue Croix-des-Petits-Champs. — f. 27 oct. 63. — s. Battarel. — Union 5 juin 66.       1121

CARDON (Pierre-Désiré), 71, boul. Bineau à Neuilly. — Sép. de biens d'avec dame CALMONT, 17 nov. 66. — Lacomme, av.

CARDOZE DE PAZ, commiss., 11, rue d'Enghein. — f. 11 oct. 66. — s. Pinet.       6863

CARLIER (Charles-Louis-François-Joseph), fondeur de suif, 26, r. Liégat, à Ivry. — f. 26 nov. 64. — s. Dufay. — Clôt. 30 juin 66.       3810

CARLIER (Désiré), 26, rue des Buttes-Chaumont. — Sép. corps et biens d'avec dame RICHOU, 17 mai 66. — Bigot, av.

CARNÉ, négoc., 34, r. du Four-St-Germain. — f. 22 nov. 64. — s. Heurtey. — Clôt. 31 mai 66.       5502

CAROLLE (Jean-Joseph), 47, rue de la Montagne-Sainte-Geneviève. — Séparation corps et biens d'avec dame SOUVESTRI, 28 déc. 65. — Lacomme, avoué.

CARON, 8, rue du Grand-Chantier. — Séparat. corps et biens d'avec dame JOUVENET, 21 mars 66. — Delpon, avoué.

CARPENTIER (Pierre-Joseph), 7, r. des Lyonnais. — Sép. corps et biens d'avec dame BASTIEN, 26 avril 66. — Delpouve, av.

CARQUET dit CORNIER fils (François), entrepreneur de maçonnerie, 14, pas. Duguesclin, (Grenelle). — f. 29 août 66. — s. Normand.       6656

CARRÉ (Léon), 6, r. des Marguerites (Grenelle). — Sép. de biens d'avec dame BAILLI, 21 juill. 66. — Herbet, av.

CARRÉ-PILLET (Alexandre-Marcel), blanchisseur, 7, r. des Cordelières-St-Marcel. — f. 20 août 66. — s. Pinet. — Union 20 nov. 66.       6623

CARREAU (Jean-Mathieu), blanchisseur à Fresnes-les-Rungis. — f. 12 juin 66. — s. Meys. — Clôt. 28 août 66.       6258

CART (Roland-Philippe), fondeur, impasse St-Sébastien, 8 et 10. — f. 28 août 66. — s. Pinet. — c. 5 déc. 66. — h. 20 déc. 66. — 60 0/0 en 5 ans.       6649

CARTERET, march. de modes, sans domicile connu. — f. 15 mars 66. — s. Mallo. — Clôt. 29 mars 66.       5897

CARTERON, négociant, sans domicile connu. — f. 26 mai 66. — s. Lamoureux. — Clôt. 30 juill. 66.       6190

CARTISER (Jean-Baptiste), porcelaines et cristaux, 9, r. Paradis-Poissonnière. — f. 11 sept. 66. — s. Sommaire.       6711

CASSARD (Émile-Louis), 25, r. Sedaine. — Sép. corps et biens d'avec dame LOUIS, 27 janv. 66. — Réty, av.

CASSE (Eugène-Alphonse), march. de vins, 16, pl. d'Armes (St-Denis). — f. 25 mai 66. — s. Meys.       6184

CASSE (Gabriel), plombier, 57, r. St-Louis (Choisy-le-Roy). — f. 18 juillet 66. — s. Heurtey. — c. 19 oct. 66. — h. 14 nov. 66. — Ab. d'actif, plus 20 p. 100 en 4 ans.       6443

CASSEGRAIN et BIDAULT, fab. d'armes, 2, boul. Malesherbes. — f. 16 octobre 66. — s. Beaufour.       6879

CASTANG (Antoine-Jacques), march. de vins, 7, Paris-Bercy. — f. 22 août 63. — s. Pinet. — c. 10 fév. 66. — h. 1er mars 66. — 30 p. 100 en 5 années.       5011

CASTEL (dame), hôtel, sans domicile connu. — f. 2 fév. 66. — s. Copin. Union 6 juill. 66.       5737

CASTEX (Sernin-Félix), horlogerie, 49, r. Rambuteau. — f. 10 mars 66. — s. Beaujeu.       5875

CATELIN (Adolphe-Gille), mercier, 74,

r. d'Angoulême du Temple.—f. 7 nov. 65. — s. Kneringer. — Union.  5352

CATELIN (Joseph-François), ex-limonadier, 7, cité de l'Étoile. — f. 7 juillet 64. — s. Henrionnet. — c. 18 janvier 66. — h. 30 janv. 66. —Abandon d'actif.  3228

CATON aîné (Jean-Baptiste), tapissier, 35, r. de Larochefoucauld. — f. 28 juin 66. — s. Bourbon. — c. 21 septembre 66. — h. 10 oct. 66. — 20 p. 100 en 4 ans.  6336

CATRY (Fidèle-Armand), 13, r. de la Fromagerie (St-Denis). — Sép. corps et biens d'avec dame BOUTROY, 2 août 66. — Lesage, av.

CAU (dame), née Julie Septlivres, séparée de biens de Jean-Baptiste Cau, confectionneuse, 14, r. Royale-Saint-Honoré. — f. 26 juin 66. — s. Normand.  6322

CAUCAL (Antoine), 12, r. Houdard. — Sép. de biens d'avec dame GARET, 13 févr. 66. — Lenoir, av.

CAUCHARD (Pierre-Antoine), entrep. de maçonnerie, 3, r. Murs de la Roquette. — f. 10 oct. 66. — s. Bourbon.  6859

CAUCHOIS (Jean-Louis), 1, r. de Calais. — Sép. de biens d'avec dame GAUTRON, 19 mai 66.—Dromery, av.

CAUDRELIER (François-Marin-Émile), tapissier, 7, r. Gaillon. — f. 17 août 65. — s. Dufay. — c. 31 janv. 66. — h. 20 févr. 66. — 30 p. 100 en 7 années.  4992

CAUDRILIER (Adolphe), libraire-éditeur, 19, boul. St-Martin.—f. 21 juin 66. — s. Richard-Grison. — c. 28 novembre 66. — h. 15 déc. 66. — Paie le tout en 10 ans par dixièmes. Premier paiement, 1er juill. 68.  6298

CAUHAULT (Louis), 5, r. du Chemin-Vert. — Sép. de biens d'avec dame LEMOUX, 20 mars 66. — Dubois, av.

CAUNOIS, limonadier, 66, r. de Paris (Romainville). — f. 30 mai 65. — s. Gauche. — Clôt. 25 juin 66.  4632

CAURIER (Jean-Baptiste-Jules), 364, r. St-Denis. — Sép. de biens d'avec dame BOURGEOIS, 3 mars, 66. — Coche, av.

CAUSSE (Baptiste-Basile), vins et fruits, 5, r. de Jouy. — f. 2 févr. 65. — c. 6 mai 65. — s. Trille. — Jug. refus homol., 23 nov. 66.  4139

CAUSSE (Baptiste-Basile), 5, r. de Jouy. —Sép. de biens d'avec dame JEANT, 22 nov. 66. — Marc, av.

CAUVET (Charles-Léon), march. de meubles, 12, r. Lamartine. — f. 20 mars 66. — s. Chevallier.  5913

CAUWÉS (Louis), 53, boul. St-Michel. —Sép. de biens d'avec dame POLTI, 10 juillet 66. — E. Guény, av.

CAYSAC, négociant, 3, r. Crozatier. — f. 17 juill. 66. — s. Beaugé. — Clôture, 31 août 66.  6440

CAZEAUX et Cᵉ, nég., 12, r. de Strasbourg. — f. 1er fév. 66. — s. Sommaire.  5731

CENDRIER (Casimir-Ferdinand), marchand épic., 16, r. St-Anasthase.— f. 20 déc. 66. — s. Copin.  7209 — Sép. de biens d'avec dame LEMAIRE, 4 déc. 66.—Bonnel de Longchamp, av.

CEYTAIRE (François), 16, r. de Varennes. — Sép. corps et biens d'avec dame GORCE, 30 août 66. — Bigot. av.

CEZARD (Alphonse-Léopold-Nicolas-Louis), 118, r. Neuve-des-Mathurins. — Sép. de biens d'avec dame LOUET DE TERROUENNE, 29 nov. 66. — Dechambre, av.

CHABANNE (Auguste), loueur de voitures, 16, route de Montrouge. — f. 20 janv. 66. — s. Barbot.  5678

CHABARDEZ (Jacques), parqueteur, r.

des Petits-Pères, à Gennevilliers. —
f. 10 juil. 66. — S. Crampel.    6388

CHABAUD (François), négoc., 70, r.
du Faub.-du-Temple. — f. 22 mai
66. — s. Knéringer.    6167

CHABOUD et VIAUD, march. de vins
res'aurateurs et hôtel meublé, 219,
r. du Temple. — f. 3 juil. 66. —
s. Knéringer.    6365

CHABROL, entrep. de bâtim., 4, r. du
Chemin-de-Fer, à Charonne. — f.
9 nov. 66. — s. Meys.    7018

CHABROUX (Joseph), 46, r. Dauben-
ton. — Sép. de biens d'avec dame
GUIBERT, 3 mars 66.— Foussier, av.

CHAIGNEAU (Auguste-Edmond), 1, r.
de la Prévoyance. — Sép. de biens
d'avec dame COINDREAU, 20 déc. 66.
— Rety, av.

CHALANDE (Louis-Désiré), 65, route
d'Asnières. — Sép. corps et biens
d'avec dame CHAUVEAU, 19 déc. 65.
— Delorme, av.

CHALANDON (Pierre), tonnel., 4, r. de
Charonne. — Sép. corps et biens
d'avec dame CHALANDON, 28 juil.
66. — Sibire, av.

CHALMETTE et PETIT, chapel., 131,
boul. de Sébastopol. — f. 23 janv. 66.
s. Beaujou. — c. 16 avril 66. —
— h. 3 mai. — 40 p. 100 en six ans.
   5685

CHAMBE (François), fab. de cravates,
25, r. de Turbigo. — f. 20 déc. 66.—
s. Sarazin.    7208

CHAMBON-MILLET, négoc. en vins,
sans domicile connu. — f. 11 janv.
66. — s. Beaugé. — Clôt. pour insuf.
22 fév. 66.    5643

CHAMPCLAUX ( Pierre - Théophile ),
20, r. Soufflot. — Sép. de biens
d'avec dame CHAMPCLAUX, 19 juin
66. — Chain, av.

CHAMPEAUX (François - Michel - Edmond), négoc. en lingerie, 90, r. de

Paris-Belleville. — f. 8 déc. 66. —
— s. Meys.    7144

CHAMPION (Henri - Firmin), march.
épicier, 43, r. Lafayette. — f. 17 avril
66. — s. Devin.    6035
— Séparation de biens d'avec dame
PARMENTIER, 16 juil. 66.— Mignot,
avoué.

CHAMPION (Maurice), 7, r. Lacuée. —
Séparation de biens d'avec dame
DELAUNAY, 8 mai 66. — Berton, av.

CHANCY, négoc., 10, r. de la Croix-
Doucette, à Montreuil-sous-Bois. —
f. 29 mai 66. — s. Sommaire.—Clôt.
p. insuf. 30 juin 66.    6202

CHANET (Edme-Louis-Nicolas), entrep.
de peint. et march. de vins, 21, pass.
St-Dominique. — f. 13 nov. 66. —
s. Lamoureux.    7029

CHANSON (Jean), loueur de voitures,
109, route d'Orléans.— f. 12 oct. 66.
— s. Heurtey, fils.    6867

CHAPELAIN, 56, r. Meslay. — Sép.
de corps et de biens d'avec dame
TAILLEFER, 3 mars 66. — Gaullier,
avoué.

CHAPELLIER (Adolphe), march. de
papiers, 4, r. des Martyrs à Puteaux.
— f. 4 sep. 66. — s. Bégis, — c. 20
nov. 66.—h. 12 déc. 66.—Payement
de l'intégralité en 5 ans.    6675

CHAPON (Constant), fab. de plumes,
73, boul. de Sébastopol. — f. 17 déc.
66.—s. Normand.    7190

CHARBONNEL (Joseph), fab. de lampes,
39, r. St-Sébastien. — f. 4 août 66.
—s. Normand.    6555

CHARBONNEL (Antoine), 5, r. de
Bordeaux (Villette). — Sép. de biens
d'avec dame LAMBERT, 14 août 66.
—Lévesque, av.

CHARBONNET et Cⁱᵉ, 59, r. Montmartre.
—f. 12 déc. 65.—s. Normand.—Clôt.
pour insuff., 30 janv. 66.    5518

CHARGUÉRAUD, march. de nouveautés, 9, r. du Faub.-St-Martin.— f. 2

août 64.—s. Battarel.—c. 9 janv. 66. —h. 8 fév.—5 0/0 en 5 ans.     3337

CHARLAT et DRUON, négociants, sans dom. con. — f. 16 oct. 66. — s. Heurtey, fils.     6888

CHARLES (Marie-Antoine), fab. de bords de chapeaux, 33, r. des Blancs-Manteaux.—f. 18 janvier 66.—s. Devin. — Union 17 juin 66.     5668

CHARLES (Maurice), domicilié à la maison des aliénés de Faims, époux de dame DEBAYEUX (Aimé-Victoire), blanchisseuse. — Interd. 11 août 66. — Derré, av.

CHARLET (Constant), chemin de ronde des Amandiers.—Sép. corps et biens d'avec dame BLANCHARD, 24 fév.66. —Maugin, av.

CHARLIER (Jacques-Louis), maçon, 13, r. du Pont (Cachan). — f. 20 oct. 66. — s. Barbot.     6916

CHARLIN (François), épicier et march. de vins, 37, r. St-Pétersbourg.—f. 3 fév. 66.—s. Quatremère.—Clôt. pour insuff., 20 mars 66.     5717

CHARLOT (Louis), march. de chevaux, à Ivry. — f. 18 juillet 65. — s. Bégis. —Union 18 déc. 65.— Unique répartition 48. 64 0/0.     4856

CHARPENTIER (veuve François), marchande épicière, 152, r. d'Anjou-St-Honoré. — f. 3 nov. 65. — s. Chevallier.—c. 3 mars 66.—h. 20 mars 66. — h. 20 mars 66. — 20 0/0 en 5 années.     5337

CHARPENTIER (Louis-Thomas), loueur de voitures, 20, r. de Morny. — f. 18 mai 66. — s. Devin. — Union 30 nov. 66.     6152

CHARPENTIER fils aîné, commiss., 51, q. de la Rapée.—f. 16 nov. 66. — s. Chevallier.     7050

CHARPENTIER (Jules-Napoléon), négociant, 95, r. Neuve-des-Petits-Champs. — Séparation de biens d'avec dame DESMOULINS, 17 mai 66. — Denormandie, av.

CHARPIN père, tourneur, r. des Panoyaux.—f. 10 avril 65. — s. Hécaen. —Union 27 sept. 66.     4414

CHARTIER (François-Constant-Désiré), 44, boul. Bonne-Nouvelle. — Sép. de biens d'avec dame BOULANGER, mai 66. — Dubois, av.

CHARTON (Pierre-Phédonice), négoc., 33, r. Poulet. — Sép. de biens d'avec dame CORICON, 18 janv. 66. — Huel, avoué.

CHASSANG, marchand de charbons, 207, r. du Faub.-St-Martin. — f. 31 mars 65. — s. Beaugé.—Union 7 juin 66.     4371

CHASTANG (Charles-Auguste), fab. de produits chimiques, 179, r. St-Domique-St-Germain. — f. 18 sept. 66. — s. Barbot. — Union 20 déc. 66. — Unique répartition 7.52 0/0     6746

CHASTEL (delle Marie-Madeleine-Aline), hôtel meublé, 16, r. Laffitte. — f. 3 nov. 66. — s. Beaugé.     6986

CHASTEL, tapissier, 4, r. St-Quentin. —f. 5 avril 65. — s. Meys. — c. 24 juill. 65. — h. 8 août 65. 30 p. 100 en 5 ans.     4394 —f. 28 déc. 66.—s. Bourbon.     7244

CHASTELIN (Charles-Edmond), march. de vins, 86, r. St-Martin. — f. 30 mai 66. — s. Richard-Grison.     6208

CHATELIN (Émile-Ernest), 86, r. Valois-du-Roule.—Cons. jud.—M. Nouette-Delorme, 59, boul. Malesherbes. — Jug. du 11 janv. 66. — Tissier av.

CHATELIN (Pierre-Adolphe), fabric. de produits chimiques, 89, r. St-Laurent, à Belleville. — f. 8 août 66. — s. Bégis.     6584

CHATELET et Ce (Alfred-Louis), marc. de nouveautés, 13, r. de Rivoli.—f. 7 juin 64. — s. Sautton. — c. 6 fév. 66. — h. 14 mars 66. — 10 0/0 en 10 ans.     3107

CHATENAY, nég., 45, Grande-Rue, à Champigny. — f. 10 avril 66. — s. Malle.—Clôt. p. ins. 30 av. 66. 5998

CHAUMONT (Jean-Antoine), négoc., 7, r. de Tracy. — Sép. de biens d'avec dame LENTZEN-GUILLOT, 10 juin 66. — Trodoux, av.

CHAUVEL (Françoise-Agathe-Marie), veuve de CORTIER (Pierre-Urbain), 27, r. de Paris à Vincennes. — Interd. 5 juin 66. — Admin. M. OLIVIER, 24, r. des fossés St-Germain-l'Auxerrois. — Benoist, av.

CHAUVET (Honoré-Pierre-Louis), gérant du *Messager de Paris*, 10, r. faub. Montmartre. — f. 20 mars 66. — s. Hécaen. — c. 25 juin 66. — h. 17 juill. — Ab. d'actif devant produire 30 p. 100, faute de quoi ils seront complétés en 2 ans.                  5914

CHAUVET (Louis-Charles), négoc., 18, r. Jean-de-Beauvais, puis 4, r. des Sept-Voies. — faill. 19 avril 66. — s. Beaujeu.                  6045
— Sép. de biens d'avec dame WAILLY, 21 août 66. — Girauld, av.

CHAUVET (Louis), tapissier, 39, r. St-Georges. — f. 11 juill. 66. — s. Henrionnet. — Union 16 oct. 66.    6103

CHAUVET (Pierre), négoc., 7, r. de la Goutte-d'Or. — Sép. corps et biens d'avec dame PROVOST, 24 fév. 66. — Prévot, av.

CHAUVIREY fils (Henri), peintures, 212, r. de faub. St-Honoré. — f. 27 avril 66. — s. Sommaire.        6063

CHAZELLES, vicomte (de) (Marie-Joseph-Eugène-Scipion), 7, r. d'Aguesseau. — Séparation de biens d'avec dame KONDRE DE KAVENEL, 18 mai 66. — Maza, av.

CHEDEVILLE (Pierre-Amédée), peintre en bâtiments, 24, Cité Trévise. — f. 20 déc. 64. — s. Knéringer. — c. 6 janv. 66. — h. 26 janv. 66. — 6 p. 100 dans 1 an. — 7 p. 100 dans 2 ans. — 8 p. 100 dans 3 ans. — 9 p. 100 dans 4 ans. — 10 p. 100 dans 5 ans.    3921

CHEMIN DE FER DE LIBOURNE à Bergerac (Comp. du), 76, r. Taitbout. — f. 18 juill. 66. — s. Pluzanski.    6148

CHENIER (Almire), fab. de chaussures, 7, rue Boileau. — f. 22 août 66. — s. Devin.                  6633

CHENUT (Victor), sans domicile connu. — Sép. corps et biens d'avec dame PIERROT, 23 janv. 66. — Husson, av.

CHERBUY (Alexis), mégissier, 11, r. des Cordelières-St-Marcel. — f. 29 juin 66. — s. Normand. — Union 28 sept. 66.                  6339

CHÉRIN (Charles), march. de bois, 27, quai d'Ivry, à Ivry. — f. 9 nov. 66. — s. Meillencourt.        7015

CHÉRON (Auguste), agent d'affaires, 27, rue de Berlin. — f. 10 juill. 66. — s. Quatremère.            6387

CHERVET (Antoine), pharmacien, 31, r. des Couronnes. — f. 3 fév. 66. — s. Barbot.                  5748

CHEVALIER (Pierre-Frédéric), 48, rue du faub. du Temple, professeur à l'école Turgot. — Sép. de biens d'avec dame SUIRE, 9 mars 66. — Carré, av.

CHEVALLIER (Jean-Louis), sans domicile connu. — Sép. corps et biens d'avec dame BRISTEAU, 20 déc. 66. — Mouillefarine, av.

CHEVILLOT (Edme-Ernest), 7, r. du Petit-Carreau. — Sép. corps et biens d'avec dame BALDE, 2 août 66. — Tétard, av.

CHEVRENAY (Michel-Joseph), chaussures, 33, r. de Bretagne. — f. 26 janv. 66. — s. Barbot. — Union 28 avril 66.                  5706

CHEVRETEAU (Jean-Félix), 101, quai d'Orsay. — Sép. corps et biens d'avec dame DEVINCRE, 26 juin 66. — Bourse, av.

CHICHOUX (Claudius) et Cⁱᵉ, vins, 9, r. de Sébastopol. — f. 28 nov. 65. — s. Moys. — Union 5 oct. 66, 5445.

CHIROUZE (Mathieu), 41, r. Saint-

Merri. — Sép. corps et biens d'avec dame MAZÉ, 20 janv. 66. — Flat, av.

CHOPIN (François-Joseph), 8, boul. de la Chapelle. — Sép. de biens d'avec dame BLANCHON, 6 déc. 66. — Roche, av.

CHOPINET (Victor-Narcisse), 236, quai Jemmapes. — Sép. corps et biens d'avec dame LEBRET, 13 janv. 66.— Branche, av. .

CHOQUET (Narcisse-Denis), épiceries et vins, 46, r. Descartes. — f. 13 déc. 66. — s. Henrionnet.　　　　7167

CHOSSONNERIE (Silvère) fils, march. de bois de placage, 4 et 6, r. Saint-Nicolas Saint-Antoine. — f. 20 juin 66. — s. Legriel. — c. 28 sept. 66. — h. 20 oct. 66. — 30 p. 100 en cinq ans.　　　　6295

CHRETIEN (Jean), march. de vins, 134, r. de Paris, à Saint-Denis. — f. 8 mars 66. — s. Barboux. — c. 15 juin 66. — h. 23 juin 66. — 10 p. 100 en deux ans.　　　　5850

CHRETIEN (Pierre-Ledoix) fils, fab. de lampes, 41. r. de la Ciseraie. — f. 28 juil. 66. — s. Beaujeu.　　6515

CHRISTIAN, direct. du journal le *Moniteur catholique*, 41, r. Cassette. — f. 22 mai 66. — s. Malle. — Clôt. p. insuf. 30 juin 66.　　　6164

CIMAVALLE (Georges), potier d'étain, 13, r. Aumaire. — f. 28 sept. 66. — s. Crampel.　　　　6794

CINGLANT DE CRÈVECOEUR, dit de CRÈVECŒUR (Léon-Joseph), (dame), née Marie-Louise-Christine DE MONTAIGNAC, 6, r. de Courty. — Cons. judic., 22 juin 66. — LEBOCQ (Louis-Victor), 74, r. Bonaparte. — Labbé, av.

CINOT (François-Auguste), sculpteur, propr., 28, r. de Laval. — Mainlevée de cons. judic., 19 juil. 66.—Tissier, avoué.

CIROUX, entrepr., 210, r. Saint-Maur. — f. 13 fév. 66. — s. Meys.　　5782

CLAIRET (Alexis-Pierre), peintures, 97, Grande-Rue, à Passy. — f. 7 déc. 66. — s. Barboux.　　　　7138

CLANCHET (Jules), limonadier, 32, r. Popincourt. — f. 22 déc. 65. — s. Pluzansky. — c. 2 mai 66. — h. 14 juin 66. — 25 p. 100 en cinq ans.　　　　5561

CLAUDIN (Pierre-Sébastien), charretier de marine, à Alfort.—f. 4 août 65. — s. Lamoureux. — Union.　　4932

CLAVEL (François-Sylvestre), march. de vins, 29, r. des Amandiers Popincourt. — f. 11 déc. 66. — s. Hécaen. Clôt. p. insuf. 29 sept. 66.　　7163

CLAVERIE (Auguste), limonadier et menuisier, à Saint-Maur-les-Fossés. f. 14 nov. 65. — s. Devin. — c. 31 oct. 66. — h. 14 nov. 66. — 20 p. en cinq ans.　　　　5387

CLAYETTE et Cⁱᵉ, chemisiers, 2, r. de la Paix. — f. 16 juil. 66. — s. Farbot. — c. 27 oct. 66. — h. 16 nov. 66. — Abandon d'actif; les faillis payeront en outre chacun 2 1/2 p. 100 en cinq ans par cinquièmes.　　6433

CLEMENCEAU (Geneviève) (veuve VICHY), fabr. de jouets, 185, r. Saint-Maur.— f. 27 sept. 65. — s. Bégis. — c. 15 déc. 65. — h. 17 août 66. — 30 p. 100 en cinq ans.　　5176

CLEMENCET (Urbain-Jean-Baptiste), tapissier, 58, r. de Larochefoucauld. — f. 3 août 66. — s. Devin.　　6544

CLEMPUT, nég., 101, r. Lafayette. — f. 20 avril 66. — s. Pinel.　　　6062

CLERAMBAUX (Prosper-Alexandre-Fabien), sans domicile connu. — Sép. corps et biens d'avec dame FORTHOMME, 11 août 66. — Langeron, av.

CLERC et Cⁱᵉ, négoc., 104, r. Montmartre. — f. 20 déc. 64. — s. Meys. — Union 4 oct. 66.　　　4249

CLERCK (Antoine-Denis), entrepr. de charpentes, 101, r. de Vanves. —

     

f. 22 juin 66. — s. Chevallier. — c. 8 oct. 66. — h. 29 oct. 66. — 25 p. 100 payables : 6 p. 100 dans quatre mois, 4 p. 100 dans un an et 5 p. 100 dans deux, trois et quatre ans. 6308

CLERGEAU et MARGAINE, négoc., 28, r. des Tournelles. — f. 30 mai 66. — s. Copin. 6214

CLERMONT, négoc., 38, r. de Lauriston. — f. 6 avril 66. — s. Barbot. 5979

CLOTT (Félicie demoiselle), négoc., 46, r. Vivienne. — f. 22 août 66. — s. Gauche. — Clôt. p. insuf. 20 sept. 1866. 6637

CLOUET, march. de vins, 46, r. de Charenton. — f. 9 janv. 66. — s. Meillencourt. — Clôt. 31 août 66. 5636

COCAT-BÉNIER (Alexandre-Élie), 15, r. de Strasbourg. — Sép. de biens d'avec dame ROLLET, 24 oct. 66. — Dubois, av.

COCHARD (Victor), 5, r. St-Fiacre. — Sép. corps et biens d'avec dame BOUVERET, 6 déc. 66. — Brémard, avoué.

COCHARD (Théodule-Germain), employé maison Hachette, 12, r. Sorbonne. — Sép. de biens d'avec dame TREMBLAY, 6 mars 66. — Gaullier, avoué.

COCHEGRUS (Louis-Isidore), limonadier, 6, r. de Fleurus. — f. 27 févr. 66, — s. Lefrançois. 5823

COCHEGRUS (Isidore-Louis), 6, r. Vavin. — Sép. de biens d'avec dame LORET. — 18 déc. 66. — Foussier, av.

COCHELIN (Auguste-Jean), fab. de jupons, 5, r. Guénégaud. — f. 12 oct. 65. — s. Bégis. — c. 7 mars 66. — h. 27 mars 66. — 60 p. 100 en 5 ans par dixièmes de 6 en 6 mois. 5514

COCHEREAU, grains et fourrages, 30, r. Folie-Méricourt. — f. 14 oct. 65. — s. Barbot. — c. 27 fév. 66. — h. 15 mars 66. — 25 p. 100 payables de la manière énoncée au concordat. 5248

COCHERY (Jules-Amédée), vins, sans domicile connu. — f. 2 nov. 66. — s. Barboux. 6983
— Séparat. corps et biens d'avec dame FLORENCE, 45, r. du Moutier à Surennes, 4 avril 66. — Daupeley, av.

COCHON (Alfred), 79, r. Mademoiselle. — Séparation de biens d'avec dame VINCENT, 23 juin 66. — Best, av.

COCQUEREL (Firmin-César-Marie-Auguste), 18, boul. de la Tour-Maubourg. — Sép. de biens d'avec dame MAYAUD, 16 août 66. — Pilastre, av.

CODRY (Eugène), ent. de bâtim., 45, r. de Vanves. — f. 30 janv. 66. — s. Sarazin. — Clôt. 30 avril 66. 5712

COHEN, négoc., 40 bis, r. de Rivoli. — f. 4 avril 65. — s. Barre. — Clôt. 20 avril 66. 4389

COHIN (Auguste), march. d'engrais, 11, rue des Juifs. — f. 25 sept. 66. — s. Meys. 6779

COLAS (veuve), limonadière, 10, r. de Paris (Belleville). — f. 3 juill. 66. — s. Beaufour. 6361

COLIN, négoc., route de la Révolte. — f. 10 août 66. — s. Meys. 6598

COLLARD (Pierre), passementier, 5, pas. du Gr.-Cerf. — f. 4 mai 66. — s. Normand. — c. 11 juill. 66. — h. 26 juill. 66. — 20 p. 100 en 4 ans du 1er mai 67. 6101

COLLART (Emir-Valéry), lampiste, 14, r. du Petit-Carreau. — f. 8 nov. 66. — s. Lefrançois. 7011

COLLART (Jean-François-Edouard), passage Vaucanson. — Sép. corps et biens d'avec dame BAULET, 12 déc. 66. — Castaignet, av.

COLLET (Auguste), entrep. de charpentes, 37, r. de Paris (Charonne). — f. 15 sept. 66. — s. Meillencourt. 6737

COLLET (demoiselle Annette-Antoinette), confections, 16, r. Beauregard. — f. 22 août 66. — s. Pinet. — c. 27 nov.

66. — h. 28 déc. 66. — 20 p. 100 en 4 ans.       6634

COLLET (Edmond-Ludovic), aux zoua- ves de la garde.—24 juill. 66.—Cons. jud., M. Lepagneux (Jaques-Joseph- Désiré), prop., 59, boul. St-Michel. — Guibet, av.

COLOMBET (Stéphane-Michel), négoc. en soies, 64, r. Rambuteau. — f. 20 sept. 66. — s. Knéringer.       6757

COLOMBET et S. MEYER, comm., 64, r. Rambuteau. — f. 29 sept. 66. — s. Gauche.       6802

COLOMBET (Louis-Étienne), 64, r. Rambuteau. — Sép. de biens d'avec dame MARTIN, 4 déc. 66.—Guény, avoué.

COMBAUDON (François), entrepr. de maçonnerie, 42, r. Beaubourg.—f. 23 nov. 66.—s. Quatremère.       7076

COMBY (Charles-Eugène) et Ce, café, restaurant, hôtel, 7, avenue de Cli- chy.—f. 3 mai 66.—s. Richard-Gri- son.—c. 18 oct 66.—h. 7 nov. 66.— 30 p. 100 payables 3 mois après l'homo- log. et 10 p. 100 1 et 2 ans après le premier payement.       6092

COMMERCE DE FRANCE (société du) à responsabilité limitée : capital 40 millions, 16, r. Grange-Batelière. — f. 20 juillet 66.—s. Copin.       6462

COMPAGNIE (Constant), voiturier, 47, r. de Paris à St-Mandé. — f. 11 déc. 65. — s. Barbot. — Clôt. pour insuff. 27 sep. 66.       5510

COMPARIO et SELLERET, négoc., 31, place du Marché-St-Honoré.—f. 16 oct. 66.—s. Beaufour.       6887

COMTE frères, marchands de vins, 19, r. Louis-le-Grand. — f. 22 nov. 66. — s. Gauche.       7069

CONTENEAU, épicier, 28, r. de Chartres (La Chapelle).—f. 10 juillet 66.— s. Crampel.       6393

COQUIÈRE, sculpteur sur bois, 72, r.

Basse-Vignole (Charonne). — f. 25 sept. 66. — s. Gauche. — Clôt. pour insuff., 26 nov. 66.       6785

COQUINET, négoc., 34, route d'Italie. —f. 22 déc. 65.—s. Normand.—c. 12 avril 66.—h. 24 avril 66.—30 p. 100 en 5 ans.       5566

CORBIÈRE (veuve de Joseph-François), née Lecoq (Virginie), confiseur, 21, r. Rambuteau. — f. 24 juillet 66.—s. Dufay.       6470

CORBIERRE (dame), née Tulex (Élisa- Louise), 15, r. de Bretagne.—f. 8 janv. 66. — s. Gauche. — Clôt. pour insuff. 30 avril 66.       5628

CORDELIER (Joseph), jardinier, 222, boul. de Charonne. — Sép. corps et biens d'avec dame FOUCHER, 27 nov. 66. — Dufourmentelle, av.

CORDIER (Eugène-Ernest), r. d'Aval. —Sép. corps et biens d'avec dame ROYER, 3 avril 66. — Foussier, av.

CORDONNIER (veuve), march. de vins, 23, r. de la Vieille-Estrapade.—f. 29 sept. 66.—s. Sarazin.—Clôt. pour in- suff., 27 nov. 66.       6773

CORDONNIER, négoc., 23, r. de la Vieille-Estrapade.—f. 19 sept. 66.— s. Sarazin. — Clôt. pour insuff., 27 nov. 66.       6734

CORMIER (Laurent), entrep. de trans- ports, 16, r. Gouvion-St-Cyr, Cham- perret (Neuilly). — f. 5 janv. 66. — s. Legriel.—Union 26 mai 66.       5620

CORMIER, négoc., 40, r. Rennequin, à Paris (les Ternes). — f. 20 juillet 66 s. Malle.—Clôt. pour insuff., 27 sept. 66.       6460

CORNAILLE (J.-B.-Émile), négoc., 50, r. de l'Arbre-sec. — Sép. de biens d'avec dame HANOT, 17 juillet 66.— Louvel, av.

CORNETTE (Louis), négoc., 6, r. de Gentilly, à Montrouge.—Sép. de biens d'avec dame GASQ, 5 juillet 66. — Pottier, av.

CORNICHON (Ernest-Charles-Étienne), loueur de voitures, 6, imp. Croix-Nivert (Grenelle). — f. 26 sept. 66. — s. Chevallier.     6789

CORNOT fils (Marguerite-Léon-Jean), march. de chaussures, 28, r. Clerc. — f. 26 fév. 66. — s. Crampel. — c. 10 juill. 66. — h. 14 août 66. — Paye l'intégralité, déduction faite des frais de faillite, en 3 ans, de 6 en 6 mois.     5814

CORNU, march. de vins, r. des Rosiers, (glac. St-Ouen). — f. 21 juill. 66. — s. Sarazin. — Clôt. pour insuf. le 25 août 66.     6464

CORNU (Émile-Henri), limonadier, 7, r. du Bouloi. — f. 8 mai 66. — s. Kné-ringer. — c. 22 sept. 66. — h. 13 oc-tobre 66. — Ab. d'actif, plus 10 p. 100 en 10 ans du 1er janv. 68.     6109

CORNU (Charles), 3, r. Courligne (Mont-martre). — Sép. corps et biens d'avec dame LAMY, 20 déc. 66. — Best, av.

CORNUOT (Étienne), 74, boul. Bati-gnolles. — Sép. corps et biens d'avec dame RIOTTOT, 25 janv. 66. — Des-granges, av.

CORNUT - GENTILLE (Pierre - Louis), tailleur, 8, boul. Montmartre. — f. 27 déc. 66. — s. Beaufour.     7233

CORVOL et ROTIVAL, march. de bois, gare d'Ivry. — f. 27 oct. 64. — s. Nor-mand. — c. 26 fév. 66. — h. 17 mars 66. — 10 p. 100 en 2 ans.     3717

COSNARD (Ernest-Martin-Félix), 15, r. Nicolo (Passy). — Sép. de biens d'avec dame DENISE, 19 sept. 66. — Deblodis, av.

COSTARD (Blanche) demoiselle, cha-peaux, 44, r. N.-St-Augustin. — f. 20 juill. 65. — s. Devin. — c. 2 déc. 65. h. 20 janv. 66. — 25 p. 100 en 3 an-nées.     4893

COSTE (Antoine), négociant, av. Ste-Geneviève à Asnières. — f. 3 juill. 66. — s. Normand. — Clôt. pour insuf., 30 juill. 66.     6360

COSTEL (Jacques), épicier, 36 bis, rue Villiers à Levallois. — f. 27 mars 66. — s. Meys. 5942. — Sép. de biens d'a-vec dame BARRIOL, 18 janv. 66. — Lortat (Jacob), av.

CQT (Eugène), march. de vins, 14, rue St-Gilles. — f. 29 oct. 66. — s. Heur-tey fils.     6961

COTTIN (Jean), 9, boul. du Prince Eu-gène. — Sép. de biens d'avec dame DUBEDAT, 6 mars 66. — Blachez, av.

COUCHOT, négociant, 133, r. St-Denis, — f. 18 sept. 66. — s. Chevallier. 6747

COUDER (Jean-Baptiste), 6, r. des Aca-cias. — Sép. corps et biens d'avec dame NOBLET, 9 déc. 66. — Bujon, avoué.

COUDRAY et MARTIAL, négociants, 8, r. de la Boule-Rouge. — f. 24 juill. 66. s. Quatremère. — Clôt. 28 août 66.     6475

COUESNON (Louis-Joseph-Désiré), 111, chaus. du Maine. — Sép. corps et biens d'avec dame MESSAGER, 13 fé-vrier 66. — Motheron, avoué.

COUGET (Pierre-Louis), march. de vins, 5, r. du Plâtre du Temple. f. 11 oc-tobre 66. — s. Sarazin. — Clôt. 20 no-vembre 66.     6861

COUHAUËT (Louis), 23, boul. de Bel-leville. — Sép. de biens d'avec dame LEMOUX, 20 mars 66. — Dubois, av.

COUILLARD dit VALLÉE (Adrien - Mi-chel), fondeur en caractères, 15, rue St-Victor. — f. 11 avril 66. — s. Co-pin. — c. 6 juillet 66. — h. 26 juil-let 66. — 30 p. 100 en 5 ans.     6006

COUILLARD (Joseph), bois et charbons, 2, r. Petit (La Villette). — f. 22 juin 66. — s. Meys. — Clôt. 10 sept. 66. 6307

COULOMB (Émile), nég., 31, r. de Seine. — f. 4 janv. 66. — s. Bourbon.     5616

COURBET (François-Constant), vins, 11, boul. des Filles-du-Calvaire. — f. 11 oct. 64. — s. Bégis. — Union 2 fé-vrier 66. — Unique répartition, 23 p. 100.     3651

COURCHINOUX (Raimond), 40, r. de Bretagne. — Sép. de biens d'avec dame GUSSE, 5 avril 66. — Hervel, avoué.

COURCIER fils (Alfred), 9, r. Tronchet. — Cons. jud. 28 août 66. — GALLOIS (Alexandre-Théophile), av., 3, r. Nicolas-Flamel. — Giraud, av.

COURIER (Jean-Baptiste), chaussures, 364, r. St-Denis. — f. 26 déc. 65. — s. Normand. — Union 27 avril 66. 5580

COURNIER (Jean-Marie-Jules), 13, r. de Bondy. — Sép. de biens d'avec dame ROBERT, dite ROBERTSON, 17 avril 66. — Martin du Gard, av.

COURNOL (François), libraire, 20, rue de Seine. — f. 10 déc. 66. — s. Sarazin.                                                          7151

COURONNEAU (Philippe), tailleur, 110, r. Saint-Honoré. — f. 18 oct. 65. — s. Gauche. — c. 20 janv. 66. — h. 6 février 66. — 20 p. 100 en 4 ans. 5274

COURTIGNON (Alexandre-Guillaume), entr. de travaux publics, 4, r. des Cardonnets, à Bois-Colombe. — f. 23 janv. 66. — s. Pinet.         5691

COURTIN (Louise), Maison du bon St-Sauveur, (Caen) — Int. 8 juin 66. — Deherpe, av.

COURTOIS (Guillaume), marc. de vins, 58, r. de la Paix. — f. 31 mai 65. — s. Lamoureux. — Union 4 janv. 66.                                                          4640

COURTOIS (veuve), née Rose-Virginie PASQUIER, restauratrice, 13, r. de la Cerisaie. — f. 18 janv. 66. — s. Meillencourt.                                                          6285

COUSIN (dlle Geneviève-Marie-Victoire), march. de vins, 22, avenue des Ternes. — f. 26 sept. 65. — s. Knéringer. — Union 20 juin 66.                                     5166

COUSIN, boulanger, 10, place de la Bastille. — f. 19 juill. 66. — s. Gauche.                                                          6482

COUSIN (Albert-Eugène), 142, r. de la Roquette. — Sép. de corps et de biens d'avec dame DUBOIS, 28 nov. 66. — Chéramy, av.

COUSSINS, (Jean-Antoine), march. de bois et charbons, 8, boul. Reuilly. — f. 9 mars 66. — s. Richard Grison.                                                          5911

COUTENT, négoc., 6, r. du Sentier. — f. 17 juill. 66. — Sarazin.            6441

COUTIN ou COURTIN, (Louis-Victor), négoc., 3, r. St-Séverin. — f. 24 mai 66. — s. Moys. — c. 24 oct. 66. — h. 15 nov. 66. — 40 p. 100 en 4 ans, du 1er déc. 67.                         6177

COUTOT (Joseph-Irénée), 8, r. Monsigny. — Sép. de biens d'avec dame BONNARD, 19 sept. 66. — Benoist, avoué.

COUTURIER, (Joseph), march. de vins, 13, passage Doudeauville (La Chapelle). — f. 4 juill. 66. — s. Heurtey fils. — Clôt. p. insuf. 31 août 66.       6366

COUVIDOU et SŒURS, confections, 15, r. Neuve-St-Eustache. — f. 18 janv. 66. — s. Trille. — Union 26 août 66.                                                          5667

COY (Frédéric-Charles-Martial), aliéné à Bicêtre. — Interdiction 5 juin 66. — Boinod, av.

CHAMPON (Jacques-Alexandre), horloger, 63, r. de Malte. — Sép. corps et biens d'avec dame BAROILLIER, le 15 nov. 66. — Guillemon, av.

CREMIEU - JAVAL, banquier, 8, r. Drouot. — f. 23 sept. 65. — s. Beaufour. — Union.                         5776

CREMNITZ (Maurice), 21, r. Poissonnière. — Sép. de biens avec dame MAYRARGUES, le 9 janv. 66. — Adam, av.

CRENIER (Pierre-Henry), fabr. de briques, 18, r. Basfroi. — f. 28 août 66. s. Beaugé. — Union, 16 nov. 66.  6648

CREPIN (Victor), BILLOT et Cie, menuisiers, 31, r. Lagille. — f. 2 sept. 63. — s. Chevallier. — Union, 29 mai 66.                                                          5890

CREPIN (Jean-Baptiste-Léon), march. de chaussures, 42, Grande-Rue, à Passy. — f. 17 mars 66. — s. Meys. — c. 26 juillet 66. — h. 10 août 66. — Abandon d'actif, plus 5 p. 100 dans le mois de l'homologation. — M. Dehay, caution.    5906

CRESPIN, cordonnier, 41, route de Versailles (Boulogne-sur-Seine). — f. 1er fév. 66. — s. Legriel. — Clôt. 26 fév. 66.    5733

CREUX (Florentin), vins, 17, r. Soulages (Bercy). — f. 3 déc. 63. — s. Richard-Grison. — c. 27 juin 66. — Ref. d'homol. 12 sept. 66. — Union. 2399

CRÉVIER (veuve), née DURAND (Rose-Anne), hôtel meublé, 39, r. Pasquier. f. 14 août 66. — s. Dufay.    6607

CRIGNON fils (Arsène - Désiré - Ambroise), cardeur, 13, r. Moulin-des-Prés.—f. 29 août 65.—s. Sommaire. — Clôt. 31 janv. 66.    5034

CRINON, négoc., 2, r. Saint-Pierre-Popincourt. — f. 29 mai 66. — s. Sommaire. — Clôt. 30 juin 66.    6201

CROISÉ (Louis-Auguste), 23, r. de Montreuil. — Sép. de biens d'avec dame MELIN, 18 déc. 66. — Sibire, av.

CROSNIER (Ferdinand-Auguste), 9, r. de Strasbourg. — Sép. de biens d'avec dame FAGNET, 30 janv. 66. — Violette, av.

CROIZIER jeune (Etienne), march. de cuirs, 60, r. de Reuilly. — f. 7 déc. 65. — Clôt. 29 janv. 66.    5495

CROSET (Joseph), liquoriste, 12, chaus. Clignancourt. — f. 26 juin 66. — s. Hécaen. — Union 30 oct. 66.    6323

CROZET (Dominique), lingerie, 9, r. Poissonnière. — f. 21 sept. 66. — s. Barboux.    6761

CRUSSAIRE, commiss., 27, r. d'Ulm.— f. 5 oct. 66. — s. Sarazin. — Clôt. 26 nov. 66.    6831

CRUTZER ou CREUTZER (Marie-Cécile), modes, 24, r. de Grammont. — f. 4 juin 66. — s. Pluzanski. — Clôt. 20 sept. 66    6220

CUNY (dame), corsets, en son vivant, 52, r. Neuve-Saint-Augustin. — f. 7 déc. 66. — s. Beaujeu.    7142

CUSINROLLET (Pierre-Marie), 218, r. Saint-Maur-Popincourt. — Sép. corps et biens d'avec dame LEBRETON, 22 fév. 66. — Duval, av.

CYRAN, négoc., 23, r. de la Lune. — f. 7 avril 66. — s. Crampel. — Clôt. 22 mai 66.    5984

# D

D'ABOVILLE (dame) (Louise-Arthénac), négoc. en chaussures, 9, r. du Temple. f. 23 déc. 65. — s. Battarel. — Clôt. 30 janv. 66.    5572

DACHEUX (Jean-Charlemagne), couvreur, 81, r. Lévis. — f. 2 oct. 65. — s. Meys. — Union 28 juin 66.    5470

DADOLE (Suzanne), modes, 6, r. Neuve-Saint-Augustin. — f. 21 déc. 66. — s. Bégis.    7216

DAFFIS (Jean - Baptiste), chapelier, 03, r. Saint-Lazare. — f. 21 sept. 66. — s. Meys.    6762
— Sép. corps et biens d'avec dame BASTIEN, 29 nov. 66. — Giry, av.

DAGA (Jean), sans domicile connu. — Sép. corps et biens d'avec dame LEHNAS, 14 août 66.—Plassard, av.

DAGET (Eugène), sans domicile connu. — Sép. corps et biens d'avec dame GÉRICOT, 12 nov. 66. — Thiébault, avoué.

DAGORY fils (Louis-Isidore), vins, 8, av. du Roule, à Neuilly-sur-Seine. — f. 2 août 66.— s. Quatremère. 6538

DAIX (Jean-Victor), boucher, 31, r. de Lyon. — f. 26 oct. 65. — s. Quatremère. — c. 28 fév. 66. — h. 10 mars 66. — Les deux premières années 6 p. 100, deux années à 7 p. 100, deux années à 8 p. 100, deux années à 9 p. 100 et quatre années à 10 p. 100. 5307

DALIFARD, (J.-B.) dit Moncin, 3, r. de la Voyette, à Ivry-sur-Seine. — Séparation de biens d'avec dame DEMOITTE, 19 juin 66. — Petit-Bergonz, av.

DALLEMAGNE (Frédéric), 51, r. Traversière.— Sép. corps et biens d'avec dame CAPLAIN, 7 août 66.— Postel, avoué.

DALLEMAGNE (Henri-Nicolas), 3, r. de la Paix. — Sép. corps et biens d'avec dame JACQUEL, 6 avril 66.— Huet, av.

DAMGÉ fils (Alfred), imprimeur, à St-Denis.-f. 18 nov. 63.—s. Pluzanski. Union 21 juin 66. 5410

DAMMANN, layetier-emballeur, s. dom. con. — f. 20 nov. 66. — s. Sarazin.— Clôt. 29 déc. 66. 7067

DAMOUR (Jean-Pierre), fab. de plâtre, 3, r. platrière, aux Prés-St-Gervais. — f. 10 juill. 66. — s. Barbot. 6450 — Sép. de biens d'avec dame PICARD, 6 oct. 66. —Mignot, av.

DAMOURETTE (Jean-Pierre), ingénieur, 23, r. Humblot,—f. 14 oct. 65, — s. Gauche. — c. 27 fév. 66. — h. 13 mars 66.—60 p. 100 en 6 ans. 5249

DAMPON fils (François), mercier, 133, r. d'Allemagne. — f. 27 nov. 66. — s. Bégis. 7097

DAMPOUX (Isidore), 1, r. Damiette. — Int. 9 mai 66.—Levesque, av.

DANAIN, marchand de vins, 36, quai de la Marne, à LaVillette.—f. 7 av. 66. — s. Devin. — Clôt. par insuf. 30 avril 66. 5985

DANDALLE (Arthur), 5, r. Campagne-Première.—Int. 18 août 66.—Rougeot avoué.

DANEL, commerce de quincaillerie, 117, r. de Turenne. — f. 28 déc. 66. — s. Pinet. 7246

DANGÉE (Louis-Alphonse), ancien boucher, 16, passage Ste-Marie-du-Temple.—f. 14 déc. 66.—s. Sarazin. 7175

DANIEL (Louis), ex-boulanger, 10, boul. de La Chapelle.— f. 14 juill. 66. — s. Bégis. — c. 10 juill. 66. — h. 4 août 66. — abandon d'actif. — Unique répartition 14. 22 p. 100. 4813

DANIEL (Louis-Théodore-Denis), grainetier, 89, r. de Versailles, à Auteuil. — f. 3 oct. 66.— s. Henrionnet. 6821

DANIEL (François-Désiré), marchand d'abats, 1, impasse Camboust.—Sép. corps et biens d'avec dame COROT, 29 août 66. — Goujon, av.

DANIEL (Henri), 5, r. de la Fidélité. — Sép. de biens d'avec dame GRIFFON, 19 juin 66. —Lenoir, av.

DANOIS, passementier, 63, r. Rambuteau. — f. 25 sept. 66. — s. Lamoureux. — Clôt. 31 oct. 66. 6786

DANOIS march. de vins épicier, 17, r. de la Mairie (Montmartre). — f. 12 oct. 66. — s. Meillencourt. 6871

DANTHAND (Jean-Alexandre), 8, r. de Penthièvre. — Sép. corps et biens d'avec dame BRANCIER, 5 av. 66. — Boulogne av.

DANVIELLE (d^{elle}), nég., 31, r. Richelieu.—f. 18 août 66. — s. Beaujeu. — Clôt. 27 septembre 66. 6621

DARCOURT et AMBLARD, nég., 50, r. Rambuteau. — f. 10 nov. 66. — s. Trille. 7023

DARPENTIGNY (Alexandre-François), 3, r. de la Cour-Neuve, à St-Denis.— Séparation de biens d'avec dame LANGLOIS, 21 nov. 66. — Branche, avoué.

DARTIES (Jacques-Lazare), tailleur, 20, r. St-Roch. — f. 18 juill. 66. — s. Heurtey.    6444
— Sép. de biens d'avec dame GRONX, 15 nov. 66. — Giry, av.

DASNOY (Pierre-Denis-Imbert), s. dom. con. — Sép. corps et biens d'avec dame DUFONTENY, 15 fév. 66.

DASTUGUE (Philippe), cordonnier, 3, boul. Poissonnière, — f. 28 juill. 66. s. Beaujeu.—Union 3 nov. 66.    6516

DAUBIGNARD ( Marie - Marguerite ) , nég., 34, r. St-Jacques. — f. 7 sept. 66. — s. Barbot.    6699

DAUDEL (Joseph), 22, r. Montrosier, à Neuilly. — Sép. de biens d'avec dame PLUS, 23 août 66.— Hardy, av.

DAUPHIN (François), effilocheur, 328, quai Jemmapes. — f. 7 sept. 66 — s. Heurtey.    6696

DAUTREVAUX, banquier, 21, r. de la Victoire. — f. 12 avril 65. — s. Moncharville. — Union 5 juin 66.    4429

DAUVERGNE (Louis-Auguste), s. dom. con. — Sép. corps et biens d'avec dame SINT, 27 nov. 66. — Guyot-Sionnet, av.

DAVANT dit DABAN, march. de vins, 38, r. Vavin. — f. 20 janv. 66. — s. Moncharville.    5682

DAVAZE (Joseph), 7, av. Montaigne. — Séparation corps et biens d'avec dame VAUDEVILLE, 23 janv. 66.— Quillet, avoué.

DAVESNE - ROBINOT ( Jean - Léon ) , m. de charbon, 143, route de Clichy. — f. 11 juill. 64. — s. Battarel. — c. 2 déc. 65.— h. 21 déc. 65.—Abandon d'actif, plus 25 p. 100 en 5 ans, du 30 juill. 67.    3239

DAVID (Gustave), fab. de chaussures, 12, r. de l'Évêque. — f. 25 nov. 65.— s. Lamoureux. — c. 16 juin 66. — h. 29 juin 66.— 25 p. 100 en 4 ans, plus 90 p. 100 sur son idemnité s'il y a lieu.    13906

DAVID (Emile), fab. de pianos, 182, boul. de la Villette. — f. 20 nov. 66. — s. Richard-Grison.    7061

DAVID (Blanche-Hilaire-Maxime), 79, r. Neuve-des-Mathurins.— 9 avril 66. — Cons. jud., M. Thomas, président de la Chambre des Notaires, 17, r. Bleue. — Marais, av.
— Mainlevée d'interdiction. — 11 nov. 66. — Chéramy, av.

DAVID (Alexandre), 16, boul. de l'Hôpital. — Sép. de biens d'avec dame GUÉRIN, 11 déc. 66. — Milliot, av.

DAVOINE fils (Marie-François), entrep. de maçonnerie, 109, r. de Montreuil. — f. 3 avril 66. — s. Sautton.    5958

DAVOINE (Pierre), ancien restaurateur, 6, r. du Hasard. — f. 12 nov. 66. — s. Dégis.    7024

DAVOUST (Dominique-Jean-Pierre), march. des quatre saisons, 4, rue d'Aligre.—Sép. corps et biens d'avec dame CHANTIER. — 7 juin 66. — Lacroix, av.

DEBARB (François), march. vins, 143, rue de Sèvres. — f. 5 sept. 65. — s. Sautton. — c. 17 mars 66. — h. 12 avril 66. — 21 p. 100 dans la huitaine de l'homolog.    5074

DEBEAUCE (Etienne), march. vins traiteur, 17, r. Magenta (Pantin).—f. 3 mai 66.—s. Dufay.—Clôt. 31 oct. 66.  6093

DEBÉTHUNE (Ermance), comestibles, 9, rue Christine. — f. 12 déc. 66. — s. Barbot. — Clôt. 29 déc. 66.  7104

DEBOOS (Clément), fab. de galoches, 92, rue d'Angoulême du Temple. — f. 6 avril 66. — s. Beaufour. — c. 20 juin 66.—h. 12 juill. 66. — 25 p. 100 en 5 ans.    5974

DEBRAY (Michel), march. vins et cafés, 16, av. du Rond-Point (Romainville). — f. 17 oct. 66. — s. Bourbon. 6894

DEBROIS (Louis-Auguste), entrepr. de démolitions, 36, r. Cler. — f. 15 déc. 66. — s. Neys.    7182

DEBRUEL (Eugène), peintures, 8, faub. Montmartre. — f. 12 mai 66. — s. Devin. — c. 13 oct. 66. — Refus d'homolog. 5 nov. 66. — Union.    6125

DECAMP (Rieul-Théodore-Emile), fab. de chaussures, 219, r. de Paris (Belleville). — faill. 16 oct. 66. — s. Devin.    6880

DÉCHARNE (Pierre), march. de vins, 157, boul. Magenta. — f. 12 juin 66. —s. Gauche.—Clôt. 30 juin 66. 6259

DE CONTES (Raoul-Alexandre), à Nice et à Paris. — Cons. jud. Chauveau, avoué à Paris. — 5 fév. 66. — Cardon, av. à Nice.

DECOSTER (Charles), loueur de forces motrices, 86, r. d'Allemagne. — f. 23 juin 58. — s. Isbert. — c. 1er oct. 58. — h. 20 oct. 58. — 40 p. 100 en 3 ans. — Résol. du c. 14 août 66. — Clôt. 19 sept. 66.—s. Normand. 15042

DECRO-BESSON, peintre, 2, rue des Rosiers (Montmartre). — Sép. corps et biens d'avec dame MAGDELAINE, 19 juin 66. — Louvel, av.

DEDDE, négoc., 26, r. Paradis-Poissonnière. — f. 7 sept. 66. — s. Henrionnet. — Clôt. 27 sept. 66.    6703

DEEMAZIERS (Etienne-Louis), 11, Petite-rue-St-Denis. — Sép. de biens d'avec dame DUPRÉ, 3 mai 66. — Prevot, av.

DEFAY (Emilien), 35, r. de Paris (Pantin). — Sép. corps et biens d'avec dame CHAMPIN, 6 déc. 65. — Chauveau, av.

DEFFORGES et Ch. FOUCAULT, bijouterie, 4, r. de Buci. — f. 4 sept. 66. — s. Normand. — c. 22 nov. 66. — h. 7 déc. 66. — 55 p. 100 en 5 ans. — Premier payement dans 15 mois du conc.    6678

DEFRANÇOIS (Jean-Léonard), grainetier, 174, boul. Magenta. — f. 26 fév. 66. — s. Copin. — Union 16 juin 66.    5816

DEGANGNE, négoc., 59, rue St-Denis (Noisy-le-Sec). — f. 23 oct. 66. — s. Hécaen. — Clôt. 27 nov. 66.    6936

DEGERT (veuve), née Boubé, nouveautés, 20, r. des Cinq-Moulins. — f. 24 avril 66. — s. Meillencourt. — c. 1er août 66. — h. 23 août 66. — 30 p. 100 en 4 ans.    6052

DEGRAIN, serrurier, 2, r. des Prêtres (Vitry-sur-Seine).—f. 15 janv. 66.— s. Barboux.    5665

DEGRELLE (Achille - Henri), 3, rue Myrrha.—Sép. corps et biens d'avec dame MESTRE, 3 avril 67. — Lévesque, av.

DEHAYNIN (Charles-Alfred), 17, rue Lepelletier. — Cons. jud. Dehaynin, 186, r. du Faub.-St-Martin, 24 oct. 66. — Giry, av.

DEHOFFMANNS, négoc., 48, avenue de Neuilly. — f. 21 juin 66. — s. Malle. — Clôt. 23 août 66.    6306

DEHOGUES (Félix-Joseph), drogueries, 58, r. du Roi-de-Sicile. — f. 31 août 66. — s. Lamoureux.    6606

DEHORTER et Comp., gér. du journal le Crédit public, 112, r. Richelieu. — f. 30 avril 58.— s. Sergent. — Union 6 déc. 66.    14892

DEHUREAU (dame), née Vérité, modes, 186, rue de Rivoli. — f. 2 déc. 65. — s. Meys. — c. 19 fév. 66. — h. 8 mars 66. — 25 p. 100 en 3 ans.    5471

DEJOIE, entrepr. de bâtiments, 116, route d'Asnières (Clichy). — faill. 12 avril 66. — s. Beaufour. — Clôt. 27 sept. 66.    6018

DEJOUX, décorateur, sans domicile connu. — f. 19 déc. 66.—s. Meillencourt.    7207

DELABARRE (veuve), née Renesson (Marie-Nicole-Clarisse), limonadière, 42, r. de Paris (Romainville). — f. 6 sept. 66. — s. Dulay.    6691

DELACOUR (dame), nourrisseur, 35, av. de Paris (Pantin). — f. 6 avril 66. — s. Meys. 5981

DELACOUR fils (Marie-Louis-Philippe-Maximin), 13, r. des Fossés-St-Victor. — Cons. jud. Ladot Christophe, av., 7, rue Jean-Lantier. — 26 avril 66. — Laden, av.

DELACROIX (demoiselle Prudence-Victoire), célibataire majeure, 20, rue Neuve-des-Petits-Champs. — Interd. 17 juill. 66. — Dromery, av.

DELACROIX (Jean-Baptiste-Vincent), 1, impasse du Paroy (Gentilly). — f. 11 août 64. — s. Bourbon. — Clôt. 36 juill. 66. 3396

DELAGUESNE (Henri), épicier, 10, rue de Reuilly. — f. 13 déc. 66. — s. Bourbon. 7168

DELAHAIS (Achille), 22, rue Malar. — Sép. corps et biens d'avec dame LAVAUX, 23 juin 66. — Quillet, av.

DELAHAYE (Amable-Céleste), épicier, 331, r. St-Denis. — f. 19 avril 66. — s. Barboux. — c. 9 juill. 66. — h. 20 juill. 66. — 20 p. 100 en 4 ans. 6011

DELAITRE (Antoine-Henri), 51, r. Fontaine-au-Roi. — faill. 30 déc. 65. — s. Malle. — Clôt. 28 fév. 66. 5609 — Séparation de biens d'avec dame PROVANDIER, 28 avril 66. — Bigot, av.

DELAPLACE (Charles-Joseph), 5, pass. Montesquieu. — Interd. Quesnel, 96, avenue des Ternes, adm., 12 juin 66. — Foussier, av.

DELAPORTE (Louis-Auguste), fleuriste, 82, r. Thévenot. — f. 20 mai 66. — s. Crampel. — c. 10 sept. 66. — h. 1er oct. 66. — 20 p. 100 en 4 années. 6191

DELAPORTE (Henri-Philippe), fab. de boutons, 17, r. des Amandiers-Popincourt. — f. 16 juill. 66. — s. Legriel. — Union 4 déc. 66. 6431

DELARGENT (Denis-Octave), limonadier, 83, boul. du Prince-Eugène. — f. 2 mai 66. — s. Meillencourt. 6083

DELARUE, gainier, 6, r. St-Anastase. — f. 28 sept. 66. — s. Heurley. 6793

DELARUE (Delphin), mercerie, bonneterie, 117, boul. Magenta. — f. 13 mars 66. — s. Beaujeu. — Union 27 juin 66. 5877

DELAS (Bertrand), march. de vins, 204, Faub.-St-Martin. — f. 23 janv. 65. s. Decagny. — Clôt. 23 juin 66. 17984

DELAUNAY (François), march. de vins, 23, r. Morand. — f. 17 nov. 65. — s. Pluzanski. — c. 16 mars 66. — homol. 21 avril 66. — 40 p. 100 en 4 années du 1er mai. 5404

DELAUNAY (Alphonse), entrep. de maç., 231, faub. St-Martin. — f. 20 déc. 65. — s. Devin. — c. 18 avril 66. — homol. 8 mai 66. — 50 p. 100 en 5 années. 5553

DELAUNAY (Louis-Marie), 12, rue de Rueil (Nanterre). — Sép. corps et biens d'avec dame DELAHAYE, 16 décembre 65. — Parmentier, av.

DELAVAL, march. de vins, 22, r. du Petit-Moine. — f. 8 juin 66. — s. Sommaire. — Clôt. 30 juin 66. 6247

DELAVIGNE (Paul-Michel), sans domicile connu. — DELAVIGNE (Paul-Arsène), 27, boul. St-Michel. — Cons. jud., 23 juin 66. — Delpon, av.

DELBART (Jules-François-Joseph), 72, r. de la Pépinière. — Sép. corps et biens d'avec dame DESAILLY, 16 juin 66. — Legrand, av.

DELBENDE (Henri-Fortuné-Joseph), confections, 108, r. Mouffetard. — f. 23 août 66. — s. Normand. — Concordat 14 nov. 66. — h. 4 déc. 66. — Ab. d'actif. 6645

DELCOURT (Justin), march. de vins, 102, r. de La Chapelle. — f. 11 janvier 65. — s. Malle. — c. 8 juin 66. — h. 28 juin 66. — Ab. d'actif. 4032

DELCROIX (Théodore-Joseph), 12, impasse du Cloys (Montmartre). — Séparation de biens d'avec dame BOEL, 30 juin 66. — Dumont, av.

DELERS ( Théophile-Joseph), épicier, 16, r. St-Etienne-Bonne-Nouvelle. — f. 21 mars 66. — s. Copin. — concordat 14 juin 66. — h. 23 juin 66. — 50 p. 100 en 5 ans. 5924

DELEZARDIÈRE (Jules-Émile-Robert-Stanislas), 2, boul. Ney. — Sép. corps et biens d'avec dame ALAVOINE, 2 juin 66. — Boucher, av.

DELHAYE (Casimir), crémier, 33 bis, r. de Dunkerque. — f. 15 mai 66. — s. Normand. — c. 11 août 66. — homol. 1er sept. 66. — 30 p. 100 en 3 ans. 6136

DELIGNE (Adolphe), charron, 8, r. du Landy (Clichy-la-Garenne). — faillite 23 nov. 65. — s. Barbot. — c. 5 février 66. — h. 22 févr. 66. — 35 pour 100 en 5 ans. 5434

DELIGNY (Lucien), DELIGNY (Marie-Louise), DELIGNY (Eugénie-Marie), 38, r. Marthe (Clichy-la-Garenne). — Interd. 7 avril 66. — Cons. jud.; Blanchon, 8, r. Biot. — Lorlat-Jacob, av.

DELION père, négociant, 39, boul. St-Germain. — f. 9 janv. 66. — s. Malle. — Clôt. 28 février 66. 5637

DELION et Cie, café et hôtel, 31, rue St-Jacques. — f. 7 sept. 66. — s. Barbot. — Clôt. 31 oct. 66. 6698

DELIRY (Henri), march. de vins, 28, r. Godefroy (Puteaux). — f. 3 novembre 66. — s. Meys. 6987

DELLUS, charbons, 1, route de Courbevoie (Asnières). — f. 31 juill. 66. — s. Sarazin. — c. 6 déc. 66. — homol. 26 déc. 66. — 10 p. 100 en 4 années. 6529

DELOIRE (Antoine), emballeur, 22, rue Lamartine. — f. 4 sept. 66. — s. Hécaen. — Clôt. 29 déc. 66. 6677

DELORIÈRE ( demoiselle A.), négociante, 15, r. Jessaint (La Chapelle). — f. 26 juin 66. — s. Sautton. — Clôture 31 août 66. 6328

DELORME (Charles), fleurs, 12, faub. St-Denis. — f. 12 mai 66. — s. Dufay. 6126

DELORT (Pierre), voiturier, 49, r. de Bercy-St-Antoine. — f. 9 mai 66. — s. Beaugé. — Clôt. 30 juill. 66. 6122

DELOURME ( Louis - Victor - Antoine), sans domicile connu. — Sép. corps et biens d'avec dame PIOËB, 3 mai 66. Boudin, av.

DELPECH, déménageur, 3, imp. Célestin (Belleville). — f. 12 juill. 66. — s. Sautton. — Clôt. 31 août 66. 6410

DELPORTE (Fidèle-Amand-Constant), limonadier, pl. du Tertre, 3, (chaus. des Martyrs).—f. 15 sept. 65.—s. Copin. — Clôt. 22 mai 66. 5132

DELPUECH (Pierre), sans domicile connu. — Sép. corps et biens d'avec dame BOUVERET, 21 déc. 65. — Dromery, av.

DELTON (Louis-Jean), photographe, 83, av. de l'Impératrice. — f. 18 décembre 66. s. Moncharville. 7194

DELVALLÉE (Louis-Joseph), march. de vins, 66, r. Poccard prol. (Levallois). — f. 7 févr. 66. — s. Quatremère. — Clôt. 28 févr. 66. 5762

DEMADIÈRES ( Horace-Adrien ), 10, boul. St-Denis. — Sép. de biens d'avec dame SCHNER, 6 mars 66. — Blachez, av.

DEMAGISTRE (Jules-Alexis), couvreur, 19, r. Chaumette (St-Denis).—f. 3 octobre 66. — s. Henrionnet. 6817

DEMANCHE (Charles-Antoine-Alexandre), 18, r. des Chariots (Vanvres). — Séparation de biens d'avec dame BILLIART, 18 déc. 66. — Henriet, av.

DEMARAIS (Alexandre), curiosités, 95, r. d'Amsterdam. — f. 7 juill. 66. — s. Beaujeu. — c. 13 oct. 66. — homol. 12 nov. 66. — 15 p. 100 en 3 années. 6376

DEMARE (Nicolas-Félix), charretier, 113, r. de la Roquette. — Sép. corps et biens d'avec dame CRIBELIER, 24 mars 66. — Derré, av.

DEMAREST (Théophile-Florentin), distillateur, 35, r. Martinval (Levallois). — f. 27 nov. 65. — s. Sautton. — Clôt. 26 févr. 66.    5441

DEMARINE (Jean-Hippolyte), boucher, 72, boul. Batignolles. — f. 19 fév. 66. — s. Beaugé.—c. 31 juill. 66. —h. 17 août 66. — Ab. d'actif.    5795

DEMARS (demoiselle Marie-Josephe), 14, rue de Paris (Aubervilliers). — Interd. 30 août 66. — Poinsot, av.

DEMEURE (Michel), r. St-Sauveur. — Séparat. corps et biens d'avec dame VIVIEN, 22 fév. 66.—Parmentier, av.

DEMICHEL (Alexandre) et LEROUSSEAU (Jean), maçons, 18, rue de la Goutte-d'Or. — faill. 23 avril 66. — s. Bourbon.    6057

DEMICHEL (Jérôme), peintre, 151, boul. Magenta.—f. 11 juill. 66.—s. Beaugé. — c. 1er oct. 66. — h. 10 oct. 66. — 30 p. 100 en 5 ans.    6403

DEMIMUID (Charles), directeur de l'office des acquéreurs, 70, r. Lafayette. — f. 29 nov. 66. — s. Copin.    7107

DEMOURY (Louis-Julien), 14, passage de l'Industrie. — Sép. corps et biens d'avec dame LANTENOY, 30 déc. 65. — Husson, av.

DÉNÉCHAUD, banquier, 55, r. Vivienne. — f. 6 août 66. — s. Trille.    6565

DENIS (Gustave), march. de vins, 232, r. St-Antoine. — faill. 26 juill. 66. — s. Barbot.—c. 5 nov. 66.—h. 30 nov. 66.— 50 p. 100 en 5 ans par dixièmes de six en six mois.    6489

DENIZOT, négoc., 5, r. de Montreuil.— f. 28 sept. 66. — s. Beaujeu. —Clôt. 31 oct. 66.    6709

DENY (Jean-Baptiste-Henry), fab. de voitures, 22, chaussée du Maine. — f. 12 sept. 66. — s. Heurtey fils. — c. 23 nov. 66.—h. 19 déc. 66. — 60 p. 100 en 7 ans, les 5 premiers payements de 8 p. 100, les 2 autres 10 p. 100; premier payement 1er déc. 67.    6721

DEPLAND jeune (Jean), loueur de voitures, 60, r. St-Nicolas-d'Antin. — f. 15 sept. 65. — s. Copin. — c. 13 déc. 65.—h. 2 janv. 66.— Ab. d'actif, plus 10 p. 100 en 5 ans.    5129

DEPOUTOT (Adolphe), maréch. ferrant, 53, Grande-Rue, à La Chapelle. — f. 1er fév. 66. — s. Beaugé. — c. 25 mai 66. — h. 11 juin 66. — Ab. d'actif, plus 15 p. 100 en 3 ans.    5728

DERASSE (Louis), sans dom. connu.— Séparat. corps et biens d'avec dame FONTAINE, 30 déc. 65. — Bertinot, avoué.

DERCHEU (Marie-Alphonse-Alexandre), sans dom. connu. — Sép. corps et biens d'avec dame HURIEU, 21 avril 66. — Chain, av.

DERCOURT (Auguste-Constant), fab. de casquettes, 79, r. de la Verrerie. — f. 19 fév. 66. — s. Meys. — Clôt. 30 avril 66.    5796

DERIEUX (Pierre-César), épiceries, 3, r. des Maçons. — faill. 5 déc. 65. — s. Hécaen. — Clôt. 23 juin 66.    5485

DERIVAUX frères (Louis et Auguste), grainetiers, 37, r. Marcadet. — f. 24 oct. 65. — s. Sommaire. — c. 17 fév. 66. — h. 16 mars 66. — 50 p. 100 en 5 ans du 1er mars.    5203

DERIVIÈRE aîné (Charles-François), lapidaire, 13, r. Portefoin. — f. 28 août 66. — s. Hécaen.    6650

DEROISEL (François), sans dom. connu. — Sép. corps et biens d'avec dame LORICHON, 14 août 66. — Boinod, avoué.

DERVILLÉ (Claire), lingère, 1, rue de Choiseul.—f. 28 mars 66.—s. Heurtey. — Union 28 juin 66.    5949

DÉSAVENNE (Frédéric), bimblotier, 50, r. Meslay. — f. 28 oct. 65. — s. Bégis. — c. 14 avril 66. — h. 28 avril 66. — 30 p. 100 comptant, plus 30 p. 100 en 5 ans.    5320

DESCAMPS (Théodore), cartonnier, 72, r. du Temple. — f. 13 oct. 65. —

s. Lamoureux. — c. 8 janv. 66. —
h. 25 janv. 66. — 10 p. 100 après
l'homologation.                     5242

DESCHAMPS (Charles), march. de vins,
r. de Billancourt. — f. 5 oct. 66. —
s. Beaujeu.                         6825

DESCOURS, commissionnaire, 37, r.
Notre-Dame-de-Nazareth.—f. 13 janv.
66. — s. Barboux. — Clôt. 29 mai
66.                                 5689

DESCUILHES, restaurateur, 144, boul.
Magenta. — f. 15 décembre 66. —
s. Beaugé.                          7189

DESEAUX et JOURDAIN frères, entrep.
de maçonnerie, 152, r. de Flandre, à
La Villette.—f. 18 sept. 66.—s. Knéringer.                             6741

DES ESSARTS (Franck), march. de
chevaux, 19, r. du Petit-Parc. —
f. 19 janv. 66. — s. Normand.  5677

DESFAMMES (Edme), entrepreneur, 14,
r. des Feuillantines. — f. 20 janv. 62.
— s. Laforest. — Union, 8 juill. 66.
                                   19469

DESFONTAINES (Charles), 11, r. Mansart. — Interd. 9 juin 66. — Malaizé,
anc. notaire, à St-Mandé, 17, avenue
du Bel-Air. — Bujon, av.

DESFRANÇOIS (Jean), 174, boul. Magenta. — Sép. corps et biens d'avec
dame LÉGER, 26 avril 66.—Warnet,
avoué.

DESHAYES (Jean-Baptiste-Philippe),
march. de vins, 26, av. Saint-Ouen.
— f. 2 nov. 66. — s. Normand. 6980

DESINGE, confections, 31, r. de Dunkerque. — f. 3 août 65. — s. Normand. — c. 5 mars 66. — h. 15 mars
66. — 35 p. 100 en 2 ans. — Emile et
François Desinge, cautions.    4927

DESINGE (dame), restaurateur, hôtel,
31, r. de Dunkerque. — f. 3 août 65.
— s. Normand. — c. 30 déc. 65. —
h. 19 janv. 66. — 20 p. 100 aussitôt
l'homologation.                   4928

DESJARDINS (veuve) (Louis-Joseph),
nouveautés, 42, faub. du Temple. —
f. 5 oct. 65. — s. Bourbon. — Union.
                                    5208

DESJARDINS (François-Michel), menuisier, 74, r. de Montreuil, à Charonne. — f. 6 sept. 66. — s. Battarel.
                                    6690

DESLANDES (Gabriel-Félix), fabricant de filets, 25, r. de Turbigo. —
f. 1e mars 66. — s. Meillencourt. —
c. 1er août 66. — h. 17 août 66. —
25 p. 100 en 5 ans.            5840

DESMET (Gustave), passementier,
39, r. Constantine, à Belleville. —
f. 23 avril 66. — s. Bégis.    6049

DESNOYERS (Louis-Étienne), apprêteur, 33, r. Grange-aux-Belles. —
f. 19 décembre 65. — s. Bourbon. —
c. 13 mars 66. — h. 3 avril 66. —
40 p. 100 en 5 ans.            5542

DESPAGNOT (Antoine), 73, r. de Javel.
—Sép. de biens d'avec dame MARTIN,
27 janv. 66. — Dumont, av.

DESPIERRES (veuve), née Amélie-
Cécile JANNIOT, relieur, 5, r. des Saints-
Pères. — f. 27 avril 66. — s. Gauche.
                                    6066

DESPIERRES, march. de vins, sans
domicile connu. — f. 1er mai 66. —
s. Meys. — Clôt. 12 juin 66.   6079

DESPIERRES, négoc., 347, r. Saint-
Martin. — f. 27 juil. 66. — s. Pinet.
— Clôt. 7 sept. 66.            6506

DESPLAND (Jules), march. de vins,
16, r. de l'Abbaye. — f. 14 oct. 65.
— s. Copin. — c. 15 janv. 66. —
20 p. 100 en 4 ans.            5250

DESPLAS (Jean), 169, r. de Charenton.
— Sép. corps et biens d'avec dame
JAGER, 7 juin 66. — Archambault-
Guyot, av.

DESPREZ (Nicolas), march. de vins, 11,
boul. Saint-Germain. — f. 27 fév. 66.
— s. Quatremère.              5821

DESPREZ - ROUVEAU, directeur de l'*Abeille catholique*, 11, r. de la Monnaie. — f. 26 août 62. — s. Beaufour. — 5 fr. 60 c. p. 100, seule répartition.                                    572

DESRIVIÈRES (Raoul), confections, 81, av. de Clichy. — f. 5 mai 65. — s. Devin. — Union 5 janv. 66.   4536

DESMENIS jeune (Charles), couleurs, 29, r. des Gravilliers. — f. 7 nov. 65. — s. Richard-Grison. — c. 10 avril 66. — h. 25 avr. 66. — Abandon d'actif, plus 2 et demi p. 100 au 1er mai 67 et 2 et demi p. 100 au 1er mai 68.  5355

DESSERRE (dame), hôtel meublé, 18, r. Soufflot. — f. 12 sept. 65. — s. Pluzanski. — c. 5 fév. 66. — h. 5 avril 66. — 20 p. 100 en 5 ans. du 1er mars.                              5163

DETHIERRY (Frédéric-Louis), épicier, à Asnières. — f. 31 oct. 65. — s. Malle. — c. 26 janv. 66. — h. 16 fév. 66. — Aband. d'actif, plus 10 p. 100 en 5 ans.                                      5325

DETOUCHE (Jean-Félix), 10, r. Picpus. — Interd. 6 juin 66. — Denis, huissier, 71. r. Montorgueil. — Petit, av.

DETOURBE (Auguste), tanneur, 13, rue Saint-Hippolyte. — f. 9 août 66. — s. Richard-Grison.             6588

DETOURBE (Auguste-Benoît), 13, rue St-Hippolyte. — Sép. de biens d'avec dame NICOU, 17 oct. 66. — Milliot, avoué.

DETRONDE, négoc., 37, r. Bénard. — f. 30 mai 65. — s. Trille. — Clôt. 26 janv. 66.                                   4633

DEUVOLFF, négoc., 41, r. Servant. — f. 23 oct. 66. — s. Normand.      6937

DEVAIRE (Denis), march. de vins, 2, r. Keller. — f. 4 août 66. — s. Lefrançois. Union, 11 déc. 66.                      6550

DEVAUCHELLE (Eugène), march. de salaisons, 53, boulev. Rochechouart. — f. 19 oct. 66. — s. Heurtey fils.  6906

DEVAUX (Louis-Amable-Joseph), tapissier, 56, r. des Écoles. — f. 20 sept. 65. — s. Gauche. — c. 14 déc. 65. — h. 3 janv. 66. — 20 0/0 en 4 ans.    5147

DEVÉRITÉ, commiss., 19, rue d'Enghien. — f. 1er fév. 66. — s. Barboux. — Clôt. 26 fév. 66.                             5735

DEVILAR (René), restaur., 28, r. de La Bruyère. — f. 28 fév. 66. — s. Sarazin. — Union, 29 juin 66.     5837

DEVILLAR, restaur., 45, r. Aumaire. — f. 6 oct. 65. — s. Beaufour. — Clôt. 30 avril 66.                             5218

DEVILLIÉ (Jean-Blaise), serrurier, 5, r. Richomme. — f. 22 nov. 66. — s. Bégis.                                         7070

DEVINAT (Adrien), épicerie et vins, 30, Gr.-R., à Bourg-la-Reine. — f. 14 avr. 66. — s. Beaujeu. — Union, 18 juillet 66.                                      6024

DEVOCHEL (François-Victor-Gustave), 30, galerie d'Orléans (Palais-Royal). — Séparation de biens d'avec dame BLONDEAU, 24 juil. 66. — Herbet, avoué.

DEVOUGES (Adolphe), épicier, 80, r. Mouffetard. — f. 29 sept. 66. — s. Barboux. — Union, 8 déc. 66.      6803

DE WOLFF, négoc., 4, r. Servan. — f. 23 oct. 65. — s. Normand. — Clôt. 26 nov. 66.                                 6937

DEYEUX (Nicolas-Théophile), fab. de creusets, 7, r. Garancière. — f. 17 janv. 63. — s. Pihan. — Union, 11 octobre 66.                              1186.

DEZÈRE (Louis-Sébastien), 22, r. Pagevin. — Sép. de corps et de biens d'avec dame COURTOIS, 23 janv. 66. — Leboucq, av.

DIACRE (Louis), négoc. en cuirs, 13, r. des Vieilles-Étuves-St-Martin. — f. 15 janv. 66. — s. Barboux. — c. 9 avril 66. — h. 19 avril 66. — Ab. d'actif, plus 5 0/0 en 5 ans, du 1er juin.      5653

DIDELET et C°, chiffons en gros, 37 *bis*, r. Montreuil.—f. 5 déc. 66.—s. Battarel. 7133

DIDIER (J.), tissus pour jupons, 5, r. des Forges.—f. 15 mars 66.—s. ***. — c. 6 nov. 66. — h. 21 nov. 66. — 25 0/0 en 5 ans. 5892

DIDION (Charles), s. dom. con. — Sép. de corps et de biens d'avec dame COUVREUR, 8 déc. 66.—Guédon, av.

DIDRIECH (Nicolas), loueur de voitures, 3, r. Ste-Eugénie (Montrouge). — f. 10 déc. 66. — s. Meillencourt. 7152

DIETHELM (Joseph), carrossier, 41, r. Esquirol. — f. 15 sept. 66. — s. Barboux.—c. 10 déc. 66.—h. 21 déc. 66. —25 0/0 en 5 ans. 6738

DIETTE (François-Joseph), 12, passage Alphant. — Sép. de corps et de biens d'avec dame BALLÉ, 30 juin 66. — Boutet, av.

DIÉVAL (Louis-Thomas), charcutier, 147, Gr.-R., à La Chapelle. — f. 26 mai 66.—s. Kneringer. 6187

DISPOT père (Germain), liquoriste, 7, r. d'Aubervilliers, à Pantin. — f. 18 déc. 66.—s. Henrionnet. 7201

DISSE, négoc., r. Lord-Byron, à St-Ouen.—f. 17 mars 65.—s. Henrionnet.—Union. 4310

DIU (Joseph), march. de vins traiteur, 176, boulev. Magenta.—f. 10 sept. 66. —s. Gauche. 6751

DIVEL (Édouard-Hippolyte), cristaux, 86, Faub.-St-Denis.—f. 13 juill. 66.— s. Barbot.—Union, 24 nov. 66. 6420

DOCKER, négoc., 39, r. de Reuilly.— f. 23 janv. 66.—s. Moncharville. 5703

DOLLEZ (Alphonse-Auguste), 24, r. des Fossés-St-Germain-l'Auxerrois. — Sép. de biens d'avec dame TAFFIN, 19 sept. 66.—Boucher, av.

DOMARTIN, négoc., 126, avenue St-Ouen. — f. 27 juil. 66. — s. Copin. — Union, 20 oct. 66. 6507

DOMERGUE, négoc., 6, r. des Carrières (Passy). — f. 12 avril 66. — s. Barbot.—Clôt. 31 mai 66. 6019

DOMINIQUE (dit Auguste GROSJEAN), 12, r. de la Victoire. — Interd. 26 déc 65. — Michel, 8, r. Louvois. — Dromery, av.

DONON (Eugène), 17, r. Thévenot. — Sép. de corps et de biens d'avec dame POUJET, 15 juil. 63.—Poisson, av.

DORNAU (Hippolyte), 18, r. Neuve-Bossuet. — Int. 17 mars 66. — Lamy, avoué.

DOROISEL (François), s. dom. con. — Sép. corps et biens d'avec dame LORICHON, 14 août 66. — Boinod, av.

DORRON (Michel), 134, boul. du Prince-Eugène. — f. 4 août 66. — s. Sommaire. 6557

DOTESIO (Charles-Brown), restaurateur, 9, r. Castiglione. — f. 14 oct. 65. — s. Bégis. — c. 11 avril 66. — h. 28 avril 66. — 5 p. 100 1er janv. 68; 2 p. 100 1er janv. 69; 2 p. 100 1er janv. 70. 1 p. 100 1er janv. 71. 5251

DOTZAUER (Jean-Georges), tonnelier, 33, r. d'Aboukir. — f. 25 juill. 66. — s. Hécaen. — c. 29 sept. 66. — h. 20 oct. 66. — 50 p. 100 en 5 ans. 6482

DOUARD, négociant, 43, r. Briquet, à La Villette.—f. 18 oct. 66. — s. Normand. — Clôt. 26 nov. 66. 6913

DOUAY fils (Gustave), march. de vins, 18, Faub.-du-Temple.—f. 20 nov. 66. — s. Copin. 7063

DOUBEVEYER (Nicolas-Paul), 21, r. Vintimille. — Int. 19 juin 66. — Maugin, av. adm., 12, r. Guénégaud. — Maugin, avoué.

DOUCET, entrepreneur de transport, 3, pl. de l'Empereur, à Levallois. — f. 25 juillet 66. — s. Le Griel.—c. 20

oct. 66. — h. 9 nov. 66. — 25 p. 100
en 5 ans, du 15 oct.                    6485

DOUDEMENT (Georges-Antoine-Benja-
min), 18, r. St-Lazare. — Int. 12 avril
66. — Bardou, not. adm., 29, r. Lepelletier. — Migeon, avoué.

DOULÉ (Auguste-Clément), boucher,
39, r. Truffaut. — Sép. corps et biens
d'avec dame BARBOT, 18 juill. 66. —
Mavré, avoué.

DOYEN (Antoine), bourrelier, 2, r. de
La Chapelle. — f. 24 nov. 65. — s.
Beaugé. — Clôt. 29 mars 66.     5426

DRAULT (Alexandre), bijoutier, 60,
boul. Sébastopol. — f. 28 nov. 65. —
s. Pinet. — c. 15 mai 66. — h. 2 juill.
66. — 10 p. 100 en 10 ans.       5454

DRAULT (Alexandre), 39, r. Billancourt,
(Boulogne). — Sép. corps et biens
d'avec dame KUDEAU, 20 fév. 66. —
Bertinot, avoué.

DRÉE (de), négociant, s. dom. con. —
f. 31 juill. 66. — s. Normand. — Clôt.
31 août 66.                      6330

DREUX (Auguste), cour Visconti, au
Louvre. — Sép. corps et biens d'avec
dame MARESSE, 28 déc. 65. — Lortat,
avoué.

DREVEL, boucher, 65, boul. de Strasbourg. — f. 2 nov. 65. — s. Richard.
— Union, 10 mai 66.             5336

DREVET fils, PEYRET et Cie, fab. de
plâtre, 135, r. d'Allemagne. — f. 12
déc. 65. — s. Bourbon. — c. 1er déc.
66. — h. 21 déc. 66. — 50 p. 100 en
8 ans. — Jugement annullant la faillite à l'égard de PEYRET, 8 mars 66.
                                 5520

DREVET (Charles), hôtel meublé, 98,
r. de Cléry. — f. 19 sept. 66. — s.
Hécaen.                          6750

DREYFUS (Salomon), colporteur, 82, r.
de Turenne. — f. 25 janv. 66. — s.
Quatremère.                      5704

DREYFUS (Samuel), 27, r. de la Lune.
— Sép. de biens d'avec dame WEIL,
14 avril 66. — Maugin, avoué.

DRIENCOURT père, charbons, 106, r.
Marcadet. — f. 27 nov. 66. — s.
Bégis.                           7102

DROUAILLET, négociant, 34, r. Richelieu. — f. 22 juin 66. — s. Sautton.
— Clôt. 31 août 66.             6313

DROUHIN (Jean-Marie-Sargines), mar-
chand de vins, 5, r. des Bœufs (Petit-
Bry). — f. 30 mai 66. — s. Meys. —
Union, 23 sept. 66.             6209

DROUILLETTE (Louis), entrepr. de bâtiments, 6, r. Lévêque. — f. 21 décembre 66. — s. Dufay.          7214

DROZ (Jean-Gustave-Valsie), 35, rue
Godot-de-Mauroy. — Sép. de biens
d'avec dame CAHAGNE, 4 déc. 66.
— Delorme, av.

DRUET (Amédée-Spire-Alexandre), sans
dom. connu. — Sép. corps et biens
d'avec dame BRÉARD-LALANDE,
5 avril 66. — Migeon, av.

DRUMEL (Clément-François-Aimé),
15, r. Muller. — Sép. de biens d'a-
vec dame BOUTARD, 12 avril 66.
— Labbé, av.

DRUNET (Fortuné), Voir DURAND-RO-
DRIGUES.                         6806

DUBAIL (Félix-Marie), fabr. de becs de
lampes, 70, r. d'Angoulème du Temple. — f. 6 juin 66. — s. Devin.  6237

DUBARD (Adolphe), 20, av. St-Charles.
— Sép. corps et biens d'avec dame
ERNESSE, 12 déc. 65. — Bonnel
de Longchamp, av.

DUBLANCHIS (François-Alphonse),
quincaillier, 5, r. de l'Église (Batignolles). — f. 30 juin 66. — s. Moncharville. — c. 24 sept. 66. — homol. 12 oct. 66. — 25 p. 100 en 8 ans
du 30 juin.                      6349
— Sép. de biens d'avec dame LEDEZ,
le 28 août 66. — Delacourtie, av.

DUBOIS, fabr. de casquettes, 11, rue
Ne-St-Merri. — f. 25 avril 65. —
s. Copin. — c. 27 août 66. — homol. 18 sept. 66. — 30 p. 100 en
6 ans.                           4482

DUBOIS (Augustin-Victor), serrurier, 25, r. des Sablons, à Courbevoie. — f. 6 févr. 66. — s. Barboux. — Union 13 juin 66.                  5752

DUBOIS (Eugène-François), teinturier, 21, r. des Dames. — f. 7 août 66. — s. Lamoureux. — Clôt. 31 oct. 66.                  6566

DUBOIS aîné (Alphonse), négoc. en tissus, 59, Grande-Rue à Batignolles. — f. 18 sept. 66. — s. Gauche. 6752

DUBOIS jeune et DESROSIERS, nouveautés, 8, boul. Sébastopol. — faillite 10 sept. 62. — s. Battarel. — Union.                  663

DUBOIS (Alphonse), typographe), 9, rue d'Anjou Dauphine. — Sép. corps et biens d'avec dame GUILLAUME, 23 juin 66. — Desgranges, av.

DUBOIS DE LAVIGERIE, successeur de la Cⁱᵉ universelle des Vosges, 44, rue Le Pelletier. — f. 22 juin 66. — syndic, Bégis.                  6314

DUBOIS (Désiré-Sulpice), porteur aux halles. — Sép. corps et biens d'avec dame MOLVAULT, 15 nov. 66. — Guyot-Sionnet, av.

DUBOIS (Charles-Adolphe), à Gennevilliers. — Sép. de biens d'avec dame TROUVAIN, 15 mai 66. — Herbet, av.

DUBOST (François-Désiré), marchand de vins, 3, r. St-Sauveur. — faillite 7 sept. 65. — s. Meys. — Union, 2 février 66.                  5087

DUBOURJAL, plombier, 2, r. de Joinville. — f. 18 oct. 66. — s. Heurtey. — Clôt. 30 nov. 66.                  6904

DUBRANA (Émile-Pierre), 27, rue des Deux-Portes-St-Sauveur. — Sép. corps et biens d'avec dame DEVOS, 12 décembre 65. — Lerat, av.

DUBUISSON, négociant, route de la Révolte. — f. 10 août 66. — s. Meys. — Clôt. 20 sept. 66.                  6599

DUC-PITHIOD (Henri), loueur de voitures, 18, r. Lubeck. — f. 2 oct. 66. — s. Devin.                  6813

DUCARDONNET, négociant, 16, r. de Berlin. — f. 5 oct. 66. — s. Beaugé. Clôt. 30 nov. 66.                  6832

DUCASSE (Joseph), fabr. de jalousies, 19 bis, boul. d'Ivry. — f. 20 nov. 66. — s. Lefrançois.                  7062

DUCELLIER père, négociant, 12, impasse Basses-Vignolles (Charonne). — f. 23 mars 66. — s. Malle. — Clôture 20 avril 66.                  5034

DUCESSOIS (Théodore-Félix), 6, rue Bonaparte. — Sép. de biens d'avec dame RICHOMME, 13 févr. 66. — Dusart, av.

DUCHEMIN (Félix-Narcisse), 18, r. de l'Hôtel-de-Ville, à Vincennes. — Sép. de biens d'avec dame FAUTREL, 5 juin 66. — Guibet, av.

DUCHEMIN (Claude), 106, r. de Flandre. — Sép. de biens d'avec dame ROCHUT, 6 janv. 66. — Trodoux, av.

DUCHESNE (Louis-Denis), menuisier, 88, r. Lévis, à Batignolles). — faillite 11 juill. 66. — s. Richard Grison.                  6404

DUCOS demoiselle (Caroline), maison meublée, 9, r. de l'Oratoire du Roule. — f. 24 sept. 66. — s. Gauche.  6777

DUCREY (Antoine), mercier, 2, rue de Bagnolet. — f. 7 mars 66. — s. Beaujeu. — Clôt. 24 mai 66.                  5862

DUCROT (Eugène), restaurateur, 21, quai de Charenton. — f. 30 janv. 66. s. Bourbon. — c. 4 juin 66. — homolog. 15 juin 66. — 25 p. 100 en cinq ans.                  5713

DUCROT (François-Victor), chaussures, 56, r. de Paris, à Clichy-la-Garenne. — f. 2 mai 66. — s. Pinet. — Union 21 août 66.                  6084

DUCROZ (Pierre), dépôt des petites voitures, bar. des Deux-Moulins. — Sép. corps et biens d'avec dame MARTIN, 27 févr. 66. — Boucher, av.

DUFAY (Alphonse-Jacques), tailleur, 10, r. Cadet. — Sép. de corps et de biens d'avec dame MITAINE, 6 déc. 66.—Weill, av.

DUFFAUD (Louis) comm're, 139, boulev. du Prince-Eugène.— f. 14 déc. 66.— s. Pinet.                                        7177

DUFFOURC(J.)etMONVOISIN,lingerie, 6, cité du Vaux-Hall. — f. 27 oct. 66. —s. Devin.                                      6956

DUFOUR (Joseph-Ferdinand), bazar, 8, boulev. St-Michel. — f. 8 mai 66. — s. Knéringer.—Clôt. 25 août 66.   6110

DUFOUR (Bertrand), grillageur, 28, r. Popincourt.—f. 17 déc. 66.—s. Henrionnet.                                       7191

DUFOUR (Frédéric-Auguste), à Ivry-s.-Seine.—Sép. de corps et de biens d'avec dame LAMBERT, 16 juin 66. —Pinard, av.

DUFOURCQ aîné, march. de vins, 186, Faub.-St-Denis. — f. 13 mai 62. — s. Normand.—C. 7 janv. 63.—Jugement annull. le conc., 20 nov. 66.          65

DUGARDIN, agent d'affaires, 22, r. de la Régence.—f. 21 mai 63.—s. Pinet. Union, 1863. — Sép. de biens d'avec dame LUZARDI, 12 mai 66. — Parmentier, av.

DUGENAIT (Louis-Zéphir), 22, r. Bénard, à Batignolles. — Sép. de biens d'avec dame MAROT, 19 oct. 66.— Robert, av.

DUGUÉ, négoc., marché du Château-d'Eau.—f. 17 avril 66.—s. Dufay.— Clôt. 30 juin 66.                          6037

DUGUÉ (Léon-Antoine), limonadier, 6, boulev. Poissonnière.—f. 21 août 66. —s. Sautton.—C. 13 nov. 66. — h. 30 nov. 66. — 20 p. 100 un mois après l'homolog.                                6627

DUHAMEL (Antoine-Émile), 8, r. du Cloître-St-Jacques. — Sép. de biens d'avec dame DUFOUR, 6 fév. 66.— Duval, av.

DUHAN (Alfred-Aimé), s. dom. con. — Sép. de corps et de biens d'avec dame LEDANNOIS, 20 déc. 66. — Quillet, av.

DUHAYON (Louis-Charles-Henri), tapissier, 4, r. Ste-Cécile.—f. 13 mars 66.—s. Copin.—C. 6 juin 66. — h. 21 juin 66. — 25 p. 100 payables : 5 p. 100 dans la huitaine de l'homolog. et 20 p. 100 en 4 ans.                        5878

DULIN, appareils médicaux, 33, r. Soffroy prolongée (Batignolles). — f. 7 août 66.—s. Sarazin. —Clôt. 18 sept. 1866.                                      6575

DUMARD (Pierre-François), 20, r. de Sèvres. —Sép. de biens d'avec dame GFELLER, 20 déc. 65.—Delpon, av.

DUMASFAURE (Charles-Aimé), maçon, 22 bis, r. des Écluses-St-Martin. —f. 14 déc. 66.—s. Normand.   7176

DUMÉNY (Auguste), tailleur, 131, boul. Sébastopol. — f. 1er août 66. — s. Lamoureux.                                  6535

DUMESNIL (Charles-Fidèle), 72, r. de la Tombe-Issoire. — Sép. de corps et biens d'avec dame FILLASTRE, 11 janv. 66.—Kieffer, av.

DUMONT (Eugène-Désiré), libraire et cartonnier, 20, r. d'Enghien. — f. 8 mars 66. — s. Barboux. — Clôt. 30 avril 66.                                  5851

DUMONT et Ce, march. vins, 67, rue Ste-Anne.—f. 19 mai 66.—s. Beaujeu. — Clôt. 28 juin 66.                6157

DUMONT (Jules), fab. de cadres, 15, r. de Rambuteau. — f. 22 mai 66. — s. Dufay.—Clôt. 31 août 66.          6159

DUMONT (Benoît), libraire, 3, r. Mazarine. — f. 27 juillet 66.—s. Barbot.— c. 18 oct. 66.— h. 14 nov. 66.— 10 p. 100 6 mois après l'homol., 10 p. 100 un an après.                            6409

DUMONT (Pierre-Auguste), mercier, 36, r. Culture-Ste-Catherine. — f. 21 déc. 66. — s. Henrionnet.      7213

DUMONT (Alfred-Edmond-Joseph), 231, r. du Faub.-St-Martin.—Sép. de biens d'avec dame CORNU, 27 déc. 66. — Huet, av.

DUMONT (Jules-Ferdinand), 8, route de Courbevoie à Asnières. — Sép. de biens d'avec dame LECOINTE, 27 oct. 66.—Leboucq, av.

DUMUSSY-PALLIX (Benoît), lingerie, 35, boulev. Sébastopol.—f. 4 mai 66. —s. Richard-Grison.     6102

DUPAQUIER (Louis-Xavier-Benjamin), 28, r. de Grammont. — Sép. de corps et biens d'avec dame BARBIER, 30 août 66.—Henriet, av.

DUPERRÉ (Pierre-André-Alphonse), teinturier, 78, r. de Flandres.—f. 3 avril 66. — s. Normand. — c. 23 juin 66.—h. 13 juill. 66—le tout en 10 ans par dixièmes.—1er payement 18 mois après l'hom.     5959

DUPLAIS et Ce, négoc., 14, boulev. Montmartre.—f. 5 oct. 65.—s. Copin. —Union.     5212

DUPLAN (Henri), 125, r. du Cherche-Midi. — Sép. de biens d'avec dame VARANNE, 22 nov. 66.—Pérard, av.

DUPLAND (Jean-François-Dominique), 32, r. de Bondy. — Sép. de biens d'avec dame VARSEVELD, 20 sept. 66.—Langeron, av.

DUPLESSIS (Jean), 28, r. du Chevaleret. — Sép. de biens d'avec dame SIMONDET, 31 juill. 66. — Plassard, avoué.

DUPONT (Dee) (Jean-Baptiste-Henri), 104, r. Popincourt.—f. 3 fév. 65.—s. Beaufour.—6,63 p. 100 unique répartition, 5 janv. 66.     5086

DUPONT (Honoré-Guillaume), entrepr. de charpente,10, Gr.-R.St-Paul (Issy). — f. 25 janv. 66. — s. Normand. — Union 28 oct. 66.     5696

DUPONT (Jean-François), ancien limonadier, 22, r. de la Verrerie. — f. 2 nov. 66. — s. Beaufour. — Clôt. 22

avril 61. — Jugement du 21 mars 66, rapportant celui du 22 avril 61, qui clôturait faute d'actif.     17693

DUPONT, négociant, 33, r. de Choisy. — f. 17 mars 66.—s. Dufay. — Clôt. 30 avril 66.     5909

DUPONT, négociant, 237, b. du Prince-Eugène. — f. 29 mai 66. — s. Richard-Grison. — Clôt. 25 juin 66.     6203

DUPONT (Eugène-Edouard), épicier, 236,Gr.-R. de Vaugirard. — f. 8 déc. 66. — s. Normand.     7148

DUPONT (Guillaume-Honoré), à Issy-sur-Seine. — Sép. de biens d'avec dame MAURY, 20 mars 66.—Levaux, avoué.

DUPONT (Pierre-Louis-Victor), 14, chaussée du Maine. — Sép. corps et biens d'avec dame TIREL, 27 nov. 66. — Levaux, av.

DUPRAY DE LA MAHÉRIE (Paul-Valentin), imprimeur-libraire, 26, boul. Bonne-Nouvelle. — f. 14 juin 66. — s. Moncharville. — Union 22 nov. 66.     6269
—Sép. de biens d'avec dame MARNEUR-DUHEAUME, 14 août 66. — Cesselin, avoué.

DUPRÉ fils (Pierre-François-Frédéric), march. de vins traiteur, 4, r. de l'Église à Montreuil-sous-Bois. — f. 6 mars 66. — s. Barboux. — c. 19 mai 66. — h. 30 mai 66. — 25 p. 100 en 5 ans du 1er mai.     5870

DUPRIEZ(Charles-Achille), fabricant de meubles, 43, r. Traversière-St-Antoine. — f. 30 mai 66. — s. Quatremère. — c. 11 sept. 66. — h. 27 sept. 66. — 25 p. 100 en 5 ans du 1er janv. 67.     6210

DUPUIS (Charles-Denis-Victor), limonadier, 47, r. d'Angoulème-du-Temple. — f. 9 mars 66. — s. Malle. — Clôt. 30 avril 66.     5869

DUPUIS (François), charpentier, 4, r. Devilliers (Neuilly). — f. 23 sept. 65. — s. Pluzanski. — c. 16 fév. 66. — h. 6 mars 66. —25 p. 100 en 5 ans.     5162

DUPUY (Pierre), hôtel et march. de vins traiteur. — 216. boul. de La Villette. — f. 26 fév. 66. — s. Dufay. — c. 28 juin 66. — h. 24 juill. 66. — Ab. d'actif plus 5 p. 100 en 5 ans.    5815

DUPUY (Pierre), march. de vins. —38, r. de la Goutte-d'Or.—Sép. de corps et de biens d'avec dame POIRIER, 28 août 66.—Robineau, av.

DUQUENNE (Louis), ébéniste, 30, r. Traversière-St-Antoine. — f. 30 sept. 65.—s. Malle.—c. 12 fév. 66. — h. 3 mars 66.—55 p. 100 en 5 ans.    5189

DURAND (Joseph), nég. en tulles, 129, Gr.-R. (Prés-St-Gervais).—f. 15 janv. 63.—s. Hécaen.—c. 2 mai 63.—résolution de conc. 25 mai 66. — Clôt. 25 juin 66.    1168

DURAND, épurateur d'huiles à Bourg-la-Reine.—f. 9 fév. 66. — s. Sautton. —c. 14 mai 66.—h. 14 mai 66.—paye le tout en 11 ans par dixièmes. — 1er payement dans 2 ans de l'hom.  5765

DURAND (dlle Anaïs), couturière, 35, boul. Bonne-Nouvelle.—f. 5 avril 66. — s. Legriel. — c. 2 juill. 66. —h. 12 juill. 66. — 25 p. 100 en 5 ans.    5070

DURAND (dlle Sophie-Augustine), marchande à la toilette, 22, r. du Roi-de-Sicile.—f. 7 avril 66.—s. Dufay. 5983

DURAND et COMBES, en liquidation, 20, r. Durantin.—f. 10 avril 66. — s. Devin.—c. 31 oct. 66.—h. 26 nov. 66. —Ab. d'actif, plus 6 p. 100 en 3 ans.    5999

DURAND (Gustave), blanchisseur, 5, r. du Chemin-de-Fer (Puteaux).—f. 14 mai 66.—s. Quatremère.    6132

DURAND (Jacques), appareilleur à gaz, 111, r. St-Antoine.—f. 15 juin 66. — s. Barbonx.—Clôt. 31 août 66.    6276

DURAND-RODRIGUES, négoc., 40, r. Paradis-Poissonnière.—f. 29 sept. 66. —s. Meys.    6806

DURAND (Philibert), 4, r. du Roi-de-Sicile. — Sép. de corps et biens d'avec dame BACHET.—28 avril 66.—Prévot, av.

DURANDAL (Louis-Henri), plombier, 50, r. Houdan (Sceaux). — f. 20 mars 66.—s. Dufay.    5915

DURET et SOMEN, en liquidation, marchand de cuirs. 24, r. Neuve-St-Merri. — f. 25 janv. 66.—s. Copin.— Union 19 avril 66.    5695

DURIOl. (Paul-François-Joseph), fab. de filets, 45, r. Rambuteau. — f. 13 oct. 66.—s. Beaufour.    6873

DURIX (Jacques), fabr. de casquettes, 19, r. des Juifs. — f. 20 oct. 65. — s. Malle.—c. 2 janv. 66.—h. 15 fév. 66. —20 p. 100 en 5 ans du 15 janv. 5284

DUROLLET (Jean), briquetier, 25, rue Grange-aux-Belles. — f. 17 oct. 65. — s. Gauche. — c. 15 sept. 65. — h. 11 oct. 66.—5 p. 100 dans le mois de l'homolog.,et 25 p.100 dans 5 ans. 5268 — 17 fév. 66, séparé de biens d'avec dame POIRIER.— Estienne, av.

DURVAL (dame Veuve), négociante, 5, r. des Rosiers (La Chapelle). — f. 14 avril 66. — s. Begis. — 30 avril 66. — Clot. p. insuf.

DUSSAUSE (Jean-François), 18, r. du Delta. — Sép. de corps et de biens, d'avec dame LUTZ, 6 mars 66.—Lesage, av.

DUSSAUT (Charles), vins-traiteur, 1, r. Héricart (Grenelle). — f. 30 déc. 65. — s. Pluzanski.    5608

DUTEURTRE - DUMANOIR ( Alfred ) droguiste, 20, r. du Plâtre. — f. 17 juin 65. — s. Crampel. — 28 juillet 66. Union.    4716

DUTOT (Jérôme) et Cie, fonderie de cloches, 15, r. des Quatre-Jardiniers. — f. 23 déc. 66. — s. Devin.    7728

DUTRESOR (Charles), boucher, 5, r. de Douai.—f. 25 août 65.— s. Copin. — c. 8 janv. 66.— h. 27 janv. 66. Abandon d'actif, plus 10 p. 100 en 5 ans.

DUTREUIL (Pierre - Françs), 96, r. de Meaux. — 20 mars 66, sép. de biens d'avec dame CECILE—Levesque, av.

DUTU (Henri-Alfred), plomberie, 103, rue des Amandiers (20ᵉ arrondissement). — f. 27 déc. 66. — s. Devin. 7234

DUVAL (Auguste-Lucien), épicier, au Pré-Saint-Gervais. — f. 30 sept. 65. — s. Hécaen. — 27 sept. 66. Union. 6188

DUVAL (Jules), épicier, 20, rue de l'Hôtel-de-Ville (Vincennes). — f. 31 oct. 65. — s. Bégis. — 29 janv. 66, clot. p. insuf. 5326

DUVAL (François), chaussures, 4, r. Saint-Ferdinand (Ternes).—f. 1ᵉʳ février 1866. — s. Pinet. 5729

DUVAL, négociant, 49, r. de Charonne. — f. 20 mars 1866. — s. Normand. — 30 déc. 66. Union. 5921

DUVAL (Wilfrid), Concert du 19ᵉ siècle, 14, bᵈ Strasbourg.— f. 22 juin 1866. — s. Lamoureux. 6309

DUVAL-GUYARD (Vᵉ Pierre), 39 bis, r. Fontaine-Molière. — 15 nov. 66, interdiction. — Derre, av.

DUVAL (Pierre-Alexandre-Désiré), 73, r. du Chemin-de-Fer (Nanterre). — 2 déc. 65, sép. de corps et de biens d'avec dame JOUVIN. — Boudin, av.

DUVEAU (Émile-Augtᵉ), 14, faubourg St-Martin.—17 mars 66, sép. de biens d'avec dame DELAPORTE. — Blachez, av.

DUVELLEROY (Dame), bouchère, 1, r. Volta. — f. 4 décembre 1866. — s. Lamoureux. 7126.

DUVERGER (Pierre-Ambroise), 130, faubourg Saint-Denis. — 4 déc. 66, sép. de biens d'avec dame LEMAR-QUAND. — Nicquevert, av.

DUVESSE (Noël-Prudent), 63, rue de Lancry. — 1ᵉʳ février 1866, sép. de corps et de biens d'avec dame MENCHE. — Sibire, av.

DUVET jeune (Edmond-Auguste), grainetier, 20, r. d'Italie. — f. 28 sept. 65. — s. Chevallier. — 23 oct. 66, Union. 3591

DUVIVIER, restauratᵗ, 87 bis, av. de Labourdonnaye. — f. 30 novembre 1866. — s. Lamoureux. 7113

DUVOCHEL (François-Victor-Gustave), 30, galerie d'Orléans (Palais-Royal). —Séparation de biens d'avec dame BLONDEAU, 24 juil. 66.—Herbet, av.

DUYSTERS (Gustave), négoc., s. dom. con.—f. 7 août 66. — s. Pluzanski.— Clôt. 20 sept. 66. 6574

DUZELLIER (Claude), march. de vins, 1, r. des Fossés-St-Germain-l'Auxerrois.—f. 2 sept. 62.—s. Heurtey.—c. 21 nov. 62.—h. 8 déc. 62.—50 p. 100 en 5 ans. — Dame Duzellier caution. —Clôt. 31 juill. 66. 604

# E

ECKERSDORFF (Henri et Alexandre). (Voir Alexandre ECKERSDORFF et Cᵉ).

ÉDELINE (Marc-François), 11 et 13, r. Serpente. — Interd. 28 août 66. — Cons. jud. M. Ollivier, greffier au trib. civil de la Seine, r. des Fossés-Saint-Germain-l'Auxerrois, 21. — Dumont, av.

ÉDINGER (Édouard), marchand de rubans, 23, rue des Filles-du-Calvaire. — f. 24 novembre 66. — s. Beaufour. 7092

EICHINGER (Jean-Georges), march. de vins traiteur et hôtel, 12, r. de la Huchette.— f. 29 mars 66. — s. Bégis. 5955

EILERSGAARD, dit Maonus, march. tailleur, 69, r. Neuve-des-Petits-Champs. — f. 16 nov. 66. — s. Knéringer.      7043

EINHORN (Louis), march. de vins, 184, r. Marcadet. — f. 18 octobre 66. — s. Hourley fils.      6900

ÉLIAS et Cⁱ (Aron), confections, 11, r. Bourbon-Villeneuve. — f. 2 nov. 65. s. Copin. — Union 5 fév. 66.    5335
— Sép. de biens d'avec dame LÉVY (Fanny), 2 janv. 66. — Branche, av.

ÉLIOT (Claude), dit Gabriel Éliot, march. de bois, 57 et 61, r. de Grenelle. — f. 18 avril 65. — s. Richard-Grison. — Union.      4451
— Sép. de biens d'avec dame BOURET, 20 mars 66. — Coche, av.

EMMANUEL (Arthur), employé, 4, boul. St-Martin, puis sans domicile connu. — Interd; 7 juill. 66. — Cons. jud. M. Lazare Lambert, rentier, 29, r. Lamartine. — Émile Weill, av.

ÉMOND (Émile-Edme), 14, r. du Petit-Carreau.—Sép. de biens d'avec dame BOURASSET, 17 juill. 66. — Boutet, avoué.

ERRARD (Joseph-Alphonse), march. de bouillon, 3, r. des Dames. — f. 9 juill. 66. — Rapport de ce jugement 18 septembre 66.      6383

ESCATAFAL (Pierre), négoc., 40, r. de Lancry. — f. 14 juill. 66. — s. Trille.      6420
— Séparation de biens d'avec dame ARMAND, 15 déc. 66. — Debladis, avoué.

ESCOFFIER (Joseph - Gilles), bonneterie, 49, de Rivoli. — f. 20 août 66. — s. Moncharville. — c. 3 nov.

66. — h. 19 nov. 66. — 35 p. 100 en 5 ans.      6624

ESPION frères, négoc., 30, r. Bénard. f. 22 août 66. — s. Copin. — c. 30 oct. 66. — h. 12 nov. 66. — 25 p. 100 en 5 ans.      6631

ESSARTS (DES) (François), 5, r. Vernier. — Sép. de biens d'avec dame L'HODIESNIÈRE, 12 avril 66. — Blachez, av.

ESTAMPE (Jean), maitre carrier, à Vitry. — f. 5 oct. 66. — s. Dégis.   6833

ESTIENNE et Cⁱ, 8, r. Faub.-Poissonnière, à Paris; 116, r. de Paradis, à Marseille, et à Rio-de-Janeiro, composée de : 1° ESTIENNE (Albert); 2° ESTIENNE (Ernest); 3° ROYER (Jean).—f. 19 déc. 65. — s. Pluzanski. — Jug. du 24 fév. 66, qui reporte la cessation de payement au 15 janv. 65.      5343

ESTOUP, march. tailleur, 20, avenue Lamothe-Piquet. — f. 14 juill. 66. — s. Knéringer. — c. 5 nov. 66. — h. 29 nov. 66. — Payement du tout en 10 ans.      6425

ÉTHERINGTON (Henry), chaussures, 19, r. Maujolin, à Levallois.—f. 26 mai 66. — s. Beaujeu.      6188

ÉTIENNE (Pierre-François), march. de vins traiteur, 45, r. Pigalle, et 66, r. St-André-des-Arts. — f. 10 août 66. s. Richard-Grison.      6593

EUDE (Arsène-Casimir), 2, r. de Metz. Séparation corps et biens d'avec dame CAMELOT, 19 avril 66. — Motheron, avoué.

ÉVRARD fils (Emmanuel-Lucien), entrepr. de menuiserie, 3, r. de Saintonge, et 2 bis, r. des Allouettes, à Belleville. — f. 31 mai 66. — s. Lefrançois. — Union 10 déc. 66.   6215

# F

FACQ (Jules-Hippolyte), chaussures, 6, r. du Faub.-St-Denis.—f. 1er déc. 65.— s. Barbot.—c. 17 fév. 66.— h. 9 mars 66.—25 p. 100 en 5 ans.    5464

FAIPOUX, 3, r. de la Croix-Rouge (Picpus).— Sép. de corps et de biens d'avec dame TADIER, 30 août 66.— Gignoux, av.

FAIROUELLE (Eugène-Edme-Raould), hôtel, 60, r. Montmartre.— f. 1er août 65.—s. Hécaen.—Union.    5008

FALCOU (Achille), agent d'affaires, 13, r. Tronchet. — f. 1er juin 66. — s. Beaufour.    6124

FALET (Gilbert-Jean), 56, r. de Javel. f. 7 déc. 66.—ouv. prov. 20 nov. 66. s. Sarazin.    7143

FANCHON (François-Eugène), table d'hôte, 40, r. de Grenelle St-Honoré. —f. 4 août 65.— s. Saulton. —c. 10 nov. 65.— h. 4 janv. 66. — Abandon d'actif et ob. de parfaire 60 p. 100 en 3 ans.    4934

FANDARD et Ce (Théophile-Bernard), fab. de bronze, 10, ruelle Pelée. — f. 29 sept. 65.—s. Moncharville.—c. 24 fév. 66. — h. 9 mars 66. — Abandon d'actif.    5180

FARGEIX, carrier à Vitry. — f. 5 oct. 66.—s. Bégis.    6834

FARGET (Antoine), 15, r. des Jardins-St-Paul.—Sép. de biens d'avec dame MAUMENET, 12 juin 66.—St-Amand, avoué.

FARINET (Jean-Baptiste), 3, r. de Périgueux.—Sép. de biens d'avec dame VATTEPAIN, 7 juin 66.—Roche, av.

FATEN (Nicolas), négoc. en charbons, 15, r. des Récollets.—f. 14 juin 66.— s. Lamoureux.    6270

FAUCHEUX (Pierre-Auguste), fruitier, route de Champigny à la Varenne.— f. 16 fév. 66. — s. Sarazin. Union 24 juin 66.    5789

FAUCON (ve de Jules-César), née Pauline AROND, chaussures, 73, avenue de Clichy. — f. 24 juillet 66. — s. Crampel.    6471

FAURE (Paul), pharmacien, 4, r. de Villiers.—f. 26 juin 66.—s. Moncharville.    6324

FAURE (Marcellin), 4, r. du Chaume et s. dom. con. — Sép. de corps et de biens d'avec dame GAILLOIS, 17 mai 66.—Mouillefarine, av.

FAURE DE MONTGINOT, agent d'affaires, 79, boul. du Prince-Eugène. —f. 28 déc. 66. — ouv. prov. 14 déc. 66.—s. Lefrançois.    7254

FAURE (Louis-François), 99, r. Oberkampf. — Sép. de biens d'avec dame BOULAT, 13 janv. 66.—Dupont, av.

FAURILLOU, 11, r. Cadet. — Sép. de corps et de biens d'avec dame VILLEMEUNENS, 15 nov. 66.—Laden, avoué.

FAUVEAU (Louis-Pierre), tapissier, 71, r. du Château-d'Eau.—f. 18 sept. 66. s. Bourbon.    6744

FAVARD, négoc., 70, boul. de Strasbourg.—f. 2 déc. 65. — s. Sommaire. —c. 9 nov. 66. — Refus d'homolog. 7 déc. 66.—Union.—3,89 p. 100. 5479

FAVRE (Christin), loueur de voitures, 16, avenue de St-Ouen. — f. 3 nov. 66.—s. Pinet.    6991

FAVREAU (Adolphe), crémier, r. St-Honoré.—f. 15 mars 66.—s. Gauche.    5893

FAY (Alexis), chemisier, 77, r. Notre-Dame-de-Nazareth.— f. 4 janv. 66.— s. Lamoureux.—c. 13 avril 66.—h. 28 avril 66.—20 p. 100 en 4 ans.    5702

FEHRER (Pierre), gainier, 6, r. du Ponceau. — f. 28 juillet 65. — s. Lamoureux.—c. 20 déc. 65.—h. 16 janv. 66.—25 p. 100 en 5 ans.    19953

FÉLIX (Louis), march. d'habits, 45, r. du Four-St-Germain.—f. 5 déc. 65. — s. Normand.—Union.    5491

FÉLIX, rôtisseur, 18, avenue Victoria et s. dom. con. — f. 19 juin 66. — s. Meillencourt.—Clôt. 30 juil. 66. 6293

FELS, négoc., 57, r. Montorgueil. — f. 7 août 66.—s. Lamoureux.—Clôt. 29 sept. 66.    6576

FELSZ et WALCH, tailleurs, 9, r. Rougemont. — f. 5 déc. 65. — s. Heurtey fils.—Union 27 juin 66.    5486

FÉRAND (Joseph), march. vins traiteur, 111, r. des Poissonniers. — f. 9 juin 66.—s. Legriel.—c. 15 sept. 66.—h. 8 oct. 66.—30 p. 100 en 5 ans.   6248

PÉRET (Louis-Jules-Sénateur), 12, rue de la Cerisaie. — Sép. de biens d'avec dame BAINÉE, 23 janv. 66. — Beaumelon, av.

FERNBACH (Louis-Léon). — Interdiction, 10 mars 66. — Adm. prov. dame RACINE (Julie-Victorine), 8, rue de la Chaussée-d'Antin. — Corpet, av.

FERRARI (Charles), 16, r. Cuvier. — Sép. de corps et biens d'avec dame TARAGON, 13 fév. 66.—Levaux, av.

FERRAULT, cuirs, 26, ch. Clignancourt. — f. 20 nov. 66. — Ouv. prov. 31 oct. 66. — s. Lamoureux. — Clôture 29 déc. 66.    7114

FERRÉOL (Amédée), nouveautés, 65, r. du Faub.-du-Temple. — faillite 31 mai 64. — Clôt. 28 juin 64. — Rapport de ce jugement 28 févr. 66. s. Pinet. — Union 27 déc. 60.   3079

FERRERO et BIZOT, limonadier, 14, boul. Poissonnière.—f. 18 août 65. — s. Quatremère. — c. 12 janv. 66. — h. 6 févr. 66. — 5 p. 100 en cinq ans.    5004

FÈVRE (D.), 398, r. St-Honoré. — faillite 27 janv. 66. — s. Beaufour. — Union 14 nov. 66.    5710

FÉVRIER (Noé), march. de vins, 31, r. Fontaine-St Georges.—f. 5 mars 66. — s. Meys. — Clôt. 31 mai 66.   5853

FÉVRIER (Hippolyte-Alfred), 2, rue Bayard. — Mainlevée d'interdiction 24 mars 66.

FEYT (Jean-Izarin), dit ÉMILE, marchand de vins, 2, pl. de l'Église, à Levallois. — f. 6 oct. 66. — s. Crampel.    6841
—Sép. de biens d'avec dame GUIBERT, 22 nov. 66. — C. Cartier, av.

FICOT (Clovis), layetier-emballeur, 23, r. de Poitou. — f. 5 mars 66. — s. Legriel. — c. 12 juin 66. — homol. 23 juin 66. — 50 p. 100 en six ans. — 8 p. 100 les 5 premières années, et 10 p. 100 la dernière.   5853

FILLET fils (Jules), boulanger, 35, avenue St-Charles. — f. 9 janv. 66. — s. Meillencourt.—Union 9 mai 66. 5632

FILLEUL (Louis-Edmond-Alfred), épicier, 21, r. de Condé, à La Varenne-St-Maur.— f. 14 sept. 66.— s. Knéringer.    6728

FILLEUL (Charles-Gabriel), 67, boulevard St-Martin. — Sép. de biens d'avec dame CROQUELOIS, 18 déc. 66. — Lescot, av.

FILLIETTE père et fils, mécaniciens, 18, pas. du Ponceau.— f. 6 sept. 65. — s. Devin. — c. 16 déc. 65. — homol. 8 janv. 66. — 25 p. 100 en cinq ans.    5079

FILLIOL (Jean-Victor), et Dᵉ veuve ARNAUD (Françoise), née CHARDON, march. de vins, 4, r. de Châlons, puis 21 bis, r. Nicolaï. — f. 24 mars 66. — s. Bégis. — Clôt. 28 sept. 66. 3170

FILLIOT (Frédéric-Emmanuel), sans dom. connu. — Sép. corps et biens d'avec dame VERDIER, 20 févr. 66.— E. Best, av.

FINET (L.), 72, r. de Bordeaux, à Bercy. — f. 3 août 65. — s. Beaufour. — concordat 29 mars 66. — h. 13 avril 66 — 60 p. 100 en 19 payements : le premier de 8 p. 100 dans les 3 mois de l'homol. par le syndic; 6 payements de 4 p. 100; 8 payements de 2 1/2 p. 100 ; 4 payements de 2 p. 100, de 6 mois en 6 mois.    4923

FINET (François-Léon), 103, r. du Dépotoir, et 160, route d'Allemagne. — Sép. de biens d'avec dame MATELIN, 22 déc. 66. — Vigier, av.

FINSTER (Adalbert), horloger, 30, rue Notre-Dame de-Nazareth. — f. 4 août 66. — s. Copin. — c. 2) oct. 66. — h. 10 nov. 66. — 20 p. 100 en quatre ans.    6558

FIOLET (Paul-Léon), 29, r. de Constantine, à Belleville. — Sép. corps et biens d'avec dame MEUNIER, 5 mai 65. A. Louvel, av.

FLAHAUT (Paul-Antoine-Dominique), 12, r. de Strasbourg. — Sép. corps et biens d'avec dame MAUPETIT, 27 juillet 66. — Giry, av.

FLAMBERT (Jules), com. en marchandises, 22, cour des Petites-Écuries. — f. 29 août 66. — s. Pinet.    6657

FLAMENT (Léonard-François), serrurier, 5, r. aux Ours. — f. 19 oct. 66. s. Beaujeu.    6907
— Sép. corps et biens d'avec dame NEVEU, 14 avril 66. — Girauld, av.

FLANDRE (Claudius), négoc. en draps, 4, r. de la Feuillade, et 8, rue de Grenelle-St-Honoré. — f. 14 mars 64. s. Normand. — c. 23 juin 64. — homolog. 8 juill. 64. — 45 p. 100 par dixième, de 6 mois en 6 mois. — De FLANDRE, caution. Résol. de concordat 20 sept. 66. — Clôt. 31 octobre 66.    2769

FLEURY (Frédéric), restaurateur à Asnières. — f. 29 déc. 65. — s. Copin. — Union 17 avril 66.    5598

FLEURY (Amédée), marchand épicier, 24, route de Vanves. — f. 19 janv. 66. s. Malle. — c. 19 avril 66. — homologation 9 mai 60. — 40 p. 100 en 5 ans.    5670

FLEURY (Charles), marchand épicier, 103, r. du Temple. — f. 11 juin 66.— s. Lamoureux.    6254

FLEURY ( Louis-Félix-Marguerite), r. Saint-André-des-Arts, et sans domicile connu. — Sép. de corps et biens d'avec dame PETIT, 3 fév. 66. — Denormandie, av.

FLIGNY (Jean-Louis), 41, r. St-Denis, à Boulogne-sur-Seine. — Sép. corps et biens d'avec dame COCHOIS, le 1er mai 66. — Pottier, av.

FLORANTIN (Pierre), march. de vins, 70, r. Riquet, et 6, pass. de l'Ancre. — f. 21 déc. 66. — s. Richard-Grison.    7217

FLOUEST (Antoine), négoc., 91, route de la Révolte. — f. 18 déc. 66. — Ouv. prov. 23 nov. 66. — s. Pinet.    7202

FONTAINE ( François-Pierre-Lucien), boulanger, à Suresnes. — f. 28 juin 65. — s. Crampel. — c. 29 déc. 65. — h. 27 janv. 66. — 20 p. 100 en 4 ans. — Dame Fontaine, caution des derniers 10 p. 100.    4764

FONTAINE (Auguste), 31, r. des Dames (aux Ternes). — Sép. corps et biens d'avec dame FÉRET, 12 juill. 66. — Delacourtie, av.

FONTANGES (Antoine), sans domicile connu. — Sép. corps et biens d'avec dame LOUSSERT, 17 mars 66. — Labbé, av.

FOOT et HUNT, exportateurs, 38, r. de Trévise. — f. 25 oct. 66. — s. Meys.    6946

FORCADE frères, 52, r. Hauteville. — f. 30 mai 65. — s. Sautton. — Clôt. 20 déc. 65. — Rapport de ce jugem. 30 avril 66.     4634

FORCADE (Jean-Baptiste), 52, r. Hauteville, pui 18, r. Rochechouart. — Même faillite que ci-dessus.    6917

FORCADE (Jules-Eugène), boucher. 29, r. du Pré, à Montreuil-sous-Bois. — f. 29 nov. 66. — s. Pinet.    7106

FORESTIER, boulanger, 93, r. Saussures, sans domicile connu. — f. 17 nov. 66. — Ouv. 31 oct. 66. — s. Gauche.    7030

FORICHON (Claude-Auguste), 10, r. Bellechasse. — Sép. corps et biens d'avec dame SAULNIER, 12 déc. 65. Boucher av.

FORTIER (Eugénie), 95, r. du Théâtre, à Grenelle. — Interd. 17 juill. 65. — Duboys, av.

FORTIN (Louis-Hippolyte), miroitier, 30, r. Notre-Dame-de-Nazareth. — f. 27 fév. 66. — s. Mallo. — Clôt. 31 mai 66.    5823

FOS (Antoine), 36, r. d'Angoulême. — Sép. de biens d'avec dame KIRST, 5 juin 66. — Berton, av.

FOUASSIER (Magloire-François), entrepreneur, 6. r. de Gentilly, à Montrouge. — f. 6 mars 66. — s. Quatremère. — Clôt. 31 oct. 66.    5857

FOUCAULT (Charles). — (Voir DEFFORGES et FOUCAULT.)    6678

FOUCAULT (Jean-Baptiste-Camille). — 23, r. de la Victoire. — Interd. 6 juin 66. — Cons. judiciaire M. François Corman, ancien notaire, à Érnée (Mayenne). — Benoist, av.

FOUCAULT (Henry), sans domicile connu. — Sép. corps et biens d'avec dame CORNU, 20 déc. 66. — Dufourmantelle, av.

FOUCHÉ, march. de vins, 8, r. des Cinq-Moulins, à La Chapelle. — f. 11 déc. 65. — s. Devin. — Clôt. 31 janvier 66.    5526

FOUCHÉ (Joseph), dessinateur, r. du Parc-Royal. — Sép. de biens d'avec dame NINET, 29 nov. 66. — Bouthemard, av.

FOUCHET (François), entrepr. de maçonnerie, 11, r. du Grand-Saint-Michel. — f. 19 déc. 65. — s. Richard-Grison. — Clôt. 23 oct. 66.    5515

FOUET (Louis), boulanger, 113, r. de Paris, à Romainville. — f. 26 avril 66. — s. Knéringer. — Union 21 août 66.    6160

FOUFFÉ (Alphonse), 24, r. du Buisson-Saint-Louis. — Sép. corps et biens d'avec dame CULOT, 5 avril 66. — Corpet, av.

FOUGÈRE (Pierre), 6, r. de Vaugirard. — Separation de biens d'avec dame FOUCAUD, 13 mars 66. — Poinsot, av.

FOUGERY (Henry-Michel), s. dom. con. — Sép. de biens d'avec dame LENAN, 8 fév. 66. — Parmentier, av.

FOUILLET et Cᵉ, parfumeur, 1, r. Pernelle. — f. 6 juillet 66. — s. Gauche.    6374

FOULBŒUF (Jean-Charles), nourrisseur, 86, r. de Bondy, et 50, r. des Vinaigriers. — f. 15 mai 66. — s. Meillencourt. — Union 17 oct. 66.    6137

FOUQUÉ (François-Joseph), 10, r. Baron. — Séparat. de corps et de biens d'avec dame VETZEL, 26 déc. 65. — Levaux, av.

FOURCHÉ (Théodore-Charles), serrurier, 18, Gr.-R., à St-Mandé — f. 9 oct. 66. — s. Chevallier.    6849

FOURNAISE (Romi-Joseph), 23, chaus. des Martyrs. — Sép. de biens d'avec dame PASTÉ, 24 nov. 66. — De Brotonne, av.

FOURNEAU (Jean-Nestor), facteur d'orgues, 54, r. Chabrol. — f. 6 avr. 66. — s. Copin. — c. 30 juin 66. — h. 17 juill. 66. — 30 p. 100 en 5 ans.    5975

FOURNET (Émile), boucher, 24, r. de Ponthieu.—f. 26 fév. 66.—s. Beaugé. —Union 5 juill. 66.                    5817

FOURNIAUX (Jean-Joseph), 8, r. Allent.—Sépar de biens d'avec dame HAMELIN, 29 mai 66. — Thiébault, avoué.

FOURNIER (François-Philippe), limonanier, 7, boul. Rochechouart.—f. 25 nov. 63.—s. Trille.—c. 17 mars 66.— —h. 4 avr. 66. — 35 p. 100 en 5 ans.                    5437

FOURNIER (Eugène), limonadier, 22, r. de Rennes. — f. 3 janv. 66. — s. Beaujeu.                    5723

FOURNIER (Théodore), entrepren. de maçonnerie, 17 ter, Gr.-R., à St-Mandé.—f. 13 mars 66.—s. Beaufour. —c. 25 sept. 66. — h. 8 oct. 66. — Le tout en 6 ans sans intérêts.                    5879

FOURNIER (Florent-Jean-Baptiste, fab. d'entourages pour monuments funèbres, 26 bis, boul. de Montrouge.—f. 25 oct. 66.—s. Pluzanski.—c. 28 nov. 66. — h. 21 déc. 66. — 25 p. 100 en 5 ans.—1er payement 15 nov. 67.    5306

FOURNIER (Théodore), 14, r. de Lagny. —Sép. de biens d'avec dame ALTON, 17 avr. 66.—Benoist, av.

FOURNIER (François), 2, impasse Duvivier. — Sép. de biens d'avec dame BOHAT, 5 juin 66.—Laden, av.

FOURNIER (Alexandre-Eugène), 61, boul. Montmartre. — Sép. de biens d'avec dame WERBECK, 6 mars 66. —Cartier, av.

FOURRET (Michel), 7, impasse Bérault, à Vincennes. —Sép. de corps et de biens d'avec dame BRUNEL, 4 avril 66.— J. Bourse, av.

FOURRIER, march. de vins. 29, r. Nve-Coquenard.—f. 24 juill. 66. — s. Normand.                    6476

FOUTREL (Eugène-Désiré), 22, rue Vieille-du-Temple. — Sép. de biens d'avec dame GRÉGOIRE, 3 mars 66. —Delessard, av.

FOWLE (Thomas), huiles, 8, r. Pernelle. —f. 22 août 65. — s. Pinet. —c. 19 janv. 66.—h. 14 fév. 66.—20 p. 100 en 5 ans.                    5013
—Sép. de biens d'avec dame HENSER 3 juill. 66.—Leboucq, av.

FRALICH (Louis), 20, r. des Dames. — Séparation corps et biens d'avec dame THOUVENIN, 13 avril 66. — Blachez, avoué.

FRANCELLE, nég., 83, boul. Richard-Lenoir.—f. 30 mai 65.—s. Malle.—c. 7 déc. 65.—h. 29 déc. 65. —Abandon d'actif.                    4635

FRANCFORT fils, peintre, 14, r. Cardinal-Lemoine.—f. 11 déc. 66.—s. Hécaen.—Clôt. 29 déc. 66.    7159

FRANÇOIS (Auguste), négociant, 64, r. Amelot. — f. 9 sept. 65.—s. Bégis.— c. 15 janv. 66. — h. 27 janv. 66.—10 p. 100 dans 2 ans de l'homolog. et 25 p. 100 en 5 ans.                    5105

FRANÇOIS (Jean-Pierre), 49, r. de Meaux. — Sép. de corps et de biens d'avec dame POMMERET, 24 juil. 66. —Quatremère, av.

FRANÇOIS (Achille-Modeste), menuisier, 15, r. Houdard. — Sép. de corps et de biens d'avec dame MARTINE, 18 déc. 66.—Chauveau, av.

FRANÇOIS (Nicolas), 6, r. du Génie. — Sép. de corps et de biens d'avec dame PERNOT, 16 août 66. — Guillemon, avoué.

FRANCON (Louis), serrurier, 86, r. de Bondy.—f. 25 sept. 66. — s. Beaujeu.                    6780

FRANET (Joseph), 18, r. de la Procession.—Sépar. de biens d'avec dame PEMERS, 13 fév. 66.—Husson, av.

FRANIATTE aîné (Émile), papetier, 30, r. St-Pierre-Amelot. — f. 31 juill. 66.—s. Sautton.                    6524

FRANIATTE (Charles-Joseph), orfèvre, 150, r. de Rivoli.—f. 11 sept. 66.—s. Meys.                    6712

FRANQUET, march. de vins à Ivry.—
f. 29 mai 66.—s.Chevallier.     6201

FRÉBAULT (Gabriel-J.-P.-François),
13, pass. du Jeu-de-Boule. — Sép. de
biens d'avec dame MAYER, 6 janv.
66.—Maucomble, av.

FRÉMONT (Gustave-Charles-Félix),
gants, 32, r. du Petit-Lion. — f. 18
sept. 66. — s. Heurtey fils.     6743

FRÉMONT frères, cuivre, 12, r. de la
Cerisaie.—f. 13 déc. 66. —s. Crampel.                            7169

FRÊNE (Louis), boulanger, 67, r. Montmartre. — f. 4 août 66. — s. Moncharville. — Clôt. 29 déc. 66.   6561

FRESSANGE, march. de vins, 14, car-
refour de l'Odéon. — f. 2 août 66. —
s. Copin.                       6511

FREYDER (Cyprien), s. dom. con. —
Séparat. corps et biens d'avec dame
BURET, 20 mars 66. — Dufourman-
telle, avoué.

FREYDIER (Étienne-Alphonse), s. dom.
con. — Sép. corps et biens d'avec
dame ADAM, 14 juin 66. — Lortat-
Jacob, avoué.

FREYDIER (Eugène), hôtel, 10, r. des
Bourdonnais. — f. 23 mars 66. — s.
Quatremère. — c. 15 juin 66. — h. 20
juill. 66. — 15 p. 100 en 5 ans.  5929

FRIBOURG (Alexis), horloger, 61, r.
Quincampoix. — f. 23 avril 66. — s.
Copin. — Union, 26 sept. 66.    6067

FRICK, march. de bois, 7, avenue du
Bel-Air. — f. 6 fév. 66. — s. Bégis. —
Union 4 juill. 66.              5758

FRILLEZ (Nicolas), 62, r. Bichat. —Sép.
corps et biens d'avec JAQUOT, 6 janv.
66. — Boutet, avoué.

FRION (Louis-Auguste), 25, r. d'A-
boukir. — Sép. corps et biens d'avec
dame DAMANT, 22 août 66. — Gignoux, avoué.

FRIZOT, boulanger, 50, r. Vandamme.
— f. 4 déc. 66.—s.Lamoureux. 7127

FROESCHLEN, couturière, 57, r. de
Provence. — f. 21 déc. 66. — s. Sarazin.                          7221

FROGER, négociant, 14, r. de Laval. —
f. 27 juill. 66.—s. Beaugé. — Union,
19 nov. 66.                     6508

FROISSARD (Auguste-Marie-Thérèse),
39, r. Croulebarbe. — Sép. corps et
biens d'avec dame BONIOLI, 10 avril
66. — Motheron, avoué.

FROMENT fils, négociant, 9, r. du Ponceau. — f 13 nov. 65. — c. 24 juill.
66. — h. 1er sept. 66. — Ab. d'actif
et 5 p. 100 en 5 ans.            319

FROMENT (Gustave), 23, r. Rambuteau.
— Sép. de biens d'avec dame
FRANCHE, 20 déc. 66. — Rougeot,
avoué.

FROMENT (Adolphe-Ernest), 50, ch.
du Maine. — Sép. corps et biens d'a-
vec dame NELSON, 20 mars 66. —
Guibert, avoué.

FROMONOT (Achille), s. dom. con. —
Sép. corps et biens d'avec dame
COUSU, 26 juill. 66. — Trodoux, av.

# G

GACHELIN (François), marchand épicier, 3, rue de Bercy. — f. 26 juillet
1866. — s. Pinet. — Clôture 17 oct. 66.
                                6490

GAILHARD, gauffreur, 21, r. des Trois-
Bornes. — f. 16 déc. 65 — s. Devin.
— c. 20 mars 66. — h. 16 avril 66.
—Ab. d'actif.                   5534

GAILLARD (Étienne-Alex.), bronzes.
24, r. de Belleyme. — f. 9 juin 66. —
s. Bégis. — c. 13 août 66. — h. 24
août 66. —40 p. 100 en 5 ans.  6249

GAILLARD (Louis-Charles-Victor), comestibles, 66, r. de Flandres. —
f. 29 sept. 66. — s. Knéringer. 6804

GAILLARD (Louis-Philippe), impasse
Robert. — Sép. de biens d'avec dame
DUSSARD, 6 fév. 66. — Postel, av.

GAILLET (Gustave), meubles, 22, r. de
Douai. — f. 23 juill. 66. — s. Hécaen.
— c. 24 oct. 66. — h. 24 nov. 66. —
40 p. en 5 ans.  6405

GAITTET (Sulpice-Marie), imprimeur,
1, r. du Jardinet. — f. 23 juill. 66. —
s. Sautton. — c. 6 nov. 66. — h.
4 déc. 66. — 36 p. 100 en 12 ans :
Premier payement 1er déc. 67.  6406

GALARD (comte DE) DE BÉARN-
GRASSAC (Stephen-Hector), 5, r.
d'Isly. — Cons. judic. 17 janv. 66. —
Fauconnier, 41, r. Jacob. — Vigier,
avoué.

GALIBERT (Emile-Etienne-Auguste),
scies. 37, r. de Lyon. — f. 30 juill. 66.
— s. Moncharville. — c 6 oct. 66. —
h. 2 nov. 66. — 50 p. 100 en 8 ans.
6520

GALLAND (Dominique-Aubert), mercier, 11. r. des Récollets. — f. 16 août
66. — s. Normand. — c. 17 oct. 66. —
h. 5 nov. 66. — Ab. d'actif et 10 p.
100 en 4 ans.  6612

GALLE (Pierre-Simon), gantier, 22,
r. Malar. — Sép. corps et biens
d'avec dame ROUILLIÉ, 23 août 66.
— Boinod, av.

GALLOIS (Etienne-Achille-Clovis),
boucher, 103, av. de Clichy. — f. 24
sept. 65. — s. Heurtey. — c. 15 janv.
66. — h. 27 janv. 66. — 15 p. 100 en
3 ans.  5151

GAMARD (Gabriel-Louis), 8, passage
Malassis. — Sép. corps et biens
d'avec dame DUMONT, 5 avril 66. —
Lacroix, av.

GAMBET et Cie, march. de vins, 2,
r. Sainte-Opportune. — f. 23 nov. 66.
s. Normand.  7079

GAMEL, négociant, 19, r. Blondel. —
f. 7 nov. 65. — s. Richard-Grison.
— Clôt. 6 mars 66.  5360

GANDELL frères, entrepr., 1, r. de
Ponthieu. — f. 28 juin 65. — s.
Heurtey. — Union 15 mai 66.  12170

GANET (Auguste-Isidore-Alfred), mou-
leur, 1, r. Visconti. — f. 14 mai 66.
s. Beaugé. — Clôt. 30 juin 66.  6133

GANGNÉ (Victor-Auguste), confections,
21, boul. Montmartre. — f. 8 août 66.
— s. Bégis.  6585

GANIL (Auguste-Antoine), lampes,
211, pl. de la Bastille. — f. 14 nov. 66.
— s. Lamoureux.  7039

GARD, nourrisseur, 12, r. de Chartres.
— f. 3 mars 66. — s. Richard-Grison.
— Union 11 déc. 66.  5849

GARDEBLED (Hippolyte-Toussaint),
maçon, à Rosny. — f. 24 sept. 66. —
s. Knéringer.  6767

GARDILLON (Nicolas), 83, r. de Sèvres.
— Sép. corps et biens d'avec dame
LABLANC, 5 avril 66. — Laubanie,
avoué.

GARGAN (DE) (Marie-Paul), 1, r. Berton. — Interd. 17 juill. 66. — Cheramy, av.

GARNAUD (Louis), march. forain, 129,
boul. Magenta. — f. 2 mai 66. — s.
Bégis. — c. 7 août 66. — h. 28 août 66.
— Ab. d'actif et 10 p. 100 en 5 ans.
6085

GARNIER fils (Jean-Claude), march. de
meubles, 25, r. Jacob. — f. 24 mai 66.
— s. Heurtey. — c. 4 août 66. —
h. 24 août 66. — Le tout en 5 ans.
6174

GARZOLI (Jean-Marie), fumiste, à Asnières. — f. 24 mars 65. — s. Barre.
— c. 19 janv. 66. — h. 7 fév. 66. —
30 p. 100 en 5 ans.  4385

GASNE (dame), passementière, 85, r. St-Martin.—f. 26 déc. 65.— s Dufay. c. 27 avril 66. — h. 16 mai 66. — 30 p. 100 en 5 ans. — M. Gasté, caution.    5587

GASNIER (Alexandre), horloger, 108, boul. Magenta. — f. 2 août 66. — s. Barbot. — c. 15 novembre 66. — h. 21 déc. 66. — 40 p. 100 en 5 ans.    6539

GASTÉ (Léonard-Alexis), 22, r. Saint-Séverin.— Sép. corps et biens d'avec dame LEPÈRE, 23 nov. 65. — Audouin, av.

GAUCHÉ (Joseph), fleurs, 246, faub. Saint-Antoine. — f. 10 juill. 66. — s. Richard-Grison. — Clôt. 27 novembre 66.    6389

GAUCHER, march. de vins, à Levallois, 30, r. Courcelle. — f. 10 juill. 66. — s. Normand. — c. 23 nov. 66. — h. 13 déc. 66. — Ab. d'actif et compléter 40 p. 100 en 5 ans.    6397

GAUDET (Louis-Antoine), sans domicile connu. — Sép. de biens d'avec dame SIMON, 21 nov. 66. — Giry, avoué.

GAUGUET (Elie), libraire, 6, r. Morère. — f. 18 juin 66. — s. Pluzanski. 6286 — Sép. de biens d'avec dame MONGIN, 4 oct. 66. — Rougeot, av.

GAUMARD (veuve) (Louise-Clémence), bouchère, 126, r. de Charonne. — f. 23 fév. 66. — s. Pinet. — Union 27 mai 66.    5806

GAURAT (Jean-Auguste), grainetier, 24, route d'Asnières. — f. 10 fév. 66. — s. Hécaen. — c. 22 mai 66. — h. 13 juin 66. — 30 p. 100 en 5 ans.    5772

GAUTHEROT, march. de vins, 2, r. du Chevaleret. — f. 19 juin 66. — s. Meys. — Union, 19 oct. 66.    6288

GAUTHIER (Ferdinand-Arsène), commissionnaire, 19, r. du Petit-Carreau. f. 11 déc. 66.— s. Quatremère. 7188

GAUTHIER (Théodule), 32, r. Saint-Paul. — Sép. corps et biens d'avec dame BERAUD, 10 fév. 66. — Derré, avoué.

GAUTHIER (Joseph), 59, r. des Petites-Ecuries.— Sép. de biens d'avec dame LAVOCAT, 11 août 66. — Réty, av.

GAUTIER, march. de vins, 13, r. de Paris, à Clichy. — f. 9 fév. 66. — s. Malle. — Clôt. 29 mars 66.    5770

GAUTIER (Alfred-Louis), 11, r. Saint-Etienne-Bonne-Nouvelle. — Sép. corps et biens d'avec dame LACOUTURE, 3 mars 66. — Corpet, av.

GAUTIER (aîné) (Mathieu), march. de vins, 47, r. Descartes.—f. 25 janv. 66. s. Beaujeu. — Union 3 mai 66.    5697

GAVET (Charles), mercier, 71, boul. Prince-Eugène. — f. 16 août 65. — s. Knéringer. — 2 fr. 07 c. p. 100 unique répartition.    4980

GAVINET, grainetier, à Neuilly. — f. 14 août 66. — s. Sarazin. — Clôt. 31 août 66.    6610

GAVINET (dame), née LESPAGNIES (Jeanne-Désirée). — Sép. de biens d'avec GAVINET (Pierre-Étienne), march. de jouets à Neuilly. — f. 12 juill. 66. — s. Bourbon. — c. 5 oct. 66.—h. 23 oct .66--10 p. 100 en 2 ans.    6408

GAY (Jules), éditeur, 41, q. des Grands-Augustins. — f. 26 mai 65. — s. Barre. c. 5 fév. 66. — h. 24 févr. 66. — 30 p. 100 en 5 ans.    4615

GEGNON (Pierre-Ernest), nouveautés, 81, r. du Faub.-du-Temple. — f. 7 août 60.— s. Lefrançois. — 21 déc. 60. — h. 4 déc. 60. — 30 p. 100 en 6 ans. — c. 10 oct. 66. — h. 16 nov. 66. — 5 p. 100 les 4 premières années et 10 p. 100 les 3 autres.    17397

GELÉE, officier d'administration, 71, r. du Commerce. — Sép. corps et bien. d'avec dame THIBAULT. — 27 janv. 66. — Herbet, avoué.

GELIN, boucher, 84, r. Rébéval. — f. 20 juin 66. — s. Beaufour.    6297

GELLIN (Pierre-Charles), soeiries, 58, r. d'Aboukir. — f. 10 avril 66. — s. Heurtoy.                                6032

GÉNART (Charles-Louis-Eugène), grainetier, 10, r. Richer. — f. 2 juill. 66. — s. Sommaire.                          6353

GENNEAU (Valéry), 13, r. du Transit. — Sép. corps et biens d'avec dame MONTAILLIER, 18 janv. 66. — Mignot, avoué.

GENNEQUIN aîné (Jean-Isidore), libraire, 6, r. Gît-le-Cœur. — f. 1er déc. 65. — s. Moncharville. — c. 21 fév. 66. — h. 13 mars 66. — 20 p. 100 en 6 ans.                            5165
— Sép. de biens d'avec dame CADRIN, 9 janv. 66. — Hervel, avoué.

GENTIL (Pierre), serrurier, à Neuilly — f. 7 oct. 65. — s. Heurtoy. — c. 9 fév. 66. — h. 1er mars 66. — 35 p. 100 en 5 ans.                              5222

GENTIL, négociant, 13, Gr.-R. (Batignolles). — f. 6 avril 66. — s. Copin. — Clôt. 30 avril 66.              5980

GEOFFRAY (Jean-Louis), à Ivry. — Sép. de biens d'avec dame MALHERBE, 10 oct. 66. — Louvel, avoué.

GEOFFROY (Gustave), tailleur, 10, r. d'Aval. — f. 25 sept. 66. — s. Normand.                                   6781

GEORGES (Pierre), march. de vins, 6, r. Sedaine. — f. 12 déc. 65. — s. Beaugé. — Clôt. 31 janv. 66.        5515

GÉRARD-BOMER, commissionnaire, 10, avenue Parmentier. — f. 26 sept. 66. — s. Sautton.                       6791

GÉRARD (Félicien), 11, r. de la Glacière (Montmartre). — cons. jud. — GÉRARD (Jean-Baptiste), à Maisons-Alfort. — 27 fév. 66. — Dumont, av.

GÉRARD (Albert-Georges). — 9 janv. 66. — Mainlevée du cons. jud. du 28 janv. 62.

GÉRARD, à Courbevoie. — Sép. de biens d'avec dame SCHWIND, 24 juill. 66. — Flat, avoué.

GERBIER (Adolphe-Louis), papetier, à Neuilly. — f. 3 août 66. — s. Richard-Grison. — Clôt. 23 oct. 66.      6545

GÉRENTET (Emile), 166, r. Saint-Maur. — Sép. de biens d'avec dame FEREY, 21 avril 66. — Niquevert, avoué.

GERRIET, négociant, à Levallois. — f. 3 mai 66. — s. Legriel. — Clôt. 12 juin 66.                             6098

GERVAIS (Jean-Baptiste-Elie), maçonnerie, 34, boul. Vaugirard. — f. 6 sept. 66. — s. Bourbon.              6692

GIBASSIER, brasseur, 127, r. d'Allemagne. — f. 8 mai 66. — s. Bégis. — c. 20 août 66. — h. 18 sept. 66. — Ab. d'actif.                                6117

GIBAULT (Alfred-Louis), bazar, 15, Chaussée-d'Antin. — f. 15 mars 66. — s. Barbot. — Union 29 mai 66.    5898

GIBONI (Julien-Alphonse), 23, r. Nve-Désiré. — Interd. 11 janv. 66. — Payen, greffier au tribunal civil, administrateur. — Lamy, av.

GIBOURDEL (Létocard-Jules), chaussures, 40, r. Ste-Croix-de-la-Bretonnerie. — f. 21 nov. 65. — s. Battarel. — c. 23 avril 66. — h. 8 mai 66. — 50 p. 100 en 5 ans.                         5412

GIEDELMANN, nég., 35, r. de Paris, à St-Ouen. — f. 3 mai 66. — s. Chevallier. — Clôt. 31 mai 66.            6097

GIESÉ (Louis), march. de charbons, 8, r. Rougemont. — f. 2 fév. 66. — s. Lefrançois.                             5740

GILBERT (Henri-Jean), march. de bois, 78, quai de la Gare. — f. 14 juin. 65. — s. Quatremère. — c. 21 août 65. — h. 18 janv. 66. — Ab. d'actif, plus 17 p. 100 : 3 p. 100 les 5 premières années et 2 p. 100 la sixième.       4698

GILBERT (Louis-François), menuisier, 47, r. de l'Université. — f. 24 août 66. — s. Beaugé.                   6628

GILBERT (Charles-Célestin), boucher, à
Bicêtre. — Séparat. de corps et biens
d'avec dame ROBIN, 24 avril 66. —
Duval, av.

GILLE, march. vins, 68, r. St-Antoine.
— f. 27 fév. 66. — s Gauche. — c. 19
mai 66. — h. 8 juin 66. — 30 p. 100
payables : 5 p. 100 tous les 6 mois, du
1er déc. 66.                            5832

GILLET (Mathias), peintre, 10, r. Bayeux.
—f. 15 déc. 66.—s. Meillencourt. 7183

GILLET (Antoine-Eugène), s. dom. con.
—Sép. de corps et biens d'avec dame
COLLIARD, 24 mars 66. — Vivet, av.

GILLOT, fab. de lits, 168, boul. La Villette. — f. 25 sept. 66. — s. Pinet. —
Clôt. 31 oct. 66.                       6787

GIMBERT (Marie-Charles-Aug.-Paul),
28, av. de Neuilly.—Cons. jud., Gimbert, 17 mars 66. - Guédon, av.

GINDRAUX (Louis-Adolphe), 5, r. Villedo. — Sép. de biens d'avec dame
ARNOULT, 12 sept. 66. —Louvel, av.

GINDRE et Ce (Pierre-François-Sévère),
commissionnaire, 31, r. Nicolaï. — f.
10 mars 66. — s. Quatremère.—c. 27
juill. 66.—h. 11 août 66.—Ab. d'actif
et 5 p. 100 en 4 ans.— Dame Gindre,
caution.                               5871
— Séparation de biens d'avec dame
LAMOUREUX, 8 mai 66. — Guédon,
avoué.

GINISTY, march. de charbons, 20, r.
Lévis.—f. 8 mai 66.—s. Meillencourt.
—Jug. du 26 oct. refusant d'homol.
le conc. du 3 oct. 66.                 6116

GIRARD (dame Julie-Rosette), hôtel,
6, r. des Moines. — f. 25 janv. 66.—
s. Sommaire.—Clôt. 31 oct. 66. 5698

GIRARD (Honoré-Savinien), menuisier,
17, r. Amélie. — f. 30 juin 66. — s.
Quatremère. — c. 18 sept. 66.— h. 8
oct. 66.—40 p. 100 en 4 ans, 1er payement 31 janv. 68.                      6350

GIRARD (François-Théodore), 16 bis,
r. de Châlons. — Sép. de corps et
biens d'avec dame CAZIOT, 27 nov.
66.—Moreau, av.

GIRARDON (François-Auguste), march.
vins, 8, r. de Paris (Charonne). — f.
12 mai 66.—s. Normand. — c. 2 août
66.— h. 21 août 66. — 40 p. 100 en 5
ans.                                   6129

GIRAUX, fab. de casquettes, 18, rue
Rambuteau.—f. 29 mai 66.—s. Normand.— c. 28 juill. 66. — h. 16 août
66.—15 p. en 3 ans.                    6195
—Sép. de biens d'avec dame CLÉMENT,
26 juin 66.—Chauveau, av.

GIROUX père, maçon, 36, r. du Ruisseau. — f. 2 oct. 65. s. Kneringer.—
c. 12 mars 66. — h. 23 mars 66.—
10 p. 100 en 5 ans.                    5193
—Sép. de biens d'avec dame BÉCHET,
22 nov. 66.—Debladis, av.

GIROUX aîné (Claude-François), carrier, à Nanterre.—f. 17 mars 66. — s.
Beaugé.                                445

GLAYAL, march. vins, r. du Chemin-
de-Fer (Plaisance). — f. 7 juill. 66.—
s. Devin.—Clôt. 30 juill. 66.          6381

GLENADET (Gérard), tôlier, 25, r. de
l'Hôtel-de-Ville. — f. 6 fév. 66. — s.
Dufay.—Clôt. 29 sept. 66.             5753

GLÉNISSON (Alexandre), march. vins
au parc St-Maur.—f. 30 août 65.—s.
Hécaen.—c. 6 sept. 66.—h. 8 oct. 66.
30 p. 100 en 5 ans.                    5043
—Sép. de biens d'avec dame MALTON,
19 mai 66.—Dromery, av.

GOBEL (Jean), commissionnaire, 12, r.
Béranger.—f. 12 mai 66. — s. Battarel.                                   6127

GOBERT (veuve), née DAVID (Marie-
Rose), 6. r. St-Sulpice. — Interdict.
—Chain, av.

GOBLET (Henri-Pierre), confiseur, 97,
Faub.-St-Antoine. — f. 10 juillet 66.
s. Pinet.                              6390

GOBLIN (Henry-Léon), mercier, 25, r.
Mouton-Duvernet.—f. 24 juill. 66.—
s. Normand.                            6472

GODARD (Édouard), emballeur, 3, r.
Port-Mahon.—f. 4 déc. 65.—s. Gauche.—Union 5 oct. 66.                  5483

GODARD, direct. du théâtre St-Germain, s. dom. con. — f. 26 juin 66. — s. Copin.—Clôt. 30 juill. 66.　　6334

GODEFROY (Marie-Armand), ébéniste, 6, impasse Driancourt.—f. 2 déc. 65. —s. Moncharville.—Union.　　5473

GODINOT (Ant.-Ch.-Franç.-Edmond), 88, r. des Moines.—Sép. de corps et biens d'avec dame ORSET, 12 févr. 66.—Audouin, av.

OHEL (Auguste), 39, r. de Cléry. — Sép. de corps et de biens d'avec dame LANGEVIN, 27 nov. 66.—Laden, av.

GOISLARD DE LA DROITIÈRE, march. de vins, 93, avenue des Champs-Élysées.—f. 16 août 65.—s. Battarel. c. 7 avr. 66.—h. 24 avril 66. — 25 p. 100 en 5 ans.　　4981

GOLDBER-VRAINE (Eugène), bimbelotier, 6, r. Dauphine.—f. 24 nov. 65. —s. Sautton.—c. 21 juin 66.—h. 10 juill. 66.—20 p. 100 en 2 ans.　5427

GOLOUBEFF dit GOLOBOFF (Grégoire), horloger, 177, Faub.-St-Honoré.—f. 29 juin 66.—s. Lefrançois. c. 20 sept. 66. — h. 8 oct. 66. — 5 p. 100 les 31 janv et 31 juill. 67 et 30 p. 100 en 3 ans de cette dernière date.　　6340

GOMÈS (José-Maria), hôtel, 30, rue Montholon.—f. 19 oct. 66.—s. Meys. 6908

GOMÈS (Isaac-Jules), 8, r. Vavin. — Sép. corps et biens d'avec dame FROIS, 5 mai 66. — Legrand, av.

GOMOT (François), march. de vins, à Auteuil, 10, r. de l'Alma.—f. 20 sept. 65. — s. Sautton. — c. 21 déc. 65.— h. 10 janv. 66.—20 p. 100 en 5 ans. 5148

GOMPERTZ, négoc., 133, boul. Sébastopol. — f. 5 juill. 64. — s. Barre. — Union, 30 août 66.　　3218

GONARD, POTIN fils, négoc., 62, boul. Clichy. — f. 29 sep. 65. — s. Pinet. Union.

GONET (Eugène-Philippe), serrurier, 31, r. du Chemin-Vert. — f. 8 oct. 66. — s. Meillencourt.　　6816

GONNARD (Pierre-Marie), march. de vins, 26, r. St-Jacques. — f. 29 juin 66. — s. Normand. — 23 oct. 66, jugem. annulant le conc. du 3 oct. 66.　6311

GONORD (Louis-Placide), march. de modes, 25, r. Nve-Saint-Augustin. — f. 13 août 66. — s. Quatremère. 6604 — Séparation de biens d'avec dame TAINSELIN, 4 déc. 66. — Lamy, av.

GONTIER, horloger, 100, boul. du Prince-Eugène. — f. 28 déc. 66. — s. Sautton.　　7247

GORJU (Joseph-Louis), fabr. de chaussures, 175, r. du Temple. — f. 20 oct. 66. — s. Barboux.　　6918

GOSSE, négoc., 26, r. de Penthièvre. — f. 20 mai 58. — s. Sergent. — c. 23 nov. 66. — h. 10 déc. 66. — 26,564 fr. dans les dix jours de l'hom. et 10 p. 100 en 5 ans, du 15 déc. 67. 14953

GOSSELIN (Alexandre-Victor), articles de fantaisie, 33, r. du Mail. — f. 12 mai 66. — s. Barboux. — c. 3 nov. 66. — h. 21 nov. 66. — 20 p. 100 en 5 ans.　　6128

GOTSCHI (Joseph), sans dom. connu. — Sép. corps et biens d'avec dame MARANGONE, 5 juin 66. — Blachez, avoué.

GOTTLOB et Ce, articles de Paris, 134, Faub.-St-Denis. — f. 10 janv. 65. — s. Bégis. — Union.　　4020

GOUFFRAY (Adrien), bougies, 71, r. de la Verrerie. — f. 22 nov. 66. — s. Knétinger.　　7071

GOUGEON (Arsène-Léopold), escomp., 24, boul. Sébastopol. — f. 3 mai 65. — s. Bourbon. — c. 12 avril 66. — h. 25 avril 66. — 20 p. 100 en 5 ans. 4510

GOUGEON (René), loueur de voitures, 41, r. de Buffon. — f. 20 mars 66. — s. Richard-Grison. — c. 21 sept. 66. h. 11 oct. 66. — 25 p. 100 en 5 ans. 5916

GOUILLART (Norbert), bijoutier, 6, r. Sainte-Marie. — f. 7 nov. 65. — s. Quatremère. — c. 10 fév. 66. — h. 5 mars 66. — 20 p. 100 en 4 ans. 5331

GOUJON (Victor-Alexandre), plombier, 8, r. Saint-Paul. — f. 14 août 65. — s. Pluzanski. — Union 17 oct. 66. 4975

GOULET (Charles), tissus, 27, r. du Mail. — f. 19 janv. 66. — s. Moncharville. — c. 5 avril 66. — h. 17 avril 66. — 10 p. 100 dans le mois de l'homol. et 5 p. 100 fin déc. 66 et 67. 5671
— Sép. de biens d'avec dame TURPIN, 3 avril 66. — Legrand, av.

GOULET (Étienne-René-Eugène), marchand de vins, 24, boul. Richard-Lenoir. — f. 13 mars 66. — s. Dufay. 5880

GOULET (Constant-Alexis), 44, r. Lepic. — Sép. de biens d'avec dame BRULFERT, 23 janv. 66. — Quillet, avoué.

GOULMANT ( Pierre- Charles ), 281, boul. du Prince-Eugène. — Sép. de biens d'avec dame PARMENTIER, 4 déc. 66. — Dréchon, av.

GOUMAS (Dominique-Baptiste), 10, r. Grenier-Saint-Lazare. — Sép. corps et biens d'avec dame GAUTIER, 13 déc. 66. — Plassard, av.

GOUMY, maçonnerie, 12, r. des Carrières (La Villette). — f. 21 avril 66. — s. Copin. — Clôt. 31 mai 66. 6048

GOUMY (François), maçonnerie, 12, r. des Carrières (La Villette). — f. 14 nov. 66. — s. Sarazin. — Clôt. 30 nov. 66. 7041

GOUPIL, négoc., 53, r. du Chemin-de-Fer. — f. 25 oct. 65. — s. Beaujé. — Clôt. 26 janv. 66. 5305

GOUPILLIÈRE (Alfr.-Antoine-Etienne), boucher, 66, r. du Ruisseau. — f. 19 oct. 66. — s. Gauche. 6909

GOURBAUT J** (Etienne), march. de bois, 31, r. d'Allemagne. — f. 28 fév. 66. — s. Pluzanski. — c. 22 juin 66. — h. 6 juillet 66. — 5 p. 100 un mois après l'homologation et 20 p. 100 en 4 ans. 5838

GOURÉ (Louis-Eugène), 42, r. Grenelle-Saint-Germain. — Sép. corps et biens d'avec dame PLATELET, 15 mars 66. — Denormandie, av.

GOUSSARD (André), march. de vins, à Ivry. — f. 17 nov. 66. — s. Legriel. — Clôt. 29 déc. 66. 7056

GOUSSET (Antoine), tailleur, 55, r. N.-des-Pet.-Champs. — f. 4 sept. 66. s. Beaujeu. — c. 22 nov. 66. — h. 10 déc. 66. — 30 p. 100 en 5 ans. 6619

GRAAT (François), bronzes, 11, boul. de la Madeleine. — f. 7 avril 66. — s. Copin. — c. 22 juin 66. — h. 10 juill. 66. — 40 p. 100 en 5 ans. 5982

GRABER (Philippe), fab. de chaussures, 40, r. de la Verrerie. — f. 16 août 65. — s Trille. — Clôt. 26 nov. 66. 4982

GRAISSESSAC à Béziers (Cie du chemin de fer). — f. 18 juin 60. — s. Pihan. — Union 2 juin 66. 18074

GRANAL, march. de vins, ch. d'Antin. — f. 16 févr. 65. — s. Beaujé. — concordat 18 déc. 65. — h. 8 janv. 66. — 12,000 fr. dans la quinz. du conc. — Dme Lamothe, caution. 4196

GRAND-DEPIERRE, négoc., à Levallois. — f. 3 févr. 66. — s. Meys. — Clôture 30 avril 66. 5750

GRANDHOMME (Alfred - Clément), 9, r. de Bordeaux. — Sép. corps et biens d'avec dame ALEXANDRE. — 10 mars 1866. — Blachez, av.

GRANDJON (Antoine), mécanicien, 2, chemin de St-Ouen. — f. 7 juin 66. — s. Beaujé. — Clôt. 29 déc. 66. 6240

GRANGE (Frédéric), 3, rue Chéry, à Neuilly. — Sép. de biens d'avec dame LEROUX, 19 juin 66. — Gaullier, av.

GRANGER (Frédéric), 40, r. des Haies. — Sép. corps et biens d'avec dame MONNIER, 17 mars 66. — Dufay, av.

GRASSET (Edme), fumiste, 4, passage d'Orient. — f. 9 déc. 65. — s. Lefrançois. — c. 21 sept. 66. — homologation 17 oct. 66. — 10 p. 100 comptant et 40 p. 100 en 5 ans.    5507

GRATEAU et Cie, négoc., 33, rue des Marais. — f. 17 juill. 66. — s. Devin. Clôt. 31 août 66.    6447

GREFFIER (Marie-Ernest-Théodore), machines à broder, 38, boul. Rochechouart. — f. 3 août 66. — s. Lefrançois. — c. 12 oct. 66. — h. 5 nov. 66. — 15 p. 100 en 5 ans.    6546

GRÉHIER, éclairage au gaz, 25, rue Lesueur. — f. 21 juin 66. — s. Lamoureux. — Clôt. 17 oct. 66.    6301

GRÉLAUD (Pierre), 12, rue Geoffroy-Lasnier. — Sép. de biens d'avec dame PAUJAUD, 18 janv. 66. — Guyot-Sionnet, av.

GRELLIER (René), 153, faub. Saint-Antoine. — Sép. corps et biens d'avec dame TREMBLAY, 16 juin 66. — Milliot, av.

GRENIER (Jean-Claude), aux petites voitures, r. de Ségur. — Sép. corps et biens d'avec dame AUVRAY, 17 novembre 66. — Audoin, av.

GRENON, march. de vins à Neuilly. — f. 18 août 65. — s. Gauche. — Clôture 29 sept. 66.    4998

GRÉSILLON (Isidore-Jules), négociant, 155, r. Faub.-St-Antoine. — f. 23 décembre 65. — s. Pinet. — Clôture 23 mars 66.    5577

GRESLÉ (Hippolyte-Bruno), 27, rue Saint-Victor. — Sép. corps et biens d'avec dame GOYARD, 23 janv. 66. — Kieffer, av.

GRIELENS (Adolphe), chemisier, 22, r. Neuve-des-Capucines. — f. 17 octobre 66. — s. Pinet.    6895

GRIL (Jean-François) et LASSALLE (Pierre), épiciers, 17, r. Corbeau. — f. 23 mai 66. — s. Heurtey. — Clôture 23 août 66.    6169

GRIMAL fils (Jean-Antoine), commissionnaire, 12, r. du Temple. — faillite 20 mai 65. — s. Bégis. — Union 13 oct. 66.    4596

GRIMAL (Nicolas), emballeur, 11, rue Frémicourt. — f. 15 déc. 65. — syndic, Barbot. — c. 17 mars 66. — homolog. 16 avril 66. — 25 pour 100 en 5 ans.    5528

GRIMBARD (Nicolas-François), 30, rue Solger, à Epinay. — Sép. de biens d'avec dame HINGÈRE, 12 avril 66. — Lortat Jacob, av.

GRIMEUR (Pierre), 127, r. Faub.-Saint-Antoine. — Sép. corps et biens d'avec dame VETTER, 6 janv. 66. — Dufay, avoué.

GRINDELLE (Auguste-Eugène), 15, rue Vernier. — Sép. corps et biens d'avec dame CHESNEAU, 7 mai 66. — Tissier, avoué.

GRIPPON, march. de vins, 11 bis, rue Patay. — f. 14 avril 66. — s. Normand. — Clôt. 24 mai 66.    6028

GRISEL (Amable-Isidore), Batignolles. — Sép. de biens d'avec dame DÉLIRE, 10 févr. 66. — Patte, av.

GRIVEAUX (Claude-Jacques), r. Furstemberg. — Sép. corps et biens d'avec dame GALLET, 6 mars 66. — Bouthemard, av.

GROBET (Jean-Henry), fab. de boutons, 152, boul. Richard-Lenoir. — f. 23 juin 65. — s. Trille. — c. 29 décembre 65. — h. 18 janvier 66. — Ab. d'actif et 15 p. 100 en 5 ans. 4737

GROS, march. de vins, 83, rue de Flandres. — f. 3 oct. 65. — s. Bégis. — c. 14 mars 66. — h. 3 avril 66. — 20 p. 100 en 5 ans.    5201

GROS, entrepreneur, 70, boul. de l'Hôpital. — f. 20 janv. 66. — s. Bégis. — c. 1er déc. 66. — h. 15 déc. 66. — Ab. d'actif et 10 p. 100 en 5 ans.     5683

GROS (Denis), nouveautés, 121, r. de Flandres. — f. 16 nov. 66. — s. Henrionnet.     7046

GROSGEORGES (Jean-Baptiste), 2, r. du Marché-Sainte-Catherine. — Sép. corps et biens d'avec dame GRAND-PIERRE, 3 avril 66. — Boinod, av.

GROSJEAN fils (Dominique) dit Auguste, 12, r. de la Victoire. — cons. jud. — Michel, 8, r. Louvois, 28 juil. 66. — Le Helloco, avoué.

GROSJEAN (Simon), 3, r. St-Sauveur. — Sép. corps et biens d'avec dame RAULIN, 12 avril 66. — Dubois, av.

GROSSETÊTE (Charles), restaurateur, 10, boul. des Italiens.—f. 21 janv 66. — s. Moncharville. — c. 5 avril 66. — h. 23 avril 66. — 40 p. 100 en 6 ans     5693

GROSSETÊTE veuve (Anne-Françoise), née Thiebbat, march. de vins, 74, r. d'Allemagne. — f. 19 déc. 66. — s. Knéringer.     7203

GROULEZ (Aimé-Louis-Waldemar), mécanicien, 1 et 13, r. Beccaria. — f. 5 juill. 66. — s. Beaugé. — c. 11 oct. 66. — h. 5 nov. 66. — 50 p. 100 en 10 ans.     6369

GROUX veuve, née Choquet (Louise-Eugénie-Stéphanie), boulanger, 112, r. Neuve-des-Mathurins. — f. 17 août 66. — s. Quatremère.     6617

GUAY (Dame), négociant, 25, r. Coquillière. — f. 17 avril 66. — s. Lamoureux. — Clôt. 21 mai 66.     6038

GUÉNIER père et fils, serruriers, 35, r. de l'Eglise (Passy). — f. 10 oct. 66. — s. Barboux.     6860

GUÉNIER fils (Charles-Alexandre), serrurerie, 35, r. de l'Eglise (Passy). — f. 20 oct. 66. — s. Barboux.     6923
— Sép. de biens d'avec dame BOMY, 16 août 66. — Servy, avoué.

GUÉNIER père (Alexandre-Pierre), serrurie, 35, r. de l'Eglise (Passy). — f. 20 oct. 66. — s. Barboux.     6924

GUÉNOT (Louis-Charles), loueur de voitures, 59, r. des Couronnes. — f. 16 sept. 65. — s. Copin. — c. 8 janv. 66. — h. 26 janv. 66. — 20 p. 100 en 5 ans.     5136

GUENTLEUR (Jean), 123, r. Saint-Jacques. — Sép. corps et biens d'avec dame GUENTLEUR. — 24 nov. 66. — Brémard, avoué.

GUERARD (Jules), peinture, 145, r. St-Jacques. — f. 11 janv. 65. — s. Gauché. — 21 déc. 66, jugement annulant le conc. du 13 mai 65.     8034

GUERIN (Gustave), chemisier, 326, r. Saint-Honoré. — f. 29 sept. 65. — s. Copin. — c. 8 janv. 66. — h. 25 janv. 66. — 30 p. 100 en 5 ans.     5181

GUERIN (Edouard), serrurerie, 40, r. de la Roquette. — f. 12 janv. 66. — s. Copin. — c. 6 avril 66. — h. 21 avril 66. — 56 p. 100 en 6 ans. 5644

GUERIN (veuve), née Cardin (Estelle-Marguerite), lingerie, 60, r. Montmartre. — f. 31 oct. 66. — s. Sommaire.     6974

GUERIN (Antoine-Charles), 31, r. de Grenelle-St-Honoré.—Sép. de biens d'avec dame BLANCHARD, 20 déc. 66. — Bourse, avoué.

GUERIN (Paul-François), épicier à Levallois. — Sép. corps et biens d'avec dame NAGEL, 17 avril 66. — Mignot, avoué.

GUERIOT (Pierre-François), 30, r. Lamartine. — Sép. corps et biens d'avec dame DESCHAMPS, 24 févr. 66. — Lacomme, avoué.

GUERRIER, entrepreneur, 34, r. Lacroix. — f. 1er mai 64. — s. Hécaen. — Union.     3915

GUÉTON, emballeur, 156, r. St-Maur. — f. 5 juin 66. — s. Dufay. — Clôt. 31 août 65.     6236

GUÈTRE (François), 128, av. de Clichy.
— Sép. corps et biens d'avec dame
CHAUMET, 6 janv. 66. — Kieffer, av.

GUGENHEIM (Alphonse), tissus, 18, r.
Poissonnière. — f. 28 déc. 65. — s.
Battarel. — Clôt. 26 fév. 66.    5593

GUIBERT (Adolphe), fab. de vernis, 34,
boul. St-Michel. — f. 16 avril 66. —
s. Normand.—c. 8 sept.66.—h. 19 sept.
66. — Le tout en 10 ans.    6033

GUICHARD (Hippol.-Ant.), boulanger,
149, r. de Flandres. — f. 1er mai 66.
— s. Normand. — c. 6 juill. 66. — h.
26 juill. 66.—30 p. 100 en 3 ans. 6077

GUICHARD, négoc., 12, boul. de la
Chapelle. — f. 19 oct. 66. — s. Meys.
6914

GUICHARD et Cie, négoc., 33, port de
Bercy. — f. 16 nov. 65. — s. Pinet. —
Clôt. 26 fév. 66.    3402

GUIDEY (dame), hôtel meublé, 9, r.
Neuve-des-Martyrs. — f. 25 oct. 66.
— s. Normand.    6947

GUIDON (Pierre-François), march. de
draps, 270, r. St-Denis. — f. 24 août
66.—s. Chevallier.    6639

GUIGNARD (Alexis-Louis), fab. de tours
de tête, 39, r. Réaumur. — f. 21 juil.
66.—s. Meys. — c. 13 oct. 66. — h. 5
nov. 66.—50 p. 100 en 5 ans.    6463

GUIGNARD (DE), vicomte de St-Priest
(Emmanuel-Louis-Marie), 31, r. Racine.—Cons. j. vicomte DE LA SALLE,
9, r. d'Aguesseau, 31 mai 66. — Moreau, av.

GUILBAUDEAU, peinture, 5, r. du Hazard.—f. 24 nov. 66. — s. Beaugé.—
Clôt. 29 déc. 66.    7091

GUILBERT (Jean-Pierre-Armand), restaurateur, 184, Faub.-St-Denis. —f.
25 août 65.—s. Devin.—c. 1er juin 66.
—h. 25 juin 66.—10 p. 100 en 5 ans.
5025

GUILBERT (veuve), née BURNEL (Marie-
Élisabeth), chaussures, 38, r. de la
Verrerie. — f. 17 nov. 65. — s. Nor-
mand.—Clôt. 30 janv. 66.    5405

GUILBOT (Narcisse), brodeur, 10, r.
St-Joseph.—f. 18 déc. 66.—s. Copin.
7193

GUILLAUME (Théophile-Gabriel), tailleur, 39, r. Lamartine.—f. 4 avr. 66.
—s. Devin.—Clôt. 30 avril 66.    5965

GUILLAUME (Jean-Baptiste), limonadier, 29, r. St-Maur, à Creteil. — f.
16 juin 66. — s. Lamoureux.— c.  2
oct. 66. — h. 13 oct. 66. — 25 p. 100
en 5 ans.    6280

GUILLAUMOT, négoc., 8, r. d'Estrées.
— f. 17 mars 66.— s. Bégis.    5910
—Sép. de biens d'avec dame BILLARD,
26 sept. 66.—Chain, av.

GUILLEMAIN (François-Michel), bois
de placage, 48, r. de Charenton.—f.
20 sept. 66.—s. Bourbon.    6756

GUILLEMARD (Henri-Gaston), au 3e
bat. de chasseurs à pied.—Cons. jud.
DUMONT, 120, r. Neuve-des-Mathurins, 31 mai 66. — Herbet, av.

GUILLEMIN (François-Orygène), 10, r.
Chabannais. — Sép. de biens d'avec
dame BORNETTE, 17 mars 66.—Langeron, av.

GUILLEMINAULT (Louis), maçonnerie,
70, Gr.-R. de Montreuil. — f. 27 fév.
66.—s. Chevallier. — c. 2 juin 66. —
h. 23 juin 66.—25 p. 100 dans un an,
20 p. 100 dans deux ans, 25 p. 100
dans trois ans de l'homol.    5826

GUILLOCHAU (Émile-Jacques), plombier à St-Denis.—f. 12 oct. 66.— s.
Barboux.    6868

GUILLOT (Silvain), entrepreneur, 22,
r. des Écuries-d'Artois. — f. 22 sept.
64.—s. Barbot.—c. 27 déc. 65.—h. 12
janv. 66. — Ab. d'actif et oblig. de
parfaire 50 p. 100 en 5 ans, à partir
de 13 mois de l'homol.    4711

GUILLOT (Armand), 21, boul. de Belleville.—Sép. de corps et biens d'avec dame BOUVIER, 1er mai 66.— Vivet, avoué.

GUIMIER, march. de vins, 17, r. Leblanc.—f. 9 oct. 66.—s. Sarazin. 6856

GUINARD (Adolphe), march. de vins, 22, r. Aubervilliers. — f. 18 mai 66. — s. Gaucho. — Clôt. 30 juill. 66.— Rapport du jug. ci-dessus 12 oct. 66. 6183

GUINAUD et Cᵉ, négoc., 67, boul. du Prince-Eugène. — f. 5 avril 66. — s. Sommaire. — Clôt. 31 mai 66. 5972

GUIRAUD (Pierre), chaussures, 64, r. Neuve-des-Petits-Champs. — f. 11 déc. 66. — s. Sarazin. 7160

GUISE (DE) (Arthur), 108, aven. des Champs-Élysées. — f. 23 fév. 66. — s. Beaufour. 5808

GUITARD (Pierre), marchand de vins, 12, r. Doudéauville. — f. 31 mai 66. s. Chevallier. — Clôt. 25 août 66. — Rapp. du jug. ci-dessus 11 oct. 66. 6216

GUIZARD (Isidore), marchand de vins, 20, r. d'Enghien. — f. 11 fév. 66. — s. Heurtey. — Union 29 juin 66. 5781

GULDEN (Philippe), 133, r. du Faubourg-Saint-Antoine. — Sép. corps et biens d'avec dame DROMER, 23 juin 66. — Castaignet, av.

GUY (dame) (Eulalie-Hemery), modes, 43, r. Joubert. — f. 23 oct. 66. — s. Pinet. 6931

GUY, 60, r. Saint-Maur. — Sép. corps et biens d'avec dame MORIN, 13 nov. 66. — Benoist, av.

GUYARD (Auguste), peintre, 63, r. de Vaugirard. — f. 17 fév. 65. — s. Pinet. — Clôt. 19 juin 66. 4200

GUYARD (Pierre), r. des Carrières (Montreuil). — Sép. de biens d'avec dame CARREAU, 15 fév. 66. — Corpet, av.

GUYOT (Jean), épicier, 14, r. du Château. — f. 28 nov. 65. — s. Moys. — Clôt. 23 mars 66. 5446

GUYOT (Pierre), sans domicile connu. — Sép. corps et biens d'avec dame ROULLER, 23 août 66. — Bertinot, avoué.

# H

HACHE (Joseph-Ambroise), march. de vins, 16, r. Censier. — f. 10 nov. 63. — s. Bourbon. 2343

HAFFNER (Gustave-François), chaussures, 59, boul. Saint-Martin. — f. 12 avril 66. — s. Richard-Grison. — Clôt. 30 juill. 66. 6014

HALÉVY (veuve), née RODRIGUES-HENRIQUES-FROMENTHAL, r. Berton, maison Dʳ Blanche.— Interd. 20 déc. 66. — E. DELAPALME, notaire, à Paris. — Castaignet, av.

HALPHEN (Nephtalie), commissionn., 14, r. de l'Echiquier. — f. 24 nov. 66. s. Dufay. 7084

HAMEL (Auguste-Henri), soldat au 1er rég. de chass. d'Afrique. — Cons. judic. 22 nov. 66, GAUTIER, r. d'Argenteuil. — Foussier, av.

HAMMEL (dame), née LALENCE (Eugénie-Gabrielle), chaussures, 3, rue Joubert. — f. 8 déc. 66. — s. Crampel. 7146

HAMOT (Louis-Victor), 6, r. de la Verrerie. — Conseil judic. 6 fév. 66, JOUENNE, 54, aven. des Ternes. — Gaullier, av.

HANAPPIER et C°, Bouffes-Parisiens, 8, r. de Monsigny. — f. 18 juin 66.— s. Lefrançois.                    6287

HANON-MAÉS, produits chimiques, 7, r. du Chemin-de-Hallage, à Clichy. — f. 6 sept. 65. — s. Saution. — c. 22 mars 66. — h. 29 mars 66. — 10 p. 100 en 4 ans : le premier payement dans 2 ans, du jour de l'homologation.              5081

HANNUER (Jean-Pierre), cordonnier, 268, r. Mouffetard. — Sép. corps et biens d'avec dame HENREL, 13 nov. 66. — Delorme, av.

HANQUET, négoc., 24, r. Feydeau. — f. 2 janv. 66. — s. Lainoureux. — c. 9 juill. 66. — h. 10 oct. 66. — 20 p. 100 en 5 ans.          5614

HAPPEL (Georges), 20, r. Bergère. — Sép. de biens d'avec dame CONRAD, 7 sept. 66. — E. Dubois, av.

HARDON (Théodore), march. de vins, 8, boul. des Italiens.— f. 24 sept. 65. — s. Richard-Grison.— Union 7 août 66.                          4348

HARDOUIN, négoc., imp. Franklin, à St-Denis. — f. 12 juin 66.— s. Crampel. — Clôt. 30 juill. 66.          6265

HARDY (Jean-Baptiste) et C°, restaurateur, 16, r. N.-Dame-des-Victoires. — f. 28 déc. 65. — s. Normand. — c. 12 avril 66. — h. 24 avril 66. — Ab. d'actif.                        5593

HARMAND (veuve), dite SONA (Marie-Antoine-Arosa), parfumerie, 2, r. de Ménars. — f. 30 mai 66. — s. Chevallier. — c. 6 oct. 66. — h. 17 nov. 66. — 15 p. 100 en 3 ans.          6211

HARROUET (Alexandre-Jean), épicier, 12, r. Vandrezanne. — f. 15 fév. 66. —s. Dufay.—Union 28 juill. 66. 5785

HARTMANN (Jean), march. de vins, 33, port de Bercy. — f. 21 oct. 65. — s. Lamoureux. — c. 27 mars 66. — h. 16 avril 66. — 10 p. 100 en 5 ans.                              5289

HAUDUCOEUR (Jules), grainetier, 89, route de Versailles. — f. 2 janv. 66. — s. Richard-Grison.—c. 29 nov. 66. — h. 12 déc. 66. — Ab. d'actif et 8 p. 100 en 5 ans.          5612
— Sép. de biens d'avec dame CARTRY, 3 avril 66. — Maza, av.

HAUTECOEUR (Jean-Baptiste), s. dom. con. — Sép. corps et biens d'avec dame MARTIN, 31 juill. 66. — Audouin, av.

HAUTEMULLE (Gustave-Léopold), s. dom. con. — Sép. de biens d'avec dame MARCHAND, 14 avril 66.—Boulogne, avoué.

HAY (François), s. dom. con. — Sép. corps et biens d'avec dame BURCKEL, 28 avril 66. — Boulet, avoué.

HAZARD (Louis-Joseph), commissionnaire, 27, r. d'Aboukir. — f. 14 août 66. — s. Heurtey fils.        6605

HEBERT (Théodore-Jules), boucher, 1, r. du Dragon. — f. 24 oct. 66. — s. Heurtey fils.                  6940

HEBERT (Jules-Théodore), 15, r. Taranne. — Sép. de biens d'avec dame GARNIER, 10 sept 66. — Dubois, av.

HEBERT (Pierre-Benjamin), 38, r. Villiers. — Sép. corps et biens d'avec dame LAIRE, 20 janv. 66. — Popelin, avoué.

HECHT (Charles), tailleur, 34, r. Saint-Marc. — f. 11 avril 66. — s. Copin. — c. 21 juin 66. — h. 5 juill. 66. — 10 p. 100 les 2 premières années et 15 p. 100 les 2 années suivantes.    6007

HECK (Jean), march. de vins et chaussures, 19, r. de Charenton. — f. 23 nov. 65. — s. Moncharville. — c. 16 fév. 66.—h. 17 mars 66.—30 p. 100 en 4 ans.                          5121

HECQUET, doreur, 13, r. Portefoin. —
f. 3 août 66. — s. Beaugé.        6550

HEDDERICH (Constant-Stanislas), 69,
r. St-Lazare. — Sép. corps et biens
d'avec dame ERHARD, 23 nov. 65. —
Pérard, avoué.

HEDOUT (Théodore-Paul), march. de
chapeaux, 23, r. Bourtibourg. — f. 12
juin 66. — s. Sarazin. — Clôt. 26
nov. 66.        6260

HEIDERICH (Louis), maroquinerie, 17,
r. Ste-Croix-de-la-Bretonnerie. — f.
1er sept. 66. — s. Battarel. — c. 26 nov.
66. — h. 11 déc. 66. — 25 p. 100 en
4 ans.        6668

HEINSFARTHES (Maurice), march. au
Temple, 38, r. Quincampoix. — f. 5
fév. 66. — s. Meillencourt. — c. 5
mai 66. — h. 23 mai 66. — 20 p. 100
en 4 ans.        5754

HEJDEAN veuve, née BAILLEZ (Adèle),
hôtel, 23, r. Laffitte. — f. 27 déc. 66.
— s. Moncharville.        7235

ELFFT (Abraham), 2, r. d'Erlanger.
— Séparation de biens d'avec dame
NEUBURGER, 11 avril 66. — Cheramy,
avoué.

HÉLIE (Alexandre), march. de chaussures, 30, r. de l'Orillon. — f. 31 oct.
66. — s. Sarazin.        6975

HÉLOIRE (Auguste-César), 10, av. St-
Remy, à St-Denis. — Sép. corps et
biens d'avec dame HAMY, 30 nov. 65.
— Maugin, avoué.

HÉNAULT (Paul-Ernest), à Bou'ogue.
— Sép. corps et biens d'avec dame
ANSENAUT, 18 août 66. — Charles
Husson, avoué.

HENGEREH, ébéniste, 33, Faub.-Saint-
Antoine. — f. 18 sept. 66. — s. Meys.
— Clôt. 23 oct. 66.        6748

HENGESCH fils (François), march. de
vins, 18, r. Sedaine. — f. 24 oct. 66.
— s. Knéringer.        6941

HENGESCH père et fils, épiciers, 29, r.
de la Réunion (Charonne). — f. 25
oct. 66. — s. Normand.        6948

HENLEY (Frédéric-Thomas), gomme
laque, 37, boul. Malesherbes. —
f. 16 oct. 65. — s. Pinet. — Union
20 avril 66.        5261

HENNECART (delle Marie), hôtel, 60, r.
Lafayette. — f. 15 déc. 65. — s. Bour-
bon. — c. 6 avril 66. — h. 28 avril 66.
— Le tout aussitôt l'homol.        5536

HENNEQUIN (Ernest), 125, r. Oberkampf. — Sép. corps et biens d'avec
dame SEINE, 10 avril 66. — Gignoux,
avoué.

HENNUYEZ, teinturier, à Saint-Denis.
— f. 5 août 59. — s. Richard-Grison. —
c. 17 juillet 66. — h. 8 août 66. —
Ab. d'actif et 5 p. 100 dans le mois
de l'homologation. — Garantie de
Colombel.        12244

HENON, BIESSY et LEQUEU, chaises,
43, r. des Panoyaux. — f. 24 fév. 66.
— s. Copin.        5813

HENON (Pierre-Auguste), 18, r. de
Charonne. — Sép. de biens d'avec
dame GOMMAUX, 18 avril 66. —
Boulogne, av.

HENRAUX fils (Jean-Baptiste-Aimé),
quincaill., 59, Faub.-St-Martin. —
f. 2 mars 47. — s. Pluzanski. —
Union 18 nov. 66.        6881

HENRY (Edme-Eugène), 2, r. des
Vieilles-Haudriettes. — Sép. corps et
biens d'avec dame DESISTÉ, 17 mars
66. — Servy, av.

HÉRARD (Jules-François), 201, Faub.-
S-Martin. — Sép. de corps et de biens
d'avec dame LEBLOIS, 11 janv. 66.
— Bujon, av.

HÉRAULT-DEVINEAU (Morin), 41, b.
de la Gare-d'Ivry. — 21 août 66, arrêt
infirmant le jugement de séparation.
— Houdard, av.

HERBEAUX (Ernest - Delphin), 36, pass. Jouffroy. — Séparation de biens d'avec dame GUYARD, 11 déc. 66.— Ch. Duval, av.

HERBELIN (Adolphe), 70, r. Caumartin. Interd. 12 mai 66. — Administrateur HERBELIN, 70, r. Caumartin. — Boutet, av.

HERBERT père, horloger, 48, r. Paradis-Poissonnière. — f. 22 sept. 66. — s. Gauche. — Clôt. 23 oct. 66.   6774

HERBLIN (Louis-Alexandre), peintre, 6, boul. des Invalides. — f. 28 nov. 65. — s. Chevallier. — c. 14 fév. 66. — h. 16 mars 66.— 5 p. 100 fin mars 66 et 25 p. 100 en 5 ans. — Dame Herblin et sieur et dame Labbé cautions.   5447

HÉRIPEL (veuve Isidore), marchand de vins, 9, r. St-Sauveur. — f. 9 nov. 65. — s. Copin. — Union 12 fév. 66.   5367

HERMAN (André-Emmanuel-Joseph), 67, r. Ste-Anne. — Séparation de biens d'avec dame ROSE, 24 juill. 66. — Mouillefarine, av.

HERMANN, peintre, 10, aven. de la Grande-Armée. — f. 30 janv. 66. — s. Sommaire.   5717

HERMANN, négoc., 13, r. Laghouat. — f. 7 août 66. — s. Crampel. — Clôt. 26 nov. 66.   6577

HERRIG (Nicolas), pianos, 12, r. St-Ferdinand (aux Ternes).— f. 10 avril 66. — s. Malle. — Clôt. 31 mai 66.   5992

HESS (Jean-Jacques), cordonnier, 70, pass. Choiseul. — f. 26 fév. 66. — s. Devin. — c. 5 juill. 66. — h. 25 sept. 66. — 15 p. 100 en 3 ans.   5818

HEURTEAUX (Jacques), menuisier, 23, r. des Petits-Hôtels. — f. 31 oct. 66. — s. Beaufour.   6976

HEURTON, fabr. de paniers, 7, r. Neuve-Guillemin. — Sép. corps et biens d'avec dame Burthey, 3 mai 66. — Pottier, av.

HEUZEY (V^e), née LAVILLE (Victoire), chapelière, 5, r. St-Martin. — faillite 19 janv. 66. — s. Richard Grison. c. 9 juin 66. — h. 21 juin 66. — 30 p. 100 en 6 ans.   5672

HIBERT frères, distillateurs, 12, r. des Gravilliers. — f. 1er mai 66. — syndic, Sommaire.   6080

HIBLOT (Xavier), balustres, 51, rue Fessart, à Boulogne-sur-Seine. — f. 21 mai 66. — s. Legriel. — concordat 1er sept. 66. — h. 11 oct. 66. — 50 p. 100 en 8 ans : 1er payement le 15 sept. 67.   6175

HILAIRE (Alexandre), sellier, 12, impasse Sandrié. — f. 25 août 66. — s. Gauche. — c. 14 nov. 66. — homologation 4 déc. 66. — 20 p. 100 en 4 ans.   6646

HILGER (Jacques), march. de vins, 95, r. de Bercy. — f. 23 juill. 66. — syndic Pinet. — clôt. 31 oct. 66.   6467

HIMMELSBACH, carrossier, à Romainville. — f. 16 août 48. — s. Bourbon. — Union 10 nov. 66.   4805

HINCELOT, bains, 2 et 4, r. du Havre. — f. 3 nov. 66. — s. Moncharville.   6995

HIPPENMEYER (Jacob-Jean), ouates, 45, r. de la Procession. — f. 15 décembre 65. — s. Beaufour. — concordat 26 mars 66. — h. 6 avril 66 : le tout en 5 ans.   5529

HIRSCH (Adolphe) et CERF, marchands, 2, r. Charles V. — f. 3 mai 66. — s. Bégis. — clôt. 31 mai 66.   6099

HIRSCH jeune (Gustave), limonadier, 48, r. Charenton, à Bercy. — faillite 3 août 66. — s. Normand. — Union 4 nov. 66.   6547

HIRSCHFELD, PÉRAIRE et Cie, commissionnaires, 46, r. Trévise. — faillite 6 sept. 66. — s. Lefrançois.   6695

HIRT (Jean-Georges), sans dom. connu, — Sép. corps et biens d'avec dame GEMELLI, 6 mars 66. — Laubanie, avoué.

HIVET (André) et Cie, lavoir, 58, rue de l'Ouest. — f. 5 oct. 65. — s. Quatremère. — c. 31 janv. 66. — homologation 20 févr. 66. — Ab. d'actif, et le tout en 10 ans par vingtième de 6 en 6 mois.    5210

HIVET (Jean-Étienne), boulanger, à Boulogne-sur-Seine. — f. 19 déc. 65. — s. Battarel. — c. 9 avril 66. — homolog. 23 avril 66. — 40 p. 100 en 8 ans.    5316

HOART - BATTANDIER, corroyeur, à Boulogne-sur-Seine. — Sép. corps et biens d'avec dame CRÉVOISIER, 18 juill. 66. — Lévesque, av.

HOCQUARD, 26, r. de Meaux. — Séparation corps et biens d'avec dame CARON, 9 août 66. — Cartier, av.

HODIER (Louis - Jean - Baptiste), casquettes, 101, boul. Beaumarchais. — f. 12 mai 66. — s. Barboux. — Union 22 juill. 66.    6130

HOÉTER (Michel), sans dom. connu, — Sép. corps et biens d'avec dame FLAMANT, 22 mars 66. — Petit Bergonz, avoué.

HOFFMANS et Cie, march. de vins, 48, av. de Neuilly. — f. 20 juillet 66. — s. Malle. — Clôt. 23 août 66.    6157

HOFFMEISTER (veuve), née Dol (Catherine-Louise), faïencière, 111, r. Popincourt. — f. 9 août 66. — syndic, Beaugé.    6589

HOLBERT (Louis), 200, r. de Grenelle-St-Germain. — Sép. corps et biens d'avec dame MOMAS, 13 janv. 66. — Rougeot, avoué.

HOLLANDRE (François), voiturier, 7, r. du Grand-St-Michel. — Sép. de biens d'avec dame PORTHAUT, 21 avril 66. — Labbé, av. — Sép. de corps. 14 août 66. — Labbé, av.

HOLLEY aîné (Jean-Jacques), marchand de vins, 10, r. Sedaine. — f. 28 avril 66. — s. Malle. — Clôt. 30 juin 66.    6071

HOMBOURGER (Jean), 98, r. de Meaux. — Sép. corps et biens d'avec dame MENTRE, 3 mai 65. — Adam, av.

HORAIST (Alfred), négociant, 10, rue Rougemont. — f. 22 août 65. — syndic Knöringer. — c. 17 févr. 66. — h. 9 mars 66. — Ab. d'actif.    5017

HORSIN (Joseph-Louis), négociant, 81, r. de Rivoli. — f. 11 juin 65. — syndic Dufay. — c. 20 oct. 66. — h. 5 novembre 66. — 30 p. 100 en 6 ans. 6253

HOTOT (François-Toussaint), blanchisseur, à Boulogne-sur-Seine. — f. 5 mars 64. — s. Quatremère. — Union 1er sept. 66.    3290

HOTTOT (Louis-Victor), 113, q. d'Orsay. — Sép. corps et biens d'avec dame BOURGOIN, 30 janv. 66. — Lévesque, avoué.

HOUEL, négoc., av. du Coq, r. St-Lazare. — f. 1er août 66. — s. Devin.    6537

HOUILLÈRES DE L'AVEYRON, 17, r. de Provence. — f. 7 juin 65. — s. Trille. — Union 19 juill. 66.    4668

HOUSSAIS (Franç.-Etienne-Armand), 6, r. Mars-de-la-Roquette. — Sép. de biens d'avec dame CHAMPION, 3 mars 66. — Delessard, avoué.

HUARD (Etienne), 2, cité d'Odessa. — Séparation de biens d'avec dame DE LANNEAU, 3 avril 66. — Louvel, avoué.

HUART (Célestin), meubles, 58, r. Ste-Anne. — f. 14 sept. 66. — s. Sarazin. — c. 5 déc. 66. — h. 26 déc. 66. — 40 p. 100 en 5 ans.    6729

HUAULT, fauteuils, 31, r. Louis-Philippe. — f. 10 avril 66. — s. Sautton. — Clôt. 30 janv. 66.    6000

HUBERT (Hyac.-Philippe-Charles), libraire, 120, r. d'Enfer. — f. 24 oct. 65. — s. Gauche. — Clôt. 30 janv. 66.    5298

HUBERT, négoc., 25, r. Duménil. — f. 16 oct. 66. — s. Barboux. — Clôt. 31 oct. 66.    6889

HUBERT fils (Louis), march. de vins, 119, r. St-Maur. — f. 23 oct. 66. — s. Battarel.    6939

HUBINET DE SOUBISE (veuve), née Prévost (Marie-Nicole-Coralie), Maison impér. de Charenton.—Interd. 12 juin 66. — Adm. Fauvel, 17, r. Guénégaud. — Lacomme, avoué.

HUDEBINE, march. de vins, 77, boul. St-Michel. — f. 3 août 66. — s. Pinet. — Clôt. 27 sept. 66.    6553

HUET (Ferdinand-Gustave), 4, r. de l'École-de-Médecine. — Interd. 24 juil. 66. — Adm. Harouel, 68, r. de la Victoire. — Warnet, avoué.

HUET (Olivier), march. de vins, 41, r. du Colysée. — f. 3 juill. 66. — s. Sommaire. — c. 6 oct. 66. — h. 29 oct. 66. — Le tout en 5 ans.    6355

HUET (Gustave), commiss., 27, r. de l'Échiquier. — f. 6 oct. 66. — s. Meys.    6842

HUET (Jean-Baptiste), 100, r. de la Pépinière. — Sép. corps et biens d'avec dame PIEPLU, 21 juill. 66. — Coche, avoué.

HUET-INGELBRACH et Cⁱ, fondeurs, 92, boul. Sébastopol. — f. 7 déc. 66. — s. Beaufour.    7139

HUGON, peinture, 41, r. Lamartine. — f. 26 juill. 66. — s. Barboux.    6496

HUGON (Guillaume), charbonnier, 52, r. Amelot. — f. 28 juill. 66. — s. Dufay. — Clôt. 31 août 66.    6517

HUGUENOT (Alexis-Louis), 34 bis, r. de la Ferme-des-Mathurins. — Séparation de corps et biens d'avec dame

MONSEIGNAT, 4 juill. 66. — Vigier, avoué.

HUMBERT (Pierre), can    , 117, r. d'Allemagne. — f. 16 juill. 62. — s. Bourbon. — Clôt. 3 mars 66.    382

HUOT (Charles), s. dom. con. — Séparation corps et biens d'avec dame GUIBERT, 30 nov. 65. — Audoin, av.

HURIAU et WÉROUFE, limonadiers, 90, boul. Sébastopol. — f. 26 oct. 66. — s. Meys.    6950

HURTON, 7, r. Neuve-Guillemin. — Séparat. corps et biens d'avec dame BURTHEY, 3 mai 66. — Pothier, av.

HUSSON (veuve et fils), née Lequeux (Marguerite), crinolines, pass. Bourg-l'Abbé. esc. C. — f. 23 juin 66. — s. Richard-Grison.    6346

HUSSON (Charles-Ernest), charpentier, 60, rue Baudricourt. — f. 15 déc. 66. — s. Gauche.    7184

HUSSON (Théodore), 32, r. des Trois-Couronnes. — Sép. corps et biens d'avec dame HEIMBURGER. — 6 décembre 66. — Tixier, av.

HUSTACHE (Joseph-Marie), négociant, 213, boul. du Prince-Eugène. — f. 15 fév. 66. — s. Copin.    5786
— Sép. de biens d'avec dame ARNAULT. — 19 avril 66. — Louvel, av.

HYARD (Antoine-Adolphe), colporteur, 10, r. du faub. St-Denis. — f. 24 nov. 66. — s. Knéringer.    7088

# I

ICKLER (Théodore), hôtel, 22, r. Tronchet. — f. 5 oct. 66. — s. Bégis.    6824

INGER (veuve), négoc., 21, r. Lamartine. — f. 6 nov. 66. — s. Lamouroux. — Clôt. 30 nov. 66.    7003

INGRAIN, dem. (Victorine-Louise), crinolines, 4, r. des Accacias. — f. 3 mars 66. — s. Chevallier. — concordat 23 juin 66. — homologation 15 juill. 66. — 15 p. 100 en 3 ans, du 15 juin 67.    5848

ISATELLE (Valentin), march. de mou-
tons, à Ivry.—f. 4 août 66. — s. Knéringer.                             6859

ISAY, menuisier, 13, r. de l'Arcade
(aux Ternes). — f. 1er juil. 59. —
s. Beaufour. — c. 28 nov. 65. — h. 12
janv. 66. — 8 p. 100 en 4 ans, sans
préjndices des sommes existant aux
mains du syndic.                   16858

ISNARD (Bernard), march. de vins à

Neuilly, 69, r. Villiers. —f. 19 sept.
66. — s. Sommaire. — Clôt. 31 octobre 66.                          6753

ISNARD (Jean-Joseph-Chrysostome),
6, boul. Vaugirard. — Sép. de biens
d'avec dame MEILHBURAT, 8 fév.
66. — Barbe, av.

ITEPRAT (Joseph), 1, r. Félicité. —
Sép. corps et biens d'avec dame
LUBREZ, 16 août 66.—A. Guyot, av.

# J

JABLONOWSKI, prince (Charles-Sta-
nislas), 36, r. de Penthièvre. — Sép.
de biens d'avec dame MOHR, 9 mai
66. —Denormandie, av.

JABŒUF (Lazare), ferblantier, 85, r.
de la Verrerie. — f. 19 nov. 66. —
s. Beaujeu.                        7031

JACOB (Nicolas), menuisier, 37, rue
Marcadet.—f. 21 sept.65.—s. Beaugé.
— Union.                           5152

JACOB (Louis), entrep., 26, r. des Couronnes. — f. 6 fév. 65. — s. Knéringer. — Clôt. 17 fév. 66.           4155

JACOB, agent d'affaires, 4, r. du Parc-
Royal. — f. 22 juin 66. — s. Quatremère. — Clôt. 30 juil. 66.         6315

JACOB, tonnelier, 3, r. Amélie. — f. 16
oct. 66. — s. Knéringer. — Clôt. 31
oct. 66.                           6890

JACOB (Joseph), sans dom. con.—Sép.
corps et biens d'avec dame TIÈCHE,
18 janv. 66. — Servy, av.

JACOTOT (Auguste), à St-Mandé, 11,
route de Charonne. — Sép. de biens
d'avec dame PELLETIER, 11 août 66.
— P. du Boys, av.

JACQUAND, négoc., 1, r. d'Arnetal, à
Vitry-sur-Seine. — f. 1er juin 66. —
s. Meys. — Union 20 oct. 66.       6219

JACQUAND (Frédéric), 147, r. St-Maur.
—Séparation de biens d'avec dame
FLEUROT, 4 déc. 66. — Leboucq, av.

JACQUEMIN (Jean-Joseph), 11, r. Libert. — Sép. corps et biens d'avec
dame CLOUARD, 17 février 66. —
Sibire, av.

JACQUES, négoc., 139, Grand'Rue, à
Bagnolet. — f. 14 juin 66. —s. Copin.
— Clôt. 30 juil. 66.               6273

JACQUET, négoc., 9, av. St-Ouen. —
f. 29 déc. 65. — s. Hécaen. — Clôt.
22 mars 66.                        5604

JACQUET (François), marbrier, 62, rue
Montparnasse. — f. 3 juillet 66. —
s. Meys. — c. 26 sept. 66.—h. 16 oct.
66. — 25 p. 100 en 5 ans.          6356

JACQUET (Auguste), bijouterie, 7, r. des
Singes, f. 10 juil. 66. —s. Sautton, 1.87
p. 100, seule répartition.         6390

JACQUET (Jean-Simon), 68, quai des
Ormes. — Sép. corps et biens d'avec
dame DELASARRE. —15 fév. 66. —
Robert, av.

JACQUIN (Victor-André), 13, r. Charlot.
—Sép. corps et biens d'avec dame
LEJEUNE. — 7 août 66. Benoist, av.

JACQUOT (Joseph), march. de vins,
123, r. de Gravelle. — f. 23 janv. 66.
s. Dufay. — Clôt. 31 mai 66.       5686

JACTA et Cᵉ, bijoutiers, 17, r. de la Paix. — f. 6 juil. 66. — s. Pluzanski. — c. 16 nov. 66. — h. 11 déc. 66. — 15 p. 100, 31 janv. 67. — 10 p. 100, fin janv. 68, 69, 70 et 71, et 5 p. 100, fin janv. 72.                    6372

JALBERT, directeur de *la France pittoresque*, 70, r. Bonaparte. — f. 8 déc. 65.—s. Pinet. — Clôt. 26 fév. 66.  5504

JALBERT (Pascal-Jean), 100, r. de Charonne.— Sép. corps et biens d'avec dameMAZIE.—26 juil. 66.—J. Roche, avoué.

JAMAIN, fab. de billards, 46, r. des Trois-Couronnes. — f. 22 août 66. — s. Meys.—Clôt. 20 sept. 66.    6632

JAMET (Antoine-Louis), 15, passage St-Dominique. — Sép. corps et biens d'avec dame HUGUET. — 5 juin 66. — Quatremère av.

JANET (Joseph-Grégoire), 88, Chaussée Ménilmontant. — Sép. corps et biens d'avec dame DUMAS. — 14 mars 66. — Robert. av.

JANNOT (Jean-François), limonadier, 32, boul. Bonne-Nouvelle. — f. 8 janv. 66. — s. Pluzanski. — Union, 17 juin 66.                            5629

JANVIER et ROZIER, châles, 93, r. Richelieu.— f. 11 juil. 64.—s. Bourbon. — c. 28 fév. 66. — h. 16 mars 66. — ab. d'actif, et 5 p. 100 en 5 ans. 3240

JANVIER (Joseph-Hubert), carrier, à Montrouge. — f. 19 oct. 66. — syndic Hécaen. — Clôt. 30 nov. 66.    6910

JARDIN (Victor), gravatier, à Montrouge, 3, Grande-Rue.—f. 3 mars 66. s. Normand.—Union, 2 juin 66. 5846.

JARDIN (Pierre-Charles-Joseph), tailleur, 3, place de l'École.—f. 12 avril 66. — s. Pinet.                    6013

JARRY (Alexandre), soieries, 28, rue Croix-des-Petits-Champs. — f. 7 déc. 65.—s. Moncharville.—c. 12 mars 66. — h. 27 mars 66. — 10 p. 100 dans le mois de l'homol. — 5 p. 100 dans 1 an. — 10 p. 100 dans 2 ans. — 10 p. 100 dans 3 ans.          5497
Sép. de biens d'avec dame BEAUER.— 23 janv. 66. — Bujon. av.

JARSAINT, négoc. 19, r. Soulages.— f. 16 mai 65. — s. Meys. — Union.    4573

JARTRAUX (Louis DE), commissᵉ, 11, r. St-Lazare. — f. 2 oct. 66 — syndic Bourbon.                          6815

JAY ainé (Emmanuel-Gabriel), fab. de chaussures, 23, r. Neuve-St-Merry. — f. 30 mai 65. — s. Crampel. — Clôt. 2 fév. 66.                    4625

JEAN(dame DE), née ALLENT (Adelaïde), 289, r. St-Jacques. — Interd., 18 août 66. — Girault, av.

JEANDEL (dame), née GOBERT (Marie-Catherine-Julie), charbons, 280, quai Jemmapes. — f. 31 oct. 66. — syndic Gauche.                          6977

JEANNELLE(Nicolas),4,r.de la Chapelle (Villette).— Sép. corps et biens d'avec dame PEDRON.— 20 mars 66.— Servy, av.

JEAN-PIERRE (Jean-Florian), 53, r. de Montreuil. — Sép. corps et biens d'avec dame COLIN. — 21 juillet 66. — Postel, av.

JEANSON (Pierre-François), bois de sciage, quai de Bercy prol. — f. 25 oct. 66. — s. Sommaire.        6943

JEANTET (Daniel-César), 46, r. Grenetat. — Sép. de biens d'avec dame LARMET, 19 juin 66. — Guillemon, avoué.

JENSEN (Joseph), 5, r. des Oiseaux. — Sép. corps et biens d'avec dame PFOTZER. — 6 fév. 66.—Blachez. av.

JEULLIN dame. née BRÉZILLION (Mélanie), coutur.,36, Faub.-St-Honoré.— f. 20 mars 66. — s. Gauche. — c. 9 juin 66. — h. 23 juin 66.—5 p. 100 la 1ᵗᵉ année et 35 p. 100 en 5 ans. 5917

JOB (veuve), négociante, 38, rue de Vaugirard.—f. 29 juin 65. — s. Sommaire.—Clôt. 22 mars 66.    4767

JOB, négoc., 144, route d'Italie.—faillite 3 juill. 66. — s. Hécaen. —Clôt. 25 août 66.                 6362

JOBERT (Pierre), pharmacien, 283, boul. du Prince-Eugène. — f. 5 nov. 66. — s. Beaufour.              6997

JOBERT (Joseph—Frédéric), 101, rue St-Martin. — Séparat. de biens d'avec dame CHARLES. —22 nov. 66. —Bourse, av.

JOFFROY (Charles-Alexandre), 14, rue Delètre.—Sép. de biens d'avec dame CALMUS. —9 juin 66. — Fitremann, avoué.

JOINEAU (Philippe-Dominique), chaussures, 162, faub. St-Denis. — f. 26 sept. 66. — 3. Heurtey, fils.      6790

JOLIVET (Jean-Paul), chiffons en gros, 1, r. de Sébastopol. — f. 6 janv. 66. — s. Malle. — Clôt., 22 fév. 66. 5624 —Sép. de biens d'avec dame ROUGES. —28 juill. 66. — Froc, av.

JOLLY, négoc., 25, r. de Tanger.—fail. 20 fév. 66. — s. Meys.—Clôt. 31 mai 66.                 5798

JOSSELIN (François-Edouard), fab. de bijoux, 28, r. Rambuteau.—f. 26 fév. 66. — s. Hécaen. — c. 28 mai 66. — h. 15 juin 66. — 10 p. 100 dans 2 ans et 5 p. 100 dans 3 ans.        5819

JOSSERAND (François), confections, 148, faub. St-Denis. — f. 3 nov. 66. —s. Chevallier.              6988

JOST (dame), née AUBRY (Advinza). Sép. de biens d'avec JOST (Jules), Brasserie, 1, r. Mazagran. — f. 30 oct. 66. — s. Lamoureux.              6967

JOUANNEAU, nég., 3, r. du Marché (Passy).—f. 28 déc. 65. — s. Quatremère. — Clôt. 23 janv. 66.      5597

JOUBERT (Pierre), 30, r. de Venise. — Sépar. corps et biens d'avec dame SICOT. — 6 janv. 66. — Du Boys, av.

JOURDAIN, transport, 36, r. Culture-Ste-Catherine.—f. 13 juin 66.—syn-

dic Lefrançois. — c. 24 nov. 66. — h. 17 déc. 66. — 20 p. 100 en 5 ans.                 6266

JOUSSELIN (François-Salvator-Gaston), 60, r. de la Pépinière. —Mainlevée de cons. jud., 26 avril 66.

JOUY (Pierre-Edouard), hôtel du Jura, r. de Jouy. — Sép. corps et biens d'avec dame GEOFFROY, 12 juillet 66. — Castaignet, av.

JOYE (Dme), hôtel, 7, r. St-Lazare. — f. 4 mai 66. — s. Beaufour. — Clôture 30 juin 66.            6104

JOYEUX et CHATEL, fab. de tissus, 241, r. St-Denis. — f. 16 juin 65. — s. Malle. — 4.10 p. 100, unique répartition.              4765

JUBLIN, négoc., 123, r. de Charenton. — f. 15 mai 66. — s. Sarazin. — Clôt. 31 août 66.            6142

JUDISSÉ, entrepreneur, 223, r. Saint-Dominique. — f. 4 déc. 66. — syndic, Devin.              7129

JUHAN (Alexandre), art. de photographie, 11, r. Poissonnière. — f. 26 décembre 66. — s. Lamoureux.    7230

JULIIES dit SYLVAIN, nourrisseur, 45, r. Rennequin. — f. 13 juin 65. — s. Crampel. —Clôt. 30 juin 66. 4688

JULIEN (Camille), 80, r. de l'Oratoire-St-Honoré. — Sép. de biens d'avec dame GROUT, 14 juill. 66. — Migeon, avoué.

JULIENNE (Hilaire), hôtel du commerce, pass. du Saumon. — Sép. de biens d'avec dame DEMAY, 26 juillet 66. — Protat, av.

JULLIEN (Eugène-Achille), fab. d'allumettes chimiques, 61, Faub.-Saint-Denis. — f. 14 nov. 65. — s. Beaugé. — c. 20 juill. 66. — h. 28 août 66. — 11,000 r. dans les 8 jours de l'homologation.            5308

JULLIEN et Cie, épurateur, 78, faub. St-Martin. — f. 9 févr. 66. — syndic Beaufour.     5766

JULLIEN, courtier en vins, 71, rue Charlot. — f. 26 juin 66. — s. Lamoureux. — Clôt. 30 juill. 66.   6320

JULLIEN-DEPLAYE et Cie, pierres lithographiques, 6, r. de Seine. — f. 10 nov. 65. — s. Sautton. — concordat 21 mars 66. — h. 12 avril 66. — 4 p. 100 1re année; 5 p. 100 2e et 3e années; 6 p. 100 4e, 5e, 6e et 7e années; 9 p. 100 8e et 9e années; 8 p. 100 10e année.     5371

JUNOT, négoc., 13, r. Vauvilliers. —

f. 27 avril 64. — s. Gauche. — Clôture 31 mai 66.     6069

JUSSY (veuve), née Durin (Anne-Marguerite), libraire, 85, r. de la Roquette. — faillite 17 mai 66. — syndic Bégis. — Clôt. 28 septembre 66.     6149

JUSTAULT DE BELLEVIGNE (D**e**), march. de vins, à Levallois. — faillite 27 novembre 66. — syndic Meys.     7104

JUVIEN, négoc., 10, imp. Guillaumot. — f. 5 oct. 66. — s. Normand. — Clôture 31 oct. 66.     6835

# K

KAHN, fab. de casquette, 38, r. du Temple. — f. 15 fév. 65. — s. Pluzanski. — c. 22 sept. 65. — h. 14 déc. 65. — Ab. d'actif et 36 p. 100 en 6 ans.     4288

KAUFFMAN, nég., 56, r. du Faubourg-St-Denis. — f. 28 déc. 66. — s. Normand.     7249

KAUFFMANN (Émile), changeur, 18, r. Laffitte. — f. 4 mai 65. — s. Lamoureux. — Union 31 oct. 66.     4784

KEIPPE (Jean-Bapt.), hôtel, 2, cité d'Odessa. — f. 23 déc. 66. — s. Meillencourt.     7220

KIFFLER et Ce, nég., impasse du Moulin-Joly. — f. 18 août 65. — s. Bégis. c. 27 mars 66. — h. 11 avril 66. — 20 p. 100 dans le mois de l'homologation et 20 p. 100 en 5 ans.     5000

KIMMERLIN (Conrad), voiturier, r. de la Charonnerie (St-Denis). — f. 12 août 65. — s. Lamoureux. — Clôt. 30 avril 66.     4970

KINGUEL (Désiré), boîtier, 3, r. de la Banque. — f. 5 déc. 66. — s. Henrionnet.     7121

KLEIN, fab. de lingeries, 20, r. Oberkampf. — f. 16 mars 66. — s. Héraen.     5905

KLEIN (Philippe), relieur, 15, r. de l'Échaudé. — f. 27 déc. 66. — s. Pinet.     7236

KLING-POINAT (Louis-Justin), passementier, 11, r. des Fossés-Montmartre. — f. 21 mars 65. — s. Sommaire. — c. 23 déc. 65. — h. 12 janv. 66. — 50 p. 100 en 5 ans.     4337

KLING, dit Jacob, nég., 8, r. de l'Hôtel-de-Ville. — f. 13 juin 65. — s. Quatremère. — c. 28 avril 66. — h. 19 mai 66. — 15 p. 100 en 5 ans.     4693

KLOPP, fab. de filets, 311, r. St-Denis. — f. 26 juill. 66. — s. Barboux. 6497

KOHLER (Jacques), loueur de voitures, 47, r. Saussures. — f. 11 juill. 66. — s. Beaujeu.     6438

KRACH (Sébastien), restaurateur, 2, r. du Pont, à Suresnes. — f. 18 mars 66. — s. Malle. — c. 13 juill. 66. — h. 30 juill. 66. — Le tout en 10 ans.     5866

KRAFFT (dame), confection, 24, r. Neuve-St-Eustache. — f. 12 juill. 66. s. Beaujeu. — Clôt. 30 juin 66. 5647

KRAPF (Jean-Friedmann), chaudronnier, 7, r. Beaurepaire. — f. 1er sept. 66. — s. Barbot. — Clôt. 29 sept. 66. 6669

KREMER (dame) (Félix), limonadier, à Neuilly. — f. 13 déc. 65. — s. Mon-

charville. — c. 3 mars 66. — h. 20 mars 66. — 33 p. 100 dans 1 ans ; 33 p. 100 dans 2 ans, et 34 p. 100 dans 3 ans. 5521

KUHSVART, boulanger, 53, r. de Cléry. — f. 4 décembre 66. — s. Crampel. 7130

KUNTZ, nég., 18, r. du Port-Royal. — f. 16 nov. 66. — s. Heurtey fils. 7051

# L

LABBÉ (Charles-Édouard), négoc. en vins à Bercy, 9, r. Soulages.—f. 9 mai 66. — s. Bégis. — Union 7 oct. 66. 6146

LABBÉ (Armand), fab. de voitures, 4, r. Boutin. — f. 22 mai 66. — s. Beaujeu, — c. 1er août 66. — h. 23 août 66. — 50 p. 100 en 5 ans. 6160

LABERTONNIÈRE, s. dom. con. — Séparation corps et biens d'avec dame BERNOUVILLE, 24 mars 66.—Bourse, avoué.

LABORDE (Louis), sergent, maître d'escrime, au 2e régiment de la Garde, à Courbevoie. — Sép. corps et biens d'avec dame MARCHAND. 31 juill. 66. — Laubanie, av.

LABOULLAYS (Henri-Joseph), liquoriste, 15, r. Dauphine. — f. 28 nov. 65. — s. Normand. — c. 16 fév. 66. — h. 28 mars 66. — 50 p. 100 payables 6 mois après le décès du beau-père du failli, avec l'engagement de la femme. 5418

LABOUREAU (Anna-Charlotte), articles de fumeurs, 1, passage Verdeau. — f. 2 juin 66. — s. Malle. — Clôt. 29 sept. 66. 6226

LABOURET (Édouard), café, chicorée, 8, r. du Chaume. — f. 11 sept. 66. — s. Pinet.—c. 21 oct. 66.—h. 18 nov. 66. —20 p. 100 en 4 ans, du 31 déc. 67. 6714

LABOUREUR (Jean-Pierre), ouvrier, 33, r. de Fontenay. — Sép. corps et biens d'avec dame MAULAVÉ. — 15 nov. 66. — Chauveau, av.

LABOUROT (Jean-Baptiste), boulanger, à Clichy. — f. 7 nov. 48. — c. 9 août 49.—Clôt. 4 sept. 60. — Union, 4 nov. 66. 16892

LABRICHE, dit MONTDIDIER et Ce (société), Théâtre Beaumarchais, 25, boul. Beaumarchais, composée de Jean-Louis LABRICHE, dit MONTDIDIER, et de Jean-Eugène MOREAU, 23, rue Bréda. — f. 21 septembre 66. 6764

LABRIOLAT, négoc., 169, r. du Temple. — f. 30 janvier 66. — s. Barbot. — Union, 5 déc. 66. 5719

LABROSSE (Claude), articl. de chasse, 207, r. St-Martin. — f. 27 oct. 65. — s. Heurtey. — c. 28 fév. 66. — h. 20 mars 66. — 50 p. 100 en 5 ans, du 15 mars. 5313

LACAINE (Clovis), march. de vins, 48, r. Notre-dame-des-Victoires. — Séparation de biens d'avec dame BUYS, 2 janv. 66. — Second, av.

LACAZE (Bernard), menuisier, 14, rue des Moineaux. — f. 12 oct. 66. — s. Devin. 6869

LACHAMBRE (Alexandre-Arthur-Confex), 9, r. de la Paix. — Sép. de biens

d'avec dame DELAGETTE, 11 déc.
66. — Louvel, av.

LACHAUD (Pierre), 134, r. du Temple.
— Sép. corps et biens d'avec dame
TEURLAN, 23 fév. 66.—Chauvin, av.

LACHENAYE (Paul-Adolphe), passementier, 25, r. de Rambuteau. —
f. 2 déc. 65. — s. Quatremère. —
c. 9 mars 66. — h. 29 mars 66. —
15 p. 100 en 5 ans.          5474

LACOMBE, march. tailleur, 142, r. du
Bac. — f. 24 juill. 66. — s. Richard-
Grison. — Clôt. 18 sept. 66.     6478

LACOSTE (Thomas), march. de ta-
bleaux, 39, boul. des Capucines. —
f. 16 août 55. — s. Bourbon. — c. 8
janv. 56. — 4 déc. 60, jugement ré-
solvant le concordat du 21 déc. 65.
                             12581

LACOSTE (François), bains, 7, rue du
Perche.—f. 23 nov. 65.—s. Heurtey.
— Union.                     5422

LACOMBE (Bernard), fabr. de chaussures, 35, r. Chapon. — f. 1er oct. 66.
— s. Crampel.               6809

LACRETELLE (DE) (François-Paul-Ca-
mille, 42, r. de Longchamps (Neuilly).
—Sép. de biens d'avec dame TATTET,
2 janv. 66. — Maza, av.

LACROIX (Auguste), commissionn., 5,
r. Bergère. — f. 22 nov. 60. — synd.
Heurtey. — c. 7 avril 66.—h. 16 mai
1866. — 5 p. 100 en 5 ans.    17770

LACROIX (Jean-Baptiste), commissionnaire, 26, r. Michel-le-Comte. — f. 6
sept. 66.—s. Montcharville.    6693

LADEY (Louis-Marie-Alfred), 6, r. de
l'Échiquier. — Sép. de biens d'avec
dame PICOT, 4 déc. 66.—Roche, av.

LAFABRÈGUE (Philippe-François),
sculpteur sur ivoire, 9, r. des Trois-
Pavillons. — f. 20 oct. 66. —Syndic,
Sommaire.                    6920

LAFENAUX, loueur de voitures, 80,

avenue de la Grande-Armée. — f. 17
avril 66. —s. Lamoureux. — Clôt. 24
mai 66.                      6039

LAFERRIÈRE, direct. de théâtre, 50,
boul. du Temple. — f. 1er mai 66. —
s. Copin. — 11 août 66, jugement reportant la faillite au 20 janv. 65. 6081

LAFFITTE et Cie, ferronniers, 49, r. Fontaine-au-Roi. — f. 28 oct. 66. —
s. Richard-Grison.           6962

LAFFORE (Victor-Emmanuel), mercier,
19, r. Breda. — f. 11 sept. 66. —
s. Legriel. — Clôt. 29 déc. 66.   6713

LAFOND (Louis), maçonnerie et vins,
108, r. Montreuil. — f. 23 mars 66.—
s. Devin. — Clôt. 29 sept. 66.   5950

LAGARDE (Étienne), maçon, 34, r. de
Reuilly. — f. 6 oct. 66. — s. Normand.                        6843

LAGAUGUAIRE (Pierre), march. de
vins, 29, r. de la Roquette.—f. 9 déc.
65. — s. Barbot. — Clôt. 29 janv. 66.
                             5505

LAGNY frères (Paul-Édouard), libraires-
éditeurs, 17, r. Cassette.—f. 23 juin
66. — s. Moncharville.        6317

LAGRIFFOUL, march. de charbons, 2,
r. St-Jean (Batignolles). — f. 20 mars
66. — s. Quatremère. — Clôt. 30 avril
1866.                        5922

LALIGANT (François), march. de vins-
traiteur, à Saint-Ouen, en face les
docks. — f. 21 sept. 66. — s. Devin.
                             7218

LALIZEL fils (Léopold), fab. d'allumettes, 6, r. des Crochets (Prés Saint-
Gervais). — f. 7 juill. 66. — s. Beaujeu.                         6377

LALLEMAND (Félix), restaurateur, 93,
r. de Paris, à Clichy-la-Garenne. —
f. 28 nov. 66. — s. Devin.    7105

LALLEMAND (Eugène), 27, r. Berger.
— Sép. de biens d'avec dame AN-
QUETIN, le 10 avril 66. — Giry, av.

LALLIA (Jules-Alphonse). — Sép. corps et biens d'avec dame GALLOIS, 23 juin 66. — Branché, avoué.

LALOUTRE (père et fils), maçonnerie, 38, r. Jardin (Nogent-sur-Marne). — Société composée de Louis-Hubert LALOUTRE père, J.-Hubert LALOUTRE fils. — f. 15 oct. 66. — s. Richard-Grison.                        6877

LALOUTRE (Joseph-Hubert). — Sép. de biens d'avec dame REDOUTÉ, le 11 déc. 66. — Bonnel de Lonchamp, avoué.

LAMBERT (Prudent-François), march. de vins à Levallois. — f. 10 nov. 66. — s. Normand.—Union 7 fév. 66. 5373

LAMBERT (Jacob), march. de meubles, 44, r. Fontaine-St-Georges. — f. 3 déc. 66. — s. Meillencourt.    7120

LAMBERT (Jean-Franç.-Firm.), 38, r. Vieille-du-Temple. — Sép. de biens d'avec dame ALBARET, 3 juill. 66.— Lacomme, avoué.

LAMBLIN (H.), nég., 35, r. St-Victor.— f. 3 fév. 66. — s. Barlot. — Union 23 nov. 66.                    5746

LAMESSINE (Alexis), 13, r. de Strasbourg. — Sép. corps et biens d'avec dame LAMBERT, 4 août 66. — Léboucq, avoué.

LAMOTHE, nég., 48, r. de Rivoli. — f. 19 oct. 66. — s. Henrionnet.  6915

LAMOTTE (Jean-Baptiste). — Interd. 31 juill. 66.—Adm. Léonard THIBAUT-DAMERON, rentier, 48, r. Truffaut. — Guibet, avoué.

LAMOUCHE, dit STAINVILLE (Adolphe-Auguste), passementier, 168, r. St-Denis. — f. 19 janv. 66. — s. Barbot. — c. 7 avril 66. — h. 8 juin 66. — 25 p. 100 en 3 ans, payables 8 p. 100 dans 1 an et 2 ans; 9 p. 100 dans 3 ans.                        5675

LAMOUCHE, fab. de galnerie, 31, r. des Noyers. — f. 24 mai 66. — s. Lamoutreux. — Union 25 sept. 66.   6178

LAMOUROUX (Louis-Justin), à Montpellier (Hérault). — Interd. 17 mai 1866. — ESTIENNE, avoué, 31, r. Sainte-Anne. — Estienne, avoué.

LANCELEUX (Louis-Éloi), boulanger, r. Curial (la Villette). — f. 12 avril 66. — s. Beaufour. — c. 4 août 66.— h. 23 août 66. — 25 p. 100 en 5 ans.                        6016

LANDEMARE (Maurice-Victor), march. de bières, 97, r. Lafayette. — f. 19 sept. 65. — s. Beaugé. — c. 13 déc. 65. — h. 2 janv. 66. — 23 p. 100 en 5 ans.—Leleu, caution des 2 derniers dividendes.            5140

LANDRIN (Alexandre), maréchal vétérinaire, 12, r. Albouy. — f. 3 nov. 65. — s. Copin. — c. 31 janv. 66. — h. 13 fév. 66.—20 p. 100 en 4 ans. 5338

LANDRIN (Michel-Toussaint), 186, boul. Magenta.—Séparation de biens d'avec dame MENORET, 19 avril 66. — Foussier, av.

LANDRY et Cᵉ (Augustine-Marianne), vins et esprits, 63, r. Taitbout. — f. 28 juin 66. — s. Malle.    6337

LANDRY dame (Louise), veuve de SARRAZIN (Jean), maison de santé, de Clermont (Oise). — Interdiction 13 janv. 66. — Boucher, av.

LANDRY (Jacques-Amable), 101, Faub.-Saint-Denis. — Sép. de biens d'avec dame BILORET, 9 janv. 66. — Corpet, av.

LANG (Léon), entrep. de pavage, 3, rue Amélie (11ᵉ arr.). — f. 5 juin 66. — s. Sautton. — c. 19 septembre 66. — h. 8 oct. 66. — 40 p. 100 payables : 5 p. 100 les 1ᵉʳ oct. 67, 68, 69, 70, 71, 72, et 10 p. 100 le 1ᵉʳ oct. 73.   6232

LANG (Lazare), colporteur, 256, boul. du Prince-Eugène. — f. 15 oct. 66.— s. Normand.                    6878

LANGENARD (Pierre), lamineur, 40, r. des Trois-Couronnes. — f. 27 sept. 64. — s. Lamoureux. — Union 17 mai 66.                           3570

LANGENARD et C°, lamineurs, 40, rue des Trois-Couronnes, composée de LANGENARD (Pierre) et de MOUESSERON. — f. 29 sept. 64. — s. Lamoureux. — Union 17 mai 66.        3587

LANGLET, négociant, 18, r. Cadet. — f. 10 nov. 60. — s. Hécaën. — Union. 919

LANGRONNE (Pierre-Léon), 44, rue Montorgueil. — Interd. 2 déc. 65. — M. LANGRONNE (Eugène-Philibert). — Benoist, av.

LANOUE (Louis-Arsène), 28. r. Rambuteau. — Sép. de biens d'avec dame LÉPINE, 12 avril 66. — Berton, av.

LAPEINTE (Jean-François), march. de vins-traiteur, 9, route de Versailles. — f. 11 juin 66. — s. Quatremère. 6255

LARBAUD (Charles-Armide), march. de jouets, 134, r. du Temple. — f. 27 janv. 65. — s. Chevallier. — Union 26 mai 66.        4110

LAROCHE d°°° ( Rosalie ), march. de vins, 65, r. des Vinaigriers, et 2, Paris (Bercy). — f. 5 oct. 65. — s. Dufay. — c. 14 fév. 66. — h. 20 avril 66. — Ab. d'actif.        5214

LAROQUE, entrepreneur de bâtiments, 21, r. du Château (Neuilly). — f. 24 juill. 66. — s. Sommaire.        6477

LASELVE, H. et J. VERRIÈRE et C°, négoc., 15, r. Buffon. — f. 29 déc. 65. — s. Moncharville.        5606

LASNIER (Ernest), marchand de vins, 7, r. de Vanves. — f. 8 mai 66. — s. Heurtey.        6111

LASNIER (André), village Biron, près Saint-Ouen. — Sép. corps et biens d'avec dame GRANTHOMME, 19 août 65. — Legrand, av.

LASSUS (Aimé-Victor) marchand de chaussures, 248, Faub.-Saint-Antoine. — f. 1er août 65. — s. Malle. — c. 26 mai 66. — h. 7 juin 66. — 50 p. 100 en 4 ans, par dixièmes, de 3 mois en 3 mois, du 20 oct.        4913

LATAUD (Alexandre-Marie), sans domicile connu. — Sép. corps et biens d'avec dame RÉGNAULT, 8 juill. 66. — Ch. des Étangs, av.

LAUDE (Louis), fab. d'eau de seltz, 20, r. des Poissonniers. — f. 3 déc. 65. — s. Pluzański. — Union, 11 sept. 1866.        5475

LAUDET dit BAUFAY, SOUCHARD et C°, 23, r. Bichat. — f. 13 janv. 65. — s. Bégis. — Union 5 juill. 66.        4044

LAUMONIER, anc. restaurateur, 13, rue de l'Arcade. — f. 23 oct. 66. — s. Barboux.        6938

LAUNEY (Jean-Baptiste), 25, r. des Petits-Hôtels. — Sép. corps et biens d'avec dame LECLERCQ, 9 août 66. — de Bonazé, avoué.

LAUREAU (Léonard), négoc., 13, r. St-Gilles, au Marais. — f. 6 déc. 64. — s. Barre. — Clôt. 20 avril 66.        3881

LAUREAU (Joseph-Eugène-Auguste) 6, boul. St-Denis. — Interd. 21 août 66. — Veuve LAUREAU, sa mère, même demeure. — Réty, avoué.

LAUREAU ou LAURIAU (Jean), 53, rue de la Tombe-Issoire. — Sép. corps et biens d'avec dame TROUBLÉ, 23 juin 1866. — Gignoux, avoué.

LAURENCE, négoc., sans dom. con. — f. 16 nov. 66. — s. Beaugé. — Clôt. 30 nov. 66.        7052

LAURENCE, négoc., 21, r. Lepic. — f. 30 nov. 66. — s. Beaujeu. — Clôt. 29 déc. 66.        7115

LAURENCY (Édouard-Léon), peintures, 8, r. Montyon. — f. 15 nov. 66. — s. Battarel.        7043

LAURENT ( Aug.-Joseph), gravatier, 50, r. de Paris (Pantin). — f. 31 mars 1866. — s. Bégis. — Union 31 mai 66.        6925

LAURENT (Dlle) (Rose), modes et lingeries, 199, faubourg-St-Honoré.

— f. 23 mars 66. — s. Gauche. — c. 23 juin 66. — h. 17 juill. 66. — 35 p. 100 en 5 ans par quinzième. 5937

LAURENT (Jean-Auguste), march. de chevaux, 58, boul. Monceaux. — f. 16 juill. 66. — s. Malle. 6432

LAURENT, négoc., 7, r. Ste-Marie-du-Temple.—f. 7 sept. 66. — s. Beaujeu. — Clôt. 29 sept. 66. 6702

LAURENT (Charles DE) et Cⁱᵉ (Cⁱᵉ Islandaise), 58, r. Lafitte, et 10, r. Auber. — f. 8 sept. 66. — s. Lamoureux. — Clôt. 30 nov. 66. 6707

LAURENT (Eugène), 82, r. Lafayette. — Séparation de biens d'avec dame GRANGER, 24 avril 66.—Fitremann, avoué.

LAURENT (Alfred-Hippolyte), 10, r. Richer. — Sép. de biens d'avec dame RAYMOND, 23 janv. 66. — Henriet, avoué.

LAUSSEL, négoc., 19, boul. St.-Denis. — f. 22 sept. 65. — s. Hécaen. — Clôt. 28 fév. 66. 5159

LAUTZ (Ferdinand), fourreur, 14, r. Meslay. — f. 16 août 66. — s. Moncharville. — c. 8 nov. 66. — h. 29 nov. 66. — 20 p. 100 en 5 ans. 6613

LAVENANT (Dame DE) née VIEYRA (Camille), vernis, 46, boul. Pereire. — f. 1ᵉʳ mai 64. — s. Heurtey. — Jugement 14 août 66. — Report au 1ᵉʳ mai 64 la cessation des payements. 4319

LAVERNE (Léon), 50, boul. Beaumarchais. — Sép. corps et biens d'avec dame TROCQUE, 3 avril 66. — Laubanie, avoué.

LAVILETTE (veuve du marquis DE), née MALUS (Marie-Hubertine-Félicité), 9, r. St-Étienne-Bonne-Nouvelle. — Interd. — Dupont, avoué.

LAZARD (Isaac), march. à la toilette, 113, r. de la Mare (Belleville). — f. 27

juill. 66. — s. Beaugé. — c. 24 oct. — h. 15 nov. — 10 p. 100 en 2 ans. 6501

LEBALLEUR (Jules-Prosper), confectionneur, 74, r. Taitbout. — f. 16 nov. 65. — s. Copin. — c. 20 fév. 66. — h. 13 mars 66.—50 p. 100 en 5 ans. 5401

LEBARCOUDER (Jean-Baptiste), sans dom. connu. — Sép. corps et biens d'avec dame CLEMENCEAU ou COUDER-LEBARD, 15 décembre 66. — Trodoux, av.

LEBERGUE (Hyacinthe), march. de bois de placage, 76, r. de Charenton. — f. 23 janv. 66. — s. Pinet. — c. 28 avril 66. — h. 15 mai 66. — 20 p. 100 en 5 ans. 5887

LEBEL (Jules), ancien fab. de bronze, 17, r. Brétigny (Champigny). — f. 24 mars 66. — s. Lamoureux. — c. 20 juil. 66. — h. 8 août 66. — 15 p. 100 en 5 ans. 5939

LEBEL fils, charpentier à Champigny-sur-Marne. — f. 7 sept. 66. — Syndic Gauche. 6701

LEBIGRE et Cⁱᵉ, confection, 175, r. du Temple. — f. 5 sept. 65. — Syndic Bourbon.—c. 9 mars 66.—h. 2 juillet 1866. — 20 p. 100 en 4 ans, de fin mars. 5067

LEBLAN (Étienne-Victor), march. de bois, 7, route d'Aubervilliers (Pantin) — f. 5 oct. 65. — s. Barbot. — c. 26 janvier 66. — h. 14 mars 66. — Ab. d'actif. 5211

LEBLANC, nég., 2, r. Barouillère. — f. 19 sept. 65. — s. Bégis. —Union 13 juin 66. 5349

LEBLANC, nég. 6, r. de Mulhouse. — f. 11 avril 66. — s. Meys. — Clôt. 22 mai 66. 6013

LEBLANC (Valentin-Armand), 13, rue Phélippeaux. — Interd. 7 avril 66.— Branche, av.

LEBLANC (Louis), cordonnier, 13, rue de Lyon. — f. 25 juill. 66. — s. Beaujeu. — Clôt. 28 août 66.          6483

LEBLANC (Auguste-Charles), 11, r. du Pont-Louis-Philippe.—Sép. de biens d'avec dame BOUCHON, 20 fév. 66. — Dechambre, av.

LEBLEU (Alidor-Victor-Aimé), teinturier, à Clichy. — f. 28 déc. 65. — s. Sautton. — Union 16 mai 66. 5594 —Sép. de biens d'avec dame CHAIX, 10 avril 66. — Arch. Guyot, av.

LEBLOND (Théophile-Jean), poêlier, 133, r. du faub. St-Denis. — f. 7 décembre 65.—s. Heurtey.—c. 6 avril 1866.— h. 17 avril 66. —30 p. 100 en 5 ans.          5498

LEBLOND (veuve), née Élisa-Julie LECHESNE, restaurateur, Pavillon d'Armenonville (Neuilly), — f. 4 oct. 66. — s. Beaufour.          6822

LEBŒUF, négoc., 276, boul. du Prince-Eugène. — f. 6 nov. 66.— s. Beaujeu.          7004

LEBŒUF (veuve), née Victoire-Cornélie VIGNOT, 141, Grande-Rue (Nogent-sur-Marne). — Interd. 5 juin 66. — LEBŒUF, blanchiss., même adresse. —Benoist, av.

LEBON (Félix-Dominique), Café-Concert, 61, r. des Moines (Batignolles). —f. 21 juin 66. — s. Sautton.  6299

LEBORGNE (Edouard), confection, 12, r. de Cléry. — f. 25 avril 66. — s. Moncharville. — c. 12 juill. — h. 31 juill. 66. — 30 p. 100 en 5 ans, de fin août.          6058

LEBOURGEOIS (Gustave-Frédéric), rentier, 31, r. de Douai.— Mainlevée du Cons. jud. — 10 oct. 66. — Flat, avoué.

LEBRETON (Jean-Baptiste), loueur de voitures, 5, r. du Chemin-des-Bœufs. —f. 3 nov. 66. — s. Barbot.  6989

LEBRETON (François-Prudent), 4, rue Mornay.— Sép. de biens d'avec dame ALLARD, 28 août 66. — Motheron, avoué.

LEBROC (Jean-Baptiste), marchand de vins, 19, r. du Poteau (Montmartre). — f. 7 août 66. — s. Meillencourt. — c. 30 nov. 66. — h. 19 déc. 66. — Payé le tout en 5 ans, intérêts et frais : 1er payement 1er déc. 67. — Veuve LEBROC et sieur et dame LEBROC (Gabriel), cautions.          6569

LEBRUN (César-Léandre), tailleur, à Billancourt. — f. 27 oct. 65. — syndic Sautton. — c. 14 mars 66. — homologation 12 avril 66. — 50 p. 100 en 6 ans.          5313

LEBRUN, négoc., 20, r. de Jouy, sans dom. connu. — f. 5 déc. 65. — syndic Gauche. — Clôture 26 janvier 1866.          5493

LEBRUN (Edm.), constructeur, 27, rue Villiers, à Levallois. — f. 3 déc. 66. — s. Normand.          7119

LEBRUN (Joachim-Édouard), 68, av. de l'Impératrice. — Sép. de biens d'avec dame BISCUIT, 13 oct. 66. — Eugène Best, av.

LECA, négoc., 118, boul. du Prince-Eugène. — f. 12 juill. 66. — s. Malle. — Union 15 déc. 66.          6411

LECHARPENTIER et Cie, photographe, 3, r. de la Grande-Truanderie prol. — f. 27 févr. 66. — s. Richard-Grison. —Clôt. 25 juin 66.          5828

LECHEVALLIER, négoc., 15, r. Laval prolongée.—f. 26 juin 66. — s. Chevallier. — Clôt. 29 sept. 66.  6332

LECLANC, négoc., 20, boul. Contrescarpe. — f. 10 avril 66. — s. Beaufour. —· Clôt. 30 avril 66.          6001

LECLERC (François), gantier, 22, avenue de Lamothe-Piquet. — f. 17 octobre 66. — s. Henrionnet.  6896

LECLERCQ, mécanicien, 59, r. Saint-Charles (Grenelle). — f. 5 oct. 65. — s. Pinet. — c. 4 avril 66.— homologation 19 avril 66. — 20 p. 100 en 4 ans : 1er payement dans 18 mois de l'homol.          5215

8

LECLERCQ (François), corroyeur, 27, square Napoléon, à Belleville). — Sép. corps et biens d'avec dame HERISSEZ, 10 juill. 66. — Branche, avoué.

LECLÈRE (Nicolas-Alfred), porcelaine, 10, boul. Clichy. — f. 10 sept. 66. — s. Gauche. — c. 30 nov. 66. — homologation 26 déc. 66. — 20 p. 100 en 4 ans. 6709

LECLUZE, march. de vins crémier, 5, r. du Renard-St-Sauveur. — faillite 24 avril 66. — s. Moys. — Clôture 25 juin 66. 6055

LECOINDRE (Auguste-Edme), garnitures de harnais, 107, Grande-Rue de Paris, à Pantin. — f. 24 juill. 66. — s. Chevallier. 3596

LECOMTE (Jacques-Victor), négoc. en articles de ménage, 27, r. du Faubourg-Poissonnière. — f. 14 mars 66. — s. Barboux. — c. 7 juin 66. — homolog. 19 juin 66. — Ab. d'actif, plus 5 p. 100 en 5 ans. 5886

LECONTE, serrurier, à Saint-Denis. — f. 13 oct. 65. — s. Beaugé. — Union. 5244

LECONTE, négoc., 42, r. St-André, à Charonne. — f. 29 mai 66. — s. Knéringer. — Clôt. 26 nov. 66. 5205

LECOQ (Athanase), march. de vins, 12, r. du Château, à Montmartre. — faillite 7 août 66.—s. Quatremère. 6570

LECOQ (François-Marie), 45, r. Saint-Honoré. — Sép. corps et biens d'avec dame DUBOSC, 24 août 65. — Maza, avoué.

LECORDIER, négoc., 2, faub. Poissonnière. — f. 26 avril 66. — s. Barbot. — c. 5 déc. 66. — h. 20 déc. 66. — 40 p. 100 dans le mois de l'homologation; 10 p. 100 dans deux ans de la même date. 6063

— Séparation de biens d'avec dame GOSSELIN, 1er mai 66. — Lamy, av.

LECORNU, négoc., 87, r. Oberkampf.

— f. 30 janv. 66. — s. Gauche. — Clôture 13 mars 66. 5718

LECORNU (Dlle Eléonore), limonadière, 34, boul. Clichy. — f. 21 juin 66. — s. Barbot. — Union 13 oct. 66. 6300

LECRESPE (Louis-Auguste), fab. de casquettes, 3, r. des Singes. — f. 19 déc. 65. — s. Gauche. — c. 3 mars 66. — h. 20 mars 66. — 25 p. 100, payables 6 p. 100 dans 1, 2, 3 ans; 7 p. 100 dans 4 ans. 5547

LECRIVAIN et TOUBON, libraires, 5, r. du Pont-de-Lodi. — f. 14 mars 66. — s. Pluzanski. 5885

LECU (Franç.-Nicolas), photographe, 11, r. St-Etienne-Bonne-Nouvelle. — f. 28 nov. 65. — s. Devin. — c. 12 mars 66. — h. 5 avril 66. — 30 p. 100 en 5 ans, premier payement dans 15 mois de l'homolog. 5449

LEDOUX (Louis-Abel), négoc. en lingerie, 17, r. St-Appoline. — f. 22 déc. 66. — s. Sautton. 7224

LEDUC (Louis-Franç.), roulage, à Boulogne. — f. 28 sept. 65. — s. Bourbon. — Union 8 juill. 66. 5178

LEDUC (Léon), 129, r. St-Jacques. — Interd. 11 janv. 66. — M. CLÉMENCEAU (Nantes). — Lesage, avoué.

LEDUC (Charles-Constant), 58, boul. de la Chapelle. — Sép. de biens d'avec dame SOUDÉ, 17 nov. 66. — Giry, avoué.

LÉE, négoc., 51, cour de Vincennes. — f. 28 déc. 66. — s. Crampel. 7250

LEFAURE (Alexis-Marie-Edmond), arquebusier, 20, pass. Jouffroy. — f. 14 oct. 65.—s. Beaufour.—c. 9 janv. 66. — h. 27 janv. 66. — 25 p. 100 en 5 ans. 5253

LEFEBURE (Augustin-Alfred), commissionnaire, 11, r. Berger. — f. 17 juill. 65. — s. Trille. — Clôt. 12 juin 66. 4851

LEFEBURE (Augustin-Alfred), 4, rue Pierre-Lescot. — Sép. de biens d'avec HÉRISSÉ, 24 nov. 66. — Corpet, av.

LEFÉBVRE (D⁻ Rose-Valérie BAUMIER), fᵉ sép. de biens d'avec M. LEFÈVRE (Édouard), march. de vins, 20, rue Keller. — f. 11 avril 66. — s. Copin. — Union 25 sept. 66.    6025

LEFÉBVRE (Alexandre-Pierre), entrepreneur de peintures, 6, av. de l'Echo (St-Maur). — f. 24 août 66. — s. Richard-Grison.    6040

LEFÉBVRE (Charles-Désiré), 267, boul. du Prince-Eugène. — Sép. de biens d'avec dame SÉMENT, 17 juill. 66. — Sément, av. à Rouen.

LEFÈVRE (Auguste), loueur de voitures, 13, r. Couesnon (Montrouge). — f. 7 août 66. — s. Copin. — c. 30 oct. 66. — h. 23 nov. 66. — 15 p. 100 en 5 ans.    6567

LEFÈVRE, march. de vins, 63, faub. du Temple. — 4 sept. 66. — s. Richard-Grison. — Clôt. 23 oct. 66.    6681

LEFÈVRE, charcutier, 164, r. de Charenton. — f. 13 oct. 66. — s. Dufay.    6815

LEFÈVRE (Hector-Sosthène), chacut., 74, r. de Charonne. — Sépar. corps et biens d'avec dame DUFESTEL, 31 juill. 66. — Quatremère, avoué.

LEFÈVRE (Louis-Alexandre), sans dom. con. — Sép. corps et biens d'avec dame SCHROEDER, 14 déc. 65. — Robert, avoué.

LEFORT (Auguste), propriétaire, 10, r. de l'Église (Neuilly). — Interd. 11 août 66.—Adm. prov. BENOIT-PISSON, 6, r. d'Armaillé, aux Ternes. — Fitremann, avoué.

LEFRANC (Constant), négoc., 4, rue Neuve-du-Maine (lavoir Ste-Marie). — f. 2 fév. 66. — s. Malle. — Union 9 juin 66.    5738

LEFRANC (Charles-Victor-Michel), fer-

blanterie, 9, r. Saint-Claude.— f. 14 sept. 66. — s. Pinet.    6730

LEFRANC (Charles-Arthur), 5, r. Jean-Robert. — Sép. corps et biens d'avec dame COUSIN, 6 déc. 65. — Boudin, avoué.

LEFRANÇOIS aîné (Eugène), parchemins, 8, r. Hélène (Gentilly). — f. 18 juill. 66. — s. Pinet. — c. 12 oct. 66. — h. 8 nov. 66. — 25 p. 100 en 5 ans.    6145

LEFRANÇOIS (Henri-Adrien), et demoiselle DAUBIGNARD (Marguerite-Joséphine), limonadiers et hôtel, 34, r. Saint-Jacques.— f. 24 juill. 66. — s. Barbot.    6473

LEFRANÇOIS (Henry-Adrien), négoc., 34, r. d'Assas. — f. 7 sept. 66. — s. Barbot.    6700

LEFRANÇOIS (Pierre-Louis), 73, boul. Ménilmontant. — Séparat. de biens d'avec dame MORIN, 10 juill. 66. — Branche, av.

LEFRESNE (Octave-Marie), 20, passage Sauvage. — Sép. de biens d'avec dame LEDOUX, 19 juill. 66. — Parmentier, av.

LEGARDEUR, négoc., 78, route d'Italie (en son vivant). — f. 7 sept. 66. — s. Heurtey.    6705

LEGENDRE (François-Charles), fabr. de bronzes, 14, r. Normandie. — f. 3 juill. 66. — s. Heurtey fils. — c. 22 sept. 66. — h. 13 oct. 66. — 30 p. 100 en 5 ans, du 1ᵉʳ oct.    6357

LEGENDRE (Charles-Balthazard), 7, av. du Bel-Air-du-Trône. — Sép. corps et biens d'avec dame ROUSSEAU, 16 mars 66. — Lacomme, av.

LEGER (Jérôme), march. de curiosités, 19, r. Lepelletier. — f. 28 août 66. — s. Sautton.    6651

LEGER (Alexis), march. de nouveautés, 20, boul. des Vertus. — f. 2 oct. 60. —s. Sautton.—Clôt. 26 juin 61. —faillite rapportée le 3 mai 66. — Union 9 mai 66.    17586

LEGER (Pierre-Léopold), sans domicile connu. — Sép. corps et biens d'avec dame FERRÉ, 11 janv. 66. — Vivet, avoué.

LEGOURD (Victoire-Virginie), asile des aliénés (Blois). — Interd. 24 fév. 66. — Girault, av.

LEGRAIN (Joseph), épicier, 58, r. de Sèvres. — f. 26 janv. 66. — s. Gauche, c. 19 mai 66. — h. 8 juin 66. — Ab. d'actif.        5707

LEGRAIN fils, négociant, 1, r. du Paroy (Gentilly). — f. 26 mai 66. — s. Barboux. — Union 18 sept. 66.    6191

LEGRAND (Joseph-Achille), march. de volailles, 24, r. Thévenot. — f. 10 août 66. — s. Meys.      6595

LEGRAND, négoc., r. de la Porte-Moreau (Nogent-s.-Marne). — f. 3 juill. 66. — s. Bégis. — Clôt. 30 juill. 66.            6363

LEGRAND (Claude-Auguste), 18, boul. Bonne-Nouvelle. — Séparat. corps et biens d'avec dame TEITEN, 5 déc. 65. — Legrand, av.

LE GRAND, baron DE VAUX (Henri-Marie), 90, r. Picpus, maison du docteur Rota. — Interd. 17 mai 66. — Denormandie, av.

LEGRY (François-Joseph), pharmacien, 14, r. du Commerce. — f. 14 déc. 65. s. Copin. — Union.       5524

LEGRY (Adolphe-Narcisse), layetier-emballeur, 256, r. Saint-Honoré. — f. 6 janv. 66. — s. Quatremère. — Clôt. 30 avril 66.      5623

LEHERICY (Charles-Alphonse), fab. de voitures, 5, r. des Écluses-St-Martin. — f. 13 nov. 66. — s. Meys.    7036 — Sép. de biens d'avec dame CONIL, 28 juill. 66. — Giry, av.

LEHERLE (Emile-Martin), 37, route d'Orléans. — Interd. 29 mai 66. — MENANT, rentier, 6, boul. des Martyrs. — Quatremère, av.

LEHMANN (Eugénie), filets et coiffures, 21, faub. St-Denis. — f. 27 juill. 66. — s. Normand.       6500

LEHMANN, fruitier, 24, r. des Rosiers. f. 18 déc. 66. — s. Legriel. — Clôture 29 déc. 66.       7198

LEJAY, limonad., 88, boul. du Temple. f. 8 août 66. — s. Beaufour. — Clôture 31 août 66.       6587

LEJAY (Charles-Léon), 24, rue des Francs-Bourgeois. — Sép. corps et biens d'avec dame GÉRIN, 6 janv. 66, — Levaux, av.

LEJEUNE (dame), née Célestine PLOY, 17, r. Fontaine-St-Georges. — f. 29 juin 66. — s. Barbot. — c. 11 sept. 66. — h. 11 oct. 66. — 20 p. 100 en 5 ans.                  6344

LEKIEFFRE (Désiré), 28, r. de Chabrol. — Sép. corps et biens d'avec dame Brouck, 23 nov. 65. — Guibet, av.

LELONG (Louis-Auguste), chapelier, 6, boul. du Prince-Eugène. — f. 27 février 66. — s. Bégis. — Clôt. 27 septembre 66.        5827

LEMAIRE (Eugène-Isidore), march. de vins, 127, r. St-Jacques. — f. 17 août 1865. — s. Bégis. — c. 26 janv. 66. — h. 10 fév. 66. — 20 p. 100 en 5 ans.                4985

LEMAIRE (Bernard), march. de vins et spiritueux, 92, boul. Sébastopol. — f. 27 fév. 66. — s. Lamoureux. 5833

LEMAIRE négoc., 94, boul. Beaumarchais. — f. 5 oct. 66. — s. Richard-Grison.       6837

LEMAIRE (Henri), effilocheur, 2, rue Paradis-Poissonnière, sous la raison H. LEMAIRE et Cᵉ. — f. 16 nov. 66. — s. Beaufour.       7048

LEMAIRE (Jules-César), 19, r. de l'Épée-de-Bois. — Sép. corps et biens d'avec dame CARDON, 27 déc. 66. — D. Brotonne, av.

LEMAIRE (Louis-Alexandre), 13, r. du Pot-de-Fer. — Sép. corps et biens d'avec dame PERRIN, 16 janv. 66. — Dinet, av.

LEMAITRE (Pierre-Léon), nouveautés, 99, faub. St-Antoine (1, passage du Bras-d'Or). — f. 13 sept. 66. — syndic Bégis.    6722

LEMARCHAND (Charles), 4 *bis*, r. d'Astorg. — Sép. de biens d'avec dame DUPASSEUR, 18 déc. 66. — Huet, av.

LEMARIÉ (Pierre), entrep., 33, rue de l'Empereur. — f. 27 mai 64. — synd. Lefrançois. — Union 2 mai 66.    5062

LEMARIÉ (Louis-Édouard), 154 *bis*, Grande-Rue (La Chapelle). — Sép. de biens d'avec dame SAGOT, 10 juillet 1866. — Corpet, av.

LEMENU (Arsène-Alexandre), 46, rue Compans. — Sépar. corps et biens d'avec dame GUICHARD, 5 juill. 66. — Boinod, av.

LEMERCIER, agent d'affaires, 63, faubourg Montmartre. — f. 14 sept. 66. s. Dufay. — Clôt. 30 nov. 66.    6734

LEMERCIER (Isidore), march. de tissus, 92, r. Blomet, à Vaugirard. — f. 15 mars 66. — s. Malle.    5894

LEMIÈRE (Jules-François-Émile), fabricant de tissus de paille, 50, r. de l'Abbaye, à Montmartre. — f. 22 mai 1866. — s. Quatremère.    6161

LEMIÈRE (François-Victor), articles de ménage, 4, r. de la Charité, à Vincennes. — f. 26 nov. 66. — s. Crampel.    7093

LEMOINE (Damas-Louis), 3 *bis*, rue de Tanger. — Sép. corps et biens d'avec dame MENGOT, 3 avril 66. — Lamy, av.

LENAIN (Louis-Victor-Édouard), sans dom. connu. — Sép. corps et biens d'avec dame FOURNEROT, 1er mars 66. — Duval, av.

LENOIR (Désiré), boulanger, 6, chaussée des Martyrs. — f. 17 oct. 65. — s. Pinet. — Union.    5263

LENOIR (Jules), ornements d'église, 22, r. St-Sulpice. — f. 5 mai 66. — syndic Crampel. — Union, 16 sept. 66.    6106

— Sép. de biens d'avec dame AHMAN, 13 nov. 66. — Niquevert, av.

LENOIR (Émile-Hyacinthe), 7, passage Raguinot. — Sép. corps et biens d'avec dame CHARPENTIER, 15 mars 66. — Popolin, av.

LENORMAND fils (Alphonse), nég., 76, faub. St-Martin. — f. 14 août 65. — s. Moncharville. — c. 21 déc. 65. — h. 10 janv. 66. — 20 p. 100 dans la quinzaine de l'homol., et 10 p. 100 en 5 ans : dame LENORMAND, caution des 10 p. 100.    4976

LENTZ (Prosper), facteur de pianos, 99, r. de Flandres, à La Villette. — f. 15 déc. 66. — syndic Richard-Grison.    7185

LENTZEN (Jean-Antoine-Chaumont), bijoutier, 7, r. de Tracy. — f. 31 janvier 66. — s. Sarazin. — c. 5 septembre 66. — h. 25 septembre 66. — 40 p. 100 en 5 ans.    5725

LÉON (Dme), née VALLIER (Rébecca-Wolf). — Sép. corps et biens de LÉON (Salomon). — Confections pour dames, 3, r. de Cléry. — f. 17 juil. 66. — s. Copin. — Union 5 oct. 66.    6437

LÉONARD, pharmacien, 33, r. Cadet. — f. 23 nov. 66. — s. Meys.    7080

LÉONARD, RAUZEROT et Cie, pharmacien, 33, r. Cadet. — f. 13 déc. 66. — s. Beaugé.    7171

LÉOTARD (Émile), tapissier, 10, boulevard Malesherbes. — f. 10 sept. 66. s. Chevallier.    6710

LEPAGE, 12, boul. de Charonne. — f. 1er juin 66. — s. Copin. — Clôture, 30 juillet 66.    6223

LEPÉE, march. de vins, 194, r. Marcadel, — f. 22 nov. 66. — s. Legriel. — Clôt. 29 déc. 66.     7075

LEPELLETIER, blanchisseur, à Châtillon-sur-Seine. — f. 10 juill. 66. — s. Devin. — Clôt. 31 août 66.     6400

LEPELLETIER, libraire, 19, r. du Commerce, à Grenelle. — f. 11 oct. 66. — s. Normand.     6864

LEPÉQUET, limonadier, 16, rue de l'Ouest. — f. 5 oct. 66. — s. Beaujeu.     6836

LEPESCHEUR (Émile), confiseur, 10, r. du Cloître-Notre-Dame. — faillite 20 sept. 65. — s. Crampel. — concordat 25 janv. 66. — h. 10 févr. 66. 30 p. 100 en 6 ans.     5149

LEPETIT, négoc., 1, r. Laval prol. — f. 5 mars 65. — s. Meys. — Union 17 mai 66.     4374

LEPEZ (Hippolyte), apprêteur, 29, rue des Récollets. — f. 15 déc. 65. — s. Barbot. — Union.     5530

LÉPINE (Adrien), serrurier, 25, rue Basfroy. — Sép. corps et biens d'avec dame MERLE, 3 juill. 66. — Violette, av.

LEPOIVRE (Dlle Juliette), lingère, 9, rue Grenéta. — f. 6 déc. 65. — syndic Beaugé. — Clôt. 31 janv. 66. 5491

LEPRIEUR (Jules), 117, r. de Vaugirard. — Interdiction, 5 avril 66. — LEPRIEUR (Narcisse-Louis), 117, rue Vaugirard, administrateur. — De Bénazé, av.

LEQUET (Frédéric-Théophile), marchand de bouillon et vin, 365, rue St-Denis. — f. 19 janv. 66. — s. Copin. — Union 19 avril 66.     5673

LERAT (Jules-Alexandre), passementier, 4, pass. Ste-Avoye. — f. 26 juillet 66. — s. Normand. — c. 4 oct. 66. — h. 25 oct. 66. — 25 p. 100 en cinq ans.     6494

LERICHE (Nicolas-Jean), 60, rue des Écoles. — Sép. de biens d'avec dame GROSSET, 19 juin 66. — Duval, av.

LEROI (Julien), 5, r. des Écluses-Saint-Martin. — Sép. de biens d'avec dame DAUMAS, 6 févr. 66. — Lévesque, avoué.

LEROUSSEAU (Léonard), bois des îles, 59, rue de Charonne. — f. 13 juill. 66. — s. Quatremère.     6419

LEROUX, appareils à gaz, 21, r. Croix-Nivert (Grenelle). — f. 23 mars 64. — s. Bégis. — c. 27 janv. 66. — homol. 16 fév. 66. — 40 p. 100 en 4 ans. 2808

LEROUX (Mathurin), épicier, 120, r. de Charenton, — f. 11 avril 66. — syndic Bourbon.     6010

LEROUX, dit PANAU, march. de bois, route d'Aubervilliers, chantier du Bel-Air. — f. 22 mai 66. — s. Barbot. — Clôt. 30 juin 66.     6165

LEROUX (Nicolas-Charles), 4 Stains, commune de Saint-Denis. — Sép. de biens d'avec dame BACHOUÉ, 7 juill. 66. — Motheron, av.

LEROY (Julien), fumiste, 5, r. des Écluses-Saint-Martin. — f. 2 déc. 64. s. Quatremère. — Seule répartition, 27 p. 100.     3859

LEROY (Alfred), négoc., 22, r. Paradis-Poissonnière, puis à Odessa. — f. 19 fév. 66. — s. Beaufour. — c. 25 mai 66. — h. 5 juin 66. — 25 p. 100 en 5 ans.     5793

LEROY (Jean-Baptiste), entrepr. de pavage, 61, r. de Bercy-St-Antoine. — f. 28 mars 66. — s. Heurtey. — c. 12 juin 66. — h. 29 juin 66. — 50 p. 100 en 5 ans, du 1er août CC.     5951

LEROY (Louis), boucher, 171, r. de Charenton. — f. 29 mai 66. — s. Richard-Grison. — Clôt. 29 déc. 66.     6196

LEROY fils (Jacques-Auguste), nourrisseur, 45, Grande-Rue (Boulogne-sur-Seine). — f. 15 nov. 66. — syndic Meys.     7014

LEROY (Louis-Édouard), 6, pourtour de l'église (Grenelle). — Sép. de biens d'avec dame LIGNEREUX, 6 oct. 66. — Chain, av.

LESAGE (Adolphe-Ferdinand), commissionnaire en fruits, 4, r. de la Lingerie. — f. 5 déc. 66. — s. Gauche.        7131

LESEUR, entrepr. de transports, 17, rue Impériale (St-Cloud). — f. 16 oct. 66. — s. Gauche.        6891

LESEURRE (Louis-Gustave), employé au chemin de fer de Lyon. — Sépar. de biens d'avec dame MESTRUDE, 15 mai 66. — Quatremère, av.

LESOIF (Désiré), march. de vins, 5, rue de Brantôme. — f. 25 oct. 66. — syndic Hécaen.        6944

LESSELIN (Achille-Clément-Joseph-Alfred), 3, r. de Grenelle-Saint-Germain. — Cons. jud. — LEFÉBURE DE SAINT-MAUR, 45, r. Neuve-Saint-Eustache, 6 fév. 66. — Rougeot, av.

LESTIENNE (P.-Désiré) et CHARLON (Nicolas), entrepr. de couvertures, 11, pass. Laferrière. — f. 25 janv. 66. — s. Devin. — c. 3 nov. 66. — homolog. 21 nov. 66. — 50 p. 100 en 5 ans.        5699

LESUEUR (Delphin-Augustin), 12, rue des Panoyaux. — Séparat. de biens d'avec dame MAURANCE, 27 février 66. — Postel-Dubois, av.

LESUEURE, bijoutier, 163, route de Versailles (Billancourt). — f. 31 juillet 66. — s. Heurtey fils. — c. 24 novembre 66. — h. 11 décembre 66. — 20 p. 100 en 4 ans.        6534

LETARDIF (Héloïse), modes, 37, r. du Caire. — f. 13 déc. 66. — s. Normand.        7170

LETELLIER (Victorin), gravatier, 105, r. Château-des-Rentiers. — f. 9 octobre 66. — s. Pinet.        6850

LETELLIER (Prosper-Cyrille), chez le marquis de Perreux (Nogent-sur-Marne). — Sép. corps et biens d'avec

dame LECLERC, 5 juill. 66. — Vigier, avoué.

LEUTZEN (Voir LENTZEN), bijoutier, 7, rue de Tracy. — f. 31 janv. 66. — s. Sarazin. — c. 5 sept. 66. — hom. 25 sept. 66. — 40 p. 100 en 5 ans.        5725

LEVACHER fils (Augustin), march. de beurre, 8, r. Nys. — f. 22 déc. 66. — s. Richard-Grison.        7223

LEVAIN, march. de vins, 68, r. Ménilmontant. — f. 17 mars 65. — s. Battarel. — c. 2 fév. 66. — h. 21 fév. 66. — Paye le tout, capital et intérêts, en 5 ans.        4320

LEVALLET (Jacques-François), moulures, 33, Grande-Rue (La Chapelle). — f. 12 sept. 65. — s. Pluzanski. — c. 22 mai 66. — h. 7 juin 66. — 25 p. 100 en 5 ans.        5111

LEVANNIER (Henri-Constant), serrurier, 30, r. Traversière-St-Antoine. — f. 12 avril 64. — s. Henriet. — Clôt. 29 mars 66.        1436

LEVASSEUR (Hippolyte-Valentin), nouveautés, 21, r. de la Glacière. — f. 19 oct. 65. — s. Meys. — c. 27 décembre 65. — h. 12 janvier 66. — 40 p. 100 en 4 ans.        5278

LEVEL (Édouard), 77, faub. du Temple. — Séparation de biens d'avec dame GÉANT, 6 mars 66. — Quatremère, avoué.

LEVISON (Joseph-Jacob), fab. d'osanores, 8, boul. des Italiens. — faillite 10 fév. 66. — s. Meys. — Union 1er juill. 66.        5773

LÉVREY, piqueur de bottines, sans domicile connu. — Sép. corps et biens d'avec dame DRUN, 6 déc. 66. — Bouthemard, av.

LEVY, MAYER-CAHEN, confectionneurs, 6, cour des Fontaines, maisons à Saintes et à Rochefort. — f. 10 oct. 65. — s. Quatremère. — c. 3 mars 66. — h. 19 mars 66. — 25 p. 100 payables : 9 p. 100 dans 1 an et 8 p. 100 dans 2 et 3 ans. 5232

LÉVY (Léon), march. de parapluies, 5, boul. St-Denis. — f. 15 fév. 66. — s. Beaugé.   5787

LÉVY (Lazare), négoc., 17, r. d'Angoulême-du-Temple. — f. 11 mars 66. — s. Meys. — Clôt. 30 avril 66.   5889

LÉVY (Joseph), fab. de casquettes, 6, r. de Paradis, au Marais. — f. 22 nov. 66. — s. Beaujeu.   7072

LÉVY (Benjamin), tailleur, 6, r. de l'Hôtel-de-Ville (Batignolles). — f. 19 déc. 66. — s. Barbot.   7204

LÉVY (Joseph), 13, r. des Juifs. — Sép. de biens d'avec dame SAMSON, 17 juill. 66. — Leboucq, avoué.

LEXCELLENT (Eugène), épicier et vins. — 41, av. de la Roquette. — f. 1er déc. 66. — s. Beaufour.   7117

LEY, limonadier, sans dom. con. — f. 11 oct. 66. — s. Meillencourt.   6865

LHUILLIER (Jean-Baptiste-Alexandre), marchand de vins, 115, r. de Flandre, (La Villette). — f. 21 août 66. — s. Beaugé. — Clôt. 17 oct. 66.   6629

LIANDIER (Louis), entrep. de bâtiments, 23, av. Marbeuf. — f. 31 août 63. — s. Richard. — c. 13 août 66. — h. 28 août 66. — 50 p. 100 en 10 ans.   2392

LIAUTARD (Alexandre-Franç.-Aug.), à New-York Lescington, avenue, 179. — Mainlevée de Cons. jud., 28 août 66. — Huet, avoué.

LIBERT, march. de vins, 1, r. Soulage (Bercy). — f. 20 oct. 66. — s. Beaugé.   6926

LIENNARD, négoc., 73, r. Beaubourg. — f. 14 sept. 66. — s. Hourtey fils. — Clôt. 31 oct. 66.   6733

LIÉTART (Ant.-Joseph), loueur de voitures, 130, r. Lecourbe (Vaugirard). — f. 20 oct. 66. — s. Meillencourt.   6919

LIÉVIN (Louis-Nicolas), march. de bois, 83, route d'Asnières (Clichy-la-Gar.), f. 6 août 66. — s. Moncharville. — c. 7 nov. 66. — h. 26 nov. 66. — 20 p. 100 en 4 ans.   6561

LIÈVRE (Pierre-Auguste), restaurateur et bal, 25, cours de Vincennes. — f. 3 juill. 66. — s. Copin. — c. 8 nov. 66. — h. 14 déc. 66. — Paye le tout capital et frais en 5 ans; 5 janv. 69, 70, 71, 72, 73.   6358

LIGERON (Jean), voiturier, 7, r. de la Belle-Croix (Ivry). — f. 3 nov. 65. — s. Mallo. — c. 5 fév. 66. — h. 22 fév. 66. — 15 p. 100 en 5 ans.   5339

LIMOZIN (Ange-Philémon), emballeur, 10, pass. Josset, 40, r. de Charonne. — f. 1er août 66. — s. Battarel. — c. 19 oct. 66. — h. 5 nov. 66. — 25 p. 100 en 5 ans.   6536

LION (Charles-Constant), serrurier, 10, r. Keller. — f. 11 sept. 66. — s. Richard-Grison.   6718

LION (Emile), 12, r. d'Orléans (Neuilly). — Séparation de biens d'avec dame TARDIEU, 19 déc. 65. — Dupont, av.

LIONNET, BRUNET et ROMAGNA, bronzes, 48, r. St-Sébastien. — f. 2 mai 66. — s. Battarel.   6086

LISBONNE fils, théâtre. Richard-Lenoir, 14, même boulevard. — f. 20 juill. 66 — s. Gauche.   6458

LOBE (Gustave-Albert), march. de vins, 30, r. Laborde. — f. 30 août 66. — s. Sommaire.   6660

LOBJOIS (Joseph-Désiré), serrurier, 1, r. Hurel à Neuilly. — f. 16 nov 66. — s. Beaugé.   7047

LOEB (Aron), brocanteur, 3, r. du Port-St-Ouen (Batignolles). — f. 5 mai 66. — s. Dufay. — Clôt. 31 mai 66.   6105

LOEHRER (Léonard), menuisier, 3, cité Godeau. — f. 20 mai 65. — s. Barre. Union.   4593

LOEW, photographie, 35, r. Rennequin. — f. 3 août 66. — s. Bégis. — Clôt. 30 nov. 66.    6552

LOIR (Henri-Elol), plomberie, 158, rue Lafayette.—f. 23 mars 66.—s. Copin. — c. 27 juin 66. — h. 17 juill. 66. — 60 p. 100 en 6 ans.    5930

LOISEL (Alph.-Edouard), nouveautés, 15, r. de Paris (Courbevoie). — f. 2 nov. 66. — s. Dufay.    6979

LOISON (Pierre), sans dom. connu. — Séparat. corps et biens d'avec dame FINOT, 24 juill. 66. — Plassard, av.

LONDON et Cᵉ, chaussures, 163, boul. Magenta.—f. 13 avril 66.—s. Richard-Grison. — Clôt. 25 juin 66.    6022

LONGUET (Pierre-Charles), sans dom. con. — Sép. corps et biens d'avec dame BARBIER, 17 nov. 66. — Guillemon, avoué.

LOREILLE jeune (Philbert), nouveautés, 125, r. du Temple. — f. 12 avril 64. — s. Henrionnet. — Union. 2891

LORGNET, marbrier, 139, faub. Saint-Antoine.— f. 7 août 66.— s. Barbot. — Clôt. 31 août 66.    6578

LORION (Auguste-Nicolas), charbonnier, 19, r. des Charbonniers. — f. 3 déc. 65. — s. Devin. — Union 7 juin 66.    5177

LORMAUD, fab. de fleurs, 21, r. Clausel. — f. 19 sept. 66. — s. Normand. Clôt. 29 sept. 66.    6753

LORRAIN (Auguste-Hyacinthe), brasseur, 1, r. des Récollets. — Séparation de corps et biens d'avec dame PAILLEUX, 13 déc. 66.—Levesque, av.

LORRAIN (Louis-Nicolas), passage Coin, r. Esquirol.—Sép. de biens d'avec dame DIDELON, 13 février 66. —Maugin, av.

LOTTEFIER (Constantin), 41, faubourg Saint-Denis. — Séparation de biens d'avec dame FERTÉ, 3 avril 66. — Bourse, av.

LOUET (Pierre-Marie-Célestin), 59 bis, r. de Paris (Charonne). — Sép. corps et biens d'avec dame COLLUMEAU, 7 déc. 65. — Réty, av.

LOUIS (Pierre-Marie), fruitier à Aubervilliers. — f. 20 déc. 65. — s. Malle. — Union 18 avril 66.    5554

LOUIS (Henri), vins et voitures. 34, r. du Château-Rouge. — f. 12 sept. 66. — s. Crampel.    6723

LOUIS (Marie), march. de vins, 3, place de l'Odéon. — f. 28 sept. 66. — syndic Dufay.    6795

LOURDEL (Th.), march. de vins distillateur, 56 et 58, r. de La Chapelle (Batignolles).—f. 21 déc. 66—syndic Henrionnet.    7319

LOUVET (dame Jean-Baptiste-Charles), née Marie-Louise PIOLINE, actuellement à la Salpêtrière. — Interd. 19 décembre 65. — Berton, av.

LOY (Alfred), faïencier, 76, r. de Paris, à St-Denis. — f. 4 août 66. — syndic Hécaen.    6560

LOYAU (Almire-Edmond), nouveautés, 73, avenue de Clichy.—f. 7 avril 66. — s. Lamoureux. — c. 13 juill. 66.— b. 4 août 66. — Ab. d'actif.    5986

LOZE (Auguste), nég., 42, r. des Petites-Écuries.—f. 9 fév. 66. — s. Lamoureux. — Clôt. 29 sept. 66.    5767

LOZEY (Édouard), commissionn., 59, rue Saint-Louis. — f. 2 sept. 65. — s. Knéringer. — conc. 15 déc. 65. — homolog. 4 janv. 66. — 20 p. 100 en 4 ans.    5158

LUBATTI (Victor-Théodore), tailleur, 23, r. de Paris (Belleville). — f. 23 février 66.— s. Devin.— c. 2 juil. 66. — h. 10 août 66. — 25 p. 100 en 5 ans, du 1ᵉʳ août 67.    5807

LUCAS (François-Marie-Joseph), papiers peints, 10 et 12, r. Rubens.— f. 13 juill. 65. — s. Bourbon. — c. 15 juin 66.—h. 29 juin 66.—Ab. d'actif.    4839

LUCE (Jules-Gustave) et LAHUTTE (veuve dame), née Anne Roux, bains et lavoir, 120, av. de Clichy et pass. du Petit-Cerf. — f. 9 fév. 66. — syndic Beaufour.    5764
— S¹ Luce, sép. d'avec dame REGNÉE, 27 déc. 1866. — de Bénazé, av.

LUDIER, ancien épicier, 3, rue des Maçons-Sorbonne. — f. 18 déc. 66. — syndic Knéringer.    7200

LUDIÈRE (Alphonse-Léon), limonad., 47, r. de Paris (Belleville). — f. 2 fév. 1866. — s. Sarazin. — Union 21 juil. 66.    5741

LUISET (Isidore), grainetier, 160, faub. Saint-Honoré. — f. 10 août 66. — s. Meillencourt.    6594

LURAUD (Jean), entrep. de charpentes, 66, boul. Charonne. — f. 18 nov. 64. — synd. Chevallier. — c. 11 fév. 65. — jugement de résolution de conc., 18 juill. 66. — Clôt. 20 sept. 66.    3796

LURAUD, négoc., 66, boul. de Charonne. — f. 18 juillet 66. — s. Chevallier.    6447

LUTHEREAU et Cⁱᵉ, Journaux la Célébrité et la Gazette des abonnés, 11, rue Grange-Batelière. — f. 17 juill. 66. — s. Bourbon.    6435

LUTSCHER (dame Catherine-Émilie), lingerie, 2, r. Lamartine. — f. 26 juil. 66. — s. Meillencourt. — Union 16 décembre 66.    6483

LUZEAU-JEANNIN et Cⁱᵉ, march. de vins, 24, boul. Richard-Lenoir. — f. 20 juin 65. — s. Richard. — Clôt. 26 janv. 66.    5305

LYOTTIER (Eugène-Philippe), march. de soies, 366, r. St-Denis. — f. 11 juin 1866. — s. Pluzanski. — c. 6 oct. 66, homologation, 8 novembre 66. — 15 p. 100 en 3 ans, du 1ᵉʳ novembre.    6236

# M

MAAS, march. de vins, à Aubervilliers, 58, route de Flandres. — f. 20 septembre 66. — s. Bégis. — Clôt. 17 octobre 66.    6758

MACHET (Prosper-Justin), meunier, 52, r. du Bois, à Levallois. — f. 3 novembre 66. — s. Meillencourt.    6990

MACHET (Josué), 44, r. des Dames. — Sép. de biens d'avec dame MÉNARD, 9 août 66. — Ladём, av.

MACLOUD (Charles-Ambroise), loueur de voitures, 6, r. des Cinq-Moulins. — f. 23 mai 66. — s. Heurtey. — Union 2 sept. 66.    6170

MACREUX, march. de vins, 31, boul. d'Italie. — f. 30 oct. 66. — s. Lamoureux.    6910

MADELEINE (Arsène-Désiré), 25, rue des Écuries-d'Artois. — Sép. de biens d'avec dame AMESLAND, 11 août 66. — Mignot, av.

MAFRAND (Antoine), carrier, 4, rue de Normandie, à Vanves. — f. 22 septembre 66. — s. Legriel.    6770

MAGNAC aîné, ébéniste, 62, r. Traversière. — f. 14 avril 66. — s. Beaufour. — Clôt. 30 avril 66.    6030

MAGNAC (dame), née SERRE (Julia), couturière, 8, r. Neuve-St-Augustin. — f. 26 juin 66. — s. Pinet. — Clôt. 25 août 66.    6325

MAGNAN (Pascal-Noël), 2, boul. des Filles-du-Calvaire. — Sép. de biens d'avec dame D'HOSTEL, 5 avril 66. — Bourse, av.

MAGNANT (Anat.), 9, r. de Bure (Montmartre). — Cons. jud. POINSOT, 21, r. de la Michodière, 27 oct. 66. — Poinsot, av.

MAGNE (Jules-Alexandre), boulanger, 20, r. Saint-Sébastien. — f. 26 av. 66. — s. Meys. — c. 21 juill. 66. — hom. 10 août 66. — 50 p. 100 payables : 5 p. 100 dans 1 an et 2 et demi p. 100 tous les 6 mois suivants. — Dame MAGNE, caution.                6061

MAGNIER, lavoir, 107, r. de Sèvres (Vaugirard). — f. 16 mars 66. — s. Quatremère. — Clôt. 10 sept. 66.
5904

MAGNOL (François), ouvr. en cannes, 2, r. Galande. — Sép. corps et biens d'avec dame BEULTON, 19 avril 66. — Denormandie, av.

MAGUET (Francine), couturière, 18, r. des Moineaux. — f. 21 déc. 65. — s. Sautton. — Clôt. 30 janv. 66. 5557

MAHÉRAULT (François), articles pour literies, 48, faub. Saint-Martin. — f. 15 sept. 64. — s. Henrionnet. — Union.                3521

MAHIER (René-Auguste), sans domicile connu. — Sép. corps et biens d'avec dame CHEVRÉ, 9 août 66. — Bertinot, av.

MAIER (Joseph), boulanger, 23, boul. Beaumarchais. — f. 10 août 65. — s. Pinet. — Clôt. 22 mars 66.    4960

MAIGE (Nicolas), loueur de forces motrices, 19, r. St-Sébastien. — faillite 21 mars 65. — s. Chevallier. — c. 28 mai 66. h. 30 juillet 66. — 30 p. 100 en 5 ans.                4338

MAIGNOT (Jean-Baptiste), march. de vins, 81, r. des Tournelles. — faillite 24 octobre 65. — s. Battarel. — c. 13 mars 66. — h. 25 avril 66. — Ab. d'actif et 5 p. 100 en 5 ans. 5294

MAILHAC (Esprit-Denis-Didié), fabr. de carnets de poches, 25, faub. du Temple. — Sép. corps et biens d'avec dame LANGLOIS, 25 août 66. — Bouthemard, av.

MAILLARD, 51, r. Marcadet. — Sép. corps et biens d'avec dame HENRY, 15 mai 66. — Guédon, av.

MAILLARD (Louis-Gaspard), 57, r. des Poissonniers. — Sép. de biens d'avec dame VIOT, 19 avril 66. — Foussier, avoué.

MAILLEFERT, dit MEZIGOT, traiteur, à Boulogne. — f. 2 nov. 61. — s. Battarel. — Union 9 janv. 66.    8897

MAILLET (Charles-Adolphe), 22, faub. du Temple. — Sép. de biens d'avec dame THÉROUENNE, 18 déc. 66. — Prévot, av.

MAILLOCHON (François), entrep. de maçonnerie, à Asnières. — f. 7 juill. 66. — s. Moncharville. — c. 10 nov. 66. — h. 30 nov. 66. — Ab. d'actif et 10 p. 100 en 5 ans.        6378

MAILLY (Hippolyte-Édouard), 28, rue Monthabor. — Sép. de biens d'avec dame JACQUIN. — Ch. des Étangs, avoué.

MAIRE, restaurateur, à Asnières. — f. 23 fév. 66. — s. Lamoureux. — Clôt. 27 mars 66.                5809

MAIRE (delle Marie), fleurs artificielles, 39, r. de Palestro. — f. 5 avril 66. — s. Dufay.                5969

MAITRE (Jean-François-Olympe), 53, r. de l'Échiquier. — Sép. corps et biens d'avec dame NUMILLE, 25 janvier 66. — Estienne, av.

MALEZIEUX (Édouard-Amand), 121, boul. Magenta. — Séparat. de biens d'avec dame DEFFOSSE. — 14 avril 66. — Guyot-Sionnest, av.

MALEZIEUX (Dme) DE SÉGUR D'AGUESSEAU, DE SÉGUR DE LAMOIGNON (Marie-Louise). — Conseil judiciaire, MICHEL, 8, rue Louvois, 9 févr. 66. — Chéramy, av.

MALGUY (Jacques-Eugène), fab. de chapeaux, 9, r. du Chaume. — faillite 15 juillet 65. — s. Gauche. — Clôt. 31 août 66.                4847

.ICOT (Louis), 19, r. du Bac d'Asnières. — Sép. corps et biens d'avec dame MOULIN, 5 juillet 66. — Dufourmantelle, av.

MALLARD, 195, faub. St-Honoré. — Sép. de biens d'avec dame THIERDALE, 24 mars 66. — Bigot, av.

MALLEN (Pierre-Justin-Gaspard), r. de Bordeaux, hôtel de la Mairie. — Séparation corps et biens d'avec dame MORLET, 28 nov. 66. — Lévesque, avoué,

MALLET (D""), négoc., 58, r. du Temple. — f. 5 oct. 66. — s. Beaujeu. — Clôt. 29 déc. 66.      6838

MALLET (Louis-Antoine), sellier, 26, r. Grange-aux-Belles. — Sép. de biens d'avec dame BOUSTIÈRE, 25 juillet 66. — Gaullier, av.

MANCEAU (Henri-François), 17, rue Tiquetonne. — Sép. corps et biens d'avec dame VIGNERON, 17 nov. 66. — Deherpe, av.

MANCHE aîné, fab., 6, rue d'Austerlitz. — f. 25 sept. 66. — s. Crampol, 6788

MANCHON (Marcel), mercier, 16, r. des Fossés-St-Jacques. — f. 8 août 66. s. Meillencourt.      6586

MANDRON (Prosper-Clément), 87, route d'Italie. — Sép. de biens d'avec dame RATIER, 16 janv. 66. — Dussart, av.

MANESSON (Édouard-Paul), brocheur, 32, r. Hautefeuille. — f. 4 oct. 66. — s. Hécaen.      6823

MANGEOT-JUNG, anc. banquier, 31, r. Vivienne. — f. 7 juin 65. — syndic Lefrançois. — Clôt. 30 nov. 66. 4669

MANGIN (Barthélemy), carrossier, 6, r. Asile-Popincourt. — f. 13 janv. 66. s. Heurtey. — c. 1er mai 66. — homolog. 29 mai 66. — 30 p. 100 en 6 ans.      5649

MANGIN (Joseph-Ambroise), 22, rue d'Aval. — Sép. corps et biens d'avec dame THIBAUT, 10 mars 66. — Marc, av.

MANGNEZ (D"° Alphonsine), marchand de vins, 55, r. du Four-St-Germain. — f. 28 avril 66. — s. Barboux. — Union 25 sept. 66.      6072

MANHEIM (Martin), ferblantier, 138, r. du Temple. — f. 11 avril 66. — s. Barbot. — c. 28 juin 66. — homologation 17 juillet 66. — 20 p. 100 en 4 ans de fin août 67.      6009

MANIN (Jean-Louis-Félix), entrepr. de parquets, 2, r. Gauthey. — faillite 10 avr. 66. — s. Normand,      5993

MANON frères (Jules et Louis), tissus, 3, r. des Déchargeurs. — f. 9 août 66. — s. Hécaen.      6590

MAQUARD (Jean-Émile), confection, 139, r. Oberkampf. — f. 17 févr. 66. — s. Knéringer. — c. 19 mai 66. — h. 31 mai 66. — 50 p. 100 en 6 ans, du 1er juill. 66.      5791

MARAIS et Cie (Nicolas-Hyacinthe), pharmacien, 4, r. de la Verrerie. — f. 14 nov. 65. — s. Henrionnet. — Union 16 oct. 66.      5389

MARAIS (Auguste), 26, r. Geoffroy-Langevin. — Sép. corps et biens d'avec dame NÉGLAIR, 24 mars 66. — Marquis, av.

MARCEL, DUBOIS et Cie, nouveautés, 2, r. Vivienne. — f. 25 janv. 66. — s. Quatremère. — c. 11 sept. 66. — homol. 15 oct. 66. — 54 p. 100 comptant.      5700

MARCEL (Auxance), 6, r. Neuve-des-Petits-Champs. — Sép. de biens d'avec dame LEBRUN, 1er mai 66. — Leboucq, av.

MARCELLIN (Henri), fab. de châles, imp. du Progrès, 18, r. Ménilmontant. — f. 11 mars 66. — s. Lamoureux. — Clôt. 24 mai 66.      5887

MARCELOT (Hubert-Eugène), march. de cristaux, 13, r. de Nantes. — f. 5 décembre 65. — s. Richard. — concordat 6 mars 66. — h. 26 mars 66. — 10 p. 100 dans 1 an, et 15 p. 100 dans 2, 3, 4 et 5 ans.      5488

MARCHAL (Joseph-Auguste), 18, rue Lacroix, à Batignolles. — Sép. de biens d'avec dame DUMONT, 18 août 1866. — A. Devaux, av.

MARCHAND (Adolphe-Jacques), 6, rue Neuve-des-Boulets. — f. 6 sept. 65. — s. Quatremère. — c. 23 déc. 65. — h. 27 févr. 66. — 10 p. 100 dans 1, 2 et 3 ans, et 5 p. 100 4ᵉ année. 5080

MARCHAND, fumiste, 15, r. Neuve-Bossuet. — f. 12 mai 66. — s. Malle. — Clôt. 30 juin 66.    6131

MARCHAND (Henri-François), 8, pass. Doudeauville. — Sép. de biens d'avec dame LORTHIOIT, 26 juill. 66. — Motheron, avoué.

MARCHENAY (Anatole-Honoré), gravatier, 30, quai de la Rapée. — f. 2 janv. 66. — s. Richard-Grison. 5611

MARCIAL (Pierre), 207, faub. St-Martin. — Sép. de biens d'avec dame PHILIP, 24 avril 66. — Fitremann, avoué.

MARCOTTE, négoc., 17, r. Grange-Batelière. — f. 10 fév. 63. — s. Sautton. 13 fr. 66 p. 100, unique répart. 1280

MARÉCHAL, négoc., 11, r. Ste-Marie. — f. 29 déc. 65. — s. Devin. — Clôt. 17 fév. 66.    5605

MARÉCHAL (Victor-Jules), march. de grains, 12, r. Bréa. — f. 22 fév. 66. — s. Copin. — Union 3 oct. 66.  5804

MARÉCHAL (Jacques-Alexandre) et HADÉMAR (Eugène), march. de vins, 14, r. des Canettes. — f. 9 juill. 66. — s. Bourbon. — Clôt. 10 sept. 66.    6384

MARET (Gustave-Alfred), sans dom. con. — Sép. corps et biens d'avec dame MÉZIÈRES, 15 mai 66. — Gérault, avoué.

MARETTE (Charles-Julien), doreur, 196, r. du Temple. — f. 23 juin 65. — s. Lamoureux. — c. 22 déc. 65. — h. 12 janv. 66. — Le tout en 10 ans.    477

MARIAIS (Joseph), serrurier, 2, route d'Asnières (Nanterre). — f. 20 janv. 1866. — s. Gauche. — c. 2 juin 66. h. 25 juin 66. — 10 p. 100 en 4 ans.    5680

MARICOT (Jules-Zacharie), 13, r. de Jouy. — Sép. de biens d'avec dame MARCILLE, 24 févr. 66. — Popelin, avoué.

MARIÉ (Paul-Louis-Léon), 158, r. Vaugirard. — Sép. corps et biens d'avec dame LETELON, 17 avril 66. — Ch. des Étang, avoués.

MARIETTE, négoc., 87, r. Truffaut, et à Cesson (Seine-et-Marne). — f. 18 juill. 65. — s. Copin. — c. 11 juill. 66. — h. 30 juill. 66. — 20 p. 100 en 5 ans. — Veuve MARIETTE, caution.    4857

MARIN (Louis-François), à Vanves, maison du Dʳ Voisin. — Sép. de biens d'avec dame CARTON, 17 juill. 66. — E. Dubois, avoué.

MARINOT (Jean-Marie), teinturier, 10, r. Scipion. — f. 31 oct. 65. — s. Normand. — c. 29 janv. 66. — h. 20 fév. 1866. — 60 p. 100 en 5 ans.  5327

MARION (Auguste), march. de vins, 16 bis, r. Curial (Villette). — f. 27 sept. 1866. — s. Lamoureux.  6792

MARION (Céline), modes, 110, r. Montmartre. — f. 23 oct. 66. — s. Gauche. Clôt. 27 nov. 66.    6932

MARION (Alexandre-Edouard), 76, r. des Feuillantines. — Sép. de biens d'avec dame CORRARD, 12 juill. 66. — Guyot-Sionnest, avoué.

MARIS (dame), née GROSSET, négoc., 71, r. du Château-d'Eau. — f. 27 nov 1866. — s. Bégis.    7103

MARLIEZ et Vᵉ CARPENTIER, fourn. de modes, 35, r. Montmartre. — f. 24 juill. 66. — s. Lamoureux. — c. 27 nov. 66. — h. 15 déc. — 5 p. 100 en 5 ans.    6474

MARMIER (Pierre), 3, r. Bichat. — Sép. de biens d'avec dame JACQUIN, 31 juill. 66. — Labbé, av.

MARMOISSE (Germain), 12, boul. de Clichy. — Sép. corps et biens d'avec dame LIARCH, 19 mai 66. — Langéron, av.

MARQUET (Nicolas), march. de bois et charbons, 22, boul. Courcelles. — f. 21 déc. 65. — s. Quatremère. — c. 9 avril 66. — h. 24 avril 66. — 21 p. 100 40 jours après l'homolog. et 21 p. 100 1 an après. — Charles-Hilaire GUERIN, caution.  5556

MARSON (Onésime-Nicolas), 8, r. des Carrières. — Sép. de biens d'avec dame TURPIN, 24 mars 66. — Audouin, av.

MARTEL, commissionnaire en vins, 42, r. Laborde. — f. 19 juin 66. — s. Dufay.  6289

MARTEL (J.-Nic.) et dame MARTEL (Marguerite-Nicolas), fabr. de casquettes, 40, r. Ste-Croix-Bretonnerie. f. 30 août 66. — s. Devin.  6663

MARTEL (Louis-Eugène), 10, r. des Vieux-Augustins. — Séparat. corps et biens d'avec dame DELAMARRE, 3 août 65. — Lenoir, av.

MARTIN (Auguste), fabr. de peignes, 26, r. Oberkampf. — f. 19 avril 65. — s. Pluzanski. — c. 27 nov. 65. — hom. 2 janv. 66. — 25 p. 100 en 5 ans.  4662

MARTIN (Joseph), logeur, 71, r. Blomet. — f. 16 déc. 65. — s. Lamoureux. — Union 17 avril 66.  5537

MARTIN (Gustave), lingerie, 44, r. du Caire. — f. 19 janv. 66. — s. Lamoureux.  5674

MARTIN (Arsène) et DELOR (Pierre), fruitiers, 38, boul. des Amandiers. — f. 20 janv. 66. — s. Barbot.  5681

MARTIN (Louis-Octave), marchand de vins, 44, r. Marcadé. — f. 13 fév. 66. — s. Richard-Grison. — Clôture 20 avril 66.  5780

MARTIN frères, négociants, 22, r. des Écluses-St-Martin. — f. 28 avril 66. — s. Sommaire.  6074

MARTIN (Eutrope), horloger, 15, rue Ste-Anne. — f. 3 avril 66. — s. Legriel. — c. 30 juillet 66. — homolog. 11 août 66. — Ab. d'actif et 15 p. 100 en 3 ans.  6960

MARTIN père et fils, maçons, 2, cité Beauharnais. — f. 1er mai 66. — s. Heurtey. — Union 4 septembre 66.  6082

MARTIN, négoc. 62, boul. Mazas. — f. 19 juill. 66. — s. Malle. — Clôt. 20 sept. 66.  6453

MARTIN (Joseph), vernisseur, 2, r. des Entrepreneurs. — f. 13 nov. 66. — s. Beaugé.  7030

MARTIN-BEAUPRÉ frères, éditeurs, 21, r. Monsieur-le-Prince. — f. 5 septembre 65. — s. Saulton. — c. 11 décembre 65. — h. 2 janvier 66. — 50 p. 100 en 10 ans.  5068

MARTIN-RAFFARD (Louis-Joseph), march. de papiers peints, 89, boul. Magenta. — f. 6 déc. 66. — s. Battarel.  7135

MARTIN (François), 30, r. des Boulets. — Séparation de biens d'avec dame DEFOT, 18 janv. 66. — Adam, av.

MARTIN (Pierre-Isaïe), 3, chemin de Clignancourt. — Sép. corps et biens d'avec dame LESIRE, 22 mars 66. — Rougeot, av.

MARTIN (Claude-Louis), 79, r. Richelieu. — Sép. corps et biens d'avec dame RANSAN, 21 avril 66. — Picard, av.

MARTIN (Louis-Philippe), 8, rue de Saintonge. — Sép. corps et biens d'avec dame MAUGIN. — Ramon de la Croisette, av.

MARTIN (François), 21, r. Bichat. — Sépar. corps et biens d'avec dame DELAIRE, 21 juill. 66. — Warnet, av.

MARTIN (Alexis), 39, r. de Charonne
— Sép. corps et biens d'avec dame
ROUSSEL, 2 août 66. — Dusart, av.

MARTIN (Octave), 49, r. Marcadet. —
Sép. de biens d'avec dame BOUTIN,
27 déc. 66. — P. Duboys, av.

MARTINET, tapissier, 60, r. des Marais. — Sépar. corps et biens d'avec
dame BARÈS, 4 déc. 66. — Marc, av.

MARTINY (Émile-Joseph-Louis), 86,
rue d'Enfer. — Sép. de biens d'avec
dame LEVASSEUR, 29 mai 66. —
Maucomble, av.

MARTY (Dme)(Jean-Auguste), march.
de chaussures, 19, r. du Pont-Louis-
Philippe. — f. 23 sept. 65. — syndic
Malle. — c. 4 déc. 65.—h. 4 janv. 66.
30 p. 100 en 3 ans.          5163

MARULAT ( dame ), née PETITDIDIER
(Marie-Catherine), à St-Nicolas-du-
Port (Meurthe), hospice de.—Interd.
26 juin 66. — Gignoux, av.

MARX, tapissier, 41, r. St-Maur-St-Ger-
main. — f. 8 mai 66. — s. Normand.
— c. 30 juill. 66. — h. 20 août 66.
— Ab. d'actif et 10 p. 100 5 ans. 6118

MARX (Antoine-Charles), fab. de stores,
3, r. Lafeuillade. — f. 20 nov. 66. —
s. Meillencourt.          7064

MARX (Claire), 8, r. de Bretagne, chez
dame BLOCK. — Interd. 17 fév. 66. —
Delpouve, av.

MARY (Dme) dite fe CHAMPAGNE, hôtel,
99, boul. St-Michel.—f. 18 sept. 66.
— s. Dufay. — Clôt. 10 nov. 66. 6749

MASCART, march. de nouveautés, 15,
faub. Montmartre. — 27 oct. 66. —
syndic Bégis.          6939

MASCLET (Gustave), march. de nouveautés, 13, r. de Rivoli.—f. 13 mai 65.
— s. Lefrançois. — c. 4 sept. 66. —
h. 25 sept. 66.—Le tout de la manière
énoncée au concordat.          4557

MASSELIN (Georges), 2, r. Notre-Dame.
— Sép. corps et biens d'avec dame
TROUILLET, 26 fév. 66. — Chauvin,
avoué.

MASSEY(Paul-Arthur), march. de vins,
67, r. Vieille-du-Temple. — f. 2 juin
65. — s. Quatremère. — Union 6 juillet 66.          4650

MASSON, négoc., 13, r. Keller. — fail.
9 mai 65. — s. Bourbon. — Union
9 janvier 66.          4533

MASSON (Alfred-Louis-Auguste), épicier, 12, r. Palikao. — f. 26 oct. 66.
— s. Chevallier.          6951

MASSON (Nicolas), 34, r. Esquirol. —
Séparat. corps et biens d'avec dame
BARTHEL, 30 août 66. — Ramon de
la Croisette, av.

MASSON (Étienne), 38, r. d'Ulm. —
Sépar. corps et biens d'avec dame
DUGOUR, 31 août 66.—Boucher, av.

MASSUE (Pierre-Alfred), directeur du
Grand-Théâtre-Parisien, 12, r. de
Lyon.—f. 16 fév. 66.—s. Devin. 5666

MATHIEU (veuve), née COMTE (Reine-
Victorine-Pauline), lingerie, 17, boulevard Bonne-Nouvelle. — f. 27 décembre 66. — s. Sautton.          7238

MATHIEU (Eugène-Alfred), sans pro-
fession, Maison impér. de Charenton.
—Interd. 17 juill. 66.—A. Duboys, av.

MATOUCHET et GUERRE, restaurant,
à Neuilly (Ile de la Grande-Jatte). —
f. 8 juillet 65. — s. Crampel. — concordat 17 nov. 65. — Refus d'homologation 6 févr. 66.          4812

MAUBERT (Arcade-Louis), mécanicien,
99, r. de Flandre. — f. 8 sept. 65. —
s. Bégis. — c. 14 avr. 66. — homo.o-
gation 28 avril 66. — 35 p. 100 en
7 ans.          5093

MAUBERT ( Ernest ), comm., 23, rue
d'Hauteville. — f. 14 août 66. — syndic Sautton.          6611

MAUCHIN (Julien-Charles), 47, r. des
Noyers. — Sép. corps et biens d'avec
dame FOURNOL, 10 mars 66. —
Arc. Guyot, av.

MAUCOURT (Alphonse-Denis), 16:, rue Montmartre. — Sép. corps et biens d'avec dame ZAGU, 17 nov. 66. — Lacomme, av.

MAUGARD (Adrien), 170, r. St-Martin. — Sép. de biens d'avec dame SIMON. 4 janv. 66. — Delessard, av.

MAUGARD et DESRUES, marchand de tissus, 170, r. St-Martin. — f. 1er février 66. — s. Heurtey. — c. 25 mai 66. — h. 11 juin 66. — 40 p. 100 par demie en 3 ans 1/2, Charles-François SIMON, caution.                          5931

MAUGER (Philippe), fleuriste, 69, r. de Clichy. — f. 8 sept. 65. — s. Dufay. — c. 3 janv. 66. — h. 20 janv. 66. — 50 p. 100 en 5 ans.             5095

MAUGER (Antoine), 14, r. Thévenot. — Mainlevée Cons. jud., 13 févr. 66.

MAUGER (Jean-Philippe), 63, rue Ducouëdic. — Sép. de biens d'avec dame CUNY, 20 déc. 66. — Fitremann, av.

MAUGRAS (Auguste-François), 16, rue Rocroy. — Sép. corps et biens d'avec dame ABT, 20 nov. 66. — P. Dauphin, avoué.

MAUJEAN (Louis-François-Marie), 23, av. de la Roquette. — Sép. de biens d'avec dame MAUGÉ, 20 janv. 66. — Marc, avoué.

MAUMÉNÉE (Jean-François), cristaux, à Choisy-le-Roy, 25, r. Sébastopol. — f. 22 nov. 65. — s Sommaire. — c. 15 juin 66. — h. 29 juin 66. — 10 p. 100 en 5 ans.             5418

MAUPRIVEZ (Paul-Joseph), à l'asile d'Auxerre (Yonne). — Interd. 12 mars 66. — Administrateur, MAUPRIVEZ (Pierre-Julien). — Deherpe, avoué.

MAUREL (Jean-Camille), médecin, à Vitry-sur-Seine. — Sép. corps et biens d'avec dame COULOMB, 12 juillet 66. — Hardy, av.

MAURER (Ernest-Louis), fabr. de bretelles, 214, r. St-Denis. — f. 18 octobre 66. — s. Battarel.             690

— Séparation de biens d'avec dame HOUSIEAU, 18 déc. 66. — Chauvin avoué.

MAURICE père (Charles-Thomas), tailleur, 6, r. St-Marc. — f. 26 juill. 66 — s. Lefrançois. — Union 12 décembre 66.             619:

MAURIN, négoc., 8, r. du Vieux-Colombier. — f. 27 juill. 66. — s. Gauche             631(

MAURIO (Pierre-Adolin), 15, r. des Quatre-Fils. — Sép. de biens d'avec dame SAINT-MARS, 30 janv. 66. — Laubanie, av.

MAUVOISIN (Edouard), marchand de cristaux, 5, pass. Chausson. — faillite 19 déc. 65. — s. Knéringer. — Union.             5519

MAVRÉ (Eugène-Guillaume), maçon, à Levallois, 4, r. Bellanger. — f. 15 décembre 65. — s. Malle. — c. 10 mars 66. h. 3 avril 66. — 15 p. 100 dans 1 mois, de l'homol. — 45 p. 100 dans 3 mois de l'homol. — 7 p. 100 dans 6 mois de l'homol. — 4 p. 100 dans 2 et 3 ans de l'homol. — 5 p. 100 dans 4 ans de l'homologation.             5531

MAX, négoc., 103, faub. St-Denis. — f. 26 oct. 66. — s. Sarazin.             6053

MAYER, décédé (Salomon), carrossier, 8, r. Ernestine. — f. 31 oct. 65. — s. Beaugé. — Union.             5531

MAYNIAL (Louis), bijoutier, 62, r. du Temple. — f. 24 mars 66. — s. Sauton. — c. 18 juin 66. — h. 5 juill. 66. — 25 p. 100 en 5 ans.             5910

MAZAS et Cⁱ, march. de nouveautés, 9, boul. Poissonnière. — f. 20 décembre 66. — s. Quatremère.  7210

MAZERON (Henry), modes, 23, boul. Poissonnière. — f. 22 août 65. — s. Dufay. — Clôt. 23 mars 66.  5014

MAZET (Antoine), entrepr. de maçonnerie, 2, ruelle des Lilas.— f. 21 septembre 66. — s. Henrionnet.     6763

MÈGE (François-Annel), 6, r. Dareau. Séparat. de biens d'avec dame GUY 6 fév. 66. — Lévesque, av.

MÉLARD (Michel), boulanger, 5, place de l'Odéon. — f. 16 avril 66. — syndic Barbot.— Union 11 septembre 66.     6034

MÉLIN (Louis-Célestin-Manuel), cafés. 51, r. de la Verrerie. — f. 31 oct. 65. — s. Meys. — c. 24 janv. 66. — hom. 6 fév. 66. — 25 p. 100 en 5 ans. — MÉLIN père, caution.     5328

MÉLUN (Louis), laines, 118, r. St-Maur. f. 11 mars 61. — s. Isbert. — c. 16 avril 66.— h. 24 juill. 66. — 10 p. 100 comptant et 2 et demi p. 100, fin mai 67 et 68.     18133

MÉMAIN (André), march. de soieries. 23, chauss. d'Antin.— f. 15 janv. 66. — s. Beaujeu. — c. 9 avril 66. — h. 23 avril 66. — 20 p. 100 en 5 ans.     5653

MÉNARD (Henri-Pierre-Paul), mercier, 7, r. d'Amboise. — f. 23 juin 66.— s. Barboux. — Clôt. 23 août 66.     6318

MÉNARD (Charles-Clément), march. de porcelaine, 72, r. Popincourt. — f. 22 sept. 66. — s. Lamoureux. 6769 — Séparation de biens d'avec dame PHALIPON, 4 déc. 66. — Benoist, avoué.

MÉNARD (Louis-Adolphe), 96, rue St-Antoine. — Sép. corps et biens d'avec dame NAZET, 7 avril 66. — Migeon, avoué.

MÉNASSADE cadet, négociant, 35, rue Ste-Marguerite-St-Antoine. — faillite 22 sept. 66.— s. Sommaire.     6775

MENDÈS, négoc., 28, r. Labruyère. — f. 14 sept. 66. — s. Pinet.     6733

MENDEZ, entrepr. de maçonnerie, place des Perchamps, 6, à Auteuil. — f. 17

sep. 61. — s. Moncharville. — c. 8 fév. 62. — Résolution du concordat 29 juin 63.     18906

MÉNÉTRIER (Jean-Claude), fabricant de cadres, 118, r. St-Maur. — faillite 11 août 66. — s. Devin.     6602

MÉNIÉ (Charles-Auguste), 32, r. Truffault. — Sép. corps et biens d'avec dame BONNEAU, 13 déc. 66. — Lesage, av.

MÉNIER, commissionn., 50, r. de la Chaussée-d'Antin. — f. 12 oct. 66.— s. Beaufour.     6872

MENNESSIER et CHARGUÉRAUD, marchands de nouveautés, 7 et 9, Faub.-Saint-Martin.— f. 2 août 64.—s. Battarel.—c. 9 janv. 66.— h. 8 fév. 66.— 10 p. 100 dans la huitaine de l'homologation; 10 p. 100 1 an apr.; 10 p. 100 2e année, et 5 p. 100 3e année. 3336

MERCIER (Honoré-Adolphe), restaurateur, à Nanterre. — f. 9 janv. 66. — s. Barboux.—Union 27 avril 66. 5633

MERCIER (Paul), impr.-lithogr., 8, rue du Parc-Royal. — f. 23 mars 66. — s. Pinet. — c. 19 juill. 66. — homol. 18 août 66.—6 p. 100 en 2 ans. 5931

MERCIER (Hippol.), décorat., 16, faub. Saint-Denis. — f. 30 août 66. — syndic Beaujeu. — c. 3 déc. 66. — hom. 15 déc. 66.—Ab. d'actif et 20 p. 100 en 5 ans.     6661

MERCIER (Charles-Martin-Guillaume), 65, r. Bichat. — Sép. corps et biens d'avec dme PAGES-CHATEAUFORT, 13 mars 66. — Henriet, av.

MERCY-ARGENTEAU (DE) (Alfred-Florimond-François) DE PAULE. — Cons. jud. 23 fév. 66. — Gouillart 1, rue Méhul. — Marquis, av.

MERIGOT (Etienne), march. de vins, à Joinville-le-Pont. — f. 25 oct. 66. — s. Devin. — Clôt. 30 nov. 66.     6943

MERUY (Louis-Richard), 92, r. d'Angoulême-du-Temple. — Sép. corps et biens d'avec dame LEPITRE, 4 avril 66. — Duboys, av.

MESMER, marchand de vins, 113, rue Tombe-Issoire. — f. 14 avril 66. — s. Beaugé. — Clôt. 31 mai 66.    6029

MESNARD (Émile), marchand de nouveautés, à Montreuil, 23, rue Keller. — f. 2 fév. 66. — s. Barbot.    5742

MESNARD (Eugène), march. de cuirs, 110, r. St-Lazare. — f. 20 mars 66. — s. Bégis.—Union 25 sept. 66.    5918

MESNIL (Jean-François), limonadier, à Romainville, 45, r. de Paris. — f. 15 déc. 66. — s.Beaugé.    7186

MESSIÉ, négoc., 9, boul. Poissonnière. — f. 22 déc. 65. — s. Richard. — Clôt. 27 nov. 66.    5565

MESSMER (Antoine-Alexandre), grainetier, à Saint-Denis, 32, r. Labriche.—f. 25 mai 66.—s. Bégis.—c. 31 août 66. — hom. 19 sept. 66. — Ab. d'actif et compléter 20 p. 100 en 6 ans.    6185

MESSUREUX, limonadier, 17, av. Victoria. — f. 21 oct. 65. — s. Bégis. — Union 27 mai 66.    5301

METAIRIE (Jules-Henri-Frédéric),2,rue Neuve-des-Bons-Enfants. — Sép. de biens d'avec dame LAGUERRE, 2 août 66. — Herbet, avoué.

METROZ (Germain), fab. de faux-cols, 76, r. Montmartre. — f. 5 juin 66. — s. Normand. — c. 4 août 66. — h. 17 août 66. — 60 p. 100 en 3 ans.    6233

MEUNIER, march. de vins, 16, aven. de Saint-Ouen. — f. 21 juill. 66. — syndic Gauche. — Clôt. 31 août 66.    6479

MEUNIER (Prosper), limonadier, 7, boul. Mazas. — f. 4 sept. 66. — s. Sarazin.    6682

MEURGEY (Jean-Baptiste-Adolphe), loueur de voitures, 32, r. de la Santé (Batignolles). — f. 31 déc. 61.—synd. Sergent. — c. 14 mai 62.—Résolution de conc. 2 août 66. — s. Pinet.    19389

MEUSSOT, boucher, 160, r. de Grenelle-St-Germain. — f. 6 juin 65. — synd.

Heurtey. — c. 13 janv. 66. — hom. 6 fév. 66. — Ab. d'actif et 20 p. 100 en 4 ans.    4662

MEYER (Mathias), mercier, à Courbevoie. — f. 14 avril 66. — s. Normand. — Union 27 juin 66.    6031

MEYER (Jean), tailleur, 21, r. Jean-Jacq.-Rousseau. — f. 23 nov. 65. — synd. Pluzanski. — Clôt. 30 avril 66.    5123

MEYER (Dlle Louise), modiste, 26, boul. Poissonnière. — f. 8 sept. 66. — s. Legriel.    6705

MÉZIÈRE (Antoine-Alexandre), carrier, 24, r. Vintimille. — f. 30 août 64. — s. Barbot. — c. 5 mars 66. — h. 21 mars 66. — 15 p. 100 en 3 ans.    3119

MÉZIÈRE (Gustave-Marie-Jacob), 17, r. des Sts-Pères. — Sép. de biens d'avec dame Léqueux, 19 avril 66. — G. Sionnet, av.

MICHAELIS (Charles-Auguste), 4, rue Davy. — Sép. corps et biens d'avec dame GRÉGNY, 25 janv. 66.—Bourse, avoué.

MICHAUD (Jean-Baptiste), briquetier, à Vincennes, 101, rue de Lagny — f. 24 oct. 63. — s. Pinet. — c. 9 avril 64. — h. 4 mai 64. — 40 p. 100 en 5 ans. — Résol. de conc. 18 août 66. — Clot. 30 nov. 66.    2217

MICHAUX (Pierre-Henri), confection., 10, r. de Grenelle-Saint-Honoré. — f. 12 janv. 66.—s. Knéringer.    5615

MICHEL et Ce, tapissiers, 79, boulev. Malesherbes.—f. 23 déc. 65.— synd. Moncharville. — c. 21 avril 66. — homolog. 1er mai 66. — 50 p. 100 en dix ans.    5573

MICHEL (Charles-Victor), march. de blondes, 5, faub. Montmartre. — fail. 26 juin 66. — s. Meys. — Clôt. 30 juill. 66.    6330

MICHEL (veuve) fils aîné, née JACQUINOT (Marie), fabric. de ressorts pour jupons, 11, r. des Récollets.—f. 27 nov. 66. — s. Heurtey.    7099

MICHEL, fab. de couverts, 173, boul. du Prince-Eugène. — f. 14 déc. 66 —s. Bourbon.                    7180

MICHEL (Étienne), 64, r. Rambuteau. — Séparation de biens d'avec dame JACQUINOT, 4 déc. 66. — Guény, av.

MICHEL (François), 10, r. Bichat. — Séparat. corps et biens d'avec dame MOREAU, 1er fév. 66. — Dufay. av.

MICHEL (Eugène-Georges), 22, r. du Rendez-Vous. — Sép. corps et biens d'avec dame PIVER, 23 déc. 65. — Duval, av.

MICOLON (Henri), aciers, 61, r. Dunkerque. — f. 24 nov. 66. — s. Devin.                    7085
— Sép. de biens d'avec dame FIAT, 30 août 66. — Dechambre, av.

MIDAUL dit Midor (Jean-Georges), escompteur, 15, r. Léonie. — f. 6 févr. 66. — s. Normand. — c. 11 mai 66. — h. 29 mai 66. — 25 p. 100 5 ans. 5756

MIGER (Michel-André-Georges), soldat au 78e rég. d'infant. de ligne, à Cambrai.—Cons. jud. 24 nov. 66, MIGER, 13, rue de Tournon. — A. Boucher, avoué.

MIGNARD (François-Alphonse), march. de vins, 89, chaussée du Maine. — f. 24 nov. 65.— s. Richard Grison.— c. 31 mai 66. — h. 13 juin 66. — Ah. d'actif et 10 p. 100 en 5 ans.       5128

MIGNOT fils (Henri-Gustave), 7, rue Villedo. — Cons. jud., 20 févr. 66. — BAZIN, 8, r. Ménars. — Lacomme, avoué.

MILLART-SIOT et Cie, fab. de bronzes, 75, faub. St-Martin. — f. 21 août 66. — s. Dufay. — c. 29 nov. 66. — homolog. 11 déc. 66. — 35 p. 100 en 5 ans.                           6630

MILLERY, négoc., 191, faub. St-Denis. — f. 10 avril 66. — s. Malle. — Clôture 31 mai 66.                      6003

MILLERY (Alexandre), parfumeur, 12, boul. du Prince-Eugène. — f. 18 juillet 66. — s. Grison. — c. 30 nov. 66.

— h. 19 déc. 66. — 5 p. 100 dans 1 an de l'homolog. ; 10 p. 100 dans 2 ans ; 5 p. 100 dans 3 ans ; 10 p. 100 dans 4 ans, et 10 p. 100 dans 5 ans.                           6416
— Sép. de biens d'avec dame GIRARD, 27 oct. 66. — Dechambre, av.

MILLET (Ernest), passementier, 36, rue d'Aboukir. — f. 15 mai 66. — s. Pinet. — c. 3 août 66. — h. 23 août 66. — 10 p. 100 dans le mois de l'homologation, et 15 p. 100 en 3 ans. 6138

MILLET (François), camionneur, 40, quai de la Râpée. — f. 10 déc. 66.— s. Meys.                           7153

MILLOCHAU (Émile), march. de vins, 82, r. de Rivoli. — f. 14 nov. 65. — s. Pinet — Union.              5391
— Sép. de biens d'avec dame GODDE, 21 avril 66.—Cartier, av.

MILLON (De), march. de vins, 7, avenue Victoria. — f. 7 août 66. — syndic Pinet. — Union, 29 nov. 66.  6579

MILLOT veuve, née Martin (Léontine-Sophie-François), grainoterie, 131, r. de Paris, à Belleville. — f. 6 février 66. — s. Barbot. — Union 12 mai 66.                            5755

MILLOT, négoc., 12, r. Geoffroy-Marie. — f. 6 févr. 66. — s. Bégis. — Union 18 sept. 66.                     5759

MILON, limonadier, 1 bis, r. Buffault. — f. 14 févr. 63. — s. Barbot. — Clôture 20 janv. 64. — Jug. rappelant celui de clôt., 2 janv. 66.      1304
— Sép. de biens d'avec dame GODDE, 21 avril 66. — Cartier, av.

MIRABEL, CHAMBAUD, FOULON et Cie, ag. d'affaires, 17, r. Grange-Batelière. — f. 5 avril 66. — s. Moncharville. — Union 2 sept. 66.      5973

MIREAUX (Édouard-Benoît), 10 r. de la Douane. — Sép. corps et biens d'avec dame POUZI, 24 août 66. — Leboucq, av.

MITRECEY (Louis-Jean-François), 248, faub. St-Honoré. — Interd. 20 nov. 66. — Lorget, av.

MOHENG (Jean-Baptiste), corroyeur, 30, r. Montagne-Ste-Geneviève. — Sép. corps et biens d'avec dame BOURDON, 27 févr. 66. — Boucher, avoué.

MOIGET (Jules), 82, r. Chapon. — Séparation corps et biens d'avec dame VOIRIN, 17 févr. 66. — Delpon, av.

MOINIER (Charles), négoc., 42, av. de St-Ouen. — f. 17 mars 66. — s. Sommaire. — Clôt. 30 nov. 66.    1823

MONARD (Arsène), menuisier, à Saint-Denis. — f. 5 août 65. — s. Normand. — Union 2 oct. 66.    4937

MONDON (Bernard), march. de toiles, 141, r. St-Antoine. — f. 2 août 66. — s. Pinet.    6510

MONET, fleuriste, 84, faub. St-Denis. — f. 11 sept. 66. — s. Normand. — Clôt. 23 oct. 66.    6719

MONESCLOU, march. de charbons, 4, r. de l'Arcade. — f. 15 mai 66. — s. Chevallier. — Clôt. 31 mai 66. 6143

MONGENOT, nég., 4, r. des Amandiers, à Ménilmontant. — f. 29 juin 66. — s. Lamoureux. — Clôt. 30 juill. 66.    6316

MONIER (Augustin-Firmin-Isidore), 4, r. Laval prol. — Sép. corps et biens d'avec dame DESAA, 17 mars 66. — Denormandie, av.

MONIN (Pierre), loueur de voitures, 183, r. Oberkampf. — f. 17 févr. 66. — s. Bégis. — Union 17 nov. 66. 5792

MONIOT (Eugène), direct. de théâtre, 22, r. du Château-d'Eau. — faillite 10 avril 66. — s. Trille. — Clôture 18 sept. 66.    5991

MONIOT (Jean-Baptiste), sans domicile connu. — Sép. de biens d'avec dame RAVOUX, 24 juill. 66. — Delacourtie, avoué.

MONNET (Louis-Hubert), limonadier, 74, r. du Vertbois. — f. 30 août 66.

— s. Crampel. — c. 12 nov. 66. — h. 4 déc. 66. — 30 p. 100 en 5 ans.    6662

MONNIOT (Nicolas-Louis), march. de ciments, à Montreuil-sous-bois, 70, r. de Paris. — f. 23 janvier 66. — s. Chevallier. — Clôture 31 mai 66.    5701

MONNOT (Alfred), entrepr. de maçonnerie, 55, av. de la Bourdonnaye. — f. 17 mai 66. — s. Hécaen.    6148

MONSCH, négoc., 84, r. Notre-Dame-de-Nazareth. — f. 11 janvier 66. — s. Legriel. — Union 15 janv. 66.    5642

MONTELLI, directeur du Jardin des Fleurs, 13, r. de l'Oratoire. — f. 11 nov. 65. — s. Trille. — Clôt. 31 déc. 66.    5380

MONTGOBERT (Charles-Marie-Joseph), artiste dramat. au Théâtre-Parisien, 2, r. des Charbonniers. — Séparation corps et biens d'avec dame POTIER, 28 juill. 66. — Derré, av.

MONTIAL (Etienne-Agathe), négoc. en toiles, 15, r. Bertin-Poirée. — faillite 25 janv. 66. — s. Quatremère. — c. 18 avril 66. — h. 28 avril 66. — Ab. d'actif.    5702

MONTIER et Cᵉ, banquier, 47, r. Richer. — f. 30 juin 65. — s. Copin. — Union 18 avril 66.    4774

MONTTESSUY (DE) (Paul-Fréd.-Charles-Auguste-Rodolphe), 113, rue de Grenelle-Saint-Germain. — Conseil jud. 23 mars 66. — GOULLIARD, 1, rue Méhul. — Denormandie, av.

MONVOISIN (Pierre-Eléonore), 33, rue des Mignottes. — Sép. corps et biens d'avec dame FRIBOUT, 13 juill. 66. — Boinod, av.

MORAIN (Michel), 76, r. de Grenelle-Saint-Germain. — Séparat. corps et biens d'avec dame PIROT, 27 janvier 66. — Guibet, avoué.

MORÉ (Hector), négoc., 17, r. d'Aumale. — f. 23 janv. 65. — s. Devin.

— c. 24 janv. 66. — h. 10 mars 66.— Ab. d'actif.     4097

MOREAU, négoc., 102, r. du Temple. — f. 4 mai 58. — s. Barbot. — Clôture 28 sept. 58. — Jug. rapp. celui de clôt. 28 nov. 66.     14899

MOREAU, marchand de vins, 86, r. de Meaux. — f. 21 avril 66. — s. Lamoureux.     6047

MOREAU (Jean-Eugène), anc. directeur de théâtre, 13, r. Bréda. — faillite 21 sept. 66. — s. Pinet.     6764

MOREAU et RIFFAULT, merciers, 140, r. St-Denis. — f. 16 oct. 63. — syndic Pluzanski. — c. 8 mars 66. — h. 20 mars 66. — Abandon d'actif et 2 p. 100 en 3 ans.     5260

MOREAU (Augustin), r. de Charonne (Belleville). — Interd. 27 avril 66.— OLIVIER, 24, r. des Fossés-St-Germain, adm. — Robert, av.

MOREAU (François), 103, faub. Saint-Denis. — Sép. corps et biens d'avec dame LALLEMAND, 9 août 66. — G. Sionnest, av.

MOREAU, contre-maître, 123, rue de l'Université. — Sépar. corps et biens d'avec dame VERGER, 9 juin 66. — Delpouve, av.

MOREL (Auguste), assurance maritime, 80, r. Taitbout. — f. 19 juill. 64. — s. Sautton. — Union 22 nov. 66.     3273

MOREL (Marc-Henri), édit. de musique, 85, r. d'Enfer. — f. 21 mars 63. — s. Lamoureux. — Clôture 23 fév. 66.     4330

MOREL, négoc., 12, r. Ollivier-Saint-Georges.— f. 19 avril 66. — s. Copin. — Clôt. 18 sept. 66.     6046

MOREL fils (Armand-Marie), papiers peints, 41, r. Traversière-St-Antoine. — f. 4 déc. 66. — s. Sautton.     7123

MOREL (Pierre-Isidore), 17, r. de la Huchette.—Sép. corps et biens d'avec dame CHEREAU, 6 déc. 66. — A. Devaux, av.

MOREL (Jean-Baptiste), 60, r. Lévis. — Séparat. corps et biens d'avec dame COSTE, 30 janv. 66. — Bigot, av.

MOREL (Alcide-Eugène-Ernest), 14, pass. Bonne-Graine, — Sép. corps et biens d'avec dame GIRARD, 27 fév. 66. — Castaignet, av.

MORET, négoc., 97, r. St-Denis. — fail. 27 juill. 66. — s. Meys. — Clôt. 10 sept. 66.     6509

MORHANGE (Léonard), 8, faub. Montmartre. —Sép. de biens d'avec dame BLATH, 20 déc. 66. — Delessard, av.

MORIER (Louis-Julien), march. de vins à Vanves, 11, r. de la Perle-du-Brésil. — f. 1er déc. 64. — syndic — c. 2 fév. 66. — hom. 17 mars 66. — 50 p. 100 5 ans.     4704

MORIN, menuisier, 41, r. Meslay. — f. 1er sept. 64. — s. Hécaen. — Union 17 juin 66.     4129

MORIN (Alfred), logeur, 208, r. de Grenelle-St-Germain. — f. 23 mai 66. — s. Bourbon. — c. 31 août 66. — Jug. ann. le conc. 10 oct. 66.     6171

MORIN (Charles), limonadier, 2, chaussée des Martyrs. — f. 7 déc. 66. — s. Henrionnet.     7144

MORIN (Alexandre-Alcide), 38, rue de la Tour-d'Auvergne. — Int. 3 fév. 66. — Dame MORIN, adr.—Quillet, av.

MORIN, dit LECOMTE, 4, r. Descamps (Passy) — Sép. corps et biens d'avec dame GENTY, 18 nov. 66. — Dufourmantelle, av.

MORIN (Pierre-Victor), 32, pass. Tocannier.— Sép. corps et biens d'avec dame MIMEY, 20 nov. 66. — Warnet, av.

MORIZE (Jules), papiers peints, 128, rue de Charenton. — f. 9 nov. 66. — synd. Meys.     7019

MORIZE (Alexandre-Eugène), 116, rue du Bac.—Sép. de biens d'avec dame LEFÈVRE, 4 déc. 66. — Pérard, av.

MORLAT (Antoine), march. de vins, 121, faub. St-Honoré. — f. 30 juillet 66. — s. Beaugé. — c. 26 oct. 66. — — h. 16 nov. 66. — 60 p. 100 6 ans.            6321

MORLOT et ALLIAUME, grainetiers, 12, r. de la Ferronnerie. — f. 11 avril 66. — s. Knéringer.        6008

MORNAND (Louis-Alfr.-Gaston), loueur de voitures, 15, impasse d'Antin. — faillite 3 nov. 66. — s. Gauche. — Clôt. 31 déc. 66.        6992

MORNAS (François-Désiré), tailleur, 38, pass. Jouffroy. — f. 18 déc. 66. — synd. Copin.        7195

MORSTADT (Théodore), négoc., 24, rue St-Pierre-Amelot. — f. 10 oct. 65. — synd. Gauche. — Union.        5230

MORT (Emile-Antoine-Ernest), 21, rue du Petit-Musc. — Mainlevée du conseil judiciaire, 24 mars 66.

MOSIN (Louis-Auguste), 24, r. de Vaugirard. — Sép. de biens d'avec dame CAMUS, 23 janv. 66. — Dromery av.

MOSNIER (Eugène-Emile), peintre, à Boulogne-sur-Seine, Grande-Rue, 99. — f. 14 sept 66. — s. Bégis.   6731

MOTTIER (François), 6, r. Louis-le-Grand. — Sép. corps et biens d'avec dame DUGIER, 6 janv. 66. — Huet, avoué.

MOUCHARD (Aug.), 81, r. de Reuilly. Séparat. corps et biens d'avec dame RABOUIN, 13 déc. 66. — Plassard, avoué.

MOUCHELET aîné (Louis), café, à Levallois, 46, r. Vallier. — f. 17 juill. 66. — s. Sarazin.        6436

MOUCHOTTE (Jean-Baptiste), fabr. de tissus, à Puteaux, 14, r. Godefroy. — f. 2 juin 66. — s. Devin. — c. 1er oct. 66. — homol. 23 oct. 66. — 20 p. 100, dont un tiers dans la quinzaine de l'homol., et un tiers dans 1 et 2 mois de l'homologation.    6224

MOUGE (Dlle Louise-Adrienne), parfumeuse, 11, r. N.-Dame-de-Lorette. — f. 23 mai 66. — s. Quatremère. — Clôt. 25 juin 66.        6172

MOUGEL-BEY (Dieudonné-Eugène), 10, rue d'Aumale. — Sép. de biens d'avec dame VINCENTI. — 17 novembre 66. — Lacroix, av.

MOUGET (Jules). Sép. corps et biens d'avec dame VOIRIN, 17 fév. 66. — Delpon, av.

MOULARD (Eugène), à Levallois, 23, r. Vallier. — Sép. corps et biens d'avec dame BEURRIER, 24 avril 66. — Foussier, av.

MOULIN (Louis-François), entrepr., 9, r. de Sèvres (Vaugirard). — faillite 7 mars 66. — s. Chevallier. — Clôture 30 avril 66.      5863

MOURLON, march. de vins, 242, faub. St-Martin. — f. 2 nov. 66. — s. Sautton.        6984

MOURMANT (Henry), commissionn. 20, faub. Poissonnière. — f. 28 septembre 65. — s. Sautton. — c. 11 décembre 65. — h. 2 janvier 66. — 20 p. 100 en 5 ans.      5179

MOUSIS (Pierre-Charles), commiss., 83, r. des Petites-Ecuries. — f. 21 décembre 66. — s. Bourbon.     7237

MOUVEAU (dame), née COLONNIER (Célestine), dite veuve DUFLOT, maison de fleurs, 17, r. de Choiseul. — f. 1er février 66. — s. Legriel. — c. 4 mai 66. — h. 25 juin 66. — Ab. d'actif et 10 p. 100 en 10 ans.   5730

MOYNET (Pierre-Nicolas), limonadier, 78, r. Popincourt. — f. 9 mars 64. — s. Knéringer. — Clôt. 28 août 64. — Jugem. rapp. celui de clôt. 12 juill. 66.           2753

MOYNIER (DE), directeur du Comptoir d'Abyssinie, sans domicile connu. — f. 30 nov. 66. — s. Pinet.   7112

MUGNEY (Jean-Hippolyte), 23, r. de Meaux. — Sép. de biens d'avec dame LANIAZ, 27 fév. 66. — Blachez, av.

MUGUET (Pierre-Joseph), 56, r. de Bondy. — Sép. corps et biens d'avec dame GUSTIN, 7 déc. 66. — Vivet, avoué.

MULLER (Edm.-Thomas), café-concert, 3, boul. Richard-Lenoir. — f. 3 mai 66. — s. Battarel.     6094

MULLER et MOUCHOTTE, fabricants de châles, à Puteaux, 14, r. Godefroy. — f. 29 mai 66. — s. Sautton. — Union 1er oct. 66.     6197

MULLER (Auguste), fabr. de châles, à Puteaux, 14, r. Godefroy. — f. 2 juin 66. — s. Sautton. — c. 1er oct. 66. — h. 13 oct. 66. — 20 p. 100 en 10 ans.     6225

MULLER (Antoine-Ferdinand), à Vincennes, 22, r. de Paris. — Sép. de biens d'avec dame THIEBERGE, 30 janv. 66. — Tixier, av.

MULLER (François), 50, r. Galilée. — Sép. corps et biens d'avec dame FAVART, 14 août 66. — Levaux, av.

MULLIER-DOVAL et Cie, exportateur, 49, boul. du Prince-Eugène. — faillite 7 juin 65. — s. Moncharville. — concordat 4 janv. 66. — h. 19 janv. 66. — 20 p. 100 dans le mois de l'homologation; 5 p. 100 dans 6 mois de

l'homolog.; 5 p. 100 dans 18 mois de l'homolog.     4670

MUNIER (De), née SAUDRAIS (Marie-Antoinette), mercerie, 23, r. Beaubourg. — f. 12 juill. 66. — s. Meys. — Clôt. 29 sept. 66.     6409

MUNIER (Eugène-Dominique), 1, rue de l'Orillon. — Sép. corps et biens d'avec dame GOURDON, 21 juill. 66. — Pottier, av.

MUNOT (Dlle Elisa-Clémentine), fab. de bijoux, 82, faub. St-Martin. — faillite 1er mars 66. — s. Barbot. — concordat 26 mai 66. — h. 11 juin 66. — 20 p. 100 en 5 ans. — GAGNEUR, caution.     5312

MURAT (Joseph-Marie), fab. de pompons, 179, r. St-Martin. — Sép. corps et biens d'avec dame HOTT, 8 mai 66. — Bremard, av.

MURY (Louis-Auguste), boucher, 210, r. St-Martin. — f. 8 juin 66. — syndic Normand. — Union 26 sept. 66.     6245

MUTEL (Pierre-Alexandre), menuiserie, 58, r. de l'Hôtel-de-Ville. — faillite 26 juin 65. — s. Hécaen. — concordat 12 déc. 65. — h. 2 janv. 66. — 3 p. 100 dans 1 an de l'homologation; 2 p. 100 dans 2 ans de l'homol.; 4 p. 100 dans 4 ans de l'homol. 4751

# N

NAGAUD (Jacques-Marie), march. de vins, 151, r. de Flandre. — faillite 5 juin 66. — s. Malle. — Clôt. 26 juillet 66.     6234

NAGEOTTE (Marie-Héloïse), 7, r. des Amelots. — Interd., 7 avril 66. — NAGEOTTE (Antoine), à Vaugenois (Côte-d'Or), administrateur. — Motheron, av.

NAIZEAULT ou NEZOT (Louis-Nicolas),

à Neuilly, 8, r. Bailly. — Sép. corps et biens d'avec dame JOUIN, 21 juillet, 66. — Boudin, av.

NALET (Charles-René), r. Bérault. — Sép. corps et biens d'avec dame MOUCHONNET, 23 janv. 66. — Giry avoué.

NALIS, dit MALÉ, tailleur, 53, boulevard Haussmann. — f. 26 juin 66. — s. Bégis.     6331

NALLARD (Jean-Alexandre), fabr. de compteurs, 46, boul. de Strasbourg. — f. 1er juin 66. — s. Pinet. — Union 19 oct. 66.         6217

NALLET (Louis-Appollon), 40, avenue de St-Cloud (Versailles). — Sép. de biens d'avec dame DUHAMEL, 11 avril 1866. — Pousset, av.

NANTEUIL (Victor-Jean-Baptiste), épicier, 18, r. Cadet. — f. 16 janv. 66. — s. Chevallier. — c. 14 avril 66. — h. 2 mai 66. — Ab. d'actif et 500 fr. chacune des 2 premières années suivant l'homolog. ; 1,000 fr. les trois années suivantes ; 2,000 la sixième année, 3,000 fr. chacune des 2 autres années, et le solde la deuxième année de ce qui restera dû.      5661

NARDEAU, dit GERBEAUX (Benjamin-Pierre), menuiserie, à Puteaux, 16, r. Saulnier. — f. 10 avril 66. — s. Sarazin. — c. 27 juin 66. — h. 17 juillet 66. — 30 p. 100 en 5 ans.    5995

NAUDÉ (Eugène), fab. de bouchons, 13, r. de Bercy-St-Antoine. — faillite 6 nov. 66. — s. Copin.    7001

NAUDÉ (Nicolas), 56, r. de la Tour (Passy). — Sép. corps et biens d'avec dame BABBEY, 15 fév. 66. — Guibet, av.

NAUDIN (Camille-Alexis), 236, faub. St-Martin. — Sépar. de corps et biens d'avec dame MALLET, 16 janv. 66. — Dufay, avoué.

NAULOT (Paul-Marie), briquetier, 128, r. de la Villette. — f. 28 août 65. — s. Gauche. — c. 21 déc. 65. — h. 10 janv. 66. — 30 p. 100 en 5 ans. — DROUIN, caution.    5032

NAUWELAERTS (François-Dominique), peintre, 10, rue de Boulogne. — f. 9 oct. 66. — s. Sarazin. — Clôt. 30 nov. 1866.    6851

NAVARDET (Pierre-Joseph), boucher, 13, r. Montagne (Belleville). — f. 21. mars 66. — s. Pinet. — c. 15 sept. 66. — h. 8 oct. 66. — 15 p. 100 en 5 ans. — Dame NAVARDET, caution.    5926

NAVERA (Fairéa), coiffeur, 87, boul. de Sèvres. — Sép. corps et biens d'avec dame LOHIER, 5 juin 66. — Flat, av.

NAYROLLES, négoc., à Puteaux, 49, r. St-Denis. — f. 17 août 65. — syndic Meys. — c. 31 janv. 66. — h. 10 fév. 66. — Le tout en 6 ans par douzième.    5272

NELLI (Adolphe) et Cⁱᵉ, fab. d'agrafes, 26, r. des Tournelles. — f. 18 oct. 66. — s. Knéringer.    6898

NEUVILLE (Jean-Baptiste), parfumeur, 2, r. de Boulogne. — f. 20 juin 66. — s. Legriel. — c. 21 sep. 66. — h. 10 oct. 66. — 25 p. 100 en 3 ans.    6296

NEUVILLE (Dlle), dite ALEXANDRE (Marie-Rosalie), hôtel meublé, 7, rue de la Visitation-des-Dames-Ste-Marie. — f. 4 déc. 66. — s. Meillencourt.    7121

NEWMAN fils (Albert), négoc., 31, rue Richer. — f. 22 sept. 66. — s. Pihet. — Clôt. 26 nov. 66.    6776

NIAPHORE (Jean), 69, quai de Grenelle. — Sép. de biens d'avec dame PAUL, 27 oct. 66. — Boinod, avoué.

NICOLAS (Pierre), nourrisseur à Puteaux, 59, Rond-Point de l'Empereur. — f. 10 mars 66. — s. Malle. — c. 27 juin 66. — h. 17 juill. 66. — 35 p. 100 en 6 ans.    5873

NICOLAS (Louis), march. de plâtre, à Bagneux, 20, r. Pavée. — f. 11 août 66. — s. Dufay.    6603

NICOLAS (Joseph), march. de vins, 115, boul. de l'Hôpital. — f. 3 nov. 66. — s. Gauche.    6996

NICOLAS, dit Auguste ÉLIE, 88, faub. St-Honoré. — Sép. de biens d'avec dame CHERTIER, 7 juill. 66. — Levesque, avoué.

NIDERLENGER, sans dom. con. — Séparation corps et biens d'avec dame BRACONNIER, 17 janv. 66. — Goujon, avoué.

NIDERLINDER, fab. do boîtes, 21, ruc des Trois-Bornes. — f. 10 fév. 66. — s. Sarazin. — Union 23 sept. 66.　5776

NOBLET, négoc., 2, r. du Château, à Montmartre. — f. 9 nov. 66. — s. Sarazin.　7020

NOEL (Eugène-François), gainier, 40, rue de Bretagne. — f. 28 juill. 66. — s. Sarazin.　6518

NOEL (Charles-Denis), entrep. de maçonnerie, à Saint-Maur-les-Fossés. — f. 31 août 66. — s. Barboux.　6667

NOEL (Joseph-Émile-Noël), 27, r. St-Germain. — Sép. de biens d'avec dame LADAGUE, 25 janv. 66. — Dufourmantelle, avoué.

NOEL (Charles), 72, r. Charlot. — Sép. corps et biens d'avec dame MEUNIER, 14 mars 66. — Lamy, avoué.

NOGIER (Désiré), épicier, 24, boul. Batignolles. — f. 6 fév. 66. — s. Lamoureux.　5760

NOGUES (Victor), table d'hôte, 164, r. Montmartre. — f. 20 août 66. — s. Bégis. — Union 23 nov. 66.　6625

NOLIN (Adolphe), emballeur, 22, ruc Neuve-St-Denis. — f. 26 fév. 66. — s. Knéringer. — c. 18 juill. 66. — h. 10 août 66. — Le tout en 6 ans par vingt-quatrième.　8820

NOIREL et Cᵉ, march. de vins, 180, rue St-Maur. — f. 30 mai 66. — s. Pinet. — Clôt. 31 juill. 66.　6212

NOLOT (Franç.-Hippolyte), 5, ruc du Vieux-Marché-St-Antoine. — Séparation corps et biens d'avec dame

AUVERLOT, 22 mars 66. — Benoist avoué.

NOUGARET (Jean-Antoine-Joseph-Jean-Baptiste), 209, r. de l'Université. — Sép. corps et biens d'avec dame ROQUES, 14 mai 66. — Milliot, avoué.

NOURRIT (Sylvain), 17, r. d'Arcueil (Gentilly). — Sép. corps et biens d'avec dame FAUST, 27 janv. 66. — Mangin, avoué.

NOURRY (Alexandre), 39, quai des Grands-Augustins. — Sép. de biens d'avec dame LAURET, 24 mars 66. — Froc, avoué.

NOVEL (Anthelme), transports, 123, r. des Dames, à Batignolles. — f. 29 mai 66. — s. Devin. — c. 3 nov. 66. — H. 30 nov. 66. — Ab. d'actif. 6198

NOYER (Alexis), 35, r. Vineuse, à Passy. — Sép. corps et biens d'avec dame MOULINET, 6 mars 66. — Levaux, avoué.

NOZAI (Gabriel), 77, boul. d'Italie. — Séparat. corps et biens d'avec dame GRISLIN, 12 janv. 66. — Chauveau, avoué.

NUNÈS, restaurateur, 31, rue de Dunkerque. — f. 16 oct. 66. — s. Chevallier.　6892

NUTTING (William), 178, faub. Saint-Honoré. — Sép. de biens d'avec dame SAINT-SALVI, 4 janv. 66. — Chauveau, avoué.

NYS et Cᵉ, cuirs vernis, 6, boul. Strasbourg. Société composée de dame Angéline Sophie veuve de Pierre-Gabriel NYS, et de Jules VINCENT. — f. 23 mai 66. — s. Lamoureux. 6173

# O

OLIVIER (Lucien-Antoine), charpentier, 78, r. de Reuilly. — f. 7 oct. 65. — s. Henrionnet. — c. 8 janv. 66. — h. 20 janv. 66. — 40 p. 100 en 5 ans.    5223

OLIVRET (Réné), 59, boul. Malesherbes. — Séparation de biens d'avec dame LIERMAIN, 18 déc. 66. — Boinod, avoué.

OLLAGNIER (Édouard-Jean-Baptiste), produits chimiques, 9, faub. Saint-Antoine. —f. 15 janv. 62. — s. Bégis. — c. 23 juin 62. — h. 7 juill. 62. — Résolution du conc. 10 oct. 66. — Clôt. 30 nov. 66.    19445

OLLIVIER (Benj.-Constant, charron, 81, r. de Paris (Charonne). — f. 14 nov. 1866. — s. Barbot.    7038

OLMUS (Guillaume), tailleur, 4, r. Neuve-des-Capucines. — f. 16 oct. 1866. — s. Lefrançois.    6881

ONFROY, mercerie, 8, r. de Brantôme. — f. 8 déc. 66. — s. Heurtey. —Clôt. 29 déc. 66.    7150

ORIENT (D') DE BELLEGARDE (Jean-Samuel), 44, r. de Londres. — Sép. de biens d'avec dame DES BROCHERS DES LOGES, 22 nov. 66. — Lacomme, avoué.

ORY, limonadier, 97, boul. Magenta.

—f. 10 avril 66.—s. Heurtey.— Clôt 25 août 66.    6003

OTTERBOURG, boulanger, 19, rue des Bons-Enfants. — faill. 11 déc. 66. — s. Normand.    7161

OUARNIER (Alexandre), bains, 50, faub. du Temple. — f. 7 déc. 66. — synd. Hécaen. — c. 16 mars 66. — h. 21 avril 66. — Ab. d'actif.    5499

OUDIN (Ant.-Théoph.), march. de vins, 94, av. St-Ouen. — f. 21 déc. 65. — s. Trille. — c. 27 juill. 66. — h. 11 août 66. — 25 p. 100 en 5 ans.    6081

OUDIN, boulanger, 12, r. Zacharie. — f. 4 juill. 66. — s. Meys. — c. 19 oct. 1866. — h. 10 nov. 66. — Ab. d'actif et 10 p. 100 en 4 ans.    6368

OUDOT (Auguste), 5, r. Alphonse. — Séparat. corps et biens d'avec dame FONTAINE, 17 nov. 66. — Benoist, avoué.

OURY (Hippolyte-Isidore), épicier, 1, r. du Dragon. — f. 24 avril 66. — s. Chevallier.—Union 12 oct. 66.  6053

OUVRIER (Charles), compt. en étains, 6 et 7, port de Bercy. — f. 10 fév. 66. — s. Lefrançois. — c. 19 juin 66. — h. 6 juill. 66. — 50 p. 100 en 5 ans.    5774

# P

PAILHÉ (Vincent), épicier, 27, r. de Bretagne, à Asnières.—f. 19 oct. 66. — s. Lamoureux. — Clôt. 30 nov. 66.    6912

PAILLARD (François-Édouard), march. de vins, 166, r. d'Allemagne. — f. 8 mai 66. — s. Barbot. — c. 6 août 66. —h. 11 o. 66.—20 p.100 en 4 ans. 6112

PAILLET, négoc., 15, pointe d'Ivry. —
f. 16 août 66. — s. Barbot. — Clôt.
20 sept. 66.                            6614

PAIN (Gustave), négoc., 57, r. Fontaine-au-Roi. — f. 5 janv. 66. —
— s. Heurtey fils. — Union 6 juill. 66.
                                        5623

PAINS (Étienne), sans dom. con. —
Sép. de biens d'avec dame ADELINET,
3 juill. 66. — De Brotonne, avoué.

PALETTE (Charles-Louis), sans dom.,
con. — Sép. corps et biens d'avec
dame VEAU, 5 juill. 66. — Gouget,
avoué.

PALLOT, tailleur, 33, r. de la Victoire.
— f. 2 oct. 66. — s. Beaujeu. — Clôt.
31 oct. 66.                             6816

PALLOTY et MÈGE, peintures, 40, rue
de Seine. — f. 27 oct. 64. — s. Bégis.
c. 22 janv. 66. — h. 10 fév. 66. — 20
pour 100 en 5 ans.                      3713

PALMIER (Jean), march. de vins, 5,
pass. Ste-Marie. — f. 1er sept. 66. —
s. Lamoureux.                           6670

PANCAUT (Jean-Baptiste-Charles),
march. de vins, à Levallois, 63, r. de
Rivay. — faill. 13 déc. 66. — s. Lamoureux.                                7172

PANCHÉ (Pierre-René), 41, r. de Courcelles, à Clichy. — Sép. corps et biens
d'avec dame ROUSSEAU, 26 avril 66.
— Péronne, avoué.

PANIS-PIAU (veuve) Eugène-Louis-
Frédéric, 3, r. Scribe. — Cons. Jud.
8 déc. 66. — Adm. BERCEON, notaire
à Paris. — Petit-Bergonz, avoué.

PANON (Théophile), 15, boul. du Prince-
Eugène. — Sép. de biens d'avec dame
de FAYMOREAU, 6 mars 66. — Duval, av.

PANTHU, nég., 90, faub. St-Antoine. —
f. 30 janv. 66. — s. Richard Grison.
— Clôt. 23 juin 66.                     5720

PAPIER (Étienne-Louis-Adrien), à Mon-

treuil, 1, rue Haute-St-Père. — Séparation corps et biens d'avec dame
FURGAULT, 29 juin 66. — Cartier,
avoué.

PAPETERIE D'ESSONNES, 80, rue de
Rivoli. — f. 21 sept. 66. — s. Moncharville.                              6765

PAQUENTIN (jeune), Félix, lingerie, 8,
r. Marie-Stuart. — f. 6 oct. 66. — s.
Sommaire.                               6811

PAQUIN (David), veuve et fils, confections, 108, r. St-Honoré. — f. 22 juin
64. — s. Lamoureux. — Union 25
juillet 66.                             3170

PARADIS (François), limonadier, 2,
grande r. de Bercy, à Bercy. — f. 24
nov. 66. — s. Meillencourt.             7088

PARAUD (demoiselle), Anaïs, fleurs, 55,
rue Vivienne. — f. 1er févr. 66. — s.
Dufay. — c. 13 avril 66. — h. 28 avril
66. — 35 pour 100 en 5 ans.            5732

PARDÉ (Louis-Ernest-Edmond), 20,
faub. Poissonnière. — Cons. jud. 18
août 66. — Adm. RENARD, 19, quai
Bourbon. — O. Moreau, avoué.

PARFU (François-Joseph-Eugène),
march. de vins, 20, r. de Turenne. —
f. 5 nov. 66. — s. Gaucho.              6998

PARIS (Marie-Pierre-Eugène), march.
de vins, 108, r. de Charonne. — f. 21
mars 66. — s. Barboux.                  5927

PARIS et Cie, confections, 35, boul. des
Capucines. — f. 27 juillet 66. — s.
Moncharville. — c. 11 oct. 66. — h. 5
nov. 66. — 40 p. 100 en 5 ans.         6502

PARIS (Jules), 12, r. de l'Arbre-Sec. —
Sép. corps et biens d'avec dame COR-
NET, 28 nov. 66. — Delpouve, av.

PARISOD (Louis), hôtel, 9, rue de la
Michodière. — f. 13 juillet 66. — s.
Bourbon. — c. 27 oct. 66. — h. 16
nov. 66. — 42 p. 100 en 7 ans.         6418

PARISSET et SALVY, march. de vins,
151, faub. St-Denis. — f. 8 mai 66. —
s. Barbot. — Clôt. 31 mai 66.          6119

PAROTON (père et fils), charpentiers, 53, av. de St-Ouen. — f. 13 mai 65. —s. Pinet.—Union 17 juin 66.    4559

PARVILLEZ (Paul-Gabriel), 8, boul. Beaumarchais. — Sép. corps et biens d'avec dame BOURGEOIS, 24 avril 66.—Coche, av.

PASCAL, gants de peau, 13, r. Laval.— f. 2 janv. 66.—s. Sautton. — Clôt. 30 janv. 66.    5613

PASCAL (Henri), 9, r. de Bordeaux.— Sép. de corps et de biens d'avec dame RENOTTE, 22 juin 66. — Bonnel de Longchamps, av.

PASCALIS (Joseph - Alfred - Amédée), tailleur, 39, r. Neuve-des-Petits-Champs.—Sép. corps et biens d'avec dame VALENTIN, 29 mai 66. — Lévesque, av.

PASCAUD (Léonce-Frédéric), 68, r. de Sèvres. — Sép. corps et biens d'avec dame BOOS, 8 mai 66.—Marquis, av.

PASCOE, veuve, née GOUELLAN (Célestine), fabr. de briques, 40, r. des Ardennes.—f. 9 nov. 66.—s. Devin.    7016

PASQUALINI (Toussaint), march. de vins, 136, r. d'Allemagne. — f. 1er sept. 65.—s. Sautton.—Union 4 janv. 66.    5051

PASQUIER (Paul), porcelaines, 49, r. de l'Arbre-Sec.—f. 30 août 66. — s. Beaujeu.—c. 1er déc. 66.—h. 15 déc. 66.—40 p. 100 en 5 ans.    6661

PASSAQUAY, restaurateur, 33, r. du roi de Sicile. — f. 14 mars 65. — s. Pluzanski. — Union.    4290

PASSENAUD (Guillaume), laitier, 195, r. St-Antoine. — f. 16 oct. 66. — s. Meillencourt.    6883

PASTEY (Pierre-Paul-Henri), à Vincennes, 6, r. de Charme. — Conseil jud., 18 août 66. — Administr. DELEDICQUE, notaire à Lille. — Pilastre, avoué.

PASTOR (Léopold-Ferdinand-Albert), hôtel, 22, r. Richelieu.—f. 7 août 66.

—s. Gauche. —c. 7 déc. ( — h. 26 déc. 66. — 6 p. 100 10 jou' après l'homolog.; 7 p. 100 9 mois ensuite; et 7 p. 100 9 mois après.    6572

PASTRE (Eugène), 12, r. Beautreillis.— Sép. corps et biens d'avec dame DELCORDE, 24 fév. 66.—Gaultier, av.

PATHIER (Prosper), batteur de cuirs 14, r. Cordelière. — f. 17 nov. 66. — s. Gauche.    7057

PATOUILLET et Cie, mercier, 392, rue St-Denis.—f. 16 mai 66.—s. Copin.— Union 21 août 66.    6147

PATOUILLOT (Jean-Charles), 20, rue de Grenelle-St-Germain.—Sép. de biens d'avec dame CHANCENOTTE, 3 mai 66. — Motheron, avoué.

PATRIGEON (Eugène-Étienne), boulanger, 26, r. Soffroy prolongée. — f. 14 sept. 65.—s. Devin.—c. 28 fév. 66. — h. 21 avril 66.—30 p. 100 y compris l'actif, le reste en 3 ans.    5124

PAUGET (Philibert), 8, r. de Valois.— Sép. de biens d'avec dame LECLERC, 10 nov. 66. — Quatremère, avoué.

PAULUS fils (Henry), march. de vins, 121, r. de Macon, à Bercy.—f. 28 juin 66. — s. Heurtey. — c. 22 oct. 66. — h. 14 nov. 66.—Ab. d'actif et 5 p. 100. — Dame PAULUS caution.    6338

PAULUS (Henry), 9, pl. Royale. — Sép. de biens d'avec dame BODIER, 28 août 66. — Guény, avoué.

PAUMARD (Antoine-Amable), sans dom. connu. — Sép. corps et biens d'avec dame VERNET, 2 juin 66. — Guyot-Sionnest, avoué.

PAUW (DE) et FRANCESCH, commissionnaires, 15, rue d'Enghein.— f. 7 juin 66.—s. Meillencourt.    6239

PAYEN (Louis-Evariste), chemisier, 33, rue des Dames, à Batignolles. -- f. 2 fév. 66. — s. Battarel. — c. 30 mai 66.— h. 29 juin 66. — 40 pour 100 en 5 ans.    5743

PAYRAT (DU) (Henry-Noël), 97, r. de la Pépinière.—Conseil jud., 17 juill. 66. Admin. DEFRESNE, 1, quai d'Orsay.— Leboucq, avoué.

PAYSANT (Antoine), march. de vins, 16, boul. Latour-Maubourg. — f. 20 mars 66.— s. Sarazin.—Clôt. 31 mai 66.                    5919

PÉAN (Pierre-Quentin), fabric. de semelles,88,r.Montorgueuil.—f.10 janv. 66.— s. Barboux.—c. 7 avril 66.— h. 20 avril 66.—5 pour 100 les 1er mai 67 et 68. — 10 pour 100 les 1er mai 69, 70 et 71.                    5639

PÉAU, dit TAILLIS (Alphonse-Arsène), à Neuilly, 53, rue des Arts. — Sép. de biens d'avec dame DEMARET, 8 mai 66. — Boudin, av.

PÉCHÉ (Alexandre-Zacharie), 16, rue Lenoir. — Sép. corps et biens d'avec dame BUISSON, 13 novembre, 66.— Laubanie, avoué.

PECQUET (Achille), march. de vins, 10, av. Parmentier. — f. 20 fév. 66. — s. Moncharville.—Clôt. 24 mai 66.  5797

PÉDRAZETTI (Antoine), fumiste, 10, r. Lesdiguières. — f. 7 juillet 65. — s. Pluzanski.—c. 5 juin 66.—h. 20 juin 66.—5 p. 100 1 mois après l'homolog. — 5 p. 100 les 1er juillet 67 et 68. — 10 p. 100 le 1er juillet 69.    4807

PÉDROLI, chaussures, 23, r. des Jardins-St-Paul. — f. 24 juillet 66. — s. Lamoureux.—Union 21 nov. 66. 6480

PÉDROLI, entrepren., 64, r. des Fossés-St-Marcel.—f. 21 juillet 66.—s. Barboux.—c. 8 nov. 66.—h. 21 déc. 66. —25 p. 100 en 5 ans.          6311

PEDUZZI, march. de vins, 29, rue de Bièvre.—f. 11 sept. 66.—s. Gauche.— 6717

PÉGORIÉ (Jean-André), chasseur au bataillon de la garde impériale—Sép. corps et biens d'avec dame RATTIER, 12 juillet 66. — Tixier, avoué.

PELAPRAT (Jean-Pierre), maison de santé, 10, r. de Picpus. — Interd. 8 mai 66. — Rougeot, avoué.

PELFRÈNE, 56, r. St-Martin. — Sép. corps et biens d'avec dame LAUREYS, 4 déc. 66. —Maza, avoué.

PELLAU (Louis), loueur de voitures, 18, rue de Berlin. — f. 3 août 66. — s. Gauche.          6554

PELLERIN fils (Paul), bijoutier, 40, r. Montmorency. — f. 27 fév. 63. — s. Heurtey.—c. 11 juin 66.—h. 23 juin 66.—Ab.d'actif, le reste en 5 ans. 5834

PELLETAN (Thomas-Pierre-Henri), 29, r. Malher.—Sép. de biens d'avec dame BRUNARD, 26 avril 66. —Thiébault, avoué.

PELLETIER, libraire, 19, r. du Commerce, à Grenelle.— f. 11 oct. 66. — s. Normand.—Clôt. 31 oct. 66.   6864

PELLETIER (Adolphe-Louis), mercier, à Bry-sur-Marne, 13, Grande rue. — f. 8 déc. 66. — s. Sautton.      7147

PELLETIER, négociant, 3, r. de Buci. — Sép. de biens d'avec dame HOLAGRAY, 26 juin 66. — Kieffer, avoué.

PÉNISSAULT, bourrelier, 110, r. du Cherche-Midi. — f. 14 juill. 66. — s. Devin.                    6439

PÉPIN (André-Hubert), 64, faub. du Temple.—Sép. corps et biens d'avec dame LEPEUT, 15 mai 66. — Rousselet, av.

PÉQUIN (Albéric), loueur de voitures, 8, r. de Douai. — f. 29 déc. 66. — s. Sarazin.                7258

PÉRADON (François-Clément), gravatier, 28, r. du Petit-Musc. — faillite 30 janvier 66. — s. Lamoureux. — c. 17 avril 66. — h. 9 mai 66. — 50 p. 100 en 5 ans. — Dme PÉRADON, caution.                5714

PÉRAIRE (Élisée), facteur aux halles, 9, r. des Vieilles-Etuves. — faillite

7 mars 65.— s. Moncharville. — Clôture 31 juill. 65. — Jug. rapp. celui de clôt. 22 mars 66. 4266

PERDEREAU (Louis-Jean), march. de vins, 8, r. St-André. — f. 29 mai 60. — s. Sergent. — c. 9 juillet 66. — h. 11 août 66.— Ab. d'actif et 15 p. 100 en 5 ans. 17177

PERDEREAU (dame) (Jeanne-Amable), née CHANTOUS, 8, r. Saint-André. — faillite 22 mars 61. — s. Sergent. — c. 16 juill. 66. — Jug. annulant le concordat 14 août 66. 18183

PERDRIAT (Charles), bois, 33, rue du Transit. — f. 27 nov. 66. — s. Lefrançois. 7101

PERDRIAU (Michel) et C°, imprimeur, r. Parc-Royal. — f. 1er sept. 65. — s. Copin. — c. 29 mars 66. — homologation 19 avril 66. — 3 p. 100 dans 1 et 3 p. 100 dans 2 ans. 5053

PEREMANS (Jean-François), fabr. de colle, à Nanterre, et à Paris, 27, rue de la Glacière. — faill. 26 déc. 66. — s. Richard-Grison. 7257

PERET (Gustave), crins, 4, r. du Roi-de-Sicile. — f. 5 avril 66. — s. Bourbon. — c. 17 août 66. — h. 12 septembre 66.—10 p. 100 en 5 ans. 5968 — Sép. de biens d'avec dame HÉBERT, 15 mai 66. — Milliot, av.

PERIER (Dlle Julie), fleurs, 44, r. du Caire. — f. 30 juill. 66. — s. Lefrançois. 6522

PERIGEAT (Dlle Jeanne), lingerie, 31, r. du Château-d'Eau. — f. 21 fév. 66. —s. Dufay.—Union 1er juin 66. 5803

PERNET(Célestin-Louis-Chéri), 24, rue Cardinet prolongée. — Sép. de biens d'avec dame VANNESSON, 13 janvier 66. — Dupont, av.

PERNOT et C°, négoc., 2, pl. du Canal-de-l'Ourcq. — f. 24 déc. 64. — syndic Sautton.—Clôt. 31 juill. 66. 3945

PERRARE-MICHAL ou PERRARE et C° (François-Socrate), mécanic., 15 bis,

r. des Trois-Bornes. — f. 30 oct. 66. — s. Beaugé. 6966

PERRÉE (Jean-Martin), march. de vins, 51, r. du Cherche-Midi. — f. 9 octobre 66. — s. Sautton. 6852

PERRIN (Eugène-Charles), emballeur, 99, r. de Flandres. — f. 2 janv. 66.— s. Quatremère. 7266

PERRIN fils (Antoine), tapissier, 28, rue Grammont. — f. 30 mai 66. — syndic Pluzanski. — Clôt. 27 sept. 66. 6213

PERRIN (Félix) négociant, 27, r. de la Muette. — f. 9 juin 66. — s. Beaujeu. —Clôt. 30 juin 66. 6252

PERRIN, 120, Grande-Rue de La Chapelle. — Sép. corps et biens d'avec dame HIRTZ-BERGER, 29 mai 66.— Picard, av.

PERROT (Alexandre), 44, r. du Bac.— Sép. de biens d'avec dame SOLLIN, 18 janv. 66. — Huel, av.

PERROTET (Philippe), march. de vins, 12, r. Paradis, au Marais. — faillite 10 oct. 65.—s. Dufay.—c. 13 janv. 66. — h. 23 fév. 66.— 25 p. 100 en 5 ans. 5925

PERROUX (Henri-Marcellin), 56, boul. de la Villette. — Sép. corps et biens d'avec dame GAVIGNET, 5 avril 66. —Desgranges, av.

PERRUCHETTI, fumiste, 8, r. du Parc-Royal.—f. 6 nov. 66.—s. Pinet. 7007

PERS, nég., 12, rond-point de l'Étoile. — f. 16 nov. 66. — s. Beaujeu. 7053

PERSON (René-Aldéric), appartements meublés, 9, r. Grenetat. — f. 5 septembre 66. — s. Pinet.—Clôt. 26 novembre 66. 6686

PERTHUIS fils (Aimé), march. de vins, 33, port de Bercy. — f. 2 déc. 65. — s. Lamoureux. — c. 20 mars 66. — h. 13 avril 66. — 25 p. 100 en 5 ans. 5478

ERTHUY (Joseph), serrurier, 4, imp.
Roux, aux Ternes. — f. 31 janv. 66.
— s. Sarazin. — Union 15 juin 66.
5724

ÉRY, négoc., 74, r. de Rivoli. — faillite 20 juillet 65. — s. Battarel. —
Union 13 janv. 66. 4865

ESCIA (Joseph-Antoine), 81, r. Saint-Victor. — Sép. de biens d'avec dame
FORBACH, 6 fév. 66. — Levesque,
avoué.

ESQUI et C<sup>e</sup>, négoc., 24, boul. Poissonnière. — f. 28 sept. 66. — s. Chevallier. — Clôt. 31 oct. 66. 6800

ESTEL (Louis-Félix-Alexandre), marchand de vins, 21, pass. Saint-Pierre.
— f. 22 nov. 65. — s. Barbot. 3822

RTEL (Barthélemy), serrurier, 36, rue
Bleue. — f. 17 sept. 61.—s. Devin. —
c. 26 oct. 66. — h. 29 nov. 66. —
Ab. d'actif. 18911

ETERZEIDT-SASSE. (Voir ZEIDT-
SASSE PÉTER). 6459

ETIT (Jean-Eugène), peintre, 119,
faub. St-Antoine. — f. 16 déc. 63. —
s. Hourtey. — c. 6 avril 66. — homol. 28 avril 66. — 20 p. 100 en
5 ans. 5538

ETIT (Louis), ébéniste, 46, r. de Turenne. — f. 27 nov. 61. — s. Barbot.
—Clôt. 2 janv. 62. — Jug. du 10 avril
66, rapp. celui de clôt. du 2 janv. 62.
— c. 13 oct. 66. — Jug. refus. hom.
13 déc. 66. 19217

PETIT-MANGOT, horloger, 39, av. de
Clichy. — f. 23 sept. 63. — s. Barbot.
— Union. 5184

PETIT (Louis-Ernest), sans dom. connu.
— Sép. corps et biens d'avec dame
BAILLOT, 20 janv. 66. — Mouillefarine, avoué.

PETITJEAN, entrep., 80, r. de la Glacière. — f. 1er déc. 64. — s. Chevallier.—c. 19 janv. 66. — h. 6 fév. 66.

— Ab. d'actif et 170,000 fr. à payer
en trois fois les 1er avril 67, 68 et 69
— En tout cas obligation de compléter 60 p. 100 le 1er avril 70 et s'il y
a excédant ce sera pour les créanciers. 4866

PETITJEAN, march. de vins, 106, r. de
Montreuil. — f. 14 juill. 66. — syndic Sarrazin.—Clôt. 25 août 66. 6427

PETIT-JEAN (Michel-Louis), 5, r. des
Carrières. — Sép. de biens d'avec
dame D'INVILLE, 1er fév. 66. — Des
Etangs, av.

PETIT (Eugène-Etienne), 8, r. de Lonchamps.—Sép. corps et biens d'avec
dame LESCALIER, 28 fév. 66. —
Daupeley, av.

PETIT (Claude-Honoré), à Levallois,
55, r. de Cormeille. — Sép. corps et
biens d'avec dame RICHET, 15 avril
66. — Robert, av.

PETIT (Claude-Louis), à St-Ouen, 17,
rue du Port. — Sép. corps et biens
d'avec dame ROCHEL, 22 nov. 66. —
Laubani, av.

PETIT (Louis-Sévère), 41, r. Puebla.—
Séparat. corps et biens d'avec dame
MASSELIN, 29 nov. 66.—Benoist, av.

PETROLI, chaussures, 58, r. de l'Ile-
Saint-Louis. — f. 24 juill. 66 — syndic Lamoureux. 6480

PEYREBÈRE (Antoine), 8, r. Gambey.
— Sép. corps et biens d'avec dame
HACQUART, 13 déc. 66. — Beaumelou, avoué.

PEYREBONNE (Charles), 12, r. Lechapelais. — Séparation corps et biens
d'avec dame MEYER, 9 juin 66. —
Postel-Dubois, av.

PEZARDY (Elie-Amand), serrurier,
9, pass. Tivoli. — f. 6 sept. 66. —
s. Beaujeu. 6694

PFEFFER (Jean), chiffons, 171, boul.
de l'Hôpital. — f. 27 nov. 66. — syndic Meillencourt. 7100

PFISTER (Joseph), tailleur de cristaux, 18, r. des Filles-du-Calvaire. — f. 5 juin 66. — s. Gauche.     6235

PHELOUX (Alexandre-Antoine), changeur, 10, r. de la Vrillière. — faillite 10 août 66. — s. Lefrançois.     6600

PHELUS, marchand d'habits, 2, rue d'Ecosse. — f. 9 nov. 66. — s. Beaujeu. — Clôt. 30 nov. 66.     7017

PHILIPPE (Melchior) et TORTUEL (Alexandre), négoc., 10, r. du Sentier. — f. 12 nov. 66. — s. Dufay. 7025

PHILIPPE (Auguste-Henry), march. de vins, à Beauséjour, comm. de Rosny. — f. 23 nov. 66. — s. Beaugé. — Clôture 31 déc. 66.     7077

PICARD, nég., 43 bis, r. de l'Oratoire-du-Roule. — f. 13 avril 66. — syndic Devin.     6021

PICARD, négoc., 34, quai de Passy. — f. 28 déc. 66. — s. Barbot.     7251

PICARD (Grégoire-Alexandre), 169, rue Saint-Antoine. — Séparat. de biens d'avec dame DREVET, 16 janv. 66. — Maza, av.

PICARD, sans domicile connu. — Sép. corps et biens d'avec dame PICARD, 15 nov. 66. — V. Gouged, av.

PICHOT, meubles, 49, r. d'Amsterdam. — f. 29 nov. 61. — s. Battarel, — c. 9 oct. 66. — h. 30 oct. 66. — Ab. d'actif et 40 p. 100 en 5 ans.     19232

PICON (Edouard-Désiré), 17, avenue de la Mothe-Piquet. — Cons. jud. 15 fév. 66. — FAUVEL, 48, r. de Morny. — Caron, avoué.

PICOT et Cⁱᵉ, 5, cité Bergère. — faillite 18 avril 66. — s. Normand.     6043

PICQ (Louis-Edme), 84, r. Nollet. — Sép. de biens d'avec dame LAMAS. — Brémard, av.

PICQ (Benjamin-Nicolas), 13, pass. de

l'Industrie. — Sép. de biens d'avec dame TELLE, 17 avril 66. — Devaux, avoué.

PICQUERET, négoc., à Vincennes. — f. 7 août 66. — s. Normand. — Clôt. 29 sept. 66.     6580

PIEAU (Franç.-Joseph), à Ste-Pélagie. — Sép. corps et biens d'avec dame MALHERBE, 8 mai 66. — Pérard, av.

PIERQUIN, négoc., 44, r. du Cherche-Midi. — f. 19 juin 66. — s. Beaufour. — Clôt. 17 oct. 66.     6292

PIERRE (Armand-Norber), march. de nouveautés, 164, r. Saint-Honoré. — f. 25 déc. 66. — s. Moncharville. — c. 17 mars 66. — h. 5 avril 66. — 20 p. 100 en 10 ans.     5582

PIERRE (François), boulanger, à Vaugirard, 2, rue des Fourneaux prolongée. — f. 26 mars 66. — s. Moncharville.     5941

PIERSON (Adolphe), march. de vins, 36, q. des Ormes. — f. 26 juill. 62. — s. Meillencourt. — c. 4 nov. 62. — Résol. de conc. 6 fév. 66.     428

PIGAULT, marchand de vins, 51, r. de Chartres. — f. 29 sept. 65. — s. Normand. — Union 7 fév. 66.     5183

PIGEAU (Auguste-Henry), 20, r. des Annelets. — Sépar. de biens d'avec dame BELLEVENT, 21 août 66. — Deherpe, av.

PIGEON (Pascal-Armand), commissionnaire, 87, boulevard du Prince-Eugène. — f. 24 mai 66. — s. Chevallier. — c. 7 nov. 66. — h. 4 déc. 66. — 25 p. 100 en 5 ans.     6176
— Sép. de biens d'avec dame MARTIN, 3 mars 66. — Berton, av.

PIGEON (Louis-Hippolyte), 19, r. St-Pierre-Montmartre. — Sép. corps et biens d'avec dame SIDO, 5 avril 66. — Henriet, av.

PIGNÈRE et Cⁱᵉ, puis LANGLOIS frères et Cⁱᵉ, fabricants d'encre, 33, r. Lafayette. — f. 21 fév. 63. — s. Hécaen. — c. 23 août 66. — h. 5 déc. 66. — Ab. d'actif 53-84 p. 100 et 5 p. 100 en 2 ans, du 5 déc. 68.    1332

PIGNOLET (Joseph), 250, r. St-Maur. — Sép. corps et biens d'avec dame LEROUGE, 22 nov. 66. — Pérard, avoué.

PILLER (Antoine), cordonnier, 16, faubourg du Temple. — Sépar. corps et biens d'avec dame GEYER, 7 août 66. —Warnet, av.

PILLET (Alfred). — Sép. corps et biens d'avec dame CHANU, 19 juin 66. — De Bénazé, av.

PILLEVESSE ( Aug.-François-Louis), entrepreneur, 26, av. de St-Ouen. — f. 29 oct. 66. — s. Sautton.    6963

PILLON (Nicolas-Narcisse), march. de vins, 6, r. Vicq-d'Azir. — f. 19 nov. 66.—s. Henrionnet.    7060

PILLON (Éloi-Isidore), 15, place Belhonne. — Sép. corps et biens d'avec dame JUNG, 23 janv. 66. — Warnet, avoué.

PILLOT (Jean-Philippe-Frédéric), limonadier, 8, r. de la Carrière. — f. 16 mars 66.—s. Meillencourt.—c. 12 juin 66.—h. 29 juin 66.—25 p. 100 en 5 ans.    5903
— Sép. de biens d'avec dame NUGENS, 15 mai 66.—Deherpe, av.

PILLOY, peintre, 134, r. Ménilmontant. — f. 11 sept. 66. — s. Lamoureux. — Clôt. 29 sep. 66.    6716

PILLU (Henry), limonadier, à la Varennes.—f. 13 janv. 63.—s. Richard. —c. 16 fév. 66.—h. 9 mars 66.—Ab. de l'actif.    4050

PILON (Pierre-Antoine), 13, r. de La Chapelle, à la Villette. — Sép. de biens d'avec dame PERRUT, 10 juillet 66. — Pérard, av.

PIMIENTA (Eugène), loueur de force motrice, 23, r. St-Bernard.—f. 4 nov. 63. — s. Moys. — Union 23 sept. 66.    5346

PIMPANEAU (Louis-Charles), maçon, 2, imp. St-Pierre. — f. 18 fév. 65. — s. Bourbon.—Union 3 fév. 66.    4213

PINARD (Georges-Benoît), fab. d'encadrements à Boulogne, 123 bis, r. de la Seine. — f. 22 juin 66. — s. Gauche. — c. 19 oct. 66. — h. 16 nov. 66. — Le tout en 5 ans.    6310

PINAUD (Henri-Denis), 1, r. Méhul. — Séparation de biens d'avec dame DEMALARME, 14 août 66.—Lévesque, avoué.

PINCHON (François-Antoine), blanchisseur à Ivry, 11, r. de la Voyette. — f. 23 nov. 63. — s. Beaufour. — Clôt. 23 oct. 66.    5436

PINEL fils (Charles-Auguste), médecin, 8, r. Balzac.—f. 1er oct. 61.—s. Sautton. — Clôt. 27 nov. 61. — Jugement rapp. celui de clôt., 14 nov. 66.    18975

PINEL (Étienne), cordonnier, 14, pass. de l'Alma.—Sép. corps et biens d'avec dame PETIT, 7 juillet 66.—Huet, av.

PINEL (Martial-Hector-Florentin), 122, r. de Paris, à Montreuil.—Sép. corps et biens d'avec dame BONIN. — Boulet, av.

PINGUET, fabr. de filets, 15, r. du Faub. Montmartre. — f. 4 déc. 66. — s. Devin.    7128

PINQUE (Jacques), à Boulogne-s.-Seine, 22, r. du Pont.—Sép. de biens d'avec dame PERTICOZ, 9 avril 66. — Parmentier, avoué.

PIOLA (Charles), entrepositaire, 60, r. d'Aubervilliers.—f. 24 août 66. — s. Beaujeu.—c. 26 nov. 66.—h. 11 déc. 66.—20 p. 100 en 4 ans.    6041

PIOT et Ce, modes, 25, r. de Choiseul. —f. 19 oct. 66.—s. Beaugé.    6911

PIQUERET ou PIQUERET fils (Édouard), march. de bois, 62, boul. Mazas.— f. 31 juillet 66. — s. Dufay. — Union 9 nov. 66.    6525

PIQUET (Delle Léontine), bijoux, 27, r. Tronchet.—f. 13 mars 66.—s. Normand.    5881.

10

PIVERT (Jean), 87, r. Neuve-des-Mathurins. — Sép. corps et biens d'avec
dame GAREAU, 13 déc. 66.—Lesage,
avoué.

PLACET (D<sup>lle</sup> Marie), fab. de corsets,
2, r. Langlade. — f. 23. avril 66.—
s. Pinet.          6030

PLANCHAIS (Louis), 68, r. de Breteuil.
— Sép. corps et biens d'avec dame
BOUNIOL, 21 déc. 65.—Chéramy, av.

PLANCHE (Joseph), tailleur, 17, r. Vivienne.--f. 27 mars 66.—s. Heurtey.
—c. 26 juillet 66.— h. 14 août 66.—
Le tout en 5 ans.      5943

PLANCHON, tapisseries, à Neuilly, 10,
r. de Peyronnet. — f. 24 mai 66. —
s. Knöringer.      6179

PLASSE (Louis-Ernest), à Chatou. —
Cons. jud., 11 janv. 66.—Plasse, 163,
quai Valmy. — Lamy, av.

PLASSIER (Théodore), sans domicile
connu.— Sép. de biens d'avec dame
LAGARDETTE, 13 oct. 66 — Bourse,
avoué.

OINCELET (Gustave-Adolphe), commissionnaire, 3, r. des Jeûneurs. —
f. 28 nov. 65. — s. Pinet. — Union
28 avril 66.      5452

POIRET (Charles), direct. de théâtre,
17, boul. de Strasbourg. — f.13 juil.
66. — s. Beaujou. — Union 4 déc. 66.
      6417

POIRET (Justin-Joseph), 10, r. du Mou-
lin-de-Beurre.—Sép. de biens d'avec
dame BESSUEJOULS, 19 juin 66. —
Guillemon, av.

POIRIER (Julien-Jean), 8, r. du département. — Séparat. de biens d'avec
dame BIETRIX, 13 mars 66.—Milliot,
avoué.

POISSON (Laurent-Adolphe), limonadier, 31, faub. St-Antoine. — f. 29
juin 66.—s. Normand.—Union 6 octobre 66.      6343

POLAK (Meyer), commissionn., 40, rue
des Marais-St-Martin. — f. 31 juill,
66. — syndic Beaufour. — Union 22
nov. 66.      6526

POLTON (Charles), produits chimiques,
107, r. de la Glacière. — f. 21 février
66. — s. Beaufour. — c. 24 mai 66.
— h. 8 juin 66. — 20 p. 100 en 5 ans
et la plus-value de la vente des immeubles du failli.      5802
— Sép. de biens d'avec dame DEQUIN,
17 avril 66. — Levesque, av.

PONCELET (de), négoc., 6, r. Biscor-
net. — f. 23 juill. 66. — s. Pluzanski.
— Clôt. 20 sept. 66.      6486

PONCET (François-Rose), fabric. de
poupées, 165, r. Montmartre. —
faill. 2 mai 65. — s. Pinet. —Clôture
23 mars 66.      4505

PONTCHEVRON (Achille DE), 36, boul.
Pigalle.—Sép. de biens d'avec dame
VOISIN, 13 janv. 66. — Giry, av.

PONZEVERA (Dlle Marie-Augustine),
hôtel, 45, r. Pigalle.— f. 10 août 66.
— s. Barbot.      6396

PORCHÉ (Auguste-Albert), 8, av. Trudaine. — Sép. de biens d'avec dame
BARRÈS, 22 nov. 66. — Dupont, av.

PORCHET (Antoine-Jérôme), 91, faubourg St-Antoine. — Sép. corps et
biens d'avec dame FRESNOT, 24 mars
66. — Mouillefarine, av.

PORET (François-Michel-Auguste), sans
domicile connu.—Sép. corps et biens
d'avec dame LECLERC, 12 avril 66.
— Dusart, av.

PORTAIL (Jean), maçon, 28, r. de la Cerisaie. — f. 2 août 65. — s. Sautton. —
c. 13 déc. 65. — h. 4 janvier 66. —
25 p. 100 en 5 ans.      4918

PORTE (François-Xavier), parfumeur,
31, r. d'Angoulême-Saint-Honoré. —
f. 28 avril 65. — s. Richard-Grison.
— c. 20 déc. 65. — h. 8 janv. 66. —
30 p. 100 en 6 ans.      4490

PORTFRIE (Jean-Marie), 43, r. des Marais-St-Martin. — Sép. corps et biens d'avec dame BARBIER, 1er mai 66.— Deherpe, av.

PORTEVIN, march. de vins, à Courbevoie, 16, r. Haute des Bezons. — f. 31 juill. 66. — s. Beaujeu. — Clôt. 25 août 66.       6333

OSTOLLE, peintre, 181, r. Cherche-Midi. — f. 30 juill. 66. — s. Gauche. — c. 6 oct. 66. — h. 20 oct. 66. — 25 p. 100 en 5 ans.       6523

POTIER (Auguste), entrep. de maçonnerie, 13, rue St-Georges, à Batignolles. — f. 30 janv. 66. — s. Hécaen. — c. 28 fév. 66.       5731

POTIN (Louis), march. de vins, à Clichy, 128, route de la Révolte. — f. 3 oct. 66. — s. Henrionnet.       6818

POTTIER, march. de vins, 39, r. Cambronne. — f. 26 juin 65. — s. Barbot. — Union 23 sept. 66.       4746

POTTIER (Louis-Isidore), march. de bois, à Ivry, 19, quai de la Gare prolongée. — f. 30 déc. 65. — s. Quatremère. — c. 8 mai 66. — h. 29 mai 66. — 20 p. 100 en 5 ans.       5607

POTTIN, négoc., 62, boul. Clichy. — f. 29 sept. 64. — s. Pinet. — Union 3 juill. 66.       5567

POTVIN, négoc., 33, r. Popincourt. — f. 24 oct. 65. — s. Barbot. — c. 20 janv. 66. — h. 22 fév. 66. — Abandon d'actif et 10 p. 100 en 5 ans. 5303

POTY, négoc., 41, r. Château-des-Rentiers. — f. 30 janv. 66. — s. Barboux. — Clôt. 26 fév. 66.       5722

POUCHARD, négoc., 65, r. de Grenelle. — f. 26 mai 66. — s. Chevallier. — Clôt. 23 juin 66.       6192

POUCHIN (Paul), 24, r. Neuve. — Sép. de biens d'avec dame FOUQUET, 17 nov. 66. — Quatremère, av.

POUDROUX (delle) (Louise-Marie-Augustine-Léonie), lingerie, 43, r. Richelieu. — f. 10 juill. 66. — s. Hécaen. — c. 5 nov. 66. — h. 19 nov. 66. — 25 p. 100 de suite.       6391

POUEY jeune (Joseph), tanneur, à Ivry, 8, rue de Seine. — f. 4 sept. 66. — s. Meillencourt. — c. 1er déc. 66. — h. 15 déc. 66. — Ab. d'actif.     6676

POUGET, laines, 37, r. de l'Echiquier. — f. 10 avril 66. — s. Beaugé. — Union 25 juill. 66.       6004

POUGET et Ce, banquiers, 110, r. Montmartre. — f. 22 août 65. — s. Lamoureux. — Clôt. 30 avril 66.     5015

POUGET, charbonnier, à Asnières, 11, r. du Chalet. — faillite 6 juill. 66. — s. Quatremère.       6375

POUILLOT (Jean-Emile), boulanger, 5, pointe d'Ivry. — f. 7 août 66. — s. Pluzanski.       6371

POUJEUX-GUYOT et HUPEAU, restaurateurs, 12, r. de Valois. — faillite 13 août 64. — s. Bégis. — Union 21 avril 66.       5394

POULET (veuve), née BAL (Caroline-Laure-Isabelle). — Cons. judic. BAL, 8, pl. de la Bourse, 26 juillet 66. — Legrand, av.

POULET (Pierre-François), dit Auguste, 22, r. de Rossini. — Sép. de biens d'avec dame DELALANDE, 26 juill. 66. — E. Dubois, av.

POUPPEVILLE (Augustin-Antoine), limonadier, 61, r. des Amandiers-Popincourt. — f. 9 oct. 66. — s. Normand.       6853

POURCHEZ (dame) (Pierre-François), lingerie, 166, r. Montmartre. — faillite 26 déc. 65. — s. Meys. — c. 10 mars 66. — h. 20 mars 66. — 50 p. 100 en 5 ans.       5581

POURICHOU (François), 12, r. Fontaine-Dubut. — Sép. corps et biens d'avec dame FOREST, 31 août 66. — Huet, av.

POURNIN (Jean), directeur de théâtre, 31, r. Rambuteau. — f. 13 nov. 66. — s. Beaugé.        7259

POURRET (André-Victor), 8, r. Asselin. — Sép. corps et biens d'avec dame OTTOZ, 12 mai 66. — Picard, av.

POUSSAINT, doreur, 18, r. Lamartine. — f. 15 mars 66. — s. Barbot. — Clôt. 20 avril 66.        5900

PRADEL (Pierre), négoc., 4, r. Sainte-Catherine d'Enfer. — f. 20 avril 65. — s. Régis. — c. 5 janv. 66. — h. 24 janv. 66. — 25 p. 100 payables, la moitié dans 18 mois et le reste 1 an après.        4463

PRADES (Hippolyte), carrossier, 13, r. Boursault. — f. 22 août. 66. — s. Beaugé. — Union 4 nov. 66.        6635

PRADIER (Pierre-Antoine-Alfred), hôtel, 179, r. St-Honoré. — f. 25 juill. 66. — s. Devin.        6484

PRADIER (dame), née Rouen (Eugénie), hôtel, 179, r. St-Honoré. — faillite 26 juill. 66. — s. Copin. — c. 19 novemb. 66. — h. 26 déc. 66. — 10 p. 100 en 5 ans.        6491

PRALIN (Pierre-Joseph-Victor), 13, rue Mercœur. — Séparat. de biens d'avec dame ROGER, 7 juin 66. — Robineau, av.

PRANDY, boulanger, 5, pointe d'Ivry. — f. 14 nov. 65. — s. Dufay. — Clôt. 31 août 66.        5393

PRÉFONTAINE (Pierre-Charles-Paul-Laurent), 12, r. de Berlin. — Séparation de biens d'avec dame RICHARD, 13 nov. 66. — Caron, av.

PREISS (Jean-David), loueur de voitures, 10, r. St-Jean. — f. 2 mai 62. — s. Breuillard. — Clôt. 20 avril 66.        6

PRÉVOST (Louis-Lucien), fabr. de jupons, 105, boul. Sébastopol. — faillite 3 novembre 65. — s. Gauche. — c. 26 fév. 66. — h. 19 mars 66. — 25 p. 100 en 5 ans.        5210

PRÉVOST (Jean-Louis-Martin), 137, r. de Charenton. — Séparat. corps et biens d'avec dame BOURBON, 12 juillet 66. — Chain, av.

PRÉVOST (Charlemagne-Alexandre), 69, r. des Feuillantines. — Sép. de biens d'avec dame DUBOIS, 12 mai 66. — Petit-Bergonz, av.

PRÉVOT (Charles), march. de vins, 174, quai Jemmapes. — f. 14 août 66. — s. Moys.        6606

PRIMAT (Paul), 59, r. Rambuteau. — Sép. de biens d'avec dame AILLAUD, 12 sept. 66. — Labbé, av.

PRINGUET aîné (Pierre-François-Auguste-Nicolas), marchand de vins, 26, r. du Petit-Musc. — f. 8 mars 66. — s. Knéringer. — c. 18 juin 66. — h. 6 juill. 66. — Ab. d'actif.        5865 — Séparation de biens d'avec dame JAZERAND, 1er mai 66. — Boucher, avoué.

PRIOLLAUD (dame), née Macé (Helena-Cidalise), restaurant, 20, boul. Saint-Martin. — f. 15 juin 66. — s. Sautton.        6277

PRIVAT (Antoine-Emile), à Levallois, 113, r. du Bois. — Sép. corps et biens d'avec dame DUCHATEAU, 17 mai 66. — Denormandie, av.

PROFIT (Adolphe-Louis), épicier, 15. r. Caumartin. — f. 20 novembre 66. — s. Gauche.        7065

PROFIT (Antoine-Gabriel), marchand d'articles de Paris, 187, r. du Temple. — f. 19 déc. 66. — s. Quatremère.        7205

PROST (François), fumiste, 137, rue Oberkampf. — f. 11 août 65. — syndic Devin. — Clôt. 31 août 66.        4768

PROUHO (Jean-François), march. de vins, à Neuilly, 115, av. de Neuilly. — f. 12 juin 66. — s. Sarazin. — c. 1er octobre 66. — h. 13 oct. 66. — 50 p. 100 en 5 ans.        6261 — Sép. de biens d'avec dame BATISA, 24 juill. 66. — Poisson, av.

PROVOST (Alphonse-Honoré), boucher, 11, r. Vauvilliers. — f. 10 déc. 66. — s. Moncharville. 7134

PROVOST (Jean-Louis), à Drancy. — Séparat. corps et biens d'avec dame NUGUES, 24 nov. 66. — Poinsot, av.

PRUD'HOM frères, literies, 38, r. Laval. — f. 7 juill. 66. — s. Beaugé. — Union 20 nov. 66. 6379

PRUD'HOMME, limonadier, 28, boul. Italiens. — f. 18 déc. 66. — s. Meillencourt. 7199

PRUD'HON, march. de vins, à Courbe-

voie, 11, rampe du Pont. — f. 24 nov. 66. — s. Barbot. — Clôt. 29 déc. 66. 7094

PRUNARET (Jean-Louis), épicier, 15, r. du Four-St-Germain. — f. 13 juillet 66. — s. Gauche. — c. 19 oct. 66. — h. 14 nov. 66. — Abandon d'actif. 6416

PUTEAU fils (Louis-Alfred), march. de vins, 4, faub. Saint-Denis. — faillite 16 oct. 66. — s. Knéringer. 6883

PUTIOT (Alphonse), march. de vins, à Ivry, 2, quai d'Ivry. — f. 6 mars 66. — s. Gauche. 5858

# Q

QUÉRUEL (Auguste), 172, boul. Magenta. — Sép. corps et biens d'avec dame VENANT, 20 avril 66. — Dromery, av.

QUESNEL, négoc., 15, r. d'Enghien. — f. 24 mars 66. — s. Malle. — Clôt. 23 oct. 66. 6181

QUESNEL (Edmond-Amédée), 17, rue St-Victor. — Séparat. de biens d'avec dame VITEL, 6 mars 66. — Poinsot, avoué.

QUETIER (Joseph), charbons, 253, faub.

St-Martin. — f. 4 mai 66. — syndic Knéringer. — Union 22 sept. 66. 6103

QUILLET (Alexandre-Victor-Clément), négoc. en vinaigre, 94, av. de Clichy. — f. 22 juin 66. — s. Meillencourt. — c. 12 octobre 66. — h. 3 nov. 66. — 50 p. 100 en 5 ans, par dixièmes de 6 mois en 6 mois. 6311

QUINARD (Bernard), mégissier, 7, rue du Petit-Champ. — f. 27 fév. 66. — s. Meillencourt. — c. 21 juill. 66. — h. 14 août 66. — 20 p. 100 en 5 ans. 5849

# R

RABBIA, négoc., 48, r. des Vieux-Augustins. — f. 30 oct. 66. — s. Gauche. 6968

RABIER (Jacques), restaurateur, 22, rue Monsieur-le-Prince. — f. 5 mars 66. — s. Malle. — Clôt. 29 mars 66. 5854

RABIER (Louis) et Cⁱᵉ, mercerie, 33, r. Neuve-St-Augustin. — f. 5 janv. 66. — s. Barboux. — Un. 1ᵉʳ juin 66. 5621

RABIER, 18, r. Jean-de-Beauvais. — Sép. de biens d'avec dame VIEUGÉ, 16 août 66. — Devaux, av.

RADIGUE et FONTENOY, march. de primeurs, 2, r. de la Cossonnerie. — f. 28 avril 65.—s. Normand. —Conc. 1er déc. 65. — h. 2 janv. 66, 15 p. 100 en 5 ans sans solidarité. 4187

RAECKELBOOM (Ch.-Venant-César), hôtel, 32, r. de la Gaieté (Montparnasse). —f. 11 avril 66. — s. Legriel. — Union 20 août 66. 6011

RAFFY, négoc., 12, r. Neuve-du-Bon-Puits (la Chapelle). — f. 27 fév. 66.— s. Sommaire.—Clôt. 31 mai 66. 5835

RAGE (Jean-Jacques-Jules), maçon, 1, r. Ste-Marguerite. — f. 10 janv. 65. — s. Hécaen.— Union 5 juin 66. 4084

RAGEY (Jean-Benoist), teinturier, 12, Faub.-St-Denis. — f. 1er mars 66. — s. Barbot. — c. 12 mai 66. — h. 4 juin 66. — Ab. d'actif, plus 20 p. 100 en 5 ans. 5841

RAIMBAUT (Louis-Ernest), sans domicile connu. — Sépar. corps et biens d'avec dame CARPEZAT, 4 janv. 66. — Cartier, av.

RAMON (Louis-Hippolyte), mécanicien, 219, r. St-Maur. — f. 13 déc. 66. — s. Bégis. 7173

RANCHET (Jean-Louis), 15, rue Pigale. — Sépar. corps et biens d'avec dame MELNOTTE, 6 déc. 66. — Robert, avoué.

RANIERI (Louis), restaurateur, 197, faub. St-Honoré. — f. 19 mai 66. — s. Sarazin.—Union 27 sept. 66. 6156

RAPINAT (Jean-Baptiste-Alfred). — Séparat. corps et biens d'avec dame DUMONT, 17 mars 66. — Martin du Gard, av.

RASETTI (Louis-Amédée), anc. avoué, 78, Grande rue de Paris à Passy. — Cons. jud. 6 déc. 66. — Orcibal notaire, 26, boul. St-Michel. — Roche, avoué.

RAT (Charles), sans dom. con. — Séparation corps et biens d'avec dame BLANCHET, 11 avril 66.—Maza, av.

RAUH (Charles-Antoine), entrepr. de publicité, 122, r. St-Jacques. — f. 15 septembre 66. — s. Normand.—Concordat 29 nov. 66. — h. 11 déc. 66. — 50 p. 100 en 5 ans. 6739

RAULIN, loueur de voitures, 101, rue de Sèvres. — f. 11 déc. 66. — s. Copin. 7162

RAULT (Louis-Adolphe), coiffeur, 35, rue Popincourt. — Séparat. corps et biens d'avec dame LATEUX, 20 décembre 66. — Bourse, av.

RAUMIER (Philippe-Ernest-Alphonse), doreur et miroitier, 49, r. des Vinaigriers. — f. 15 janv. 66. — s. Malle. 5652

RAUNIER (Alphonse), 20, passage Parmentier. — Séparat. de biens d'avec dame BARIGNY, 28 juill. 66. —Fitremann, avoué.

RAVAUT (Auguste), 9, r. St-Paul. — Sép. de biens d'avec dame CHARIAU, 17 avril 66. — Bourse, av.

RAVAUX (Gustave), march. de vins, 28, r. de l'Eglise (Passy). — f. 15 décembre 65. — s. Copin. — Union 66. 5532

RAVERET (Jean-François), au Grand-Montrouge, dans le Parc. —Séparat. corps et biens d'avec dame BARRY, 18 août 66. — Daupeley, av.

RAYMOND (Marie-Joseph-Auguste), 2, rue des Halles.—Sép. de biens d'avec dame MORISSET, 27 fév. 66. — Lenoir, av.

RAYNAL (Étienne), ancien march. de vins, 2, passage Leroux.—f. 15 janv. 66. — s. Crampel. — c. 25 juin 66.— h. 10 juill. 66. — Ab. d'actif, plus 10 p. 100 en 2 ans. 5657

RAYNAUD (Gilbert-Lucien), nouveautés, 4, r. du Bac. — f. 5 juill. 66. — s. Lefrançois. 6371

RAYNAUD (Jean-Baptiste), march. de traiteur, 11, r. des Mathurins-

St-Jacques. — f. 7 nov. 66 — s. Meilloncourt.                     7008

RAZIER, négoc., 1, r. du Pont-de-Grenelle. — f. 28 août 66. — s. Sarazin,
                     6653

REBEYROL (Pierre), 33, r. des Deux-Ecus. — Sép. de biens d'avec dame VILLEMIN, 23 juin 66. — Delpon, avoué.

REBOUR et C⁰, serruriers, 48, r. de l'Orillon (Belleville). — f. 31 janv. 65. — s. Barre. — c. 2 oct. 66. — h. 13 oct. 66. — Paye le tout en 5 ans, 1ᵉʳ payement 18 mois après l'homologation.                     4130

RÉCAPPÉ aîné (Charles-Louis), imprimeur sur étoffes, 6, r. St-Joseph. — f. 8 mars 66. — s. Saulton. — Union 31 oct. 66.                     5867
— Sép. de biens d'avec dame ALQUIER, 28 juin 66. — Denormandie, av.

RECU (dᵉˡˡᵉ Marguerite), marchande de vins, à Nogent-sur-Marne. — f. 11 juill. 65. — syndic Meys. — Union 3 mars 66.                     4834

RECLIN (Charles-Nicolas), maçon, 63, rue de Vannes. — f. 6 oct. 66. — syndic Battarel. — c. 27 mars 66. — homolog. 11 avril 66. — 30 p. 100 en 6 ans.                     2173

REDIER, instruments agricoles, 28, rue du Château-d'Eau. — f. 2 août 65. — synd. Lamoureux. — c. 5 avril 66. — h. 20 avril 66. — 30 p. 100 en 5 ans.                     4922

REDIER aîné et C⁰, march. de vins, 98, r. de Bercy. — f. 14 juill. 65. — s. Lamoureux. — Union 26 avril 66.    4845

REEB (Jean-Just), cocher, sans domicile connu. — Sép. corps et biens d'avec dame CINQUIN, 18 avril 66. — Boudin, av.

REGBAUD (Antoine), maçon, 8, r. des Quatre-Vents. — f. 13 sept. 66. — s. Chevallier.                     6725

REICHE, commission., 16, rue Grange-Batelière. — f. 17 août 65. — syndic Moncharville. — Unique répart. 22,03 pour 100.                     4988

REIS (Dlle), modiste, 77, r. de Richelieu. — f. 6 août 61. — s. Bourbon. — Union 18 août 61. — Clôt. 31 août 1866.                     18741

REISET (baron DE Marie-Antoine Gustave), 6, r. de Milan. — Sép. de biens d'avec dame FOULC, 15 déc. 66. — Poullet, av.

REISS, colporteur, 23, r. du Val-Ste-Catherine — f. 15 mars 66. — s. Mallo. — Clôt. 20 avril 66.                     5901

REMER (Jean-Pierre). — Sép. corps et biens d'avec dame DAVION, 30 novembre 66. — Fitremann, av.

RÉMION (Léon), draperie, 1, r. Joquelet. — f. 13 oct. 65. — s. Moncharville. — Union.                     5243

RÉMION, march. de cafés, 40, r. Fondary. — f. 13 nov. 66. — s. Sommaire.                     7034

RÉMOND (Paul), sellier, 26, boul. Malesherbes. — f. 26 juill. 66. — syndic Meys. — Union 10 déc. 66.   6492

RÉMOND jeune (Jules-Gustave), limonadier, 155, faub. Saint-Antoine. — f. 7 août 66. — s. Devin.                     6573

RÉMY (Jean-Baptiste), vitrier, 63, rue Sedaine. — f. 17 nov. 66. — s. Bégis.
                     7055

RENARD (Toussaint), march. de vins, 186, av. Saint-Denis, à Saint-Denis, — f. 28 août 66. — s. Hécaen. — Clôt. 29 septemb. 66.                     6652

RENARD (Alexandre), porcelaines, 43, r. d'Amsterdam. — f. 20 janv. 66. — s. Hécaen.                     5679

RENARD (Louis-Etienne), 188, faub. Saint-Martin. — Sép. de biens d'avec dame SCELES, 15 mai 66. — Bonnel de Longchamp, av.

RENAUDOT (Marguerite-Louise), veuve DE BARCHON (Jean-Joseph), 5, rue des Rosiers. — Interdic. 24 avril 66. — A. Boucher, av.

RENAULT, négoc., 11, r. Mazagran. — f. 20 fév. 66. — s. Richard-Grison. 5790

RENAULT (Charles-Marie), march. de vins en gros, 6, r. Jouvenet (Auteuil). — f. 21 juin 66. — s. Meys. 6302

RÉNÉ (Jean-Pierre), 51, boul. Saint-Jacques. — Séparat. corps et biens d'avec dame LEROY, 15 déc. 66. — Bigot, av.

RENIÉ (Jean-Emile), 12, rue de La Tour-d'Auvergne. — Jug. du 17 mai 66 qui fait mainlevée du cons. judic.

RENOU (Louis), à la Maison centrale de Clairvean. — Séparat. corps et biens d'avec dame GODARD, 15 déc. 65. — Cartier, av.

RENOULD, boucher, aux Ternes, 1, rue Charlot. — f. 17 avril 66. — s. Meys. — Clôt. 25 juin 66. 6040

RENOULT (Pierre-Jean-Denis-Léger), épicier, march. de vins, 20, boul. Murat. — f. 30 avril 66. — s. Lamoureux. — Union 11 sept. 66. 6075

RESSEJAC (Jean), ébéniste, 40, r. du Rocher. — Sép. corps et biens d'avec dame MAMY, 9 mai 66. — Lévesque, avoué.

RETIVEAU (Eugène), 56, r. des Ecluses-St-Martin. — Sép. de biens d'avec dame REBEILLEAU, 27 février 66. — Delacourtie, av.

RETOURET (Camille-Benoît), maison du docteur Mottet, 161, r. de Charonne. — Interdict. 13 déc. 66. — Admin. veuve RETOURET, 45, faub. Poissonnière. — Dubois, av.

RETTIG, entrep. de bâtiments, 3, rue de Magenta, à Pantin. — f. 3 août 66. — s. Copin. 6551

RÉVOL (Aimé), restaurateur, 1, r. du Temple. — f. 3 oct. 65. — s. Moncharville. — Union. 5197

REY, mécan., 122, r. de la Roquette. — f. 29 juin 66. — s. Moncharville. — Clôt. 30 juill. 66. 6317

REY (André-Antoine), sans domicile connu. — Sép. corps et biens d'avec dame ALDRY, 12 juillet 66. — Plassard, av.

REY DE BELLONNET (Antoine-Isidore-Déodat), fabr. de becs à gaz, 50, rue Folie-Méricourt. — f. 18 juin 66. — s. Richard-Grison. 6284

REY (Jean-Baptiste), 130, r. Oberkampf. — Séparat. de biens d'avec dame LEDENTU, 3 juill. 66. — Dubois, av.

REYDELLET (Louis-Antoine), march. de vins, 1, r. Nys. — f. 29 déc. 65. — s. Quatremère. — Union 27 avril 66. 5599

REYÉ (Julien-Prudent), marché Montebello, chez M. Planquet. — Sép. corps et biens d'avec dame DORARD, 20 fév. 66. — Moreau, av.

RHEINLAENDER, BRUNCK et TRIETSCH, négoc., 9, r. du Caire. — f. 12 juil. 66. — s. Legriel. 6413

RHUL (Louis), colporteur, 36, r. des Vinaigriers. — f. 3 fév. 66. — syndic Meys. — c. 28 avril 66. — h. 23 juin 66. — 25 p. 100 en 5 ans. 5749

RIBEYROL (Pierre), 33, r. des Deux-Ecus. — Séparat. de biens d'avec dame VILLEMIN, 23 juin 66. — Delpon, avoué.

RIBOT (Alfred-Jules-Pierre), 10, rue des Fossés-du-Temple. — Sépar. de biens d'avec dame DUTEIL, 3 avril 66. — Duval, av.

RIBY (Alfred), sans domicile connu. — Séparat. corps et biens d'avec dame BREUILLOT, 3 mars 66. — Castaignet, avoué.

RICHARD (Jacques aîné), lavoir public, 29, r. de Sèvres (Vaugirard). — faillite 16 février 66. — synd. Malle. — Union 7 sept. 66.    5790

RICHARD (Louis-Prosper), boucher, 23, route de Versailles (Boulogne-sur-Seine). — f. 23 nov. 65. — s. Moncharville. — c. 19 fév. 66. — h. 9 mars 66. — 15 p. 100 en 6 ans, les 3 premiers payements 2 p. 100, les 3 derniers 3 p. 100.    5121

RICHARD (Laurent), 83, r. St-Martin. — Sép. corps et biens d'avec dame BECRET, 3 mai 66. — Huet, av.

RICHARD et Cⁱ (Victor), banquiers (et Victor RICHARD pers.), 50, r. Basse-du-Rempart. — f. 19 juin 66. — syndic Trille.    6291

RICHARD (Ursin), marchand de vins, 33, r. des Arts, à Champerret. — faillite 3 août 66. — s. Normand.    6548

RICHARD (Louis), 99, faub. du Temple. — Sép. corps et biens d'avec dame ANDRY, 24 août 63. — Servy, av.

RICHARD et Cⁱ, fab. de cartons, 2, quai de Gironde. — f. 1ᵉʳ sept. 66. — s. Barboux.    6671

RICHARD et Cⁱ, Compagnie générale des Eaux gazeuses, 12, faub. Saint-Denis. — f. 10 nov. 66. — s. Quatremère.    7022

RICHARD (Dlle Virginie), mercière, 33, r. du Cherche-Midi. — 19 déc. 66. — s. Heurley.    7206

RICHARDET (Jean-Pierre), marbrier, 46, boul. Montrouge. — f. 29 juin, 66. — s. Beaugé. — c. 21 nov. 66. — hom. 4 déc. 66. — 25 p. 100 en 5 ans. 6312

RICHE, 5, r. Chevert. — Sép. corps et biens d'avec dame AUBERTIN, 1ᵉʳ mai 66. — Gignoux, av.

RICHEFEU, entrepren. de menuiserie, 14, r. de la Muette. — f. 20 oct. 66. — s. Beaufour.    6925

RICHOMME (Martin-François-Jacques), boucher, 9, r. du Bel-Œillet (Colombes). — f. 7 juin 66. — s. Gauche. 6241

RIEDENGER (Jacques-Jules), 51, r. Popincourt. — Sép. corps et biens d'avec dame DUBAULT, 19 avril 66. — Cesselin, v.

RIÉGÉ (Charles-Auguste), 31, r. d'Enghien. — Sép. corps et biens d'avec dame BINDER, 27 avril 66. — Lacroix, avoué.

RIGODIN (Henri), 44, r. Pigalle. — Jugement du 15 mai 66, faisant mainlevée du cons. jud.

RIGOLET (René-Marie), fabricant de bronzes et imitation, 7, rue Oberkampf, cité Crussol. — f. 20 juill. 66. — s. Devin.    6455
—Séparation de biens d'avec dame CARDINET, 15 nov. 66. — Dufourmantelle, av.

RIGOULOT, négoc., r. Servan. — faillite 6 nov. 66. — s. Sarazin.    7005

RINGELMANN (Christophe), enveloppes pour bonbons, 29, r. Vieille-du-Temple. — 15 janv. 66. — s. Legriel. — — c. 9 avril 66. — h. 28 avril 66. — 35 p. 100 en 5 ans du 1ᵉʳ fév.    5651
—Sép. de biens d'avec dame NICKLER, 3 mars 66. — Benoist, av.

RION (Jean), négoc., 60, r. de Bondy. — f. 8 oct. 61. — s. Beaufour. — Seule répart. 1,56 p. 100.    18992

RIOTTAT (Jules), propriétaire, rue de l'Arcade. — Séparat. corps et biens d'avec dame PAVILLON, 27 juin 66. — Dumont, av.

RIOTTE (Jacques), marchand de vins, traiteur, 22, r. d'Aubervilliers. — f. 13 juin 66. — s. Sautton. — Union 22 sept. 66.    6267

RIOTTE (Joseph-Alphonse), 17, r. Château-Landon. — Sép. corps et biens d'avec dame CLAUDEL, 4 janv. 66. — Desgranges, av.

RIOTTE (Jacques), 3, r. de Poissy. — Séparat. corps et biens d'avec dame LEGRAND, 15 nov. 66. — Mouillefarine, av.

RIOUX (Auguste), serrurier, 14, rue de l'Ouest (Neuilly). — f. 31 juill. 66. — s. Bourbon.    6527

RISACHER, négoc., 5, r. Montorgueil. —f. 8 mai 66.—s. Beaujeu.—Clôt. 29 mai 66.    6120

RITTER (Jean-Constant), 6, r. Durantin. — Séparat. corps et biens d'avec dame MARTEAU, 22 nov. 66. — Bouthemard, av.

RITTON fils, négoc., 9, r. St-Charles. — f. 14 fév. 65. — s. Sommaire. — Clôture 12 juin 66.    4101

RIVE (Joseph-Eugène-Gustave), marchand de vins, 67, boul. du Prince-Eugène.—f. 8 août 65.—s. Trillo. — Clôt. 12 juin 66.    4939

RIVES, march. de chiffons, 17, rue de Lourcine. — f. 30 janv. 66. — s. Hécaen. — Clôt. 25 juin 66.    5715

RIVET (Albert), négoc., 32, boul. de l'Hôtel-de-Ville, à Montreuil. — f. 10 déc. 65. — s. Meys. — Clôt. 31 janv. 66.    5550

RIVET (Dme) née COLLUMEAU (Marie-Joséphine), 61, r. de Javel (Grenelle). — Interd. 24 juill. 66 — Charles des Etangs, av.

RIVIÈRE, marchand de vins, 134, boul. Clichy. — f. 9 oct 66. — s. Barbot. — Clôt. 31 oct. 66.    6837

RIVIÈRE père (Jean), 63, r. St-Sauveur. —Sép. de biens d'avec dame PÈRE, 13 janv. 66.—Cesselin, av.

RIVIÈRE (Pierre-Antoine-Adolphe), 120, r. d'Enfer. — Séparat. de biens d'avec dame DELANNOY, 3 fév. 66. — Cesselin, av.

RIVIÈRE (Jean-Pierre), 18, r. Moncey. — Sépar. corps et biens d'avec dame PAILLARD, 15 mars 66.—Labbé, av.

RIVIÈRE (Victor-Nicolas), 15, r. de la Chapelle.—Sép. de biens d'avec dame HENRY, 17 avril 66.—Levesque, av.

ROBERGE (Paul), 8, r. St-Bon. — Sép. de biens d'avec dame HARDY, 9 janv. 66.—Henriet, av.

ROBERT-TISSOT, négoc., 58, r. Amelot. —f. 17 nov. 64. — s. Hécaen. — c. 8 sept. 66.—h. 2 oct. 66. —25 p. 100 en 5 ans. — Délégation à valoir sur les dividendes des sommes à provenir des droits du failli dans la société JOLIET, GIRARD, LAMOTTE et Cⁱᵉ. 3789

ROBERT (Joseph-Martin), 99, av. de Clichy. — Sép. corps et biens d'avec dame BAYEUX, 21 nov. 65.—Dubois, avoué.

ROBERT frères, charpentiers, 12, r. des Trembles, à Arcueil. — f. 17 juin 65. — s. Malle. — c. 29 mars 66.—h. 26 déc. 66. — 6 p. 100 payables: 1 p. 100 dans 1 an, 2 p. 100 dans 2 ans et 3 p. 100 dans 3 ans; du 1ᵉʳ avril. 4718

ROBERT (Pierre), ouvrier jardinier aux plantations de la ville, 11, r. de la Gare. — Sépar. corps et biens d'avec dame BOUILLY, 12 juin 66. — Caron, avoué.

ROBERT, marchand de charbons, 170, faubourg St-Denis. — f. 9 nov. 66.— s. Beaugé.—Clôt. 31 déc. 66.    7021

ROBERT et CURMER, négoc. en foulards, 25, r. des Fossés-Montmartre. —f. 24 nov. 65.—s. Quatremère. 7086

ROBERT (Nicolas), berceaux et osiers, 131, r. de Flandres.—f. 7 déc. 66.— s. Sarazin.    7110

ROBERT (Louis-Paul-François), 38, r. de Longchamps, à St-James (Neuilly). — Sép. corps et biens d'avec dame BÉRARD, 12 déc. 66.—Bérard, av.

ROBERTEAU, march. de vins, 8, av. des Triomphes. — f. 5 avril 65. — s. Bégis.—c. 28 sept. 66.—h. 28 déc. 66.—15 p. 100 en 3 ans.    4393

ROBERTEAU et Cⁱᵉ, march. de vins, 13, r. Keller.—f. 2 juin 63. — s. Sommaire.

—c. 11 sept. 63. — h. 30 sept. 63. —
40 p. 100 payables : 5 p. 100 1 an
après l'homol., 6 p. 100 2 ans après,
7 p. 100 3, 4, 5 ans après et 8 p. 100
la dernière année.—27 fév. 66, résol.
du concordat. —s. Sommaire.—c. 27
oct. 66.—h. 27 déc. 66.—Ab. d'actif.
1692

ROBILLARD (Arsène), fondeur, 210, r.
St-Maur.—f. 25 sept. 65.—s. Devin.
— c. 7 fév. 66. — h. 27. fév. 66. —
20 p. 100 en 5 ans. 5165

ROBILLARD, négociant, s. dom. con.
—f. 19 juillet 66.—s. Beaugé.—Clôt.
17 oct. 66. 0451

ROBIN dit ROBIN-RICHARD (Jules),
march. de bois de placage, 30, av.
Daumesnil.—f. 18 janv. 64.—s. Crampel.—Clôt. 22 mai 66. 2554

ROBLIN fils (Félix), papiers peints et
peintures, 143, r. de Sèvres. — f. 19
janv. 66. — s. Barboux. — Union 26
avril 66. 5676

ROCCA jeune (Auguste), bazar, 148,
faub. St-Martin. — f. 8 janv. 66. —
s. Barboux.—Union 30 mai 66. 5630

ROCHAT (Ferdinand), nouveautés, 143,
r. St-Antoine.—f. 2 oct. 66.—s. Moys.
6814

ROCHE (Jean), march. de charbons, 0,
r. Pavée au Marais. — f. 3 mai 66. —
s. Sarazin.—Clôt. 31 août 66. 6098

ROGER (Suzanne-Clémence), 21, r.
St-Placide. — Interdic. 15 mars 66.
— ROGER, 21, r. St-Placide, admin.
—Dufay, av.

ROGER (Marie-Joseph), 13, pass. Lan-
drieux. — Sép. corps et biens d'avec
dame MERCIER, 3 avril 66. — Huet,
avoué.

ROGER (Pierre-Casimir-Désiré), cuirs
vernis, 6, imp. du Château de Bagnolet. — f. 27 juillet 66. — s. Bégis. —
c. 11 oct. 66. — h. 21 déc. 66.—20 p.
100 en 4 ans. 6503

ROGIER (Augustin-Joseph), 27, boul.
d'Italie. — Sép. corps et biens d'avec
dame MARCHAL, 26 fév. 66.—E. Best,
avoué.

ROGUIER (Auguste), vins en gros, 7, r.
St-Maur, à Créteil.—f. 29 mars 66.—
s. Malle. — c. 21 juillet. 66. — h. 4
sept. 66. — 25 p. 100 payables : 5 p.
100 dans le mois de l'homol., et 20 p.
100 en 5 ans. 5934

ROHARD (Léon-César-Joseph), maison de santé à Charenton. — Conseil
judiciaire ROHART (Charles-Henri-Jo-
seph), à Vauxaillon, 22 fév. 66. —
Chauvin, av.

ROLLAND (Nicolas), bois de fusils, 3, r.
Borda. — f. 5 juillet 66. — s. Meillencourt.—c. 17 nov. 66.—h. 12 déc. 66.
—20 p. 100 payables : 10 p. 100 le 15
déc. 67, et 10 p. 100 le 15 déc. 68.
6370

ROLLET (Alexandre-Henry), carrossier,
12, boul. de Neuilly. — f. 23 déc. 65.
— s. Beaugé. — c. 15 juin 66. — h. 29
juin 66. — 50 p. 100 en 6 ans, 10 p.
100 dans 1 an, 8 p. 100 chacune des
années suivantes. — Dame ROLLET,
caution. 5583

ROMANET (Pierre-Charles), march. de
vins, 8, av. de Cachan. — f. 27 oct.
66.—s. Knéringer. 6957

ROMPANT (frères), fab. d'étalages, 2,
r. des Enfants-Rouges.—f. 26 juin 66.
— s. Sommaire. — c. 19 oct. 66.—h.
10 nov. 66.—50 p. 100 en 5 ans. 6326

RONCARI (Jean), fab. d'eau de Seltz, 7,
r. Palikao.—f. 20 août 66.—s. Heurley
fils.—Union 11 déc. 66. 6626

ROSE (Antoine-Alphonse), 22, r. Dupré.
— Séparation de biens d'avec dame
DUVILLARD.—30 août 66. — Nicque-
vert, av.

ROSE (Théophile-Lucien), grainetier,
94, faub. Poissonnière.—f. 11 juin 66.
—s. Pinet. 6274

ROSENKRANTZ (Charles), doreur, 8, r.
Montmorency. — f. 26 mai 65. — s.
Richard-Grison.—Union 14 mai 66.—
4616

ROSENSTEIN (Sally-Henri), commissionnaire, 74, r. St-Martin. — faillite
11 sept. 66. — s. Beaugé. — Clôture
31 déc. 66. 6731

ROSENWALD (Benjamin), 196, r. St-Antoine.—Sép. corps et biens d'avec dame WORMSER, 30 janv. 66.—Husson, av.

ROSIER, négoc., 8, r. Guy-Labrosse).— f. 19 juin 66. — s. Sarazin. — Clôture 80 juill. 66.    6290

ROSNOBLET, négociant, sans domicile connu.—f. 20 juill. 66.—s. Richard-Grison.    6460

ROSSELIN (François-Bernard), 109, boul. du Prince-Eugène. — Sép. de biens d'avec dame PÉTIT, 24 avril 66. Dubois, av.

ROSSET (Henry), bijoutier, 10, r. d'Alger. — f. 10 juill. 65. — s. Richard-Grison. — c. 12 avril 66.— h. 28 avril 66. — Ab. d'actif; obligation de parfaire 20 p. 100 en 5 ans, du jour de la répartition.    4823
— Séparation de biens d'avec dame THOMASSIN, 30 janvier 66. — Fiat, avoué.

ROSSET (Nicolas), 41, r. de Flandre (Villette). — Séparat. corps et biens d'avec dame EVRARD, 21 août 66.— Milliot, av.

ROSTAING (DE) (Edouard-Ernest), 12, r. Lecourbe. — Sép. de biens d'avec dame HAWILLE DE PINA, 14 août 66. —. Castaignet, av.

ROTH, négoc., 4, boul. des Martyrs.— f. 21 déc. 65.— s. Bégis.— c. 1er sept. 66. — h. 24 sept. 66. — Ab. d'actif, plus 23 p. 100 en 5 ans.    5560

ROUAU (Jacques-Noël), 81, r. de Charenton. — Sép. corps et biens d'avec dame LAGRANGE, 12 mai 66. — De Bretonne, av.

ROUCHEZ, négoc., 40, r. Madame. — f. 28 nov. 65. — s. Normand. — c. 14 fév. 66. — h. 26 fév. 66. — 40 p. 100 n 5 ans. — Dame ROUCHEZ, caution.    5155

ROUCOLLE (Jean-Baptiste), commis-

sionnaire, 13, faub. Saint-Martin. — f. 8 janv. 66. — s. Hécaen. — Clôture 31 janvier 66.    5631

ROUGEAULT (François-Pierre-Adrien), négociant, sans domicile connu. — f. 30 déc. 65. — s. Beaugé.    5610
— Sépar. corps et biens d'avec dame DUVAL, 16 août 66. — Cosselin, av.

ROUGEAUX (Louis-Victor), 111, rue Mouffetard. — Sép. corps et biens d'avec dame BOULLOT, 27 nov. 66. — Devaux, av.

ROUGEMONT (Jules-Fortuné), horticult., 84, r. de Fontenay (Vincennes. — Sép. corps et biens d'avec dame LÉVESQUE, 13 déc. 66. — Laden, avoué.

ROULIN (Hégésippe-Germain), march. de vins, traiteur, 19, r. Jean-Gougeon. — f. 30 janv. 66. — s. Quatremère.    5716

ROUSSEAU (Jean-Jacques), boulanger, 20, r. Simon-le-Franc. — f. 28 fév. 66. — s. Heurtey. — Union, 18 mai 66.    5839

ROUSSEAU jeune, négoc., 9, r. Saint-Sauveur.— f. 18 mai 65. — s. Pinet. — Union 22 juill. 66.    4586

ROUSSEAU (Jacques-François), maréchal ferrant, 140, boul. Ménilmontant. — f. 21 juin 66, — s. Barbot. — Clôt. 30 juin 66.    6301

ROUSSEAU (Marx), fab. d'éventails, 12, r. du Caire. — f. 18 oct. 66. — syndic Bégis.    6905

ROUSSEAU (Auguste-Eugène), 12, boul. des Capucines. — Sép. corps et biens d'avec dame HARDEL, 7 juill. 66. — Giry, av.

ROUSSEAU (Jules-Léon), journalier, 299, r. de Paris-Belleville. — Séparation corps et biens d'avec dame DURY, 16 août 66. — Bouthemard, avoué.

ROUSSEAU (Jacques), boulanger, 25, r. des Fourneaux prolongée. — Sép.

de biens d'avec dame FONTAINE, 3 oct. 66. — Lacomme, av.

ROUSSEL (Louis-Claude), mercier, 45, r. St-Lazare. — f. 8 fév. 66. — syndic Copin. — c. 12 avril 66. — h. 1er mai 66. — 30 p. en 5 ans, par dixièmes, du 15 mai.    5963

ROUSSEL (Louis-Charles), passementier, 337, r. St-Denis. — f. 8 déc. 66. — Richard-Grison.    7148

ROUSSEL (Jean-Louis), sans domicile connu. — Sép. corps et biens d'avec dame TROUVÉ, 12 juill. 66. — Paul Dauphin, av.

ROUSSELET (dame), ex-liquoriste, 11, r. Bray. — f. 1er août 65. — s. Pinot. — Union 10 juill. 66.    410

ROUSSELET (Prosper-Anatole), épicier, 135, r. de Sèvres. — f. 9 août 65. — s. Bégis. — c. 11 décembre 65. — h. 2 janv. 66. — 25 p. 100 en 5 ans.    4035

ROUSSELOT (Joseph-Scipion), fabricant d'engrais, 4, r. Fontenay, à Vincennes. — f. 12 avril 66. — s. Barbot. — Jug. 3 nov. 66, reportant la faillite au 15 mai 65.    6017

ROUSSEY (Claude), chaussures, 39, rue des Fossés-Saint-Victor. — faillite 26 nov. 66. — s. Beaujeu.    7094

ROUSEYROL (Jean), 37, r. Miromesnil. — Sép. de biens d'avec dame MARTINE, 4 janv. 66. — Besl, av.

ROUX (Dlle Eugénie), négoc., 87, rue du Cherche-Midi. — f. 15 fév. 66. — s. Sarazin. — Clôt. 29 mars 66. 5788

ROUX (François-Hippolyte), épicier, à Ivry-sur-Seine, route de Choisy. — f. 3 oct. 65. — s. Meys. — c. 27 déc. 65. — h. 22 janv. 66. — Ab. d'actif, plus 30 p. 100 en 5 ans. — M. Doré, caution de 20 p. 100 sur les derniers dividendes.    5194

ROUX, épicier, 47, r. de Paris-Saint-Ouen. — f. 20 sept. 66. — s. Beaugé.    6805

ROUX (Jacq.-Amable), à Thiais (Seine). — Sép. corps et biens d'avec dame BRISSET, 17 mars 66. — H. Maza, avoué.

ROUXEL (Théophile-Julien), meubles et vins, 171, r. Lafayette. — f. 16 oct. 66. — s. Beaugé.    6884

ROY (Edme-Désiré), menuisier, 20, rue Rodier. — f. 25 août 65. — s. Beaufour. — c. 12 fév. 66. — h. 23 fév. 66. — 20 p. 100 en 5 ans.    5027

ROY, marchand de vins, 4, r. Berthe, à Montmartre. — f. 10 avril 66. — syndic Beaugé. — Clôt. 28 juin 66. 6003

ROY (René-Pierre), 52, quai de la Gare. — Séparation de biens d'avec dame SIMÉON, 17 mars 66. — Dusart, av.

ROYER, veuve de Claude ROYER, née Clary GAY, entrepreneur de bières, 7, r. Saint-Gervais. — f. 9 mars 66. — s. Pluzanski.    5871.

ROYER, négoc., 10, r. Laval. — faillite 18 mai 66. — s. Beaugé. — Clôture 30 juin 66.    6155

ROZE (Jean-Alfred), sculpteur sur bois, 9, pass. St-Bernard. — Sép. corps et biens d'avec dame SAILLENFAIT, 21 juillet 66. — Bourse, av.

ROZÉ, négociant, 85, r. de Paris, à Belleville. — f. 23 mars 66. — s. Normand. — Clôt. 24 mai 66.    5936

ROZIER (Louis-Pierre), marchand de châles, 9, r. des Dames, à Batignolles. — f. 15 juillet 64. — s. Bourbon. — c. 28 fév. 66. — h. 16 mars 66. — 5 p. 100 en 5 ans.    3260

RUAULT (Pierre-André-Léon), s. dom. con. — Sép. corps et biens d'avec dame TABURET, 4 août 66. — Chauvin, av.

RUELLE (veuve) et OUIZILLE, march. de fécule, 11, r. Neuve-Ménilmontant. — f. 19 août 64. — s. Battarel. — c. 10 janv. 65. — h. 30 janv. 66. — 21 p. 100 payables: 1 p. 100 par Mme veuve RUELLE, 8 mois après l'homolog. et 20 p. 100 en 10 ans, par M. OUIZILLE;

1er payement, fin décembre 67 (sans solidarité).                    2261

RUFIN (A.-L.), confections et fourrures, 9, r. de la Bourse. — f. 7 juin 66.—s. Meillencourt.— c. 5 sept. 66.

—homologation 20 septembre 66. — 30 p. 100 en 5 ans du 1er janv.    6242

RUŸTS (Ernest-Désiré) DE, s. dom. con. — Sép. corps et biens d'avec dame MOREAU, 11 déc. 66.—Chauvin, av.

# S

SADA(Jean),27, r. des Quatre-Chemins. — Sép. corps et biens d'avec dame SARTHE, 12 déc. 65.—Husson, av.

SABOURIN-MARTY et Cᵉ, équipements militaires, 28, r. Turbigo.—f. 5 avril 64.—s. Quatremère.—Union 3 juillet 66.                               2855

SABY (Benoist), 5, r. Paradis-Poissonnière. — Sép. corps et biens d'avec dame FERRÉ, 6 déc. 66.—Chauvin, avoué.

SADOUX (Jean-Baptiste), restaurateur, à Joinville-le-Pont.— f. 9 août 65.— s. Sautton.—c. 27 déc. 65.—h. 6 fév. 66.—Ab. d'actif.                   4956

SAGAN (Auguste-Désiré), fab. de cadres, 26, r. Crussol. — f. 13 fév. 66. — s. Chevallier.—c. 19 mai 66.—h. 31 mai 66.—20 p. 100 en 5 ans.         5770

SAGNE (Victor-Jean), bijoutier, 1, r. Neuve-des-Martyrs.—f. 11 déc. 65.— s. Crampel.—Union 27 avril 66. 5512

SAGNY (dame Louise-Aline). — Voir l'Atouillet et Cᵉ.

SAINJON (Auguste-Alexandre), march. de vins, 41, grande r. de la Chapelle. —f. 3 mai66.—s. Lamoureux.—Union 23 août 66.                    6100

SAINT-BLANCARD (Jean), dents artificielles, 70, r. Richelieu.—f. 7 juin 66. — s. Chevallier.—c. 14 nov. 66.— h. 4 déc. 66.—15 p. 100 en 5 ans.   6243

SAINT-HILAIRE ( Charles-Ulysse), DE

directeur de l'Automédon, 51, r. de Flandres.—f. 27 juin 66.—s. Meillencourt.— c. 19 oct. 66.—h. 3 nov. 66.— 12 p. 100 1 an après l'homolog. et 6 p. 100 tous les 6 mois, jusqu'à solde de 48 p. 100.                 6335

SAINTIN (Alphonse), éditeur, 16, r. des Grands-Augustins.— f. 6 mars 66.— s. Sautton.—Union 14 mai 66.  5859

SAINTOT (Nicolas-Dieudonné), 14, pass. de l'Alma.—Sép. corps et biens d'avec dame GROBERT, 17 mai 66.—Hardy, avoué.

SALAISSE (Louis, 21, r. Duris.—Sép. corps et biens d'avec dame COINTIN, 10 avril 66.—Leboucq, av.

SALBAT (Félix), comestibles, 20, r. St-Fiacre.—f. 9 août66.—s. Quatremère. — c. 22 oct. 66. — h. 16 nov. 66.— 20 p. 100 en 5 ans.             6501

SALLES (Antoine), av. St-Ouen, 7 (villa St-Michel). — Sép. de biens d'avec dame SIRVINS, 17 juillet66.—Bujon, avoué.

SALMON, nég., 185, r. de Lafayette. — f. 7 oct. 64.—s. Bégis.—Union 23 sept. 66.                         3634

SALVIAC (baron de) VIEL-CASTEL (Charles-Louis-Gaspard-Gabriel). — Cons. jud, 26 fév. 66. — DE SALVIAC-DE-VIEL-CASTEL, 14, r. de Grenelle-St-Germain.—Martin du Gard, av.

SALVY. Voir Parisset et Salvy.

SAMBOURG(Constantin-Henry-Joseph),

s. dom. con. — Sép. corps et biens d'avec dame BIENFAIT, 3 mars 66. —Poisson, av.

SANSON ou SAMSON (Jean-Jacques), 33, pass. Gauthrin. — Sép. de biens d'avec dame SANSON ou SAMSON, 9 janv. 66. — Lorlat Jacob, av.

SANTÉ (Pierre), march. de vins, 28, r. d'Angoulême-du-Temple. — f. 27 mars 66. — s. Dufay. — Union 9 nov. 66.     5944

SANTERRE (Jean), parfumeur, 40, r. Madame. — f. 18 oct. 66. — s. Henrionnet.     6902

SAPPEY (Jules-Benoist), bijoutier, 48, r. Chapon.— f. 6 avril 66.— s. Malle. —Clôt. 30 avril 66.     5976

SARCY )Jules-Léon), vidanges, 1, boul. Bonne-nouvelle. — f. 3 juill. 66. — s. Heurtey fils.     6359

SARRAZIN (veuve), V. LANDRY (dame).

SARRAZIN, march. de vins, 25, r. St-Laurent. — f. 31 mai 65. — s. Lamoureux. — Union.     4929

SARRAZIN et BOUCHER, porcelaines, 7, r. des Petits-Hôtels. — f. 24 fév. 66. — s. Legriel.—c. 17 juill. 66.—Refus d'homolog. 20 oct. 66.     5812

SARI, dir. de théâtre, 13, pass. Verdeau. — f. 9 janv. 66. — s. Heurtey. — c. 9 mai 66. — h. 24 mai 66. — 20 p. 100 en 10 ans.     5638

SAUGE (André), 3, r. St-Lazare. — Séparat. corps et biens d'avec dame RENARD, 24 juill. 66. — Guillemon, avoué.

SAUGRIN (Jules-Sébastien), serrurerie, 170, r. de la Roquette.—f. 7 sept. 60. — s. Knéringer. — c. 23 janv. 61. — Jug. rés. le concord. 23 oct. 66. 17500

SAULNIER (Théophile-Laurent), 22, r. Navarin). — Sép. corps et biens d'avec dame JARLAUD, 10 mai 66. — Pottier, avoué.

SAUNIER, négoc., 40, r. Montmartre. — f. 2 juin 65. — s. Pinet. — Clôt. 22 mars 66.     4648

SAUTORY (Louis-Auguste), mécanicien, 19, route de Choisy. — f. 10 juill. 66. — s. Lefrançois.     6393

SAUTREZ et Cᵉ, libraire, 13, r. d'Anjou-Dauphine. — fail. 9 oct. 66. — s. Beaufour.     6854

SAUVAGE (Charles), couleurs, 49, r. des Vinaigriers. — f. 14 oct. 65. — s. Lamoureux. — c. 26 janv. 66. — h. 15 fév. 66. — 30 p. 100 en 5 ans.     5255

SAVART (Pierre-Charles), 11, r. de Longchamps. — Sép. corps et biens d'avec dame DEBILLE, 25 août 66. — Bourse, avoué.

SAVARY (Auguste), march. de vins, 168, r. de Paris, à Belleville. — f. 22 juin 1866. — s. Pluzansky. — Union 30 déc. 66.     6312

SAVIGNY (Edmond), négoc., à Hudson-city près New-York. —Sép. corps et biens d'avec d'ame DUBAIL, 15 nov. 1866. — Bouthemard, avoué.

SAVOURÉ ou SAVAOURÉ (dame), née HERPION (Marie-Anne-Joséphine-Julie), 32, r. Dauphine. — f. 23 oct. 66. —s. Sarazin.—Clôt. 30 nov. 66. 6934

SCHABUFFÉLE-OTTERMAYER (dame), 45, r. Jacob. — Interd. 30 août 66. — SCHABUFFÈLE, adm., 45, r. Jacob. — Dechambre, avoué.

SCHALFER (Charles-Frédéric), bottier, 27, r. Godot-de-Mauroy. — f. 30 nov. 1865. — s. Beaugé. — c. 12 fév. 66. — h. 3 mars 66. —20 p. 100 en 4 ans.     5450

SCHECK père et fils, clous dorés, 96, faub. du Temple. — f. 7 sept. 66. — s. Chevallier.     6697

SCHER (Joseph), commiss., 26, r. du Petit-Carreau. — f. 1er juill. 65. — s. Saulton. — c. 30 déc. 65. — h. 23

janv. 66. — 10 p. 100 en 5 ans, dame
SCHER, caution.                    4779

SCHEFFER, négoc., à Aubervilliers,
passage Nicolas-Marie, 21, aux Quatre-Chemins. — f. 23 janv. 66. —
s. Bégis. — Clôt. 31 janv. 66.    5690

SCHMIDT (Frédéric-Christophe), tailleur, 8, r. Halévy. — f. 27 oct. 65. —
s. Bourbon. — c. 5 fév. 66. — h. 26
fév. 66. — 10 p. 100 en 5 ans.    5315

SCHMIDT (Chrétien), fabr. de cadres,
7, r. des Singes. — f. 7 nov. 66. —
s. Quatremère.                    7009

SCHMIT (Georges), porte-monnaie,
152, r. Richard-Lenoir. — f. 10 déc.
66. — s. Heurtey fils.            7155

SCHNEIDER (Jacques), 22, r. de Bagnolet. — Sép. corps et biens d'avec
dame DUVALLET, 2 déc. 65. — Chauveau, av.

SCHOEN (Jean-Georges), produits chimiques, à Puteaux. — f. 28 déc. 63.
— s. Bourbon. — c. 15 nov. 65. —
h. 5 déc. 65. — Ab. d'actif.      2488

SCHONE, négoc., 10, r. Mouton-Duvernet. — f. 13 fév. 66. — s. Gauche.
— Clôt. 27 mars 66.              5781

SCHOUMANN (Bernard), 14, r. Rambuteau. — Sép. de biens d'avec dame
KOPPENHAGEN, 20 déc. 66. — Robineau, av.

SCHRAMECK (Herman), nouveautés,
2, r. d'Aboukir. — f. 26 fév. 66. —
s. Pinet. — c. 5 juill. 66. — h. 26 juillet 66. — 30 p. 100 en 5 ans.    5821

SCHRODER (Auguste), march., 12, rue
Hauteville. — f. 24 nov. 66. — syndic
Beanfour.                         7089

SCHWARTZ (Eugène), nouveautés,
0, r. d'Aboukir. — f. 13 nov. 66. —
s. Copin.                         7032

SCHWEISCH (Jacob), 11, r. Pavée. —
Sépar. de biens d'avec dame MORET,
17 fév. 66. — Coche, av.

SÉBASTIEN (veuve), fleurs, 30, faub.
Saint-Denis. — f. 12 déc. 65. — syndic Dufay. — Clôt. 31 janv. 66.  5519

SEBERT (Narcisse-Anoxie-Augustin),
51, r. Saint-Louis en l'Ile. — Sép. de
biens d'avec dame CHÉRON, 10 juillet 66. — Froc, av.

SÉCARD (Théodore), march. de bois, à
Pantin, 32, r. de Flandres. — f. 13
nov. 66. — s. Gauche.             7035

SÉDILOT (Joseph-Célestin), 2, impasse
Sandrié. — Sép. de biens d'avec dame
PRÉVOST, 26 déc. 65. — Branche, av.

SÉGUIN (veuve), née FRAIRIX (Marie-
Virginie-Augustine). — f. 28 sept. 66.
— s. Sarazin.                     6796

SEGUY (Antoine), marchand de vins,
64, r. d'Angoulême-du-Temple. —
f. 13 oct. 66. — s. Barbot.        6874

SEIGNER (Ange), boulanger, 5, r. Nve-
des-Boulets. — f. 29 déc. 65. — syndic Lefrançois. — c. 9 juin 66. —
homol. 20 juin 66. — 100 p. 100 en
10 ans.                           5600

SEIGNEURGENS frères (Théodule-Fir-
min-Zéphir), march. de vins, 14, rue
Béranger. — f. 5 déc. 65. — s. Quatremère. — c. 17 fév. 66. — h. 5 mars
66. — 10 p. 100 dans 6 mois de l'homologation et 10 p. 100 18 mois après,
date du même jour.               5489

SEILLIER (Emile-Honoré), restaurateur, 11, r. de la Gaîté. — f. 8 nov. 66.
— s. Quatremère.                 7012

SÉJOTTE (François), maçonnerie, à Levallois, 10, r. des Frères Herbert. —
f. 2 mai 66. — s. Sautton. — Clôt.
30 juill. 66.                     6087

SELLE (Alexandre-Louis), march. de
vins, à Billancourt, 125, r. du vieux
pont de Sèvres. — f. 15 mars 66. —
s. Moncharville. — c. 16 juin 66. —
h. 26 juin 66. — 30 p. 100 en 5 ans. 5893

SELLENN (Michel), charron), 26, rue
de Marseille. — f. 14 avril 66. — syndic Bourbon. — c. 8 septembre 66. —
h. 8 oct. 66. — 30 p. 100 en 0 ans.
                                  6026

SELLERET. *Voir* COMPARIO et SELLERET.

SELLIÉ (veuve), née PLASSAN (Marguerite), march. de vins, 18, r. du Cardinet. — f. 9 janv. 66. — s. Beaujon. 5634

SELLIER (Claude-Paul), boulanger, 114, boul. de Lavillette.— f. 11 mai 66.— s. Gauche. — Union 2 déc. 66. 6123

SELLIER, négoc., à Ivry, 14, r. Liégat.— f. 27 juin 65. — s. Pinel. — Clôt. 22 mars 66. 4761

SENÈZE et HAREAU, marchand de meubles, 49, r. de Cléry. — f. 2 févr. 66.— s. Pinel.— c. 5 mai 66.— h. 16 mai 66.—40 p. 100 en 5 ans. 5744

SENNER, charron, 28, r. Poliveau. — f. 28 déc. 66. — s. Battarel. 7252

SENTA (Charles-Louis), 56, boul. de la Chapelle.—Sép. corps et biens d'avec dame DENERIEZ, 27 févr. 66. — Roche, av.

SERENNE (Jean-Marie), march. de vins, 15, r. de Bourgogne et route de Versailles, 87 et 89. — f. 12 juin 66. — s. Trille.— c. 26 nov. 66.— h. 7 déc. 1866. — Ab. d'actif et 20 p. 100 en 5 ans. 6262

SERIEYS (Pierre), march. de vins, 65, r. de la Pépinière.— f. 19 oct. 65. — s. Lefrançois.—c. 19 avril 66.—h. 19 mai 66.—20 p. 100 en 4 ans. 5279

SERMET, négoc., à Neuilly, 36 *bis*, rue de Sablonville. — f. 3 oct. 65.—syndic Heurley. — c. 17 février 66.— h. 6 mars 66.—30 p. 100 en 5 ans. 5203 — Séparation de biens d'avec dame HOUBRON, 15 mars 66.—Dufay, av.

SERRES (Jean-Casimir), march. de vins, 6, r. des Lions-St-Paul, actuellement 5, avenue de Clichy-Batignolles. — f. 5 avril 66.— s. Hécaen. 267

SERTILLANGE, entrepreneur de travaux publics, à Arcueil, 66, Grande-Rue.—f. 2 nov. 66.— s. Meillencourt. 6985

SERVAT (Edmond), passementier, 47, r. d'Aboukir. — f. 14 juin 66. — s. Dufay.— c. 4 oct. 66.—h. 13 oct. 66. — 25 p. 100 en 5 ans. 6272

SERVEAUD (Pierre), tailleur, 3, rue d'Aboukir.—Sép. corps et biens d'avec dame PINAUD, 6 déc. 66. — Devaux, avoué.

SERVOZ (Aug.-Alexandre), feuillages, 65, r. Notre-dame-de-Nazareth. — f. 26 nov. 66. — s. Devin. 7095

SEURIN, march. de vins, à Clichy, 25, route d'Asnières. — f. 16 oct. 66.— s. Bégis. — Clôt. 31 oct. 66. 6893

SICOT (Joseph), 10, imp. Massonnet à Montmartre. — Sép. de biens d'avec dame RIVET, 31 août 66.—Tixier, av.

SIDOBRE (Théodore), march. de charbons, 20, r. Fondary. — f. 29 mars 66.— s. Sautton.—c. 20 déc. 66.—h. 9 janv. 67. —20 p. 100 : 3 p. 100 les 1er janv. 68, 69, 70, 71, 72, et 5 p. 100 le 1er janv. 1873. 5953

SIEGERIST et LUSCHER, commissionnaires, 24, r. de Dunkerque. — f. 24 févr. 66.—s. Lamoureux.—c. 9 juil. 1866.— h. 3 août 66.—20 p. 100 en 5 ans. 5811

SIFFRE fils et Ce, éditeurs, 4, r. du Jardinet.—f. 25 oct. 66.—s. Richard-Grison. 6942

SIFFRE fils (Joseph-Achille), négoc., 4, r. Delambre. — f. 5 déc. 66. — s. Richard-Grison. 7134

SILVESTRE (Julien), bronzes, 74, rue Vieille-du-Temple.—f. 25 juin 66. — s. Lamoureux.—c. 10 nov. 66.—h. 12 déc. 66. — Ab. d'actif et 20 p. 100 en 5 ans. 6319 — Sép. de biens d'avec dame LURIN, 31 juillet 66. — Giry, av.

SILVESTRE (Auguste), négociant, 8, rue Thévenot. — f. 28 nov. 66. — s. Gauche. 7106

SIMARD (Paul-Ambroise-Marie), serrurier, 13, r. de Soly. — f. 30 nov. 65

11

s. Henrionnet. — c. 14 mars 66. — h. 29 mars 66. — 20 p. 100 en 4 ans. 5358

SIMÉON et ROY (Claude), charbonniers, 52, quai de la Gare. — f. 14 oct. 65. — s. Pinet. — Union. 5256

SIMILLION (François-Louis), fabricants de couleurs, 6, r. Charlot. — f. 23 oct. 66. — s. Legriel. 6933

SIMON, plombier, 13, r. de Ponthieu. — f. 15 déc. 65. — s. Moys. — Clôture 30 janv. 66. 5833

SIMON (dame Élisa-Léon), femme de Firmin SIMON, confections, 6, pass. Brady. — faillite 20 mars 66. — s. Lamoureux. — Clôt. 30 avril 66. 5923

SIMON, négoc., 7, r. Richomme. — faillite 7 avril 66. — s. Meilloncourt. 5987

SIMON (Eugène), appareils à gaz, 82, faub. du Temple. — f. 21 juin 66. — s. Moncharville. — c. 8 sept. 66. — h. 2 oct. 66. — 50 p. 100 en 5 ans. 6303

SIMON (Charles Alfred), 123, avenue de Neuilly. — Sép. de biens d'avec dame LEUTHERRAU, 17 mai 66. — Legrand, avoué.

SIMONET (Eugène), commissionnaire en vins, à Neuilly, 4, avenue Sainte-Foy. — f. 13 juillet 66. — s. Normand. — Clôt. 30 juill. 66. 6421

SIMONIN (Jean-François), 43, r. Galande. — Sép. de biens d'avec dame BRUGIERE, 27 oct. 66. — Delessard, avoué.

SIOT (Alexandre-Jean-Claude). — Voir : MILLARD, SIOT et Ce.

SIRAND (Jean-Émile), 106, r. Neuve-des-Mathurins. — Cons. jud. 14 avril 66. — GAUTIER, 11, r. d'Argenteuil. — Péronne, av.

SIRVEN (Pierre-Jean), à St-Denis, rue de l'Ave-Maria. — Sép. de biens d'avec dame THONN, 12 juillet 66. — Berthot, av.

SLATER (John), commissionn., 20, rue de la Banque. — f. 3 sept. 66. — Syndic Moncharville. 6073

SMITH (Dlle Jenny), hôtel, 23, r. de la Michodière. — f. 15 nov. 65. — Syndic Moncharville. — c. 11 janv. 66. 5378

SOEUR (Joseph), fab. crinolines, 40, rue Croix-des-Petits-Champs. — f. 7 août 66. — s. Sarazin. — c. 29 oct. 66. — h. 12 nov. 66. — 30 p. 100 en 6 ans. 6568

SOLAIRE (Augustin), maçon à Levallois. — f. 7 juin 64. — s. Hécaen. — Union 29 août 66. 3113

SOLEIL, 4, boul. des Italiens. — Sép. corps et biens d'avec dame DAUSSIER 13 fév. 66. — Petit, avoué.

SOLIN (Jean-Marie), 32, r. de Constantine, à Plaisance. — Sép. corps et biens d'avec dame PIERRARD, 27 déc. 66. — Fitremann, av.

SOMEN (Gabriel). Voir DURET et SOMEN.

SON jeune (Joseph), fab. de jarretières, 78, r. Quincampoix. — f. 22 nov. 66. — s. Legriel. 7073

SONNET (Eugène-Charles), entrepreneur, 80, boul. de la Villette. — f. 20 nov. 66. — s. Pinet. 7068

SOREPH (Esther), femme de Daniel SOREPH, brocanteur, 12, r. Rochechouart. — f. 13 janv. 66. — s. Meilloncourt. — Union 4 mai 66. 5650

SORET (Joseph-Alexandre), 4, villa St-Pierre. — Sép. corps et biens d'avec dame JOLY, 17 mai 66. — Maza, av.

SORIEUL (A.) et Ce, lingerie, 236, rue de Rivoli. — f. 27 déc. 66. — s. Trille. 7239

SORLOT (Nicolas), comestibles, 18, rue Montmartre. — f. 22 oct. 66. — synd. Gauche. 6927

SORNET (dame), née Moussard (Héloïse), modes, 23, pass. Véro-Dodat.
— f. 11 oct. 66. — s. Saulton.   6862

SOUDET (Ulysse), maçonnerie, 82, r.
de Flandre, à la Villette. — faillite
18 oct. 66. — s. Pinet.   6903
—Sép. de biens d'avec dame MEUNIER,
4 déc. 66. — Lévesque, avoué.

SOUDIEUX fils (Denis-Hippolyte),
maçon, 30, r. des Boulets. — f. 31
oct. 65. — s. Devin, — Union.   5320

SOUFFLET (Jules), lingerie, 13, r. du
Sentier. — f. 6 janv. 66. — s, Moncharville.   5627

SOULIARD, limonadier, 10, chaussée
des Martyrs.—f. 11 janv. 66.—synd.
Quatremère.—Clôt. 30 avril 66.   5641

SOUPÉ (Jules-Eugène), 4, r. de l'Aiguillerie. — Sép. corps et biens d'a-
vec dame DELARUE, 17 nov, 66. —
Vivet, avoué,

SOUPIRON (Ernest), taillandier, 60,
r. des Marais-St-Martin. — f. 18 juin
66. — s. Malle,   6278

SOUPIRON frères, taillanderie, en li-
quidation, 60, rue des Marais-Saint-
Martin. — f. 29 juin 66. — syndic
Malle.   6318

SOURIAU (Jules), march. de vins, 46,
route de Versailles. — f. 20 sept. 65.
— s. Quatremère.—Union 6 juill. 66.
  5182

SOUVERAIN (Auguste-Denis), bijoutier en faux, 75, r, St-Maur-Popin-
court. — f. 5 oct. 66. — s. Barboux.
— Clôt. 31 oct. 66.   6839

SPINNER (Dlle Marguerite), lingère,
12, r. Papillon. — f. 10 fév. 66. —
s. Devin. — c. 8 mai 66. — h. 23 mai
1866. — 15 p. 100 en 3 ans.   5775

SRIBERT, curiosités, 22 bis, r. Laffitte.
— f. 4 sept. 66. — s. Saulton.   6683

STAÏGER, 31, quai de la Grève. — Sé-

paration corps et biens d'avec dame
BERGMANN, 27 déc. 66. — Fitremann, avoué.

STAL (François-Napoléon), entrepreneur, 34, r. Neuve-des-Boulets. —
f. 16 juin 66. — s. Trille.   6281

STATHAM, porcelaines, 7, r. des Petits-
Hôtels. — f. 24 sept. 66. — s. Lefrançois.   6778

STEELMANS, négoc., à Clichy. — faillite 4 nov. 65. — s. Malle. — Union,
  534

STEGER (Geoffroy), meubles, à Aubervilliers, 43, route de Flandres. —
f. 8 mars 66. — s. Knéringer. —
Clôt. 27 mars 66.   5856

STEIN (Pierre), 1, Petite-Rue-Saint-
Denis. — Sép. corps et biens d'avec
dame HARDIS, 9 mai 66. — Foussier,
avoué.

STENGER (Jacob), 26, r. Royale, à la
Villette. — Sép. corps et biens d'avec
dame HANNEZO, 11 déc. 66. — Pottier, av.

STEPHAN et AYALA, négoc., 33, r. des
Petites-Écuries. — f. 27 août 64. —
s. Bégis. — Union 4 sept. 66.   3430

STERQUB (Charles), dit Gobin, 105,
rue de Grenelle-Saint-Germain. —
Séparation de biens d'avec dame
GROSBOIS, 6 mars 66. — Laubanie,
avoué.

STIFFLER (Christophe), limonadier,
37, boul. des Capucines. — faillite
12 sept. 65.—s. Barbot,—c. 7 déc. 65.
— h. 2 janv. 66. — Ab. d'actif.   5114

STINVILLE (Adolphe-Auguste), passementier, 168, r. Saint-Denis. — faillite 19 janvier 66. — s. Barbot.   5075

STRAUSACK, garnis, 4, place de la
Concorde.— f. 31 juill. 66. — syndic
Legriel.   6831

STRAUSS (Daniel), fabr. de casquettes,
10, r. de Braque. — f. 2 juin 65. —
s. Chevallier. — c. 31 août 65. —

h. 12 sept. 63. — 20 p. 100 en 5 ans. — Jugement résol. du concordat, 11 déc. 66.      1761

STÜVE (Jean-Frédéric), 5, r. de Duras. — Séparation de biens d'avec dame CAROLLE, 16 janv. 66. — Levaux, avoué.

SUGNIAUX (Jules), march. do bois, 20, r. Royale, à la Villette. — faillite 25 sept. 66. — s. Sommaire.     6782

SURET (Jean-Edouard), brocanteur, 45, r. des Tournelles.— f. 10 juil. 66. — s. Lamoureux. — c. 13 nov. 66. —

h. 7 déc. 66. — 50 p. 100 en 5 ans.      6301

SURREL (DE) (Charles), march. de vins, 9, r. du Petit-Bercy. — f. 5 sept. 66. — s. Gauche. — Clôture 29 sept. 66.      6689

SUZANNE et Cᵉ, confections, 20, rue Caumartin. — f. 10 juill. 66. — syndic Gauche. — c. 19 octobre 66. — h. 14 nov. 66.—25 p. 100 en 5 ans. 6392

SUZANNE (Pierre-Joseph-Alexandre), 3, r. Pagevin. — Sép. corps et biens d'avec dame BROCARD, 24 mars 66. — Maugin, av.

# T

TABARY, fruitier, 1, r. Neuve-du-Bon-Puits, à la Chapelle. — f. 9 août 66.— s. Bourbon.—Clôt. 31 août 66.   6501

TACQUARD (Victor-Joseph), 9, r. de Vincennes, à Bagnolet. — Sép. corps et biens d'avec dame JOLIVET, 13 janv. 66. — Cesselin, av.

TAFFARY (François), march. de vins, 45, boul. Puébla. — f. 27 déc. 66. — s. Meys.      7210

TAICLET (Jean-Baptiste-Florient), 70, rue Sainte-Marthe, à Clichy-la-Garenne. — Sép. corps et biens d'avec dame FEURSTEIN, 12 déc. 65. — Desgranges, av.

TAILLADE, march. de bois, 122, boul. Belleville.—f. 8 mai 66.—s. Meillencourt.—c. 24 oct. 66.—h. 15 nov. 66. 15 p. 100 dans le mois de l'homolog.      6114

TAILLEPIED (Pierre-François), blanchisseur. 11, r. de la Muette. — f. 9 nov. 65.— s. Sommaire. — c. 14 fév. 66. — h. 13 mars 66. — Le tout en 5 ans.      5368

TAILLEUR (Pierre), pianiste, à Montrouge, 8, r. Brézin.— f. 22 déc. 65.— s. Beaugé. — Clôt. 31 mai 66.   5561

TAISNE (Hippolyte-Hospie), brossier, 9, r. Oberkampf.—Sép. corps et biens d'avec dame PARIS, 22 nov. 66. — Lemaire, av.

TALLON (Louis-Auguste), négociant, 47, r. Lafayette.—Sép. corps et biens d'avec dame SÉNICOURT, 24 août 66. — L. Dupont, av.

TALON (François-Narcisse), 31, r. de Boulogne. — Interd. 17 nov. 66. — Branche, av.

TANQUERAY (veuve), née BRANDIN (Louise-Joséphine), 128, r. des Carrières, à Charenton. — Interd. — Postel, av.

TAPIE et GIRARD (Auguste), commissionnaires, 67, faub. St-Denis. — f. 8 sept. 65.—s. Copin.—c. 27 janv. 66. —h. 16 fév. 66.—Ab. d'actif.—Union 4 avril 66.      5094

TARBOURIECH (Honoré), menuisier, 24, r. du Regard. — f. 6 déc. 66. — s. Beaugé.      7136

TARLET (Noël-Joseph), bijoutier, 42, r. Chapon. — f. 27 juillet 66. — s. Gauche.—Clôt. 27 sept. 66. 6512

TASCHER vicomte DE (Charles-Eugène), 5, r. Blanche.—Cons. jud. 27 déc. 60. — DARESTE, avocat, 9, quai Malaquais. — Denormandie, av.

TAUPIN (Eugène-Pamphile), 52, rue d'Enfer.—Sép. de biens d'avec dame CHAUSSON, 31 oct. 66. — Popelin, avoué.

TENNIÈRE (Alphonse), nouveautés, 43, chaussée Ménilmontant. — f. 6 janv. 66.—s. Chevallier.—c. 12 mai 66. — h. 21 mai 66. — 40 p. 100 en 2 ans, par 2/4e. 5035

TEPPAZ (Claude), charbonnier, 37, rue Letellier, à Grenelle.—f. 13 juill. 65. —s. Lamoureux.—c. 6 oct. 65.—h. 4 nov. 65.—10 p. 100 dans 6 mois, 10 p. 100 dans 1 an et 10 p. 100 dans 2, 3 et 4 ans du concordat. 4840

TERRAL dame, née BERTRAND (Pauline), modes, 58, r. Laffitte.—f. 26 juill. 66. — s. Barbot. 6493

TERRE (Edme-Louis), chaussures, 7, rue Beaurepaire. — f. 3 oct. 66. — s. Meys. 6810

TERREAUX (Pierre-Vincent), 6, r. St-Antoine.—Sép. corps et biens d'avec dame MARC, 20 déc. 66. — Lortat Jacob, av.

TERRILLON et Dme, tailleurs, 42 bis, avenue de Clichy. — f. 7 sept. 66. — s. Crampel.—Clôt. 17 oct. 66. 6703

TESSIET (Louis-François), 260, r. St-Denis. — Sép. corps et biens d'avec dame GUINET, 16 déc. 65.—Rougeot, avoué.

TESTARD, personnellement march. de vins, 27, av. de Breteuil.—f. 28 nov. 65. — s. Bourbon. — c. 17 mars 66. — h. 5 avril 1866. — 25 p. 100 en 5 ans. 5451

TESTARD (Marie-Charles-Auguste), soldat au 69e de ligne. — Cons. jud., 20 janv. 66. — Charles NOEL, ingénieur, à St-Nazaire (Loire-Inf.). — Benoist, av.

TÉVENANT (Louis-Victor), 18, r. d'Allemagne.—Sép. de biens d'avec dame SANSADE, 17 mars 66.— Herbet, av.

TEXIER (Émile-Louis), décédé, marchand de nouveautés, 1, r. du Château, Montmartre.— f. 15 sept. 62.— s. Heurtey. — c. 30 déc. 64. — Résol. de concordat 28 avril 66. 2800

TEXIER (Auguste), 13, impasse de la Forge. — Sép. corps et biens d'avec dame CASTILLE, 11 janv. 66. — Laden, av.

TEXIER, march. de vins, 58, rue des Tournelles.—f. 13 nov. 66.—s. Normand. — Clôt. 30 nov. 66. 7037

THIÉBAUD (Martin-Alphonse), peinture, à Boulogne-sur-Seine, 9, place de la Reine. — f. 27 fév. 66.— s. Meys. — c. 22 mai 66. — Homolog. 4 juin 66. — 50 p. 100 en 5 ans. 5830

THÉLIDON (Louis-Michel), 7, r. Saint-Denis. — Sép. de biens d'avec dame LACOLOMBE, 28 août 66.—Lévesque, avoué.

THÉRIN, vinaigres, 46, r. d'Aubervilliers. — f. 21 déc. 66. — s. Lamoureux. 7220

THEURÉ, négoc., 17, faub. St-Jacques, — f. 6 fév. 66. — s. Beaugé. — c. 16 juin 66. — h. 29 juin 66.—Ab. d'actif et 10 p. 100 en 5 ans. 5761

THEURIET, march. de vins, 17, av. de Wagram. — f. 2 fév. 66. — s. Beaufour. 5739

THÉVENARD (Désiré). — Sép. corps et biens d'avec dame LACROIX, 17 mars 66. — E. Dubois, av.

THEVENIN, 6, r. St-Nicolas-du-Chardonneret. — Séparat. de biens d'avec dame CHAUPIED, 23 janvier 66. — — Thiébault, av.

THEVENON (Alphonse), maçonnerie, 38, boul. de Vaugirard.—f. 16 octobre 66. — s. Lamoureux. 6885

THIBAULT (Auguste-Alfred), grainetier, 81, r. Château-des-Rentiers. —
f. 29 oct. 66. — s. Crampel.    6964

THIBAULT frères (Jean-Nicolas), limonadiers, 62, boul. de Batignolles.
— f. 24 fév. 64. — s. Bégis. — Conc.
27 mai 64. — Jugement annulant le
conc. — 3 août 66. Union 11 déc. 66.
    3703

THIBAUT (Edmond), 13, rue St-Pierre
(Montmartre). — Séparat. de biens
d'avec dame FÉBURIER, 24 juill. 66.
— Boucher, av.

THIBOURT (Oscar-Amédée-Edmond),
61, faub. Montmartre.—Sép. de biens
d'avec dame MARTEL, 29 mai 66. —
Bujon, av.

THIÉBART et BOSSUS, verreries, 83,
r. de la Verrerie. — f. 9 juin 66. —
s. Devin. — c. 25 oct. 66. — homol.
7 nov. 66. — 20 p. 100 en 6 ans, par
douzièmes.    6250

THIÉBLEMONT (Henri-Joseph), quin-
cailleries, 275, r. Saint-Denis.— faillite 12 juin 66. — s. Crampel. —
Union 26 oct. 66.    6263

THIEL frères, négoc., 46, r. de la Victoire. — f. 8 août 65. — s. Crampel.
— Clôt. 31 août 66.    4989

THIERRY, layetier, 49, faub. St-Martin.
— f. 23 nov. 66. — s. Sarazin. —
Clôt. 29 déc. 66.    7081

THIERRY, march. de vins, 14, r. des
Cannettes. — f. 15 mars 66. — syndic Malle. — c. 10 sept. 66. — hom.
25 sept. 66. — Ab. d'actif et 20 p. 100
en 4 ans.    5902

THIÉVRE (Louis), épicier, 219, faub.
Saint-Antoine. — f. 1er juin 66. —
s. Knéringer.—Clôt. 27 sept. 66. 6220

THOMAS fils (Augustin-Narcisse), négociant, 346, r. St-Honoré. — faillite
13 mai 63. — s. Battarel. — c. 10 janvier 66. — h. 24 janv. 66. — 12 p. 100
payables 4 p. 100 le 1er juill. 67; 2
p. 100 les 1er juillet 68, 69, 70, 71,
et 3 p. 100 le 1er juillet 72.    1637

THOMAS (dame), épicière, à Noisy-le-
Sec. — f. 12 juill. 66. — s. Barboux.
— Clôt. 7 sept. 66.    6412

THOMAS (Emile-Edouard), épicier, à
Plaisance, 45, r. du Chemin-de-Fer.
— f. 24 déc. 66. — s. Normand. 7223

THOMAS (François), 145, r. St-Jacques. — Sépar. corps et biens d'avec
dame LEGROS, 22 mars 66. — Chauveau, av.

THOMAS (J.-Bapt.-Modeste-Bienaimé),
sans domicile connu. — Sép. corps
et biens d'avec dame VERNIOLLE,
2 déc. 65. — Laubanie, av.

THOMASSIN (Jean-Pierre), chaussures,
6, faub. St-Denis. — f. 6 juin 66. —
s. Battarel. — c. 5 oct. 66. — homol.
20 oct. 66.—25 p. 100 en 5 ans. 6238

THOMASSON (Pierre-Henri), marchand
de vins, 20, rue de La Bruyère. —
f. 12 déc. 66. — s. Hécaen. — Clôture
29 déc. 66.    7165

THOMÉ, hôtel garni, 100, boulevard de
Clichy. — f. 22 déc. 66. — s. Devin.
   7227

THOREAU (Félix-François-Pierre), dit
LEVARÉ, loueur de voitures, 29, r. de
Grenelle, à Clichy. — f. 3 avril 66.
— s. Gauche. — Union 16 sept. 66.
   5963

THOROT (Nicolas), 230, r. Mouffetard.
— Sép. corps et biens d'avec dame
RAQUILLER, 10 mars 66. —Deles-
sard, av.

THOUMELET (Alfred), négoc., 11, rue
Saint-Lazare. — f. 10 février 66. —
s. Bourbon.—Union 10 déc. 66. 5778

THUANE (Eugène), 53, boul. du Prince-
Eugène. — Séparat. de biens d'avec
dame BOUTTE, 16 juin 66. — De Benazé, av.

TIBLE, négoc., 99, r. de Bellefeuille. —
f. 80 mai 65. — s. Beaugé. — Union.
   4639

LIÉPON (Ivackin-Eugène), à Sceaux, r. Florian.— Sép. corps et biens d'avec dame MAILLARD, 19 avril 66. — avoué.

TIERS (Jean-Adolphe), 3, r. de Nantes. — Sép. de biens d'avec dame RIOM, 11 août 66. — Guibet, av.

TIMON (Victor), 101, r. Oberkampf. — Séparat. corps et biens d'avec dame LEKAIN, 13 nov. 66. — Bouthemard, avoué.

TIRANT (Joseph-Eugène), tailleur, 59, r. des Petites-Écuries. — f. 13 mars 1866. — s. Knéringer. 5882

TISSOT (Adolphe), peintre, 5, r. Feydeau.— f. 31 mai 63. — s. Barbot. — Union. 1006

TISSOT (Sylvain-Gabriel), 35, r. Croix-Nivert. — Sép. corps et biens d'avec dame LEFEBVRE, 28 juill. 66. — Brémard, avoué.

TONDU (Louis), march. de vins, à Courbevoie, 15, rampe du pont.—f. 26 janv. 66. — synd. Barboux. — Union 25 avril 66. 5709

TONNELÉ (Martin), charpentier, 22, r. Robert. — f. 29 nov. 66. — s. Bourbon. 7109

TORRILHON (Camille), cols, 27, r. du Mail. — f. 27 mars 66. — s. Moncharville. — c. 4 juill. 66. — homol. 30 juill. 66.—20 p. 100 en 4 ans. 5915

TORTUEL (Alexandre), draperie, 10, r. du Sentier. — Voir PHILIPPE et TORTUEL.

TOUBON (Philippe). — Voir LÉCRIVAIN et TOUBON.

TOULET (Théophile), blanchis. et grav., 251, r. St-Jacques. — f. 20 oct. 66. — s Hécaen. — Clôt. 27 nov. 66. 6921

TOULOT (Dlle), limonadière, 76, boul. de Strasbourg. — f. 4 sept. 66. — s. Knéringer. —Clôt. 23 oct. 66. 6684

TOURATIER, pavage, 47, r. du Chevaleret. — f. 5 janv. 66. — s. Barboux. — Clôt. 31 janv. 66. 5622

TOURAUD (Jean), 29, r. St-Ferdinand. —Séparation de biens d'avec dame CHAMBARD, 1er fév. 66.—Chauveau, avoué.

TOURBIER ( Honoré-Ferdinand ), à Neuilly, 63, r. de Villiers. — Sépar. corps et biens d'avec dame PAPIN, 18 déc. 66. — Loriat-Jacob, av.

TOURDIAS (Jean-Marie), scieur de long, 73, r. de la Tombe-Issoire. - Sép. corps et biens d'avec dame VIGERIE, 3 juill. 66.—Lévesque, av.

TOURLY (Toussaint), bijoux, 60, rue Notre-Dame-de-Nazareth. — f. 28 déc. 66. — s. Heurtey. 7211

TOURNERIE (Nicolas-Augustin), 30 et 32, r. du Terrier-aux-Lapins. —Sép. de biens d'avec dame VILLABELLA, 19 juill. 66. — Beaumelon, avoué.

TOURNIER (Henry-Alexis-Omer), éditeur, 25, r. Notre-Dame-des-Victoires. — f. 30 août 66. — s. Quatremère. 6665
—Sép. de biens d'avec dame PAQUIN, 11 août 66. — Corpel, avoué.

TOUSSAINT (Marie-Jacques), 19, r. de Ponthieu. — Interd. 24 mars 66. — Branche, avoué.

TOUSSEAU et BRALLEY (Pierre-Louis), bouchonnier, 78, r. Montmartre. — f. 27 juin 65.—s. Lefrançois.—Union. 4757

TOUZARD (Léon-Félix), march. de vins, 36, boul. Latour-Maubourg. — f. 21 sept. 66.—s. Heurtey fils. 6766

TRAMAUX (Jean-Baptiste-Eugène), 4, quai St-Paul. — f. 27 oct. 66. — s. Normand. 6958

TRARBACH (Jean-Baptiste), limonadier, 11, imp. Lafayette. — f. 5 oct. 66. — s. Legriel. 5840

TRAULLÉ (Jules), passementier, 31, rue Riquet.—f. 30 oct. 66.—s. Hécaen.—Clôt. 31 déc. 66. —     6965

TRAVERSIER (Adolphe-Joseph), confections, 31, r. des Jeûneurs. — f. 21 sept. 65.— s. Devin. — Union 5 janv. 66.     5151

TRÉCOURT (Jean-Honoré), 11, r. Neuve-Saint-Jacques. — Sép. corps et biens d'avec dame LECLANCHER, 24 avril 66. — Boulogne, av.

TREMPON (Pierre), ferblantier, 26, rue de Paris, à Charonne.—Sép. corps et biens d'avec dame ROUSSEAU, 11 août 66. — Boudin, av.

TRIBOULET (Maurice), épic. et menuis., 74, r. Traversière-St-Antoine.—f. 30 juin 66.—s. Malle.— c. 5 déc. 66.—h. 26 déc. 66.—35 p. 100 en 7 ans. 6351

TRICHARD (Jacques-Antoine-Marie), 13, r. Royale-St-Antoine. — Sép. de biens d'avec dame MICHAUD, 20 janv. 66.—De Brotonne, av.

TRISSON (Joseph), 12, r. de la Chapelle-St-Denis.—Sép. corps et biens d'avec dame GEORGES, 18 août 66. — Denormandie, av.

TRISTAN (Aimé-Arsène), porcelaines, 10 bis, boul. Bonne-Nouvelle. — f. 28 sept. 66.—s. Lamoureux.    6797

TRISTAN (Émile-Pierre), lingerie, 43, r. de Calais, à Belleville.—f. 12 déc. 66.—s. Gauche.    7106

TRONCHAUD (Jacques), 106, rue de l'Ouest.—Sép. de biens d'avec dame RILLER, 23 janv. 66.—Quillet, av.

TRONCIN (Marie-Ernest), 14, rue St-Georges.—Sép. de biens d'avec dame MARION DU MERSAN, 26 juillet 66. — Boinod, av.

TROTREAU (Léon), chapelier, 33, rue des Blancs-Manteaux. — Sépar. de biens d'avec dame MORY, 28 août 66. — Mouillefarine, av. — f. 31 oct. 66. — s. Lamoureux.    6978

TROUET (Claude-Jacques), journalier, à Crévecœur (Seine).—Sép. corps et biens d'avec dame THIERRY, 29 nov. 66. — Lacroix, av.

TUFFIER (Joseph), négoc., 59, r. Neuve-Saint-Augustin. — f. 28 déc. 66.— s. Beaujeu.    7285

TULLY (Pierre DE), 9, r. Duperré. — Sép. corps et biens d'avec dame SHOY-GEOFFROY, 10 mai 66. — Langeron, av.

TURGOT (Jacques-Georges-Louis), marquis, propriétaire, 58, r. St-Nicolas-d'Antin. — Cons. jud. 3 nov. 66.—DURAND, 64, faub. St-Honoré.—Desgranges, av.

TUTIN (Pierre-Joseph), marchand de bois, 28, boul. de La Villette.—f. 1er mai 65.— s. Pluzanski. — c. 13 mars 66.— h. 24 mars 66. — 5 p. 100 dans 3 mois de l'homolog. et 20 p. 100 en 4 ans.    4789

# U

ULLMANN (Jacques), mercerie, 70, r. Lafayette. — f. 17 mars 66. — s. Bourbon.    5907

URION (J.-Claude), 170, gr. r. Vaugirard. — Sép. corps et biens d'avec dame JARROT, 12 avr. 66.—Lorlat Jacob, av.

# V

VABRET (Gustave), épicier, 80, r. du Cherche-Midi. — f. 1ᵉʳ juin 66. — s. Malle.                                6218

VAHART, sans domicile connu. — Séparation corps et biens d'avec dame MARIE, 7 juin 66. — Gignoux, av.

VAILLANT (J.-Gustave), épic. et fruit., 5, r. Buzelin.—f. 5 déc. 66.—s. Chevallier.                              7132

VAILLANT (dame), restaurant, 28, rue de Douai. — f. 29 déc. 65.— s. Pinet. — c. 25 mai 66. — h. 23 juin 66. — 25 p. 100 en 5 ans.                  5601

VALADE (Dⁿᵉ Cécile), mercerie, 93, faub. Saint-Martin.— f. 31 juill. 66. — s. Beaufour. — Union 15 déc. 66.                                          6532

VALENCE, négoc., à Montreuil-sous-Bois, 310, Grande-Rue de Paris. — f. 3 juill. 66. — s. Gauche.        6364

VALENTIN, décédé, négoc., 42, r. des Cendriers. — f. 26 avril 65. — syndic Lamoureux. — Union 12 janv. 66.                                          4744

VALENTIN (Jean-Prosper), tailleur, 72, r. Saint-Antoine. — f. 7 déc. 65. — s. Beaugé. — Clôt. 29 janvier 66.                                          5500

VALENTIN (demoiselle Aline), à Noisy-le-Sec, 5, r. Gauthereau. — Interd. 17 mars 66.—VALENTIN père, admin. — Guédon, av.

VALENTIN, 75, av. Montaigne. — Conseil jud. 9 avril 66. — RATTIER, 56, r. Bayon. — l'avie, av.

VALIÈRE (Alphonse), soieries, 152, rue Montmartre. — f. 3 mars 66. — syndic Sommaire.                              5847

VALIN (Louis-Aimable), 20, avenue de Clichy. — Sép. de biens d'avec dame VIALLON, 25 août 66. — Mouillefarine, av.

VALLADE (Pierre), épicier, 15, quai Napoléon. — f. 2 nov. 66. — s. Barboux.                                      6982

VALLÉE, fondeur. Voir COUILLARD.

VALLET (Casimir-Désiré), tôles, 25, r. Neuve-Lappe. — f. 15 déc. 66. — s. Pinet.                                7188

VALLIENNE (Arsène-Désiré), 9, r. de Paris. — Sép. de biens d'avec dame MALASSAGNE, 3 avril 66. — Arch. Guyot, av.

VALLIER, peintures, 58, r. Ste-Anne. — f. 27 mars 66. — s. Legriel. — Clôt. 31 août 66.                      5948

VALLIER, négoc., 90, r. de Montreuil. f. 22 mai 66. — s. Beaujeu. — Clôt. 25 juin 66.                          6168

VALLOIS (Alfred-Pierre), fabricant de jupons, 27, faub. Montmartre. — f. 24 mars 66. — s. Barbot. — Clôt. 20 avril 66.                              2981

VALROFF (Jean-Jacques), au Plessis-Bouchard (Seine-et-Oise). — Sép. corps et biens d'avec dame HELIE, 2 déc. 66. — Delessard, av.

VANDENBROUCKE (Edouard), tôlier, 14, r. de Strasbourg. — f. 9 juin 66. — s. Bourbon. — c. 13 sept. 66. — h. 8 oct. 66. — 50 p. 100 en 5 ans.                                        6241

VAN-DEN-BRULE (Auguste), 6, r. Lavoisier. — Sép. de biens d'avec dame VARINOT, 6 mars 66. — Perard, av.

VANDERVEENE aîné et C°, négociants, 99, boul. Sébastopol. — f. 18 août 65. — s. Trillo.— c. 17 mars 66.—Union, 12 avril 66.          5001

VANESSE (Alphonse-Joseph), march. de vins, à Bois-Colombes. — faillite 15 mai 65. — s. Richard-Grison. — c. 27 déc. 65. — h. 12 janv. 66. — Ab. d'actif et 5 p. 100 en 3 ans.     4521

VANEUILLE, fab. de blondes, 146, rue St-Maur.— f. 26 juin 66.—s. Meys.— Clôt. 30 juill. 66.          6333

VANEUILLE et C°, fab. de blondes, 146, r. St-Maur. — f. 9 fév. 66. — syndic Sarazin. — c. 28 août 66. — h. 13 sept. 66. — 20 p. 100 en 5 ans.          5769

VAN-LOYEN, tailleur, 276, r. Saint-Honoré. — f. 4 sept. 66. — s. Bégis. — Clôt. 17 oct. 66.          6685

VANMARCK, objets tournés, 41, rue Moreau. — f. 13 juill. 66. — syndic Barbot. — Clôt. 30 juill. 66.     6422

VANNEQUÉ (René-Joseph), 159, rue Montmartre. — Sép. de biens d'avec dame BERGERON, 20 nov. 66. — De Benazé, av.

VANNIER (Félix-Edouard), 65, rue de Courcelles. — Sép. de biens d'avec dame WURTZ, 23 janv. 66.—Quillet, avoué.

VAPPEREAU (Jules-Auguste), 14, rue du Four-Saint-Germain. — Sépara-ration corps et biens d'avec dame SCHMERBER, 7 juill. 66. — Warnet, avoué.

VARIN (Pierre), traiteur, 2 ter, r. du Four-St-Germain. — f. 14 déc. 66. — s. Copin.          7178

VARIN (Pierre-Isidore), 17, r. Dou-deauville. — Séparat. corps et biens d'avec dame NOEL, 7 déc. 65. — Fiat, av.

VARLET (Jean-François), nourrisseur,

à Clamart. — f. 23 juinF 66.— syndic Barboux. — c. 29 sept. 66. — Juge-ment annulant le conc. 20 oct. 66.          6320

VASSEUR (Auguste), comestibles, 101, avenue de Clichy. — f. 14 mars 66 — s. Normand. — c. 24 août 66. — h. 7 sept. 66. — 25 p. 100 en 5 ans.          5888

VASSEUR, négoc., à la Voie-d'Ar-cueil. — f. 30 nov. 66. — s. Meys.— Clôt. 29 déc. 66.          7116

VASSEUR (Vincent-Dominique), 15, r. Châtelain. — Séparation de biens d'avec dameDEGLARGB, 15 mars 66. — Langeron, av.

VASSEUR-TILLOY, négoc., 114, boule-vart du Prince-Eugène. — f. 1er juin 66.—s. Barboux.—Union 29 déc. 66.          6221

VAST (Henri-Hyacinthe), 13, rue des Montagnes (Ternes). — Sép. corps et biens d'avec dame CRETON, 11 no-vembre 65. — Huet, av.

VATEL (Louis-Eugène-Céran), 40, rue de Luxembourg. — Cons. jud. 24 avril 66. — Solver, 4, r. Neuve-des-Capucines. — Martin du Gard, av.

VATHIER. — Voir VILLETTE.

VAUCANU (Dme) née Gicoux (Rose-Eugénie), épicière, 45, rue de la Goutte-d'Or.— f. 20 août 66.—synd. Beaugé. — c. 19 nov. 66. — h. 7 dé-cembre 66. — Ab. d'actif et 10 p. 100 en 4 ans.          6658

VAUDET (François), serrurier, 18, rue de Commines. — f. 9 mars 66. — s. Lefrançois.          5872

VAUQUELIN (Dame), née Herbet (Hor-tense), passementière, 12, r. du Petit-Thouars. — f. 22 août 66.—s. Barbot.          6636

VAUTIER, négoc., 16, r. Henri-Che-vreau. — f. 4 nov. 65. — s. Bégis. — Union 5 juill. 66.          5348

VAUTIER (Jean-Baptiste-Marie), entrepreneur de couvertures, 83, r. de Bagnolet. — Sép. corps et biens d'avec dame LEBRUN, 3 mai 66. — Robineau, av.

VAUVERT (Pierre-Marie), hôtel, aven. de Neuilly, à Neuilly. — f. 6 avril 66. — s. Beaugé. — Union 22 août 66.    5977

VAUVILLIÉ et LEBRUN, carriers, boulevard Contrescarpe-Saint-Antoine, et à Crouy-sous-Bois (Aisne). — f. 22 nov. 66. — s. Beaufour.    7074

VAVASSEUR (Auguste-Joseph), 6, place St-Germain-des-Prés. — Sép. corps et biens d'avec dame MARTIN, 17 août 66. — Sibire, av.

VAYER (veuve), née VERONE (Marie), chaussures, 359, r. St-Martin. — faillite 8 mai 66. — s. Gauche. — concordat 4 août 66. — h. 21 août 66. — 70 p. 100 payables en 6 ans, 10 p. 100 la 1re année et 12 p. 100 les 5 suivantes.    6113

VAYEUR (Pierre-Marie), s. dom. con. — Sép. corps et biens d'avec dame MARIEL, 25 avril 66. — Dufey, av.

VENDIC (Henri), briques, 20, boulevard St-Jacques. — f. 14 juill. 66. — s. Quatremère.    6124

VENDREDY (François-Louis), 134, rue de la Pompe. — f. 7 déc. 65. — Syndic Crampel. — Union 27 avril 66.    5501

VENOU (Jean-Émile), 7, r. Lagouaht. — Séparat. corps et biens d'avec dame MILLEVOYE, 13 juill. 66. — Estienne, avoué.

VERBEL (Joseph-Auguste-Adolphe), 34, r. des Dames, à Batignolles. — Sép. corps et biens d'av. dame MEUNIER, 29 décembre 66. — Labbé, av.

VERDERY (Michel), crémier, 13, rue Neuve-Ste-Catherine. — f. 20 juin 66. — s. Lamoureux. — Union 24 oct. 66.    6327

VERDIER (Jean-Baptiste), 116, r. de la Pépinière. — Sép. de biens d'avec

dame GUIGNARD, 5 juin 66. — Lortat-Jacob, avoué.

VERDIN et GAUTHIER, commissionnaires, 59, r. des Petites-Écuries. — f. 1er oct. 66. — s. Meillencourt.    6810

VERDON DE LA MORLIÈRE (Hyacinthe-Émile), banquier, 6, r. Chabannais. — f. 7 juill. 66. — s. Saulton.    6380 — Sép. de biens d'avec dame LAVIGNE, 28 août 66. — Lortat-Jacob, avoué.

VERDUN (Jean-Louis-Jules). — Sépar. corps et biens d'avec dame DAITREZ, 28 avril 1866. — De Brotonne, avoué.

VERNANCHET (Louis), march. de vins, 13, r. Gabrielle. — f. 2 fév. 66. — s. Hécaon.    5745 — Sép. de biens d'avec dame HAUT, 24 juill. 66. — Guibert, avoué.

VERNILLET (Jean-Baptiste), 8, pass. des Deux-Sœurs. — Sép. corps et biens d'avec dame LEBAS, 17 nov. 66. — Gouget, avoué.

VÉRON (Émile), 3, r. Delambre. — Séparation de biens d'avec dame BARRAL, 2 juin 66. — Guédon, av.

VÉROT (Claude), peinture, 65, rue Neuve-des-Mathurins. — f. 20 oct. 66. — s. Gauche.    6922

VERRAY (Jules), 12, r. Richard-Lenoir. — Séparation corps et biens d'avec dame SCHAACK, 5 juill. 66. — Derré, avoué.

VEYE (vicomte DE, Théodore), 22, r. de l'Élysée. — Sép. de biens d'avec dame SANGUIN DE LIVRY, 18 août 66. — Leboucq, av.

VEYRIER-PEUPLE et Co, soieries, 23, r. Thévenot. — f. 5 fév. 66. — synd. Heurtey. — c. 3 août 66. — h. 28 août 66. — 50 p. 100 en 5 ans de fin déc. 67.    5751

VEYSSIÈRE et THOMASSIN, tailleurs, 8, r. Nollet. — f. 28 décembre 66. — s. Quatremère.    7242

VIAL (Benoît-François-Ernest), 5, pass. Palaise. — Sép. corps et biens d'avec dame CHAUVAUX, 26 juillet 66. — Guédon, av.

VIALFONT (Jean), fumiste, 11, passage Cardinet. — f. 10 juillet 65. — s. Pinel. — c. 22 mars 66. — h. 11 avril 66. — [ 20 p. 100 en 4 ans.     4824

VIAND (Nicolas), négoc., 64, quai de la Gare-d'Ivry. — f. 22 mai 66. — s. Knéringer. — Ouv. provisoire au 1er déc. 65.     6166

VIAND (Gicolas). — Voir CHABOUD et VIAND.     0361

VIAND-LEROY (Charles-Casimir), march., de vins, 42, r. du Théâtre, à Grenelle. — faillite. — s. Bourbon. — c. 19 juin 65. — Résolut. de conc. 27 nov. 66.     1471

VIARD (Eugène), entrepreneur de maçonnerie, 97, rue de la Tour. — f. 17 novembre 66. — s. Normand.     7051

VIARD (Auguste-Vincent-Pompée), négoc., 107, r. St-Martin. — f. 6 nov. 66. — s. Henrionnet.     7006

VIARD (Jules). — Voir NOIREL et Cᵉ.

VIARD (Louis-Alphonse), 3, r. Ollivier. — Sép. corps et biens d'avec dame LOUIS, 12 juillet 66. — Labbé, av.

VIARS (Jérôme), 80, r. de la Roquette. — Sép. de biens d'avec dame CIBIE, 10 juillet 66. — Nicquevert, av.

VICHY (veuve). — Voir CLÉMENCEAU. 5176

VICTOR (Louis-Constant), 8, pass. Rivière. — Sép. corps et biens d'avec dame DESQUOIS, 6 déc. 66. — Giry, avoué.

VIDAL (Guillaume), 75, r. Mouffetard. — Sép. corps et biens d'avec dame VAUGRANEMBURG, 15 mars 66. — Bourse, av.

VIDAUD DE POMERAIT (Pierre-Paul), commiss. 41, r. Paradis-Poissonnière. — f. 1er sept. 66. — s. Richard-Grison.     6672

VIDRON (Louis-Auguste), hameau de Champigny (Seine). — Sép. corps et biens d'avec dame PROUX, 8 déc. 66. — Labbé, av.

VIELLET (Jean-Jules), nouveautés, 37, r. Grange-aux-Belles. — f. 6 nov. 66. — s. Meys.     7002

VIEUILLE (François-Louis), cordonnier, 11, r. Letellier. — f. 30 nov. 65. — s. Beaugé. — 25 janv. 66. — Jugement annulant la faillite.     5460

VIGOUREUX (Jean-Henry), 45, rue Richer. — Cons. jud. 17 nov. 66. — FLEURY, 30, boul. Contrescarpe. — Ch. Duval, av.

VILAIN (Alphonse), nouveautés, 103 bis, Chaussée-du-Maine. — f. 15 déc. 66. — s. Richard-Grison.     7187

VILCOQ (Laurent-Marie), march. de vins, 12, r. Ollivier-St-Georges. — f. 16 fév. 65. — s. Copin. — Union 4 nov. 66.     4898

VILLAIN et Cᵉ, fabric. de châles, 1, rue d'Aboukir. — f. 26 déc. 66. — s. Meys.     7231

VILLEMUR, négoc., 6, r. des Lions-St-Paul. — f. 10 juillet 66. — s. Legriel. — c. 1er oct. 66. — refus d'homolog. 29 oct. 66.     6398

VILLET-COLLIGNON, libraire, 44, rue de Sèvres. — f. 2 mai 66. — s. Devin.     6088

VILLETTE-VATHIER et Cᵉ, banquiers, 14, boul. Bonne-Nouvelle. — f. 20 déc. 66. — s. Crampel.     7211

VILPELLE (Ernest-Eugène), 5, r. St-Laurent. — Cons. jud. 19 mai 66. — VILPELLE (Edme), à Villeneuve-sur-Yonne. — Texier, av.

VIMONT (Constant-François), carrossier, à Levallois. — f. 2 janv. 64. — s. Pluzanski. — Union 29 mai 66. 2307

VINCENS (Pierre), march. de vins, 5, petite r. Royale. — f. 12 oct. 64. — s. Heurley. — Union 6 juillet 66. 3056

VINCENT (veuve François), march. de vins, à Maisons-Alfort.—f. 12 août 64. —s. Hécaen.—Union.    3785

VINCENT et Cᵉ, boulangers, 17, r. Pavée, au Marais.—f. 7 sept. 65.—s. Beaufour.—c. 6 août 66.—h. 1ᵉʳ sept. 66. —Le tout en 6 ans.    5083

VINCENT (Joseph-Hippolyte), 26, rue de Seine.—Sép. corps et biens d'avec dame BRISEDOUX, 15 fév. 66. — Huet, av.

VINCENT (Antoine), 67, av. des Batignolles, à St-Ouen. — Sép. corps et biens d'avec dame RAUX, 28 août 66. — Thiébault, av.

VINEY (Eugène), fab. de pipes, 6, r. de la Douane.—f. 21 avril 66.—s. Normand.—c. 30 juill. 66.—h. 17 août 66. —30 p. 100 en 5 ans.—Dame VINEY, caution.    6034

VINZAC et DELPÉEROU, voituriers, à Gentilly, 16, r. de Paris.—f. 12 sept. 65. — s. Sommaire. — c. 7 avril 66. — Jugement annulant le conc. 11 oct. 66.    5445

VION (Louis-François), 11, r. Saussier-Leroy. — Sép. de biens d'avec dame LEMAIRE, 26 avril 66.—Blachez, av.

VIRMONT et Cᵉ (Antoine), nouveautés, 21, r. Bourbon-Villeneuve. — f. 28 sept. 64. — s. Quatremère. — Union.    3585

VIRTEL (Eugène), marchand de vins, 12, r. de Valois. — f. 25 sept. 66. — s. Sarazin.    6783

VIZARD (Émile), boucher, 11, r. de Lancry.—f. 7 juin 65.—s. Quatremère. —Union 29 juillet 66.    4671

VIZENTINI, march. de vins, 36, r. des

Fossés-du-Temple. — f. 8 juin 66. — s. Lefrançois.    6246

VOGEL (Georges), march. de crépins, 9, r. de Houdan. — f. 10 août 66. — s. Moncharville.—Clôt. 31 oct. 66. —    6597

VOGT (Charles), commiss., 18, r. Albouy. —f. 13 juillet 66.—s. Quatremère. — c. 9 oct. 66.—h. 17 novembre 66. — 20 p. 100 en 4 ans.    6415

VOLF (Jacob), 10, pass. du Bois-de-Boulogne.—Sép. corps et biens d'avec dame MEYER, 12 avril 66.—Daupeley, avoué.

VOLK (Louis), chaussures, 58, r. Caumartin.—f. 22 mai 66. — s. Heurtey. — c. 6 août 66. — Refus d'homolog. le conc. 28 août 66.    6162

VOLLAND (Dlle Victorine), couturière, 70, faub. Poissonnière.—f. 12 nov. 66. — s. Heurtey fils.—Clôt. 30 nov. 66.    7026

VRION (Jean-Claude), 170, Grande-Rue de Vaugirard. — Sép. corps et biens d'avec dame GARROT, 12 avril 66.— Lorlat Jacob, av.

VUILLARS (Pierre-Auguste), employé, à Neuilly, 19, r. Charles-Laffitte. — Séparat. corps et biens d'avec dame MAYET, 14 juillet 66. — Lenoir, av.

VUILLEMAIN (François-Germain-Hippolyte), 35, pass. du Ponceau. — Sép. corps et biens d'avec dame POUET, 7 juin 66.—Robert, av.

VUILLET, marchand de vins, 61, rue Dauphine.—f. 26 juin 65.—s. Malle. — c. 28 nov. 65. — h. 19 déc. 65.— Ab. d'actif.    4733

VULQUIN - POTTIER, bonneterie, 15, pass. Verdeau. — f. 28 déc. 66. — s. Pinet.    7253

# W

WAELDIN (Charles-Louis), limon. 50, r. Montmartre. — f, 13 juin 63. — s. Sommaire.—Union 30 sept. 63. — f. rapp. le 20 juill. 66.—c. 27 août 66. —h. 18 sept. 66.—25 p. 100 en 5 ans. 1731

WAGNER (Nicolas), sans dom. con. — Sép. corps et biens d'avec dame PICHON, 10 juillet 66.—Boucher, av.

WAINWRIGHT, négoc., 13, r. Grange-Batelière.—f. 7 déc. 65.— s. Lefrancois.—c. 20 juill. 66.—h. 9 août 66.—10 p. 100 dans lo mois de l'hom. 5803

WALDER (Claude-Joseph), typographe, 44, r. Bonaparte. — f. 17 juillet 66.— s. Malle.—c. 26 sept. 66.— h. 16 oct. 66.— 50 p. 100 en 12 ans. — WALDER dame, caution.                6439
—Sép. de biens d'avec dame BERGIER. 5 juin 66.—Chauvin, av.

WALLET (Louis-Jean-Baptiste-Ferdinand), crémier, 131, faub. St-Denis. —f, 20 nov. 66.—s. Neys.      7066

WALTER (Louis-Albert-Eugène), 10. quai Bourbon. — Sép. corps et biens d'avec dame CHENARD, 1er août 66. —Plassard, av.

WALZ (Frédéric), charron, 77, av. des Ternes.—f. 27 juillet 66.—s. Barbot. 6305

WAN-BONN, entrepren. de transports, 27, r. des Petites-Écuries.—f. 1er juin 66. — s. Barbot. — Clôt. 30 juin 66. 6222

WARAMBON (Auguste-Alfred), s. dom. con. — Sép. de biens d'avec dame TIRLET, 30 août 66. —Plassard, av.

WARIN-ARRACHART (Louis-Émile), papetier, 124, boulev. du Prince-Eugène.—f. 20 mars 66.—s. Sarazin.

— c. 22 juin 66. — h. 10 juillet 66. — 35 p. 100 8 jours après l'homolog., 33 p. 100 1 an après l'homolog., 30 p. 100 2 ans après l'homolog., avec caution do dame veuve WARIN-ARRACHART.                5920

WASMUS (Henry-Léonard), fabric. de meubles, 10, pass. Holzbacher. — f. 27 sept. 66.—s. Quatremère. 6793

WATSON (Michel), 131, boul. Magenta. — Séparation do biens d'avec dame VERILLON, 1er mai 66. — Lortat Jacob, av.

WATTECAMPS ( Charles - Constant ), tailleur, 99, r. Richelieu.—f. 14 nov. 66.—s. Normand.            7040
—Sép. de biens d'avec dame DELVILLE, 5 juin 66.—Giry, av.

WAXIN veuve (Philippe-Marie), draps et lisières, 5, r. Tirechappe. — f. 20 déc. 65. — s. Malle. — Union 8 sept. 1866.                          5602

WECHTER (Eugène-Antoine), fab. d'encriers, 16, r. Grenier-St-Lazare.—f. 5 sept. 66. — s. Barbot. — c. 7 déc. 66. h. 26 déc. 66. — 20 p. 100 en 4 ans. 6687

WEIGEL (Jacob), bijoutier, 33, r. Montmartre. — f. 22 sept. 66. — s. Meillencourt.                6771

WEIL jeune et Cie, négoc. en toiles, 3, r. St-Fiacre. — f. 20 avril 62. — s. Devin. — Union 3 mai 66.   1371

WEIL (Samuel), tailleur, 22, boul. du Prince-Eugène). — f. 24 août 66. — s. Hécaen. — c. 26 nov. 66. — h. 11 déc. 66.—25 p. 100 payables par ab. d'actif et le reste en 3 ans par tiers.                          6642

WEIL (Henri), colporteur, 357, r. St-Donis. — f. 20 juill. 66. — s. Normand. — Clôt. 30 juill. 66.  6456

WEILER (Moïse), march. à la toilette, 36, r. de l'Orillon. — f. 27 juill. 66. — s. Trille.  6504

WEILL (Jacques), colporteur, 141, rue de la Pompe (Passy). — f. 17 oct.66. — s. Gauche. — Clôt. 26 nov. 66. 6897

WEINSTEIN (Joseph), bijoutier, 0, rue des Filles-du-Calvaire. — f. 16 juin 1866. — s. Dufay.  6282

WEISSE (Édouard), commissionnaire, 61, r. des Vinaigriers.—f. 18 sept. 65. — s. Devin. — c. 17 mai 66. — h. 10 juill. 66. — 25 p. 100 en 5 ans. 5138

WERNER (Auguste), march. de beurre, œufs et fromages, 44, r. de Chabrol, à la Chapelle.—f. 18 janv. 66.—synd. Hécaen.  6658

WERTHEIMER (dame), née Lévy (Pauline), march. à la toilette, 21, r. Lamartine.—f. 18 nov. 65.—s. Gauche. — Clôt. 28 fév. 66.  5399

WERY (Eugène), constructeur, 8, r. du Marché (Passy). — f. 10 déc. 66. — s. Hécaen.  7156

WILSON (Daniel), 17, r. de l'Université. — Mainlevée de cons. jud., 20 déc. 66. — Maza, avoué.

WIRTH et Cᵉ (Pierre), 11, r. de la Voûte-du-Cours, et CHARLET (Claude), négoc. en vins, 67, r. de Bercy-St-Antoine. — f. 4 avril 66. — s. Pluzanski. 5966

WITTOZ (Félix), graveur, 69, r. Oberkampf. — Sép. corps et biens d'avec dame GAUDET, 13 nov. 66.—Louvel, avoué.

WOLFF (Jacques-Isaac), chemisier, 38, r. de Cléry. — f. 13 juill. 66. — s. Normand.—c. 11 oct. 66. — h. 25 oct. 66. — 25 p. 100 en 5 ans.  6414

WOLFF (François), 43, r. Richer. — Séparat. corps et biens d'avec dame SAUVAGE, 10 juill. 66. — de Bénazé, avoué.

WORMS (Gustave), fab. de gants, 4, rue de Provence.—f. 6 mars 66. — synd. Devin. — c. 18 juin 66. — h. 10 juill. 66. — 20 p. 100 en 5 ans.  5860

WORMSER (Lazard), 14, r. Bréda. — Sép. de biens d'avec dame TRAVER, 21 juill. 66. — Herbet, avoué.

WOUTERS (Félix-Joseph-François), 17, r. Béranger. — Sép. de biens d'avec dame MATHIEU, 27 nov. 66. — Louvel, avoué.

WULFF (Léon et Henri), photographes, 106, r. de Richelieu. — f. 17 avril 66. — s. Trille. — c. 11 sept. 66. — h. 1ᵉʳ oct. 66.—20 p. 100 en 5 ans. 6030

# X

XOUAL père et fils, maçons, 80, rue de Calais (Belleville). — faillite 16 août 66.  6015
— syndic Barboux.

# Y

YMAZ (dame), décédée, négoc., 37, r. de Trévise. — f. 11 janv. 64. — s. Moncharville. — Union 7 fév. 66.   3763

YON (Louis-Marie), 50, r. Impériale (Ivry). — Sép. corps et biens d'avec dame FLEURY, 21 avril 66. — Vivet, avoué.

YVARD, 20, av. Malakoff. — Sép. corps et biens d'avec dame STOLZ, 19 avril 1866. — Brémard, avoué.

YVORÉ (Joseph-Stanislas), quincaillier, 24, r. du Bac. — f. 5 mars 66. — synd. Beaufour. — c. 10 août 66. — h. 30 août 66. — 30 p. 100 en 6 ans.   5855

# Z

ZAPFLE (François-Charles), commissionnaire, 24, r. du Mail.—f. 23 mars 1866. — s. Heurtey.   5932

ZEIDT-SASSE (Peter), négoc., 23, r. du Petit-Parc (Passy). — f. 20 juill. 66. — s. Knéringer.   6459

ZIDLER, ancien boucher, 64, r. Ramey

— f. 5 oct. 66. — s. Bourbon.   6827 Sép. de biens d'avec dame RABOISSON, 20 nov. 66. — Postel-Dubois, avoué.

ZIMMETTE (Pierre), march. de vins et chaudronnier, 61, r. des Amandiers-Popincourt. — f. 27 nov. 65. — synd. Barbot. — c. 16 fév. 66. — h. 13 mars 66. — Ab. d'actif. — plus 50 p. 100 en 5 ans.   5412

SOUS RESSE

# L'ANNÉE 1867

## Pour paraître en Février 1868

Paris. — Typographie A. PARENT, rue Monsieur-le-Prince, 31.

www.ingramcontent.com/pod-product-compliance
Lightning Source LLC
Chambersburg PA
CBHW072233270326
41930CB00010B/2113